미래가치 생각하는

BUSINESS ACCOUNTING MANAGEMENT

# 투자자를 위한
# 비즈니스 회계관리

한영도 저

도서출판 시대가치

이 책은 상명대학교 2021년도 교내연구비 지원으로 발간되었습니다.

# 머리말



제4차 산업혁명시대가 본격화되면서 기업, 정부 등 모든 조직과 개인은 기존의 고정관념과 틀을 혁신하여 새로운 가치를 창조해야만 생존과 지속 가능한 성장을 해 나갈 수 있습니다. 경영환경의 급속한 변화에 맞추어 회계영역도 고객가치의 혁신을 통하여 기업가치의 극대화에 기여할 수 있도록 회계정보에 대한 지금까지의 관점과 생각이 달라져야 합니다. 고도성장기에는 회계정보는 경영성과 중심의 사후적 회계정보 처리에 많은 관심을 갖게 되지만 인공지능 시대에는 빅데이터 분석과 연계하여 사업모델과 경영혁신을 리드할 수 있도록 회계정보의 이해, 분석, 활용에 중점을 두어야 하며, 투자자와 경영자는 회계정보와 연결된 전후 프로세스의 심층적 분석을 통하여 미래경영이나 미래투자에 대하여 합리적으로 의사결정을 해야 합니다.

일상의 경제활동과 모든 조직활동에 필요한 회계는 투자자나 기업의 임직원, 학생들에게 어렵고 복잡하다는 선입견을 주고 있습니다. 지금까지 회계학 서적들이 비즈니스 활동과 실제 직접적인 연계성이 떨어지고 회계업무를 담당하는 전문가들을 위한 내용을 중심으로 계정과목별 회계정보처리의 지면 점유비가 전체 평균 45%로 매우 높으나 재무제표의 이해와 활용은 12% 비중을 점유하도록 서술되어 있고 교육하도록 구성되어 있었습니다.

비즈니스 회계관리는 회계정보를 읽고 이해하고 분석해서 활용하는 것을 중심으로 재구성하여 계정과목별 회계정보처리 지면 점유비를 25%로 대폭 축소했습니다. 투자자나 경영자가 회계정보 중심으로 전후 프로세스를 이해하여 미래경영이나 미래투자를 생각하고 판단하고 합리적인 의사결정을 할 수 있도록 회계정보를 이해, 분석, 활용하는 지면의 비중을 37%로 대폭 확대하여 집필하는 데 역점을 두었습니다. 또한 비즈니스관리와 회계관리 프로세스의 정렬성을 맞추어 비즈니스 활동에 수반되는 경영자원의 흐름을 효율적이고 효과적으로 관리하여 기업가치를 극대화하는 데 있어서 알아야 할 필수적인 내용을 중심으로 비즈니스관리 및 회계관리 역량을 키울 수 있도록 저술하였습니다.

산업계 경영현장에서 사업기획과 관리, 마케팅, 재무회계관련 오랜 경영활동 경험과 더불어 대학에서 회계학을 강의하고 있는 본 저자는 대부분의 대학에서 가르치고 있는 회계 이론과 지식이 산업계에서 필요한 회계적 지식과 실무와는 거리가 있어서 투자자, 학생이나 기업 경영자, 실무자 등에게 기업경영 프로세스와 연계된 회계지식과 실무를 쉽게 전달해 줄 수 있도록 지난 3년간 준비하고 집필해 왔습니다. 본 저자는 기업경영의 언어인 회계를 투자자, 경영자, 산업체의 임직원, 대학재학생 등 회계정보이용자들이 쉽게 이용하고 활용하여 각자의 목적을 달성하는 데 적합한 도구가 되어 성공적인 경영과 투자 등에 조금이나마 기여하기를 기대해 봅니다.

비즈니스 회계관리는 기존의 회계원리관련 서적과는 달리 회계의 기본원리를 토대로 회계정보를 읽고 이해하고 분석하여 활용할 수 있도록 새롭게 체계과 내용을 재정립하여 다음과 같이 구성하였습니다.

제1부에서는 회계원리 이해에 대한 내용을 전체지면의 35%를 점유하도록 안분하여 기술하고 있습니다.

제2부에서는 비즈니스활동에 따른 회계정보의 처리에 대한 내용을 전체지면의 25%를 점유하도록 배분하여 담고 있습니다.

제3부에서는 회계정보의 이해와 활용에 대한 내용을 전체지면의 37%를 점유하도록 배분하여 지면을 최대 확대하였습니다.

또한 비즈니스 회계관리는 회계정보의 활용을 통하여 기업가치 극대화를 원하는 경영자와 현명한 투자를 통하여 부의 창출을 원하는 투자자, 회계를 처음 접하는 대학 재학생들이 보다 더 쉽게 이해하고 활용할 수 있도록 "투자자를 위한 비즈니스 회계관리"와 "경영자를 위한 비즈니스 회계관리" 두 권으로 분리하여 발간하였습니다.

본 저서의 집필과정에 많은 도움을 준 상명대학교 홍성태 총장님, 권기환 부총장님께 감사드리며 산업계에 필요한 회계지식과 실무에 대해 조언을 해준 이경택 상무님, 집필원고 정리에 도움을 준 상명대학교 대학원 석사과정 임대용 군, 가까이에서 힘이 되어준 사위 박근우, 외동딸 한혜수에게도 고마운 마음을 표합니다.

이 책의 출간에 도움을 주시고 본서의 출판을 흔쾌히 동의해 주신 도서출판

시대가치 김광범 대표님, 편집작업을 수고해주신 편집부 직원분들께도 감사의 인사를 드립니다.

끝으로 본 저자가 처음 시도하고 있는 비즈니스 회계관리(Business Accounting Management)의 체계와 내용 등에 대하여 더 좋은 서적으로 발전할 수 있도록 학계 교수님들과 산업계의 전문가분들, 그리고 독자들의 기탄 없으신 의견과 조언을 부탁드립니다. 감사합니다.

2022. 6. 북한산 기슭 연구실

저자 한영도

# 차 례

Business Accounting Management

## 제 1 부 회계원리의 이해

# 제 2 부 비즈니스 활동에 따른 회계정보처리

## 제 3 부 회계정보의 이해와 활용

# 제 1 부

# 회계원리의 이해

Business Accounting Management

제 1 장

# 기업경영과 회계정보

1. 경영활동과 회계정보
2. 회계의 기능과 분류
3. 회계기준과 회계정보 보고

# 1 경영활동과 회계정보

## 1.1 기업경영의 책임성

기업은 인간생활에 필요한 유·무형의 재화를 생산·판매하는 주체로서 주식회사, 유한회사, 합명회사, 합자회사 등 여러 형태가 있다. 오늘날 기업들은 생존과 지속 가능한 성장을 위하여 경제적 가치와 사회적 가치를 추구하고 영위하는 사업의 성격과 규모에 따라서 기업의 설립과 운영에 대규모 자금이 소요된다. 많은 기업들은 주식회사 형태로 설립되어 운영되고 있다. 주식회사는 대규모 자금을 조달하기에 적합한 특성을 갖고 있고 세분화된 일정지분을 갖는 주식을 발행하여 자본을 모으고 주식을 인수한 주주가 투자한 주식의 지분만큼 유한책임을 갖게 된다. 회사의 경영자는 주주가 투자한 자금에 대한 선량한 관리자로서 주주의 이익 증대에 기여할 있도록 경영의 책임성이 요구된다. 주주의 대리인으로서 경영자는 회사경영에 대한 책임을 가짐과 아울러 주주들의 권리를 보호할 수 있도록 주식회사 제도가 운영되고 있다.

주식회사의 경우 회사를 소유하는 주주는 경영에 직접 참여하지 않고 일반적으로 전문경영자에게 회사 경영을 위임하여 운영하고 있다. 회사가 자본을 조달하기 위해 발행한 주식은 증권거래소에서 매매할 수 있는 유가증권이다. 주주들은 보유하고 있는 주식을 자신의 계산과 책임하에 매매할 수 있다. 수많은 주주들로 구성되어 있어서 주주들이 모두 경영에 직접 참여할 수 없으므로 회사에 투자한 주주들은 기업의 경영을 지휘·감독할 수 있는 대리인인 전문경영인들을 선정하여 경영을 위탁하게 된다.

주식회사의 주주는 회사의 주식에 투자한 자금에 대하여 회사로부터 배당을 받을 수 있고, 주식이 증권거래소에 상장이 된 경우에는 공개시장을 통하여 주식을 자유롭게 매매할 수 있다. 회사의 미래 성장가능성이 있고 매력적일 것으로 전망될 경우에는 주식을 추가로 더 매수할 수 있고, 그 반대로 회사의 미래 성장가능성이 낮고 적자가 예상될 경우에는 보유하고 있던 주식을 매각할 수 있다. 이처럼 주주는 자신의 책임하에 회사에 대한 투자의사결정을 하게 되는데 회사가 경영을 잘못하여 적자가 누적되고 채무를 상환하지 못하여 도산

**그림 1-1** 지배구조와 회계보고

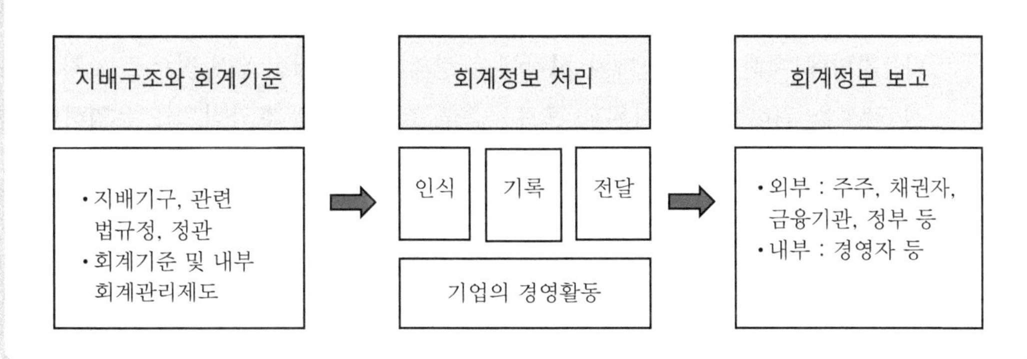


할 경우 주주는 자신이 보유한 주식, 즉 투자금액의 한도 내에서 책임을 지게 된다.

경영자가 주주의 이익에 반하고 경영자 자신의 이익을 추구하는 도덕적 해이 현상이 발생할 우려도 있다. 주주로부터 회사경영을 위임받은 전문경영인은 주주의 이익보다 자신의 사적 이익을 위한 의사결정을 할 경우 이로 인해 주주들의 투자금에 대한 손실이 발생할 수 있으므로 경영을 위임한 주주들의 입장에서는 전문경영인을 견제하고 감시하고 통제할 수 있는 메커니즘이 필요하게 된다. 기업 지배구조는 경영의 견제와 균형을 위한 시스템으로 전문경영인 경영권의 견제, 감시, 통제 등을 목적으로 경영자원의 조달, 운영과 이익배분 등 주요 경영사안에 대한 의사결정을 하고 통제하는 체계를 의미한다. 기업 지배구조의 구성은 주주총회, 이사회, 최고경영자로 구성되어 있고 경영의 주요 의사결정 사안에 대하여 이들간의 역할, 권한, 책임관계가 나누어져 있다. 기업의 경영자는 주주총회와 이사회에서 위임된 권한이 범위 내에서 경영자원을 활용하여 경영활동을 수행하고 그 경영성과를 보고하고 그에 대한 평가를 받는다. 경영성과가 우수하다면 인센티브, 연임 등의 혜택을 누릴 수 있겠지만 성과가 부진하다면 주주들로부터 해임 등의 소치를 당하게 된다.

## 1.2 경영활동과 회계정보의 관계

기업은 경영에 필요한 자금을 주주 혹은 은행 등 제3자로부터 조달하여 제품이나 서비스 생산에 필요한 설비자산을 확보하고 원재료와 인력 등의 경영자원을 투입하여 제품이나 서비스를 생산하고 판매하여 이익을 창출하는 조직이다. 경영에 대하여 여러 가지 시각에서 정의하고 있지만 일반적으로 조직의 목적 달성을 위하여 경영자원과 프로세스를 효율적이고 효과적으로 운영하여 좋은 성과를 창출해 내는 활동이나 과정이라 할 수 있을 것이다.

### ■ 경영활동과 경영자원

기업의 목적이나 목표를 달성하기 위하여 조직 내에서 연구개발, 구매조달, 생산, 마케팅/영업, 인사, 재무 등 여러 가지 기능과 관련 업무를 수행해야 하는데 이러한 기능과 업무들을 효율적이고 효과적으로 수행하기 위해서는 그에 대한 계획(Plan)－실행(Do)－확인/점검(Check)－개선조치(Action)와 같은 일련의 경영관리과정(management cycle)을 수행하게 된다([그림 1-2] 참조).

기업은 인적, 재무적, 물적, 정보 자원 등을 투입하여 영업활동, 투자활동, 재무활동을 수행하고 그 결과 부가가치가 창출되고 재무상태의 변동이 발생하게 된다. 영업활동은 기업의 주력활동으로서, 원재료 구매과정, 제조과정, 판매 및 대금회수과정은 일련의 순환과정을 통해 부가가치를 창출하는 기업의 수익의 원천이 되는 활동이다. 투자활동은 영업활동에 필요한 공장, 기계설비, 정보

**그림 1-2** 경영관리과정

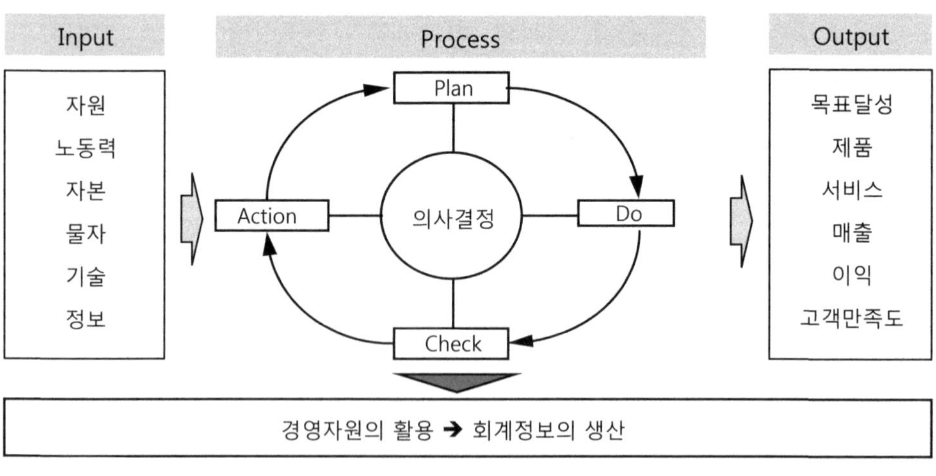

시스템 등 유·무형자산을 확보하는 과정과 더불어 잉여자금을 금융자산 등에 투자하는 활동도 포함되며, 투자한 자산을 매각하는 경우도 투자활동에 해당된다. 재무활동은 영업활동과 투자활동에 필요한 자금을 조달하는 활동인데, 타인자본의 경우 만기에 상환하는 활동을 포함한다. 이러한 경영활동을 수행함에 있어서, 제품의 생산과정에서 원가가 발생하고, 생산된 제품이 판매될 때 수익이 창출된다. 회계는 경영활동과정에서 발생한 수익과 비용의 차이에서 이익을 창출하는 일련의 과정과 자산, 부채, 자본의 증감변동에 대하여 기록하고 정리하여 재무적 정보를 제공한다.

### ■ 경영활동의 회계처리

회계는 기업경영의 언어로서 기업경영관리활동을 화폐적 숫자로 기록하여 보고하는 것이다. 기업의 경영활동관리를 회계적인 측면에서 일련의 과정을 살펴보면, 경영계획은 예산편성, 경영활동은 예산집행, 경영실적 확인점검은 예산대비 실적 차이분석, 개선조치는 예산의 수정 및 보완으로 일련의 회계순환과정을 거친다. 따라서 경영관리활동은 회계적 수단을 활용하여 계획된 숫자(예산)와 실적숫자(성과)를 비교하여 그 원인을 규명하고 계획을 수정하는 과정이

그림 1-3 경영계획과 경영성과

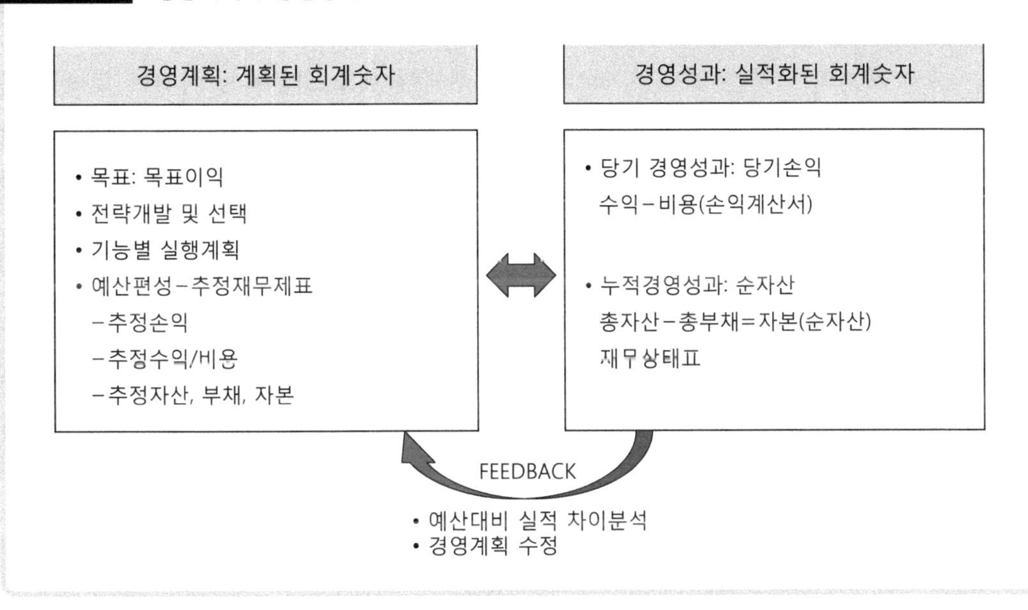

라 할 수 있다. 경영계획은 기업의 이익목표를 설정하고 전략을 개발하여 최적 전략을 선택하고 목표와 전략에 맞추어 각 조직기능별 실행계획을 수립하며 그 결과 예상되는 숫자를 추정재무제표에 표시한다.

경영계획이 각 조직별로 실행되면서 각종 재무적 자원이 유출되거나 유입되는 거래가 발생하는데 이런 거래를 기록·분류·정리하여 경영활동 결과보고서를 만드는 과정이 회계이다. 그 성과보고서와 당초 경영계획을 대비한 차이분석을 통하여 경영계획을 수정하는 과정이 경영관리과정이라 할 수 있다.

현대를 살아가는 인간은 개인차원, 조직차원에서 경제활동을 하고 있고 이와 더불어 회계활동을 병행하여 수행하고 있다. 개인은 일상생활에서 소비활동을 할 때마다 금전적인 지출을 하게 되고, 일 단위, 주 단위, 월 단위 소비지출과 소득을 비교해서 계좌에 잔고가 얼마 남아 있는지를 점검하고 확인하는 회계적 행동을 하고 있다. 가정경제의 책임자로서 주부들은 한 달 동안 가계 수입이 얼마이고 지출이 얼마인지 그리고 남은 현금잔액이 얼마인지 확인하고 점검하는 회계적 행위를 하고 있다. 뿐만 아니라 동호회 등 친목단체에서도 회비를 징수하고 그 회비를 어디에 어떻게 사용했는지, 잔액이 얼마나 남았는지 매달 확인·점검하여 회원들에게 공개하기도 한다. 이처럼 기업 외에도 개인, 조직차원에서 각종 활동에 따른 거래에 대하여 회계적인 기록·점검·보고 행위는 어디에서나 일어나고 있지만, 대부분의 사람들의 회계에 대한 인식은 "회계는 숫자가 있어 어렵고 복잡하다."는 것이다.

회계의 역사는 화폐의 역사만큼 오래되어 메소포타미아, 이집트 및 바빌론의 고대 문명으로 거슬러 올라간다. 로마제국의 시기에도 재정에 대한 자세한 기록이 남아 있고, 회계 및 부기의 아버지라고 불리는 베네치아 수도사 루카 파치올리(Luca Pacioli)로 인해 복식부기가 널리 확산되었다. 신대륙을 발견한 콜럼버스도 복식부기 덕분에 어려움을 극복한 적이 있다. 당시 탐험을 가장한 사기가 성행해 주저하는 투자자들에게 복식부기를 쓰면 투명한 회계가 가능하다는 주장을 통해 투자를 이끌어냈다고 한다. 이처럼 복식부기 방식의 회계는 주식회사와 자본주의 태동의 밑거름이 되었음은 물론이고 자본주의의 파수꾼과 세상의 소금과 같은 역할을 수행하고 있다.

네이버 국어사전에 의하면, 회계는 "나가고 들어오는 돈을 따져서 셈을 함, 혹은 개인이나 기업 따위의 경제활동 상황을 일정한 계산방법으로 기록하고 정보화함"이라 정의되어 있다. 일반적으로 회계는 개인, 가계, 기업, 정부기관, 사회단체 등의 각종 활동 계획, 실행에 따른 금전적 수입과 지출 등 재무적 정보를 생산(기록, 정리), 보고, 활용하는 일련의 과정이라 할 수 있다.

## 1.3 경영활동에 따른 회계정보의 흐름

기업의 경영활동은 인적·물적·재무적 자원의 사용과 소비활동이라 할 수 있으며, 기업경영은 이러한 자원과 프로세스를 효율적이고 효과적으로 관리하는 활동이라 할 수 있을 것이다. 기업의 경영활동, 즉 영업활동, 투자활동, 재무활동이 일상적으로 수행되고 이에 수반하는 각각의 거래정보가 인식, 측정, 기록, 분류, 요약되는 과정을 거쳐서 경영활동의 결과를 재무보고서 형태로 기업의 내·외부 이해관계자들에게 보고하게 된다. 기업은 경영목표와 계획에 따라서 각 조직별 경영활동을 수행하게 된다. 제조기업의 경우 제품생산을 위한 원자재를 구입하고 공장에서 제품을 생산하고 생산된 제품을 영업부서에서는 판매하고 대금을 회수하는 활동을 수행하여 경영성과를 만들어 낸다. 영업활동 수행은 필요한 각종 설비자산을 확보하는 투자활동이나 영업활동과 투자활동에 필요한 자금을 확보하는 재무활동이 있어서 가능하고, 이들 활동 간에 긴밀한 연계와 상호 작용하면서 경영활동이 이루어지게 된다. 이와 같은 각종 경영활동에 따른 결과를 회계적 숫자로 측정하여 나타낸 보고서가 재무제표이다. 경영자는 제품이나 서비스의 생산과 관련된 제조원가명세서나 각종 원가관련 재무정보를 활용하여 의사결정을 하고 원가 등 회계정보를 활용하여 성과평가 및 경영관리를 해 나감과 동시에 경영활동 결과가 집계된 재무제표에 의하여 스스로 평가를 받고 책임을 지게 된다. 기업의 경영활동에 따른 회계정보의 흐름을 나타내면 [그림 1-4]와 같다.

**그림 1-4** 경영활동에 따른 회계정보의 흐름

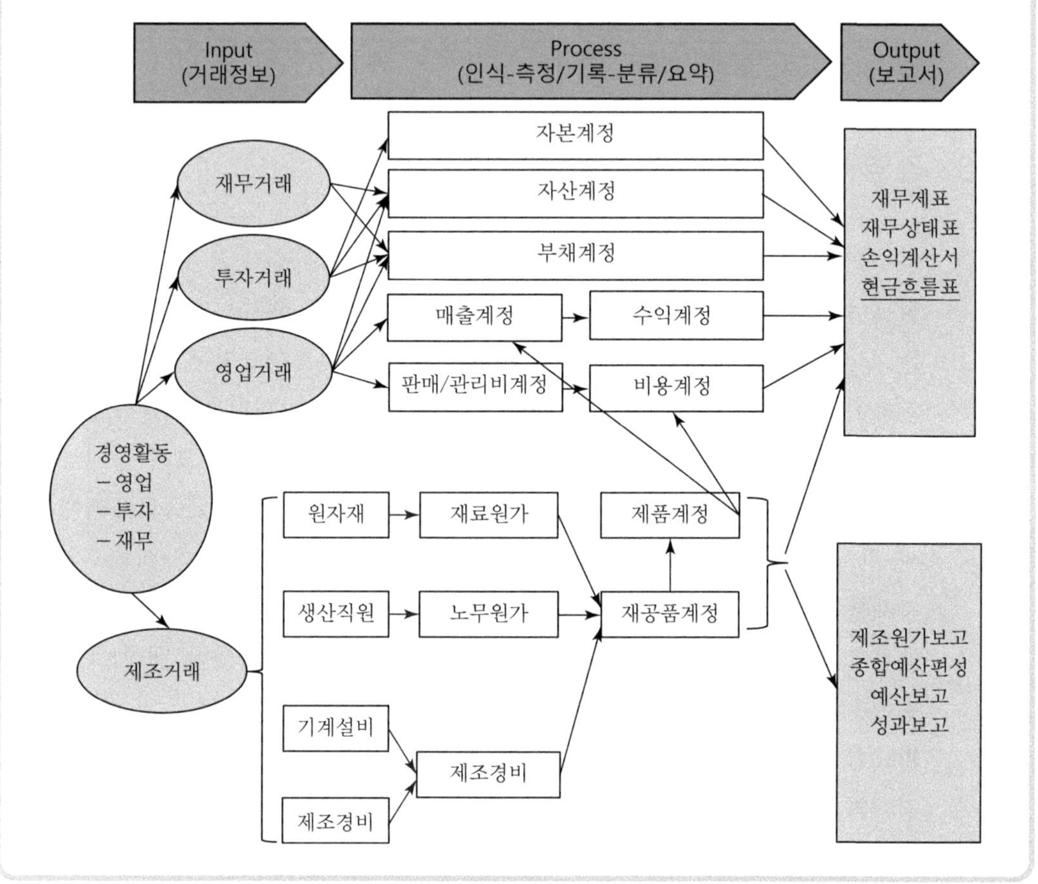


경영자는 자신의 경영성적표를 좋게 보이게 하고 싶은 욕구와 유혹을 받게 되고 조직을 위한다는 그릇된 인식 등에 사로잡혀 이익을 조작하는 불법행위, 즉 분식회계를 하는 경우들이 국내외를 막론하고 발생하고 있다. 기업 내부에서 경영자에 의한 회계정보의 조작과 같은 분식회계는 기업에 투자한 주주나 자금을 대여한 채권자에게 막대한 경제적인 손실을 입히고 기업 회계정보의 신뢰성을 떨어뜨린다. 기업 내부에서 발생할 수 있는 분식회계로부터 투자자나 채권자뿐 아니라 기업의 내·외부 이해관계자들을 보호하기 위하여 지배구조를 투명하게 운영하고 회계 및 감사기능을 강화하는 견제와 균형(check and balance) 기능이 제대로 작용할 수 있도록 해야 할 것이다.

# 2 회계의 기능과 분류

## 2.1 회계의 기능

가계, 기업, 정부 등 경제주체는 경제적 자원을 획득하고 생산하고 소비하게 되며 각 경제주체에 있어서 경제적 자원은 무한하지 않고 한정적이므로 제한된 자원을 효율적으로 사용하는 문제를 항상 고민하고 있다. 회계는 경제주체들이 경제활동을 수행하면서 사용하게 되는 자원에 대한 계획을 수립하고 집행하고 그 결과를 보고서로 작성하여 이해관계자들에게 보고하고 평가를 받게 하는 정보를 제공해 주는 과정이라 할 수 있다. 경제주체들은 제한된 자원을 획득, 사용 또는 소비하여 제품 또는 서비스를 생산하고 제공하는 등의 경제활동을 화폐적 숫자로 기록하고 이를 종합 정리하여 그 결과를 보고함으로써 각 자원을 효율적으로 배분하는 기능을 수행함과 동시에 경제적 활동을 효율적이고 효과적으로 수행하였는지에 대하여 평가할 수 있게 된다.

### ■ 경제적 자원의 배분

기업의 경영자는 기업의 이익을 극대화할 수 있도록 경영자원을 각 사업부분별로 적절하게 배부하여 경영활동을 수행하게 된다. 회계는 경영자가 경영목표를 달성하기 위하여 제한된 경영자원을 어떻게 효율적으로 배분하여 경영성과를 극대화할 것인가에 대한 의사결정을 하는 데 유용한 재무적 정보를 제공한다. 매년 기업에서는 다음 회계연도의 경영계획을 수립하는 과정에서 회계정보를 활용하여 전사적 목표와 부문별 목표를 설정하고 이에 필요한 경영자원을 배분하며, 경영목표와 계획에 따라 구체적인 재무적 수치로 나타낸 예산을 편성하여 운용하게 된다. 더 나아가서 국가 차원의 회계에서는 한정된 경제적 자원을 각 산업별로 어떻게 배분하는 것이 국부를 극대화할 수 있는 것인지에 대한 재무적 정보를 제공해 주기도 한다.

■ **수탁경영책임보고**

오늘날 대부분의 기업에서 투자를 한 주주는 경영에 참여하지 않고 전문경영인에게 경영권을 위임하여 기업의 경영활동이 이루어지는 것이 일반적인 행태이다. 기업에 투자를 한 주주나 기업에 자금을 융자해 준 은행 등의 채권자는 투자금과 대여금에 대하여 적정배당을 받거나 이자를 정기적으로 지급받는데 대여금의 경우 만기에 원금을 상환받을 수 있을 것인가에 대한 불안을 가지고 있다. 주주나 채권자는 자신들의 투자자산을 안전하게 관리하기 위하여 기업의 경영자로 하여금 재무상태와 경영성과를 보고받게 된다. 기업경영활동의 전 과정이 재무적 숫자로 기록되어 분석·관리되고 회계연도 말에 가서는 기업의 경영활동 결과를 집계한 성적표인 재무제표에 의하여 경영자가 경영을 잘 했는지 여부에 대한 경영성과 평가가 이루어지며, 경영자에게는 재무적인 성과에 따라서 그에 상응하는 보상과 책임이 따른다. 경영자는 주주로부터 위임받은 경영권을 행사하여 경영성과를 극대화하기 위한 경영활동을 적극적으로 수행하고 그 결과를 주주에게 보고하게 된다. 주주는 1년간의 경영성적표를 정리한 재무제표를 경영자로부터 보고를 받고 경영성과에 따라서 평가를 하게 되며, 그에 따라서 재선임, 해임과 같은 경영의 책임을 지게 한다.

## 2.2 회계의 분류

회계는 가계, 기업, 정부 등의 경제주체가 그 대상이 되기 때문에 기업회계는 기업을 대상으로 하는 회계이고 정부회계는 정부를 대상으로 하는 회계이다. 기업회계는 재무회계, 원가/관리회계, 세무회계 등으로 나누어 볼 수 있다.

■ **재무회계**

재무회계는 기업의 경영성과와 재무상태 등의 재무적 정보를 외부정보이용자에게 제공하는 회계이다. 주주나 채권자는 기업에서 제공하는 재무정보를 토대로 경제적인 의사결정을 하므로 재무정보는 정확하고 신뢰할 수 있어야 한다. 기업의 재무회계정보의 처리와 보고는 외부의 다양한 이해관계자들이 이해하고 활용할 수 있도록 국제회계기준이나 일반적으로 인정된 회계기준에 따라 재무제표가 작성, 보고된다. 기업의 경영활동에 관하여 재무제표가 제공하는 재무적 정보는 경영실적에 대한 과거정보이다.

### ■ 원가/관리회계

원가회계는 제품이나 서비스의 원가를 계산하여 제품의 제조원가를 계산하고, 경영자에게 원가통제관리, 제품가격결정 등에 필요한 원가정보를 제공하는 회계이다. 관리회계는 경영자를 위한 회계로서 원가정보를 토대로 경영자의 각종 경영의사결정에 필요한 재무적 정보를 생산하여 제공하는 회계이다.

**표 1-1** 재무회계와 원가/관리회계

| 구분 | 재무회계 | 원가/관리회계 |
|---|---|---|
| 대상 | 주주, 채권사 등 외부이해관계자 | 경영자 등 내부이해관계자 |
| 회계기준 | 국제회계기준 등 | 없음 |
| 정보제공시기 | 정기적 제공 | 수시 제공 |
| 정보제공형식 | 재무제표 | 일정한 형식이 없음 |
| 정보특성 | 과거 재무적 정보 | 미래 재무적 추정정보 |

원가회계에서 생산된 원가정보는 재무회계측면에서는 매출원가, 재고자산 정보로 활용되고 관리회계에서는 원가통제 등의 의사결정에 활용된다.

### ■ 세무회계

기업회계는 기업회계기준에 따라서 회계처리된 정보를 토대로 재무제표가 작성되기 때문에 국가기관에서 법인세 등을 징수하는 기준이 되는 세무회계와 차이가 발생할 수 있다. 예를 들어, 기업회계에서는 접대비를 전액 비용처리했으나 세무회계에서는 일정한도를 초과한 접대비를 비용으로 인정하지 않는 경우가 발생할 수 있으므로 세무회계에 맞추는 소정을 해야 한다. 이처럼 세무회계는 주어진 회계연도 내에서 손익을 종합적으로 파악하여 세금을 올바르게 계산하는 것으로, 세법을 기준으로 납부세액을 계산할 목적으로 하는 회계이다. 즉, 기업이 산정한 순이익을 기초로 세법의 규정에 따라 계산된 과세소득과 결정세액을 이해관계자에게 전달하는 기능을 가진 회계이다. 기업회계는 기업의 재무상태와 경영성과를 객관적으로 측정하여 이해관계자에게 전달하는 것을 목적으로 하나, 세무회계는 부담능력에 따른 공평과세를 실현하기 위하여 정확한 과세소득의 산정을 목적으로 한다. 세법의 규정에 따라 손금(비용)과 익금(수익)을 산출하고 각 사업연도소득을 구하여 법인세 계산에 반영한다. 세무회계 절차를 올바르게 적용하지 못한 경우에는 부적절한 세무신고로 인해 문제를 일으킬 수 있다. 세무회계에는 소득의 계산, 공제, 손실 신고 및 세금 신고를 위한 재무제표 작성의 다른 모든 측면이 포함된다. 기업회계와 세무회계의 차이는 수익과 비용의 관점에서 차이가 있는데, 어떤 매출의 경우 기업회계상 수익에 해당하는 반면에 세법상으로는 수익으로 보지 않는 것이 있고 그 반대인 경우도 있을 수 있으며, 비용의 경우에도 회계상으로는 비용인데 세법에서는 비용으로 인정하지 않는 항목들이 있다. 이러한 차이가 발생하는 이유는 기업회계에서는 회사의 실질적 측면을 중요하게 보지만 세무회계의 경우에는 정책적인 목적을 반영하고 있기 때문이다. 결과적으로 회계보고는 이익을 과다하게 보고할 유인이 발생하는 반면 세무보고는 이익을 과소하게 신고할 유인이 발생하는 것이 큰 차이라 할 수 있다.

## 2.3 기업의 회계정보이용자

기업의 경영활동은 기업 내·외부의 다양한 이해관계자들과의 상호작용과 협력을 통하여 수행된다. 기업 내부 이해관계자들로는 경영자, 조직구성원, 노동조합, 사외이사 등이 있고 외부 이해관계자들로는 주주 및 투자자, 은행 등의 채권자, 정부기관, 증권회사, 원자재 공급자, 고객 등이 있다. 이러한 다양한 기업의 이해관계자들은 경제활동을 함에 있어서 제한된 자원을 효율적으로 배분하기 위한 의사결정에 필요한 재무적 정보를 활용하여 합리적인 결정을 하게 된다.

### ■ 경영자

경영자는 경영목표, 전략의 설정과 경영계획 등에 대한 의사결정을 수행하고 기업의 경영을 관리·통제하는 기능을 수행하게 된다. 경영자의 경영의사결정은 기업의 미래성과에 중대한 영향을 미치게 되므로 객관적인 재무적 정보에 의한 판단과 결정이 필수적이다. 경영자가 각종 의사결정을 할 때에는 재무적

정보가 필요하고 회계적 정보에 의해서 경영자가 의사결정을 수행하게 된다. 기업경영상의 문제점이나 기업의 각 부문별 경영성과의 평가 등에 있어서도 회계적 정보는 필수적이다.

### ■ 주주와 채권자

기업은 주주나 채권자들로부터 필요한 자금을 조달하게 된다. 기업에 투자한 주주는 소유주로서 투자금에 대한 배당금과 더불어 주가가 상승하여 주식매각에 따른 차익을 기대하고 있다. 기업에 자금을 대여한 은행 등의 채권자는 대여금에 대한 정기적 이자와 만기시점의 안전한 원금회수를 바라고 있다. 주주나 채권자는 기업의 재무상태와 경영성과에 따라서 그 기업에 대한 투자나 대여 여부에 대한 의사결정을 하게 된다. 주주의 경우에는 경영성과에 따라서 주식의 매각이나 추가매수 여부에 대한 의사결정을 하게 되고, 채권자의 경우에는 재무상태와 경영성과에 따라서 만기연장 여부 등과 같은 의사결정을 해야 하는 상황을 맞게 되는 경우가 많이 발생한다. 주주나 채권자가 투자 혹은 자금대여 여부에 대한 의사결정을 할 경우에 기본적으로 필요한 정보가 기업의 재무제표이다.

### ■ 정부 등 기타 정보이용자

정부는 개인이나 주식회사 등 법인의 소득에 대하여 소득세 혹은 법인세를 부과하게 된다. 기업의 순이익에 대하여 일정한 비율의 법인세를 부과하게 되는데 법인세 납부를 적절하게 했는지에 대하여 판단하기 위하여 회계정보가 필요하다. 또한 원자재 공급업체나 협력생산업체의 경우 원자재를 안정적으로 공급할 수 있는지 혹은 제품생산협력에 있어서 원가, 품질, 납기를 잘 맞출 수 있는지 등에 대한 것을 판단하기 위하여 재무적 정보를 활용하게 된다. 특히 공급업체나 협력생산업체의 재무적 정보를 통하여 해당 업체가 과다한 이익을 실현하고 있는 경우에는 공급단가조정 등을 위한 정보로도 활용할 수 있다. 노동조합에서는 근로자들의 임금이나 성과의 공정한 배분을 위한 사용자와의 협상을 위하여 재무적 정보를 활용할 수 있다. 만약 기업이 큰 이익을 실현하고 있음에도 불구하고 그 이익에 대하여 종업원과의 배분이 적정하지 않다면 생산성 향상과 이익 상승에 대한 적정한 보상을 요구하는 데 중요한 근거정보가 될 것이

**그림 1-5** 전자공시시스템

다. 자본시장 및 금융투자업에 관한 법규정, 증권 발행 및 공시 등에 관한 규정은 기업에게 회계적 정보를 포함한 사업보고서 등을 공시하도록 요구하고 있다. 이에 따라서 상장법인과 일정규모 이상의 비상장법인은 매년 사업보고서를 금융감독원의 전자공시시스템(dart.fss.or.kr)에 공시하고 있다.

## 3 회계기준과 회계정보 보고

### 3.1 회계기준

기업은 기업 내·외부의 정보이용자를 위하여 회계기준에 따라 기업의 거래를 인식, 측정, 기록하고 재무제표를 작성, 보고하게 된다. 기업의 외부정보이용자는 경제적 의사결정에 기업이 제공하는 재무제표를 활용하게 되므로 재무정보의 신뢰성은 매우 중요하다. 기업의 회계처리나 보고는 회계기준에 의해 작성되고 외부 감사인의 감사를 받은 재무제표를 공시할 의무가 있다. 외부감사인은 기업이 회계기준을 적용하여 작성한 재무제표를 감사하여 재무제표가 회계기준에 따라 회계처리되고 재무보고서에 적정하게 표시되었는지 감사의견을 표명하게 된다.

기업의 경영활동결과보고서인 재무제표는 주주나 채권자 등의 외부이해관계자들이 경제적인 의사결정을 하는 데 있어서 기본적인 정보이다. 외부에 공표되는 재무제표는 기업의 재무상태나 경영성과를 사실대로 정확하게 제공해야 한다. 예를 들어, 기업이 외부에 공표한 재무제표 상에 이익이 과다하게 표시되어 있다든가 아니면 매출채권이나 재고자산이 과다하게 표시되어 있다면 이를 활용하는 주주나 채권자는 잘못된 의사결정을 하게 됨으로 인해 손해를 볼 수 있다. 재무제표 정보의 신뢰성 확보를 위한 1차적인 제도적 장치로서 기업이 회계처리나 재무제표를 작성, 보고함에 있어서 지켜야 하는 회계기준이 있다. '일반적으로 인정된 회계원칙'(GAAP: Generally Accepted Accounting Principles)은 재무제표의 비교가능성, 유용성 등을 높이기 위하여 일반적으로 보편타당하고 합리적이라 인정되는 회계관습 및 회계처리기준을 의미한다. 이러한 회계원칙은 비상장기업에게도 적용된다.

기업 경제활동의 글로벌화와 더불어 자금조달 및 투자활동도 국내를 넘어 해외로 확산됨에 따라 기업의 투자자가 내국인에서 외국인으로 확대되고 있다. 이에 따라서 기업의 회계기준도 해외투자자들의 의사결정에 혼란을 방지하고 유용한 정보를 제공해 주기 위하여 국제적인 회계기준의 표준이 필요하게 되었고, 이에 따라 각 나라의 회계원칙을 표준화한 국제회계기준(IFRS: International Financial Reporting Standards)을 제정하여 적용하고 있다. 한국회계기준원에서 적용하고 있는 회계기준체계는 아래 표와 같다.

**표 1-2** 회계기준체계

| 회계기준 | 적용대상 | 외부감사 | 관련 법령 |
|---|---|---|---|
| 한국채택국제회계기준 | 상장법인 및 금융회사 | 의무 | 주식회사 등의 외부감사에 관한 법률 |
| 일반기업회계기준 | 외부감사대상 주식회사 | | |
| 중소기업회계기준 | 외부감사대상 외의 주식회사 | 면제 | 상법 |

기업의 주식이 증권거래소에 상장되어 있는 법인의 경우에는 국제회계기준

에 따라 회계처리하고 재무제표를 작성하여 보고하여야 한다. 국제회계기준은 기존의 회계기준과는 달리 재무보고의 기본원칙과 방법론을 제시하되 세부적인 방법과 절차를 구체적으로 제시하지 않는다. 자산과 부채에 대하여 역사적 원가가 아니라 공정가치로 측정하여 재무제표에 표시하도록 하고 있다. '일반적으로 인정된 회계원칙'에서는 법적 실체인 개별기업단위의 재무제표를 작성하고 이를 주재무제표로 취급하지만 국제회계기준에서는 타기업을 지배하고 있는 기업에 대해서는 경제적 실체를 중심으로 연결재무제표를 주재무제표로 작성하도록 하고 있다. 한국채택국제회계기준과 일반회계기준과의 주요한 차이점을 정리해 보면 아래의 표와 같다.

**표 1-3** 한국채택국제회계기준과 일반회계기준

| 구분 | 한국채택국제회계기준 | 일반회계기준 |
|---|---|---|
| 회계처리원칙 | 원칙주의 | 규칙주의: 구체적인 회계처리 방법 제시 |
| 재무제표구성 | 연결재무제표 원칙<br>재무상태표, 포괄손익계산서, 현금흐름표, 자본변동표, 주석 | 개별재무제표 원칙<br>재무상태표, 손익계산서, 현금흐름표, 잉여금처분계산서, 주석 |
| 자산부채평가 | 공정가치 평가 | 취득원가 평가 |
| 매각예정 비유동자산 | 순공정가치와 장부금액 중 작은 금액으로 측정 | 장부가액으로 측정 |

## 3.2 회계정보 보고

재무보고서는 기업경영활동을 회계적 수단과 방법을 통해서 기록·정리·보고한 것이다. 경영활동결과를 집계한 재무보고서인 재무제표는 외부 정보이용자에게 기업실체에 관한 재무정보를 전달하는 핵심적 재무보고 수단이다. 이것은 투자자와 채권자를 포함한 다양한 정보이용자의 공통적 정보 요구를 위해 작성되는 것으로 특수한 목적의 정보를 필요로 하는 일부 정보이용자의 요구까지 모두 충족시키는 것은 아니다. 재무제표의 목적은 경영진의 경제적 자원에 대한 수탁책임을 평가하고 기업의 미래순현금흐름에 대한 전망을 하는 데 유용한 자산, 부채, 자본, 수익 및 비용에 대한 재무적 정보를 제공하게 된다. 이러한 재무보고서는 소유주와 별도로 존재하는 기업실체가 장기간 영속적으로 존재한다는 전제(going concern)하에 존속기간을 일정기간단위로 분할하여 재무보고를 하게 한다.

### ■ 기업실체

기업은 소유주와 독립적으로 존재하는 실체로서 경영활동에 대한 재무적 정보를 인식·측정·보고하는 주체를 말한다. 일반적으로 개별기업은 하나의 독립된 회계단위로서 재무제표를 작성하는 기업실체에 해당한다. 지배·종속관계에 있는 기업들의 경우 지배기업과 종속기업은 단일의 법적 실체가 아니지만 단일의 경제적 실체를 형성하여 하나의 회계단위로서 연결재무제표의 작성대상이 된다. 기업실체는 주주가 투자의 결과로서 당해 기업실체에 대해 갖고 있는 청구권의 크기와 그 변동을 적절히 측정하고 소유주와 별도의 회계단위로서 기업실체를 인정한다는 것을 전제로 한다. 재무상태표에 표시된 자본은 주주와는 분리되어 있으나 주주가 회계기간 말 시점에 당해 기업실체의 자원에 대해 갖고 있는 청구권의 크기를 회계상으로 측정한 것이다. 이 금액은 자본의 경제적 가치를 평가하는 데 유용한 정보가 되며, 동시에 시장의 잠재 투자자에게도 유용한 정보가 된다.

### ■ 계속기업(Goning Concern)

계속기업의 가정이란 기업실체는 그 목적과 의무를 이행하기에 충분할 정도로 장기간 존속한다는 것을 말한다. 즉, 기업실체는 그 경영활동을 청산하거나 중대하게 축소시킬 의도가 없을 뿐 아니라 청산이 요구되는 상황도 없다고 가정한다. 기업을 일시적으로 존속하는 것이 아니라 계속적으로 존재하는 생명을 가진 조직체로 보는 것으로, 기업을 평가함에 있어서 현재의 영업이익이나 순자산 등을 특정시점을 기준으로 판단하는 것이 아니라 계속적인 관점에서 기업의 미래를 판단하는 것이다.

기업이 계속적으로 존속한다는 가정이 전제되지 않는다면 재무제표 자체가 의미가 없고 유형자산을 감가상각할 필요도 없으며 외부감사인의 감사도 의미가 없을 것이다. 계속기업을 전제하지 않는다면 재무제표의 숫자들은 청산기준으로 바뀌어야 할 것이다. 외부감사인의 회계감사도 계속기업을 전제로 하고 있으며 계속기업 자체에 문제가 있다고 판단되면 부적정의견이나 의견거절을 제시하게 될 것이다. 기업실체의 중요한 경영활동이 축소되거나 기업실체를 청산시킬 의도나 상황이 존재하여 계속기업을 가정하기 어려운 경우에는 계속기업을 가정한 회계처리방법과는 다른 방법이 적용되어야 한다.

### ■ 기간별 보고

재무정보가 정보이용자들에게 신뢰성 있고 유용한 정보가 되기 위해서는 재무정보가 규칙적으로 적정시점에 보고되어야 할 것이다. 기간별 보고의 가정이란 기업실체의 존속기간을 일정한 기간단위로 분할하여 각 기간별로 재무제표를 작성하는 것을 말한다. 기업실체의 이해관계자는 지속적으로 의사결정을 해야 하므로 적시성이 있는 정보가 필요하게 된다. 이러한 정보수요를 충족시키기 위하여 기간별 보고가 도입될 필요가 있다. 기업실체의 존속기간을 일정한 회계기간 단위로 구분하고 각 회계기간에 대한 재무제표를 작성하여 기간별로 재무상태, 경영성과, 현금흐름, 자본변동 등에 대한 정보를 제공하게 된다. 기업실체의 회계기간을 정함에 있어서 회계기간의 장·단기에 따라 발생할 수 있는 정보의 목적적합성과 신뢰성 간의 절충이 필요한지를 고려하여야 한다. 기업의 기본적인 속성인 계속기업을 전제로 경영활동이 지속되므로 기업의 일정한 시점의 재무상태나 일정기간의 경영성과를 파악하기 위해서 경영활동에 따른 보고를 위해 인위적으로 설정한 기간을 회계기간이라고 하며 일반적으로 통상 1년을 기준으로 하고 있다.

### ■ 회계정보보고서

재무제표는 기업경영활동 결과에 대한 재무보고서로서 각 회계기간별로 회계기간 말 현재의 재무상태에 관한 정보를 나타내는 재무상태표와 회계기간 동안의 경영성과에 관한 정보를 나타내는 포괄손익계산서가 있다. 또한 회계기간 동안의 현금흐름에 관한 정보를 나타내는 현금흐름표와 자본의 변동에 관한 자본변동표가 있다.

기업이나 국가기관 등의 각 조직에서 그 조직의 목적을 달성하기 위하여 조직의 자원으로 여러 가지 활동을 수행하는데, 조직이 활용한 자원이 조직목적

**그림 1-6** 회계정보보고서

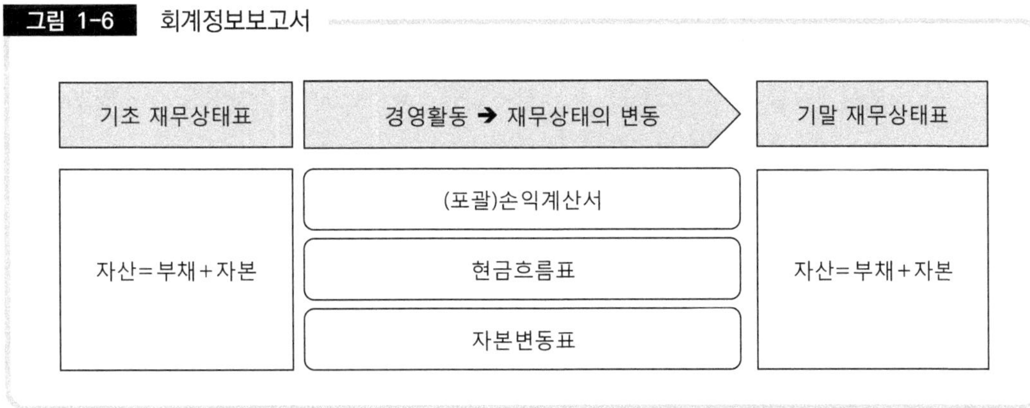


에 부합하게 효율적·효과적으로 사용되었는지에 대한 결과를 이해관계자들에게 보고할 의무가 있다. 특히 영리목적 기업조직의 최고경영자는 경영활동에 투입된 자원과 그 결과로 발생한 수익, 그리고 이익이 얼마인지에 대한 경영활동결과에 대한 보고를 내부적으로는 이사회, 외부적으로는 주주, 채권자에게 보고해야 할 의무가 있다. 기업의 경영활동에 따른 회계거래를 인식·기록한 결과를 보고한 재무적인 보고서에는 재무상태표, 포괄손익계산서, 현금흐름표, 자본변동표, 주석 등이 있다.

오늘날 모든 조직에 있어서 활동에 사용된 자금 등의 경제적 자원을 사용한 것에 대한 보고는 당연히 이루어져야 한다. 특히 영리를 목적으로 주주나 채권자로부터 자금을 조달하여 운용하는 기업의 경우에는 자금조달과 운용결과에 대한 내용을 정리한 재무보고서를 반드시 제출하고 공시하여야 한다.

아래에 더나은미래㈜의 사례를 통하여 재무상태의 변화를 나타내는 자산, 부채, 자본의 집계표와 경영성과를 나타내는 수익과 비용의 집계표에 대한 내용을 살펴본다.

### 예제 1-1

더나은미래주식회사이 202×년 1월 1일부터 동년 1월 31일까지의 다음과 같은 경영활동 내용에 대하여 자산, 부채, 자본의 집계표, 수익과 비용 집계표를 작성하세요.

(1) 전년 말 재무상태표 금액

| | | | | | |
|---|---|---|---|---|---|
| 현금 | ₩400,000 | 상품 | ₩400,000 | 소모품 | ₩100,000 |
| 외상매출금 | ₩100,000 | 외상매입금 | ₩200,000 | 차입금 | ₩200,000 |
| 자본금 | ₩600,000 | | | | |

(2) 1월 중의 경영활동에 따른 재무상태 증감변화, 수익과 비용이 발생한 내역이다.

| | |
|---|---|
| 7일 | 원가 ₩150,000원의 상품을 ₩250,000에 매출하고 대금의 50%는 현금, 나머지는 외상으로 하다. |
| 9일 | 상품 ₩500,000을 매입하고 대금 중 ₩300,000원은 현금으로 지급하고 잔액은 외상으로 하다. |
| 10일 | 외상매입금 중 ₩200,000을 현금으로 지급하다. |
| 12일 | 수탁받은 상품을 판매하고 수수료 ₩100,000을 현금으로 받다. |
| 15일 | 원가 ₩500,000의 상품을 ₩700,000에 매출하고 대금은 현금으로 받다. |
| 20일 | 통신요금 ₩100,000을 현금으로 납부하다. |
| 25일 | 종업원 급여 ₩200,000을 현금으로 지급하다. |
| 31일 | 차입금 중 ₩100,000를 상환하고 이자 ₩10,000을 지급하다 |

**풀이**

자산, 부채, 자본 집계표

(단위: 천원)

| 구분 | 자산 | | | | 부채 | | 자본 |
|---|---|---|---|---|---|---|---|
| | 현금 | 외상매출금 | 상품 | 소모품 | 외상매입금 | 차입금 | 자본금 |
| 1일 1일 | 400 | 100 | 400 | 100 | 200 | 200 | 600 |
| 1월 7일 | 125 | 125 | −150 | | | | |
| 1월 9일 | −300 | | 500 | | 200 | | |
| 1월 10일 | −200 | | | | −200 | | |
| 1월 12일 | 100 | | | | | | |
| 1월 15일 | 700 | | −500 | | | | |
| 1월 20일 | −100 | | | | | | |
| 1월 25일 | −200 | | | | | | |
| 1월 31일 | −110 | | | | | −100 | |
| 합계 | 415 | 225 | 250 | 100 | 200 | 100 | 690 |

더나은미래㈜는 1월 1일에 현금이 400,000원, 외상매출금이 100,000원, 상품 400,000원, 소모품 100,000원의 자산을 가지고 있다. 이 자산은 자기자본 600,000

원, 차입금 200,000원, 외상매입금 200,000원의 부채와 자본으로 인하여 확보한 것이다. 1월에 발생한 거래로 인하여 현금의 유입과 유출이 발생하였고, 월말현금은 15,000원 증가한 415,000원, 월말외상매출금은 125,000원 증가한 225,000원, 월말상품은 150,000원 감소한 250,000원, 소모품은 변동 없이 100,000원이다. 외상매입금은 변동 없이 200,000원, 차입금은 100,000원 감소한 100,000원, 자본은 90,000원 증가한 690,000원이다. 자본이 90,000원이 증가한 사유는 1월에 발생한 수익 400,000원에서 이 수익을 창출하기 위해 지출된 비용 310,000원을 차감하고 남은 것인 90,000원의 이익이 발생하였기 때문이다. 기업의 경영활동에 따라 자산, 부채, 자본의 변동이 발생하게 되고 기말자본과 기초자본의 차이를 비교한 결과, 그 증감은 곧 이익의 증감을 의미하며 자기자본이 증가한 원인에 해당하는 것으로 수익에서 비용을 차감하고 남은 순이익과 같게 된다.

수익, 비용 집계표

(단위: 천원)

| 구분 | 수익 | | 비용 | | | | 자본의 증감 |
|---|---|---|---|---|---|---|---|
| | 상품매매익 | 수입수수료 | 매출원가 | 급여 | 통신비 | 지급이자 | |
| 1월 7일 | 250 | | 150 | | | | 100 |
| 1월 12일 | | 100 | | | | | 100 |
| 1월 15일 | 700 | | 500 | | | | 200 |
| 1월 20일 | | | | | 100 | | −100 |
| 1월 25일 | | | | 200 | | | −200 |
| 1월 31일 | | | | | | 10 | −10 |
| 합계 | 950 | 100 | 650 | 200 | 100 | 10 | 90 |

수익과 비용은 자산, 부채의 증감 변화를 초래하고 결과적으로는 자본이 증감이 발생하게 된다. 위 자산, 부채, 자본의 집계표를 살펴보면 1월 1일 자본이 ₩600,000이었으나 1월 31일 자본은 ₩690,000으로 ₩90,000만큼 증가하였다. 이것은 수익과 비용의 집계표에서 수익은 자본을 증가시키고 비용은 자본을 감소시키므로 순이익이 ₩90,000이 발생한 것이고 그 결과 자본이 ₩90,000만큼 증가하게 된 것이다.

기업은 회계기간(1년) 동안 경영활동을 통하여 자산, 부채, 자본의 증감과 더불어 수익과 비용이 발생하는 거래로 인해 순자산이 증가하거나 감소하고 손익이 발생하게 된다.

## 확 · 인 · 문 · 제

※ 각 문항의 설명 중 옳은 것에는 T, 틀린 것에는 F를 하시오.

1. 회계의 목적은 기업의 이해관계자(CEO/임직원, 주주, 채권자, 정부 등)에게 의사결정에 필요한 재무적 정보를 제공하는 데 있다. ( )

2. 회계에서는 기업의 경영활동을 영업활동, 투자활동, 재무활동으로 구분하고 투자활동은 영업활동에 필요한 자산을 확보하거나 처분하는 활동으로 한정된다. ( )

3. 기업의 경영활동계획을 화폐적 숫자로 표시한 것이 예산이고 이것을 종합하여 작성한 재무보고서로 추정(예산)재무제표를 작성하게 된다. ( )

4. 재무회계는 주로 CEO 등 내부이해관계자에게, 원가/관리회계는 주주 등 외부관계자에게 유용한 정보를 제공하는 것을 목적으로 하며, 재무회계는 회계기준에 따라 회계처리하고 회계감사를 받아야 한다. ( )

5. 기업외부이해관계자에게 제공되는 재무적 회계정보는 신뢰성이 매우 중요하며 이를 위해 회계기준과 회계감사 등의 제도적 장치가 있다. ( )

6. 경영자는 기업에 경제적 자원을 제공해 준 이해관계자를 대신하여 기업을 책임 있게 경영하는 수탁책임이 있고 수탁책임의 이행 결과를 회계적으로 보고해야 하는 회계책임(accountabilities)이 있다. ( )

7. 국제회계기준(IFRS: International Financial Reporting Standards)에서는 연결재무제표를 주재무제표로 작성하며 자산과 부채를 역사적 원가로 측정하여 기재한다. ( )

8. 회계거래가 발생하여 계정에 기록할 때 반드시 한 개 이상의 차변(왼편)과 이에 대응하는 한 개 이상의 대변(오른편)에 동일한 금액이 이중으로 기록되는데 이와 같은 기록방법을 복식부기라 한다. ( )

9. 기업은 계속적으로 존재하는 것을 기본 전제로 하고 있으므로 정기적인 회계보고를 위해서는 인위적으로 기간을 나누어 회계기간을 설정하여 특정시점의 경영성과와 일정기간의 재무상태 등을 보고하게 된다. (      )

10. 비상장기업의 회계는 '일반적으로 인정된 회계원칙'에 따라서 처리하여야 하며 기업의 주요한 핵심 3대 재무제표는 재무상태표, 손익계산서, 현금흐름표이다. (      )

11. 기업의 경영활동에 따른 거래정보를 사실대로 인식하여 투명하게 회계처리하지 않고 매출액을 과다하게 부풀리거나 부실매출채권을 비용처리하지 않는 등과 같은 회계처리를 분식회계(cosmetic accounting)라 한다. (      )

12. 기업에서 원재료를 구매하고 제품을 생산하여 완성된 제품을 판매하는 영업활동과정에서 유동자산의 증감과 비유동부채의 증감이 발생하게 된다. (      )

13. 기업의 영업활동에 필요한 자산 및 금융자산을 취득하거나 처분하는 투자활동과정에서 비유동자산과 비유동부채가 발생한다. (      )

14. 기업의 영업활동이나 투자활동에 필요한 자금을 차입하거나 주식을 발행하여 자금을 조달하며 차입금을 상환하는 재무활동을 통하여 비유동부채와 납입자본이 발생한다. (      )

15. 관리회계는 경영자를 위한 회계로서 의사결정에 필요한 미래정보를 제공하며 보고형식이나 보고서 작성의 요구되는 관리회계기준이 있다. (      )

---

**▮해답** 1. T 2. F 3. T 4. F 5. T 6. T 7. F 8. T 9. F 10. T 11. T 12. F 13. F 14. T 15. F

## 실 · 습 · 문 · 제

**1.** 기업경영활동, 즉 영업활동, 투자활동, 재무활동과 관련된 회계활동을 구체적 사례를 들어서 설명하세요.

(1) 재무활동

(2) 투자활동

(3) 영업활동

**2.** 재무보고정보의 신뢰성과 기업회계기준－회사감사－회계공시 3가지 요소들의 상호 관련성에 대하여 설명하고 분식회계에 의한 재무보고서 때문에 파생되는 문제점을 사례를 들어 설명하세요.

(1) 재무보고정보의 신뢰성과 "회계기준－회계감사－회계공시" 상호 관련성

(2) 분식회계에 의한 재무보고서의 파생문제점

**3.** 더나은미래㈜의 202×년 1월 1일부터 동년 1월 31일까지의 다음과 같은 경영활동 내용에 대하여 자산, 부채, 자본의 집계표, 수익과 비용발생 집계표를 작성하세요.

(1) 전년도 말 재무상태표 잔액

| | | | | | |
|---|---|---|---|---|---|
| 현금 | ₩700,000 | 상품 | ₩1,000,000 | 매출채권 | ₩300,000 |
| 선급비용 | 200,000 | 대여금 | 500,000 | 사무용기기 | 500,000 |
| 매입채무 | 500,000 | 선수금 | 700,000 | 차입금 | 1,000,000 |
| 자본금 | 1,000,000 | | | | |

(2) 202× 상반기 동안 경영활동에 따른 재무상태 증감변화, 수익과 비용이 발생한 내역이다.

| | |
|---|---|
| 1월 10일 | 원가 ₩400,000원의 상품을 ₩600,000에 매출하고 대금은 현금으로 받다. |
| 1월 20일 | 상품 ₩500,000을 매입하고 대금 중 ₩300,000원은 현금으로 지급하고 나머지는 외상으로 하다. |
| 1월 30일 | 외상매입금 중 ₩200,000을 지급하다. |

| | |
|---|---|
| 2월 10일 | 상품판매에 대한 컨설팅용역을 수행하고 수수료 ₩1,000,000을 현금으로 받다. |
| 3월 10일 | 사무용기기 ₩100,000을 외상으로 구매하다. |
| 3월 15일 | 원가 ₩700,000의 상품을 ₩1,000,000에 매출하고 대금은 현금 ₩700,000을 받고 나머지는 외상으로 하다. |
| 3월 25일 | 3개월 급여 ₩1,000,000을 지급하다. |
| 3월 30일 | 차입금에 대한 이자 ₩100,000을 현금으로 지급하다. |

## ▎실습문제 풀이

1~2. 교재이 설명 참조.

3.

자산, 부채, 자본 집계표

(단위: 천원)

| 구분 | 자산 | | | | | | 부채 | | | | 자본 |
|---|---|---|---|---|---|---|---|---|---|---|---|
| | 현금 | 매출채권 | 상품 | 선급비용 | 대여금 | 사무기기 | 매입채무 | 선수금 | 미지급금 | 차입금 | 자본금 |
| 1/1 | 700 | 300 | 1,000 | 200 | 500 | 500 | 500 | 700 | | 1,000 | 1,000 |
| 1/10 | 600 | | (400) | | | | | | | | 200 |
| 1/20 | (300) | | 500 | | | | 200 | | | | |
| 1/30 | (200) | | | | | | (200) | | | | |
| 2/10 | 1,000 | | | | | | | | | | 1,000 |
| 3/10 | | | | | | 100 | | | 100 | | |
| 3/15 | 700 | 300 | (700) | | | | | | | | 300 |
| 3/25 | (1,000) | | | | | | | | | | (1,000) |
| 3/30 | (100) | | | | | | | | | | (100) |
| 합계 | 1,400 | 600 | 400 | 200 | 500 | 600 | 500 | 700 | 100 | 1,000 | 1,400 |

수익, 비용 집계표

(단위: 천원)

| 구분 | 수익 | | 비용 | | | 자본의 증감 |
|---|---|---|---|---|---|---|
| | 상품매매익 | 수수료수익 | 매출원가 | 급여 | 이자비용 | |
| 1월 10일 | 600 | | 400 | | | 200 |
| 2월 10일 | | 1,000 | | | | 1,000 |
| 3월 15일 | 1,000 | | 700 | | | 300 |
| 3월 25일 | | | | 1,000 | | (1,000) |
| 3월 30일 | | | | | 100 | (100) |
| 합계 | 1,600 | 1,000 | 1,100 | 1,000 | 100 | 400 |

# 제 2 장

# 재무상태표 및 손익계산서

1. 재무상태표
2. 손익계산서

# 1 재무상태표

## 1.1 재무상태표(Statement of Financial Position)의 구성

재무상태표는 일정한 시점에서 기업이 보유하고 있는 자산, 부채, 자본의 상태인 재무상태를 나타내는 보고서이다. 기업의 경영활동에 필요한 자금의 조달 원천은 자본(자기자본), 부채(타인자본)의 두 가지 수단이 있다. 이렇게 조달된 자금으로 기계설비, 원재료 구매 등 자산을 확보하여 제품이나 서비스를 생산하게 되고 판매과정을 통하여 이익을 창출하여 회수하게 된다. 기업에서 조달한 자금과 조달된 자금을 운용한 결과는 항상 일치하므로 재무상태표 대변의 자금의 조달(타인자본과 자기자본)과 차변의 자금의 운용(자산)은 반드시 일치하게 된다. 재무상태표등식 혹은 회계등식은 재무상태표의 차변 자산의 합계와 대변 부채와 자본의 합계가 같다는 것이다.

> 회계등식(재무상태표등식)
> 자산 = 부채 + 자본

기업은 영업활동을 통하여 자산을 효율적이고 효과적으로 운영하여 이익을 창출하는 조직으로, 새로운 부가가치를 창출하여 발생된 이익은 자기자본의 증가를 가져오게 된다. 재무상태표 증감의 원인으로서 수익과 비용을 비교하여 그 차이가 손익이 된다. 영업활동을 하면서 유동자산의 증감 변동과 유동부채의 증감 변동이 발생하게 된다. 기업의 영업활동을 통해 제품을 생산하기 위해서 원재료를 외상으로 구매한 경우 원재료라는 유동자산이 증가하고 매입채무라는 유동부채가 발생하며, 완성된 제품을 판매하면 매출이라는 수익이 발생되고 현금이나 매출채권이라는 유동자산이 발생하게 되어 각각 재무상태표에 표시하게 된다.

**그림 2-1** 재무상태표

| 차변 | 대변 |
|---|---|
| 〈자산〉<br>유동자산<br>비유동자산 | 〈부채〉<br>유동부채<br>비유동부채<br>〈자본〉<br>(자기자본) |
| 자산총계<br>(자금의 유용) | 부채와 자본총계<br>(자금의 조달) |

투자활동을 통하여 기계설비나 공장건물, 정보시스템 등 영업활동에 필요한 유·무형자산을 확보한 경우 비유동자산으로 재무상태표에 표시하게 된다. 재무활동을 통하여 영업활동과 투자활동에 필요한 자금을 조달하거나 운용하였을 경우 차입금이나 자본금이 확보되어 재무제표상의 비유동부채나 자본으로 표시되게 된다. 자산은 미래에 경제적 이익을 창출할 수 있는 유·무형의 자원으로서 경제적인 가치가 있는 재화나 권리를 의미한다. 자산은 1년 이내에 현금화할 수 있는 유동자산과 현금화에 1년 이상 소요되는 비유동자산으로 나눌 수 있다.

부채는 기업의 경제적 자원이 유출되어 이행될 것으로 기대되는 현재의 의무로 기업이 현재시점에 부담해야 할 경제적 의무를 의미한다. 부채는 1년 이내에 현금을 지급해야 하는 유동부채와 현금지급기간이 1년 이상인 비유동부채로 나눌 수 있다. 자본은 기업의 총자산에서 총부채를 차감한 순자산으로 주주의 지분을 의미한다. 자본은 주주가 회사의 주식을 인수하고 납입한 자금인 법정자본금, 주식거래에 의하여 발생한 자본잉여금, 손익거래에 의해 생긴 이익잉여금, 당기순손익에 속하지 않는 유형자산재평가이익 등과 같은 기타포괄손익 등이다.

재무상태표는 보고서형식이나 약식(T)형 재무상태표로 작성할 수 있으며, 약식형 재무상태표의 대변에는 부채와 자본, 차변에는 자산을 기재하고, 자산과 부채 및 자본의 합계는 항상 일치하게 된다.

**예제 2-1**

더나은미래㈜의 재무상태표 계정의 잔액정보를 활용하여 T형 재무상태표를 작성하세요.

| | | | | | |
|---|---:|---|---:|---|---:|
| 현금 | ₩400,000 | 매출채권 | ₩150,000 | 재고자산 | ₩100,000 |
| 미수금 | ₩100,000 | 선급비용 | ₩50,000 | 건물 | ₩1,000,000 |
| 기계장치 | ₩300,000 | 매입채무 | ₩100,000 | 미지급비용 | ₩200,000 |
| 차입금 | ₩1,000,000 | 자본금 | ₩800,000 | | |

**풀이**

재무상태표

(202×년 1월 1일 현재)

| | | | |
|---|---:|---|---:|
| 현금 | 400,000 | 매입채무 | 100,000 |
| 매출채권 | 150,000 | 미지급비용 | 200,000 |
| 미수금 | 100,000 | 차입금 | 1,000,000 |
| 선급비용 | 50,000 | | |
| 재고자산 | 100,000 | 자본금 | 800,000 |
| 기계장치 | 300,000 | | |
| 건물 | 1,000,000 | | |
| 자산총계 | 2,100,000 | 부채 및 자본총계 | 2,100,000 |

## 1.2 자산(Assets)

자산이란 기업에 의해 현재 지배되고 미래의 경제적 효익을 창출할 것으로 기대되는 자원이다. 미래의 경제적 효익이란 직접 또는 간접적으로 기업의 미래현금흐름 창출에 기여하는 잠재력을 말한다. 자산은 거래라고 불리는 특정사건의 결과로 획득되고 미래의 경제적 효익을 가지고 있는 재산이나 권리에 한정되며, 경제적 자원으로 기업이 소유하고 있는 유형·무형의 유가치물이다. 자산에는 현금과 같은 유동자산(currenct assets)과 토지·기계 또는 비품 등과 같은 비유동자산(non-current assets)이 있다. 기업에서의 자산은 일반적으로 고객의 요구를 충족시킬 수 있는 재화 및 용역의 생산에 활용된다. 생산된 재화 및 용역에 대하여 고객은 그 대가를 지급하게 되고 이로부터 기업의 현금흐름이 창출된다. 또한 자산은 다른 자산과의 교환 또는 부채의 상환에 사용되거나 소유주에 대한 분배에 사용될 수 있다. 현금은 그 자체로서 다른 자산에 대한 구매력을 통하여 기업실체에 경제적 효익을 제공한다.

### ▪ 유동자산(Current Assets)

고정자산에 대응되는 개념으로 1년 이내에 환금할 수 있는 자산으로, 현금이나 예금, 단기매매 목적의 금융상품, 매출채권, 재고자산, 상품, 제품, 원재료 등이 있다.

**표 2-1** 유동자산

| 자산 분류 | 해 석 |
|---|---|
| 현금 및 현금성자산 | 통화 및 통화대용증권(자기앞수표, 당좌수표 3개월내 만기 금융상품) |
| 단기금융상품 | 금융기관에서 취급하는 단기상품(1년 이내 만기 정기예금, 정기적금 등) |
| 당기손익-공정가치측정 금융자산 | 타사 발행 주식이나 채권 등의 여유자금의 활용 상품 |
| 단기대여금 | 상대방에게 대여한 금전에 대한 채권 |
| 재고자산 | 기업의 영업활동과정에서 판매나 제조 목적으로 보유하고 있는 자산(상품, 원재료, 재공품, 제품 등) |
| 외상매출금 | 상품이나 제품을 외상으로 판매한 대금을 수취할 권리 |
| 받을어음 | 상품이나 제품을 판매하고 받은 약속어음 |
| 매출채권 | 상거래에서 발생한 외상매출금과 받을어음의 합계액 |
| 미수금 | 상품 이외의 각종 물품의 거래에서 발생한 미수채권 |
| 미수수익 | 결산 시 계상되는 수익의 미수액(미수이자, 미수임대료 등) |
| 선급금 | 상품이나 원재료 등의 매입계약을 하고 계약금으로 미리 지급한 금액 |
| 선급비용 | 결산 시 계상되는 비용의 차기 이월분(선급보험료, 선급이자 등) |
| 기타당좌자산 | 미수금, 미수수익, 선급금, 선급비용의 합계액 |

### ■ 비유동자산(Non-Current Assets)

재무제표 작성일로부터 현금화하려면 1년 이상의 시간이 필요한 각종 자산을 비유동자산이라 한다. 예를 들어, 부동산을 현금화하기 위해서는 많은 시간이 소요되며 경기가 좋지 않다면 일정 기간 이내에 팔리지 않을 수도 있다. 비유동자산은 투자자산(long-term assets), 유형자산(tangible assets), 무형자산(intangible assets), 기타비유동자산(other non-current assets)으로 구분할 수 있다.

투자자산은 비유동자산 중에서 기업의 영업활동 이외의 장기간에 걸쳐 투자이익을 얻을 목적으로 보유하고 있는 자산이다

**표 2-2** 투자자산

| 자산 분류 | 설 명 |
|---|---|
| 투자부동산 | 상거래 목적이 아닌 투자목적으로 보유하거나 영업활동에 사용하지 않는 토지, 건물 및 기타의 부동산 |
| 기타포괄손익-공정가치측정 금융자산 | 유가증권 중 단기매매증권과 만기보유증권, 지분법적용투자주식으로 분류되지 않는 것(구 매도가능증권) |
| 상각후원가측정 금융자산 | 만기가 확정된 채무증권으로 상환금액이 확정되었거나 확정이 가능하고 만기까지 보유할 적극적인 의도와 능력이 있는 것(구 만기보유증권) |
| 지분법적용투자주식 | 피투자회사에 중대한 영향력을 행사할 수 있는 주식으로 지분법 평가 대상의 것 |
| 장기금융상품 | 정기예금, 정기적금 및 기타 정형화된 금융상품으로 만기가 결산일로부터 1년 이상인 것 |
| 장기대여금 | 유동자산에 속하지 않는 대여금으로 대여기간이 결산일로부터 1년 이상인 것 |

유형자산은 비유동자산 중에서 기업의 영업활동과정에서 장기간에 걸쳐 사용되어 미래의 경제적 효익이 기대되는 유형의 자산을 말한다.

**표 2-3** 유형자산

| 자산 분류 | 설 명 |
|---|---|
| 토지 | 영업활동에 사용되는 땅 |
| 건물 | 영업활동에 사용되는 공장, 사무실, 창고 등 |
| 구축물 | 영업활동에 사용되는 교량, 저수지, 갱도, 상하수도 등 |
| 기계장치 | 영업활동에 사용되는 기계장치, 생산설비 등 |
| 차량운반구 | 영업활동에 사용되는 승용차, 트럭, 오토바이 등 |
| 비품 | 영업활동에 사용되는 컴퓨터, 에어컨, 프린터, 책상 등의 집기 |
| 사무용기기 | 영업활동에 사용하는 컴퓨터, 프린터, 복사기, 팩스 등 |
| 건설중인자산 | 영업활동에 사용할 목적으로 건설중인 아직 완공되지 않은 자산 |

무형자산은 기업의 영업활동과정에서 장기간에 걸쳐 사용됨에 따라 미래의 경제적 효익이 기대되는 자산으로, 유형자산과 달리 물리적 형태가 없는 무형의 자산이다.

**표 2-4** 무형자산

| 자산 분류 | 설 명 |
|---|---|
| 영업권 | 통상적으로 동종기업에 비해 초과수익력을 가지는 경우의 초과되는 수익 |
| 개발비 | 신기술, 신제품 개발을 위한 비용으로 미래의 경제적 효익을 확실하게 기대할 수 있는 것 |
| 산업재산권 | 일정기간 독점적·배타적으로 이용할 수 있는 권리로서 특허권, 실용신안권, 디자인권, 상표권, 상호권 및 상품명 등 |
| 기타무형자산 | 라이선스와 프랜차이즈, 저작권, 컴퓨터 소프트웨어, 임차권리금, 광업권, 어업권 등 |

기타비유동자산은 투자자산, 유형자산, 무형자산에 속하지 않는 비유동자산으로 임차보증금, 전세권, 장기성 받을어음, 장기외상매출금, 장기선급비용, 장기선급금이나 장기미수금 등이 있다.

## 1.3 부채(Liabilities)

부채는 과거 사건의 결과로 발생하였으며, 경제적 효익이 내재된 자원이 기업으로부터 유출됨으로써 이행될 것으로 기대되는 현재의 의무이다. 부채의 분류요건으로 현재의무가 있어야 하며, 과거의 거래나 다른 사건에서 발생한 것이어야 한다. 신용으로 재화를 구입하였거나 용역을 제공받은 경우 매입채무가 발생하며 은행대출을 받은 경우에는 상환의무가 발생한다. 의무란 계약, 법령 등으로 실행하거나 수행해야 할 책무 또는 책임을 말하는 것이다. 부채는 과거의 거래나 사건의 결과로 현재 기업실체가 부담하고 있고 미래에 자원의 유출 또는 사용이 예상되는 의무이다. 일반적으로 부채의 액면금액은 확정되어 있지만 제품보증을 위한 충당부채와 같이 그 측정에 추정을 요하는 경우도 있다. 예를 들면, 제품보증충당부채와 같이 이미 제공한 재화 및 용역에 대한 대가의 지급의무나 제품보증기간 후에 발생하는 하자에 대해서도 보수해주기로 방침을 정한 경우 품질보증기간이 경과한 후에 지출될 것으로 예상되는 금액을 충당부채로 인식할 수 있다. 부채는 1년 이내에 상환해야 하는 유동부채와 상환기한이 1년 이상인 비유동부채로 구분할 수 있다.

### ■ 유동부채(Current Liabilities)

상품구매 대금이나 단기차입금과 같이 기업이 1년 이내에 상환해야 하는 의무를 갖는 부채이다.

**표 2-5** 유동부채

| 자산 분류 | 설 명 |
|---|---|
| 단기차입금 | 금융기관이나 제3자로부터 차입한 자금으로 1년 이내에 상환해야 하는 채무를 의미한다. |
| 매입채무 | 영업활동과정에서 상품이나 원재료 등을 구매하고 대금을 지급하지 않은 채무로서 외상매입금과 지급어음을 말한다. |
| 미지급금 | 비품 구매 후 대금 미지급과 같이 영업활동 이외의 거래에서 발생하는 채무 |
| 선수금 | 상품매매계약 체결 후 받은 계약금 등으로 상거래에서 미리 수취한 금액이다. |
| 예수금 | 매월 종사원에게 급여 지급 시 사전 공제되는 원천징수세액, 건강보험료, 국민연금과 같은 보관금이다. |
| 미지급비용 | 임차료, 통신비 등 각종 비용에 대한 미지급금액이다. |

■ 비유동부채(Non-Current Liabilities)

사채, 장기차입금과 같이 부채 중에서 상환일이 1년 이후에 도래하는 부채이다.

**표 2-6** 비유동부채

| 자산 분류 | 설 명 |
|---|---|
| 장기매입채무 | 영업활동과정에서 발생한 채무로서 지급기한이 1년 이상인 외상매입금과 지급어음을 말한다. |
| 장기차입금 | 금융기관이나 제3자로부터 빌린 자금으로 상환기한이 1년 이상인 채무를 의미한다 |
| 사채 | 기업의 장기자금을 조달하기 위하여 사채라고 하는 유가증권을 발행하여 불특정다수로부터 대규모로 차입하는 자금 |
| 퇴직급여충당부채 | 종사원이 퇴직할 때 지급하여야 할 퇴직금에 충당하기 위하여 퇴직금 상당액을 각 사업연도 비용으로 계상한 경우, 일정 한도 내의 금액을 비용으로 인정하는 부채성 충당금 |
| 이연법인세 | 회계상의 이익과 과세표준의 차이가 일시적일 경우 그 차이로 인한 세금효과를 이연하는 것을 말하는데, 법인세법상 납부해야 할 금액이 법인세비용을 초과하는 경우 그 초과하는 금액이 이연법인세자산, 법인세비용이 법인세법상 납부하여야 할 금액을 초과하는 경우 그 초과하는 금액이 이연법인세부채 |
| 임대보증금 | 임대차 특히 건물의 임대차를 체결할 때에 임대차계약상의 채무를 담보하기 위하여 임대인에게 교부하는 금전 |

## 1.4 자본(Equity)

자본은 기업의 자산 총액에서 부채 총액을 차감한 순자산으로서 기업의 자산에 대한 소유주의 잔여재산청구권을 의미한다. 주식회사의 경우 소유주는 주주이므로 주주지분은 자본과 동의어로 사용된다. 자본(equity)이란 주주로부터 조달된 자금으로 주식시장에서 주식을 발행하여 자금을 조달한다. 일반적으로 채권자 지분을 타인자본, 부채라 하고, 주주지분을 자기자본, 자본이라고 한다. 재무상태표에 표시되는 자본에 대해서 한국채택국제회계기준에서 언급하고 있는 내용에 의하면 자본은 법정자본과 잉여금으로 구분되며, 법정자본(legal capital)은 자본금(capital stock)이라고도 불리는 것으로 채권자를 보호하기 위해서 회사가 보유하여야 할 최소한의 기준액을 의미하고 잉여금(surplus)은 전체 주주지분 중 법정자본인 자본금을 초과하는 부분을 의미한다.

경제적 관점에서 자본의 분류는 납입자본과 유보이익(이익잉여금)으로 나누고 납입자본(paid-in capital)은 주주가 기업에 납입한 금액으로 자본금에 주식발행초과금을 가산하거나 주식할인발행차금을 차감한 금액으로 나타낸다. 유보이익(earned capital)이나 이익잉여금(retained earnings)은 기업활동에 의해 창출된 이익 중에서 사외로 유출되지 않고 사내에 유보된 부분을 의미한다.

**표 2-7** 자 본

| 분류 | 설 명 |
|---|---|
| 자본금 | 주주가 인수한 주식수에 액면금액을 곱한 금액 |
| 자본잉여금 | 주식발행초과금, 감자차익, 자기주식 처분이익이 발생했을 때와 같이 영업활동이 아닌 자본거래에서 발생한 잉여금 |
| 이익잉여금 | 기업활동에 의해 창출된 이익 중에서 사외로 유출되지 않고 사내에 유보된 부분 |
| 기타포괄손익누계액 | 재무상태표일 현재의 기타포괄손익의 잔액으로 당기순이익에 포함되지 않는 평가손익의 누계액이다. |
| 자본조정 | 자기주식, 주식할인발행차금, 감자차손, 자기주식처분손실과 같이 자본거래에 해당하나 최종 납입된 자본으로 볼 수 없거나 자본의 차감 성격으로 자본금이나 자본잉여금으로 분류할 수 없는 항목 |

# 2 손익계산서

## 2.1 (포괄)손익계산서의 의의

손익계산서는 기업의 경영성과를 나타내는 보고서로서 일정한 기간 동안에 기업에서 생산한 제품이나 서비스의 판매 등에 따른 수익과 이에 수반되어 발생하는 비용을 차감하고 남은 순이익을 알 수 있게 하는 보고서이다. 기업이 한 회계기간에 발생한 수익과 비용을 기재하여 순손익을 계산, 확정하여야 한다는 당기업적주의에 의하여 손익계산서에는 당해 기간의 경영성과을 표시하는 데 관련된 손익항목만 계상하고 그 외의 항목은 별개의 계산서를 준비하여 일체의 손익항목을 기간손익과 기간외손익으로 구별하여 손익계산서에는 기간손익 항목만 계상하는 방법을 말한다.

반면에 포괄손익계산서(statement of comprehensive income)는 그 회계기간에 속하는 모든 수익과 이에 대응하는 모든 비용을 적정하게 표시하여 손익을 나타내는 회계문서를 말한다. 이는 기업의 경영성과를 명확히 하여 일정기간 동안 기업이 달성한 경영성과를 나타내는 보고서를 의미한다. 당해 회계기간의 경영성과를 나타낼 뿐만 아니라 기업의 미래현금흐름과 수익창출능력 등의 예측에 유용한 정보를 제공한다. 손익계산서는 순이익·매출액·매출원가 등의 정보와 이익창출능력을 보여주는 재무제표 중 하나로서 보통 1년을 단위로 작성하지만, 경우에 따라서는 반기 또는 분기로 작성할 수 있다.

손익계산서의 차변에는 그 회계기간에 속하는 모든 비용을 기록하며, 대변에는 그 회계기간에 속하는 모든 수익을 기록한다. 총수익에서 총비용을 차감한 금액인 당기순이익은 차변에 적어 차변과 대변의 합을 맞춘다.

**경영성과**

이익(profit) = 수익(revenue) − 비용(expense)

손익계산서는 보고서형식이나 약식(T)형으로 작성할 수 있으며, 약식형 손익계산서 대변에는 수익, 차변에는 비용을 기재하고 수익과 비용의 차이가 당기순손익이 된다.

**그림 2-2** 손익계산서

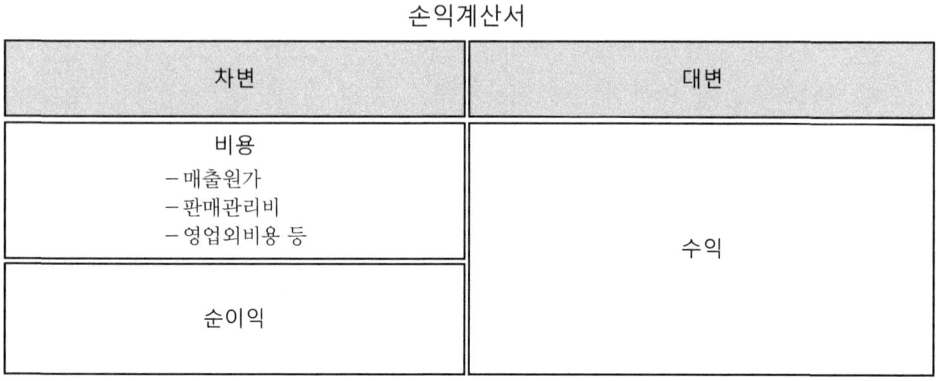


### ▪ 당기순이익

기업이 1년 동안 경영활동을 수행하여 발생한 수익에서 비용을 차감하고 남는 것이 당기순이익이다. 수익은 자본을 가산하는 항목이고 비용은 자본을 차감하는 항목이므로 기초자본에서 수익과 비용을 가감한 순이익이 기말자본이 된다([그림 2-3] 참조).

기업의 주수익원으로 제품 또는 서비스 판매에 따른 제품매출액이나 서비스 판매수익 등 영업수익과 이자수익, 배당수익 등의 영업외수익이 있다. 비용은 생산된 제품 또는 서비스가 판매되어 발생한 매출원가, 광고선전비, 감가상각비 등의 영업비용이 있으며 이자비용, 유형자산처분손실과 같은 영업외비용이 있다.

포괄손익계산서는 기존의 손익계산서와 달리 원칙주의와 포괄주의에 입각해 수익과 비용을 항목별로 구분표시하여 당기순이익을 산출한다. 수익은 대표적으로 매출액, 영업외수익으로 나눌 수 있으며, 비용은 대표적으로 매출원가, 판매비와 관리비, 영업외비용, 법인세비용으로 나눌 수 있다.

그림 2-3 당기순이익과 자본의 관계

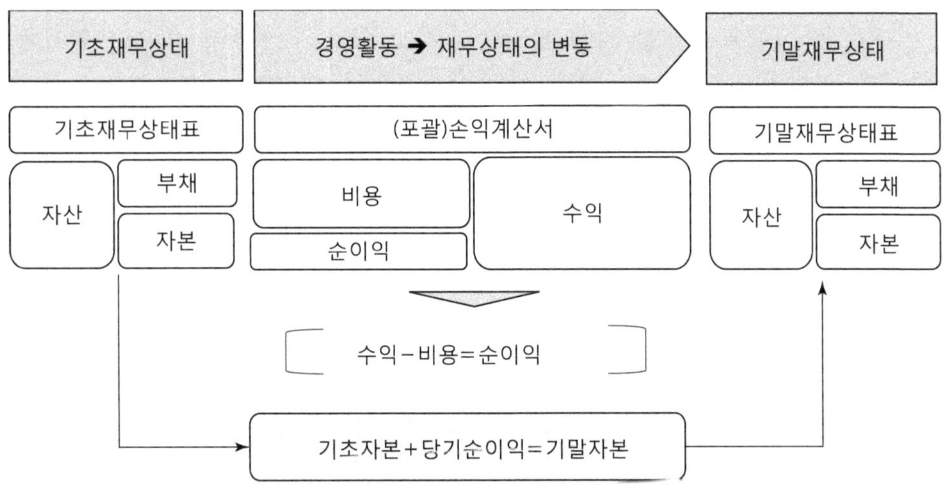


포괄손익계산서는 당기순손익 이외에 기타포괄손익 및 총포괄손익이 있다는 것이 기존의 손익계산서와의 차이점이다. 기타포괄손익은 건물 등 유형자산에 대한 재평가손익이 이에 해당되고, 당기순손익과 기타포괄손익을 합한 것이 총포괄손익이다.

- 매출총이익＝매출액－매출원가
- 영업이익＝매출총이익－판매비와 관리비
- 법인세비용차감전순이익＝영업이익＋영업외수이－영업외비용
- 당기순이익＝법인세비용차감전순이익－법인세비용
- 총포괄이익＝당기순이익＋기타포괄손익

## 2.2 수익과 비용

수익은 생산활동에 의해 가치가 형성된 재화나 용역을 제공함으로써 받는 대가로서 기업의 이익은 '수익－비용＝이익'의 관계에서 결정된다. 기업의 제품이나 서비스를 고객에게 판매함으로써 수익이 획득되고 그에 따라 수반되는

비용이 발생하게 되므로 기업은 가치적으로는 비용, 수익의 조직이라고도 한다. 기업은 비용을 수익으로 보상할 뿐만 아니라 비용 이상의 수익을 획득하는 것, 즉 이익을 실현할 것을 목적으로 하고 있다. 수익비용 대응의 원칙에 따르면 비용은 수익을 얻기 위해 소비되는 까닭에 그것을 부담하는 급부의 판매에 의해 회수되어야 한다는 인과관계가 인정된다. 이와 같이 생각하면 비용은 단순한 손실과는 구별되는 것이다. 수익과 비용은 수익과 비용 대응의 원칙에 따라 그 발생의 원천별로 분류하고, 각 수익항목과 이에 관련되는 비용항목을 대응 표시하여야 한다. 특정거래와 관련하여 발생한 수익과 비용은 동일한 회계기간에 인식한다.

### ■ 수익(Revenue)

기업의 수익은 영업활동으로부터의 영업수익(operating revenue)인 매출액(sales volume)과 영업활동 이외에서 발생하는 수익인 영업외수익(non-operating income)으로 크게 구분할 수 있다. 수익은 자산의 증가나 부채의 감소를 가져오고 결과적으로는 자본을 증가시키게 된다.

매출은 제품이나 상품 등을 판매하고 얻은 대가로서 판매가격과 판매수량에 의하여 산출된다. 영업외수익(non-operating income)은 기업의 주된 영업활동이

**그림 2-4** 수익과 자본의 관계

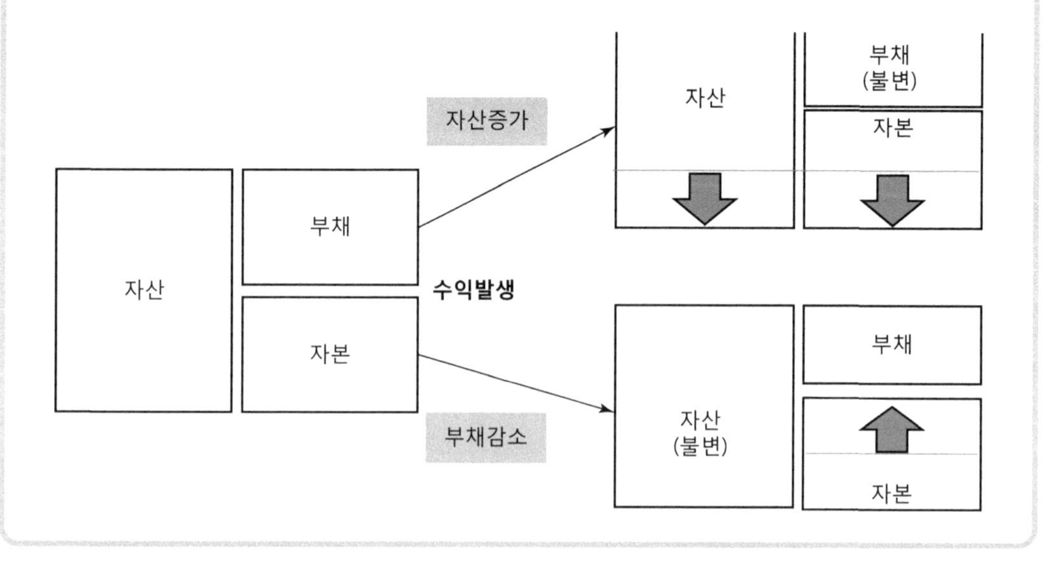

**표 2-8** 수 익

| 분 류 | 설 명 |
|---|---|
| 매출수익 | 제품 또는 상품의 판매에 따른 수익 |
| 이자수익 | 여유자금을 은행에 예치하고 받은 이자, 대여금 이자 등 |
| 임대료 | 토지, 건물, 설비 등을 타인에게 임대하고 받은 수익 |
| 배당금수익 | 다른 기업의 주식을 소유함에 따라 수령한 배당수익 |
| 단기금융상품처분이익 | 단기매매증권을 장부금액 이상으로 처분했을 때 그 차액 |
| 유형자산처분이익 | 영업용으로 사용하고 있던 유형자산을 장부금액 이상으로 처분했을 경우 그 차액 |
| 투자자산처분이익 | 투자자산을 장부금액 이상으로 처분했을 때 그 차액 |
| 잡수익 | 이미 설정된 영업외수익에 해당되지 않으며, 금액이 적고 발생횟수가 적은 것 |

아닌 활동으로부터 발생한 수익으로 이자수익, 임대료수익, 유형자산처분이익 등이 있다.

## ■ 비용(Expense)

비용이란 일정기간에 소비된 자산의 가치액으로 수익획득을 위해 소비된 자

**그림 2-5** 비용과 자본의 관계

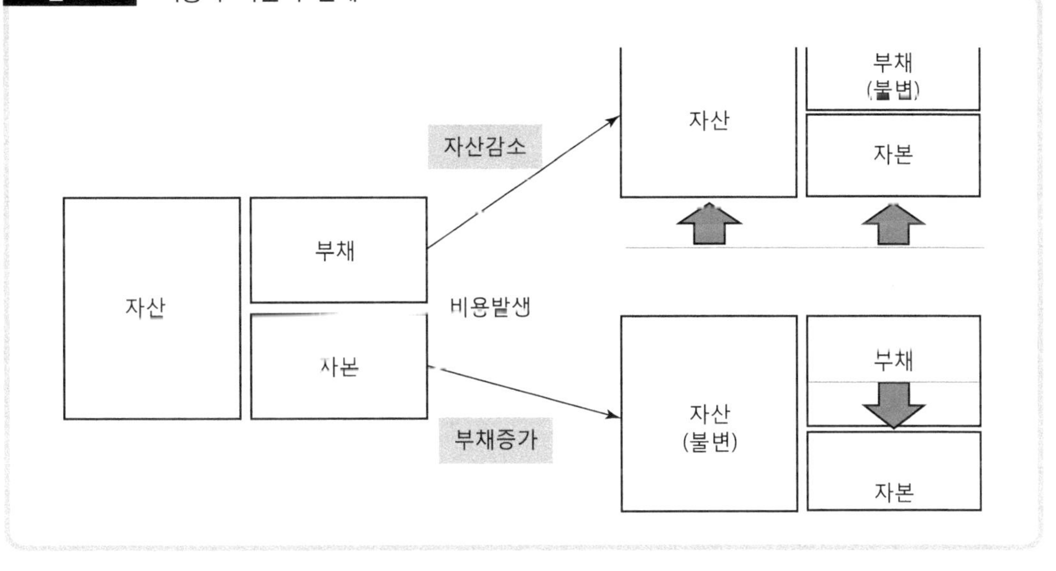

산의 가치희생 부분을 말하는 비용과 수익획득과 상관없는 자산의 가치소비액, 즉 손실을 포함한다. 비용은 자산의 감소나 부채의 증가를 초래하고 결과적으로 자본의 감소를 가져오게 된다.

비용은 크게 매출원가와 판매관리비 등의 영업비용과 지급이자, 유가증권처분손실 등의 영업외비용으로 구분된다.

매출원가(cost of goods sold)는 기업이 판매한 제품이나 상품을 제조나 구매하는 데 들인 원가이다. 상품 또는 제품의 판매에 대응하여 구매한 상품의 원가 또는 제품제조원가가 매출원가인데 상품의 경우 기초상품재고액과 당기매입액의 합계액에서 기말상품재고액을 차감하여 산출한다. 영업비용에 대한 세부 내역은 아래와 같다.

**표 2-9** 영업비용

| 분 류 | 설 명 |
|---|---|
| 매출원가 | 판매된 제품이나 상품의 취득원가나 제조원가 |
| 대손상각비 | 매출채권에 대한 회수불능으로 인해 발생하는 비용 |
| 감가상각비 | 토지를 제외한 유형자산의 노후화에 따른 가치 감소로 발생하는 비용 |
| 급여 | 종사원에 대한 인건비 |
| 복리후생비 | 종사원의 복리후생에 따른 비용 |
| 교육훈련비 | 종사원의 교육훈련에 따른 비용 |
| 광고선전비 | 온/오프라인 매체를 통한 광고선전에 따른 비용 |
| 통신비 | 통신회선 사용에 대한 비용 |
| 수도광열비 | 수도나 조명, 난방에 소요되는 비용 |
| 임차료 | 건물 등 자산을 임차하여 사용함에 따른 비용 |
| 보험료 | 보험가입에 따른 비용 |
| 수선비 | 건물, 기계장치 등의 수선에 따른 비용 |
| 접대비 | 대외업무와 관련하여 거래처 등의 접대에 사용되는 비용 |
| 수수료비용 | 각종 용역을 제공받고 지급하는 대가 |
| 조세공과금 | 재산세, 자동차세 등 각종 세금 |

영업외비용(non-operating expenses)은 기업의 주된 영업활동이 아닌 활동으로부터 발생한 비용이다.

**표 2-10** 영업외 비용

| 분 류 | 설 명 |
|---|---|
| 이자비용 | 금전 차입에 대한 대가로 발생하는 비용 |
| 외환차손 | 환율의 변동으로 인하여 발생하는 손해 |
| 기부금 | 자선사업이나 공공사업을 돕기 위하여 대가 없이 내놓은 돈 |
| 당기손익-공정가치 측정 금융자산처분손실 | 단기매매증권 처분금액이 장부금액보다 낮을 때 발생하는 손실 |
| 유형자산처분손실 | 유형자산을 장부금액보다 낮은 가격으로 처분하는 경우 발생하는 손실 |
| 투자자산처분손실 | 투자자산을 장부금액보다 낮은 가격으로 처분하는 경우 발생하는 손실 |
| 잡손실 | 영업활동 이외의 활동에서 발생한 적은 비용의 손실 또는 빈번하지 않은 지출 |
| 법인세비용 | 회계기간에 납부해야 할 법인세액 |

## 예제 2-2

더나은미래자원 주식회사의 손익계산서 계정의 잔액정보를 활용하여 손익계산서를 작성하세요

| | | | | | |
|---|---|---|---|---|---|
| 컨설팅 수익 | ₩10,000,000 | 급여 | ₩6,000,000 | 임차료 | ₩200,000 |
| 대손상각비 | ₩100,000 | 광고선전비 | ₩500,000 | 판매촉진비 | ₩100,000 |
| 보험료 | ₩200,000 | 복리후생비 | ₩100,000 | 이자수익 | ₩1,000,000 |

**풀이**

손익계산서

(202×.1.1~12.31)

| | | | |
|---|---|---|---|
| 급여 | 6,000,000 | 컨설팅수익 | 10,000,000 |
| 임차료 | 200,000 | 이자수익 | 1,000,000 |
| 대손상각비 | 100,000 | | |
| 광고선전비 | 500,000 | | |
| 판매촉진비 | 100,000 | | |
| 보험료 | 200,000 | | |
| 복리후생비 | 100,000 | | |
| 당기순이익 | 3,800,000 | | |
| 비용과 순손익 총계 | 11,000,000 | 수익 총계 | 11,000,000 |

## 확 · 인 · 문 · 제

※ 각 문항의 설명 중 옳은 것에는 T, 틀린 것에는 F를 하시오.

1. 자산은 경제적 이익을 창출하는 자원으로 기업이 소유하고 있는 유형 · 무형의 유가치물이다. (　　　)

2. 자산은 1년 이내에 현금화가 가능한 유동자산과 비유동자산으로 구분하고 유동자산에는 현금자산, 투자자산, 재고자산 등이 포함된다. (　　　)

3. 비유동자산은 투자활동으로 취득되는 자산으로 유형자산, 무형자산 등이 있으며 장기차입금이나 자기자본으로 취득하는 것이 바람직하다. (　　　)

4. 제품을 제조하는 기업의 경우에는 원재료, 재공품, 제품이 모두 재고자산에 포함된다. (　　　)

5. 재고자산이 판매되어 현금으로 회수되거나 아니면 외상매출금이나 받을어음과 같은 채권으로 남게 된다. (　　　)

6. 재무상태표에서 자금의 조달원천에는 자기자본과 타인자본이 있으며 자기자본은 이자지급이나 상환이 필요하지 않은 반면에 타인자본은 이자나 배당금을 지급해야 하고 만기 시 상환의무가 있다 (　　　)

7. 자본은 자본금, 자본이익잉여금, 손익거래에서 발생한 이익잉여금, 유형자산 재평가와 같은 기타포괄손익누계액이 있다. (　　　)

8. 투자자나 채권자 등 다수의 이해관계자들이 공통적으로 알고 싶어하는 재무적 정보를 집약한 표준 재무보고서가 재무제표이며 기업은 재무제표의 작성, 공시의무가 있다. (　　　)

9. 손익계산서는 일정시점에서의 기업경영성과를 나타내는 보고서로 수익에서 비용을 차감한 잔액이 차변에 남으면 당기순이익이 된다. (      )

10. 손익계산서의 수익항목은 자본을 증가시키고 비용항목은 자본을 감소시키므로 순이익은 자본을 증가시킨다. (      )

11. 재무상태표는 일정시점에서의 기업의 재무상태를 나타내는 보고서로서 차변의 자산합계와 대변의 부채 및 자본의 합계가 반드시 일치해야 한다. (      )

12. 재무제표는 재무적 보고서를 통칭하는 것으로 재무상태표, 포괄손익계산서, 현금흐름표, 자본변동표, 주석을 포함한다. (      )

13. 재무상태표에서의 자본은 기업의 총자산에서 총부채를 차감한 순자산으로 주주의 지분을 의미한다. (      )

14. 포괄손익계산서는 기업의 경영성과를 나타내는 보고서로서 일정기간 동안의 수익과 비용을 나타내므로 영업활동에 따른 손익만 포함된다. (      )

15. 부채는 제3자에게 지급해야 할 의무로 경제적 효익이 내재된 자원이 기업으로부터 유출되며 특히 차입금 등의 금융부채를 잘 관리해야 한다. (      )

---

**해답** 1. T 2. F 3. T 4. T 5. T 6. F 7. T 8. T 9. F 10. T 11. T 12. T 13. T 14. F 15. T

## 실·습·문·제

**1.** 자산, 부채, 자본, 수익, 비용을 각각 표시하세요.

| | | | |
|---|---|---|---|
| 현금 ( ) | 소모품비 ( ) | 매출채권 ( ) | 선급금 ( ) |
| 선수금 ( ) | 미수금 ( ) | 매입채무 ( ) | 차입금 ( ) |
| 미지급금 ( ) | 임대료 ( ) | 임차료 ( ) | 용역수익( ) |
| 매출 ( ) | 예수금 ( ) | 이자비용 ( ) | 이자수익( ) |
| 대여금 ( ) | 선급비용 ( ) | 이익잉여금( ) | 광고료 ( ) |
| 대손상각비( ) | 감가상각비( ) | 유형자산재평가이익( ) | |
| 건물 ( ) | 기계장치 ( ) | 재고자산 ( ) | 영업권 ( ) |
| 자본금 ( ) | 매출원가 ( ) | | |

**2.** 다음 괄호 속에 들어갈 금액을 계산하여 기입하세요.

1-1. 〈재무상태〉

| 자산 | 부채 | 자본 |
|---|---|---|
| ₩5,000,000 | ( ① ) | ₩2,000,000 |
| ( ② ) | ₩5,000,000 | ₩5,000,000 |
| ₩10,000,000 | ₩3,000,000 | ( ③ ) |

1-2. 〈재무성과〉

| 총수익 | 총비용 | 당기순이익 | 기타포괄손익 | 총포괄손익 |
|---|---|---|---|---|
| 1,000,000 | 700,000 | ( ④ ) | 200,000 | ( ⑤ ) |
| ( ⑥ ) | 500,000 | 300,000 | ( ⑦ ) | 500,000 |
| 2,000,000 | 2,500,000 | ( ⑧ ) | ( ⑨ ) | 100,000 |

1-3. 〈재무상태와 재무성과〉

| 총수익 | 총비용 | 당기순이익 | 자산 | 부채 | 자본 |
|---|---|---|---|---|---|
| 500,000 | 300,000 | ( ⑩ ) | 3,000,000 | 2,000,000 | ( ⑪ ) |
| ( ⑫ ) | 600,000 | −100,000 | 1,000,000 | ( ⑬ ) | 400,000 |
| 600,000 | ( ⑭ ) | 100,000 | ( ⑮ ) | 500,000 | 200,000 |

**3.** 더나은미래㈜의 202×년 12월 31일 재무정보에 대하여 물음에 답하세요.

| | | | | | | | |
|---|---|---|---|---|---|---|---|
| 현금 | 3,500,000 | 상품 | 500,000 | 외상매출금 | 300,000 | 지급어음 | 200,000 |
| 선급금 | 100,000 | 선수금 | 100,000 | 차입금 | 500,000 | 선급비용 | 100,000 |
| 자본금 | 2,000,000 | 이익잉여금 | 1,200,000 | 용역수익 | 2,000,000 | 임대수익 | 500,000 |
| 급여 | 1,000,000 | 보험료 | 200,000 | 소모품비 | 100,000 | 복리후생비 | 200,000 |
| 통신비 | 200,000 | 감가상각비 | 100,000 | 이자비용 | 100,000 | 수도광열비 | 100,000 |

① 자산의 전체 금액은 얼마인지 산출하세요.
② 부채의 금액은 얼마인지 산출하세요.
③ 자본의 금액은 얼마인지 산출하세요.
④ 수익의 금액은 얼마인지 산출하세요.
⑤ 비용의 금액은 얼마인지 산출하세요.
⑥ 당기순이익은 얼마인지 산출하세요.
⑦ 기초자본금과 기말자본금은 얼마인지 산출하세요.

**4.** 더나은미래㈜의 202×년초의 자산 ₩20,000,000, 부채 ₩10,000,000, 자본금 ₩5,000,000, 이익잉여금 ₩5,000,000이고 202×년말의 재무정보가 아래와 같은 경우 당기순이익과 기말이익잉여금은 얼마인가?

| | | | | | | | |
|---|---|---|---|---|---|---|---|
| 기말자산 | ₩30,000,000 | 기말부채 | ₩13,000,000 | 용역수익 | ₩14,000,000 | 통신비 | ₩250,000 |
| 급여 | ₩5,000,000 | 소모품비 | ₩1,000,000 | 보험료 | ₩500,000 | 복리후생비 | ₩250,000 |

**5.** 더나은미래㈜의 재무상태표와 손익계산서의 오류를 확인하여 기말재무상태표와 손익계산서를 재작성하세요.

재무상태표
(202×년 12월 31일 현재)

| | | | |
|---|---|---|---|
| 현금 | 400,000 | 매출채권 | 100,000 |
| 매입채무 | 150,000 | 미지급비용 | 200,000 |
| 미수금 | 100,000 | 건물 | 1,000,000 |
| 선수금 | 50,000 | 자본금 | 600,000 |
| 재고자산 | 100,000 | | |
| 기계장치 | 300,000 | | |
| 차입금 | 1,000,000 | | |
| 자산총계 | 2,100,000 | 부채 및 자본총계 | 1,900,000 |

손익계산서
(202×.1.1~12.31)

| | | | |
|---|---|---|---|
| 급여 | 6,000,000 | 컨설팅수익 | 10,000,000 |
| 임대료 | 200,000 | 이자수익 | 1,000,000 |
| 대손상각비 | 100,000 | 보험료 | 200,000 |
| 광고선전비 | 500,000 | | |
| 판매촉진비 | 100,000 | | |
| 복리후생비 | 100,000 | | |
| 당기순이익 | 4,200,000 | | |
| 비용과 순손익 총계 | 11,200,000 | 수익 총계 | 11,200,000 |

6. 재무상태에 관한 정보를 활용하여 자본금이 얼마인지 계산하고 재무상태표 및 손익계산서를 작성하세요.

| | | | | | |
|---|---|---|---|---|---|
| 현금 | ₩2,000,000 | 외상매출금 | ₩500,000 | 미수금 | ₩100,000 |
| 소모품 | 50,000 | 사무용기기 | 950,000 | 외상매입금 | 600,000 |
| 차입금 | 1,000,000 | 선수금 | 400,000 | 자본금 | (　　) |
| 매출액 | 3,000,000 | 이자수익 | 100,000 | 급여 | 2,000,000 |
| 복리후생비 | 500,000 | 보험료 | 300,000 | 소모품비 | 100,000 |

7. 더나은미래㈜의 재무정보를 활용하여 현금이 얼마인지 계산하고 재무상태표와 포괄손익계산서를 작성하세요.

| | | | | | |
|---|---|---|---|---|---|
| 현금 | (　　) | 매출채권 | 300,000 | 재고자산 | 400,000 |
| 건물 | 5,000,000 | 선급금 | 300,000 | 매입채무 | 600,000 |
| 차입금 | 1,000,000 | 선수금 | 400,000 | 자본금 | 4,200,000 |
| 매출액 | 5,000,000 | 매출원가 | 3,000,000 | 급여 | 1,000,000 |
| 감가상각비 | 100,000 | 대손상각비 | 50,000 | 법인세 | 30,000 |
| 이자비용 | 100,000 | 광고선전비 | 200,000 | 판매촉진비 | 100,000 |
| 보험료 | 120,000 | 유형자산평가이익 | 200,000 | | |

## ▌실습문제 풀이

1. ① 자산: 현금, 매출채권, 선급금, 미수금, 대여금, 선급비용, 건물, 기계장치, 재고자산, 영업권
② 부채: 선수금, 매입채무, 차입금, 미지급금, 예수금
③ 자본: 이익잉여금, 자본금
④ 수익: 임대료, 용역수익, 매출, 이자수익, 유형자산재평가이익
⑤ 비용: 소모품비, 임차료, 이자비용, 광고료, 대손상각비, 감가상각비, 매출원가

2. 1–1. 〈재무상태〉
* 자산 = 부채 + 자본
① 5,000,000 = 부채 + 2,000,000 → 부채 3,000,000
② 자산 = 5,000,000 + 5,000,000 → 자산 10,000,000
③ 10,000,000 = 3,000,000 + 자본 → 자본 7,000,000

1–2. 〈재무성과〉
* 총수익 − 총비용 = 당기순이익
* 당기순이익 + 기타포괄손익 = 총포괄이익
④ 1,000,000 − 700,000 = 당기순이익 300,000
⑤ 300,000 + 200,000 = 총포괄손익 500,000
⑥ 500,000 + 300,000 = 총수익 800,000
⑦ 500,000 − 300,000 = 기타포괄손익 200,000
⑧ 2,000,000 − 2,500,000 = 당기순이익 (500,000)
⑨ 100,000 − (500,000) = 기타포괄손익 600,000

1–3. 〈재무상태와 재무성과〉
* 자산 = 부채 + 자본 + (총수익 − 총비용)
⑩ 500,000 − 300,000 = 당기순이익 200,000
⑪ 3,000,000 − 2,000,000 = 자본 1,000,000
⑫ (100,000) + 600,000 = 총수익 500,000
⑬ 1,000,000 − 400,000 = 부채 600,000
⑭ 600,000 − 100,000 = 총비용 500,000
⑮ 500,000 + 200,000 = 자산 700,000

3. ① 자산: 현금 3,500,000 + 상품 500,000 + 외상매출금 300,000 + 선급금 100,000 + 선급비용 100,000 = 4,500,000
② 부채: 지급어음 200,000 + 선수금 100,000 + 차입금 500,000 = 800,000
③ 자본: 자본금 2,000,000 + 이익잉여금 1,200,000 + 당기순이익 500,000 = 3,700,000
④ 수익: 용역수익 2,000,000 + 임대수익 500,000 = 2,500,000
⑤ 비용: 급여 1,000,000 + 보험료 200,000 + 소모품비 100,000 + 복리후생비 200,000 + 통신비 200,000 + 감가상각비 100,000 + 이자비용 100,000 + 수도광열비 100,000 = 2,000,0000
⑥ 당기순이익: 수익 2,500,000 − 비용 2,000,000 = 500,000
⑦ 기초자본금: 3,200,000
기말자본금: 기초자본금 3,200,000 + 당기순이익 500,000 = 3,700,000

4. ① 당기순이익: 용역수익 14,000,000 − 통신비 250,000 − 급여 5,000,000 − 소모품비 1,000,000 − 보험료 500,000 − 복리후생비 250,000 = 7,000,000
② 기말이익잉여금: 기초이익잉여금 5,000,000 + 당기순이익 7,000,000 = 12,000,000

5.

재무상태표

(202×년 12월 31일 현재)

| | | | |
|---|---:|---|---:|
| 현금 | 400,000 | 매입채무 | 150,000 |
| 매출채권 | 100,000 | 선수금 | 50,000 |
| 미수금 | 100,000 | 차입금 | 1,000,000 |
| 재고자산 | 100,000 | 미지급비용 | 200,000 |
| 기계장치 | 300,000 | 자본금 | 600,000 |
| 건물 | 1,000,000 | | |
| 자산총계 | 2,000,000 | 부채 및 자본총계 | 2,000,000 |

손익계산서

(202×.1.1~12.31)

| | | | |
|---|---|---|---|
| 급여 | 6,000,000 | 컨설팅수익 | 10,000,000 |
| 대손상각비 | 100,000 | 이자수익 | 1,000,000 |
| 광고선전비 | 500,000 | 임대료 | 200,000 |
| 판매촉진비 | 100,000 | | |
| 보험료 | 200,000 | | |
| 복리후생비 | 100,000 | | |
| 당기순이익 | 4,200,000 | | |
| 비용과 순손익 총계 | 11,200,000 | 수익 총계 | 11,200,000 |

6.

재무상태표

| | | | |
|---|---|---|---|
| 현금 | 2,000,000 | 외상매입금 | 600,000 |
| 외상매출금 | 500,000 | 선수금 | 400,000 |
| 미수금 | 100,000 | 차입금 | 1,000,000 |
| 소모품 | 50,000 | 자본금 | 1,600,000 |
| 사무용기기 | 950,000 | | |
| 자산총계 | 3,600,000 | 부채 및 자본총계 | 3,600,000 |

손익계산서

| | | | |
|---|---|---|---|
| 급여 | 2,000,000 | 매출액 | 3,000,000 |
| 복리후생비 | 500,000 | 이자수익 | 100,000 |
| 보험료 | 300,000 | | |
| 소모품비 | 100,000 | | |
| 당기순이익 | 200,000 | | |
| 비용과 순손익 총계 | 3,100,000 | 수익 총계 | 3,100,000 |

7.

재무상태표

| | | | |
|---|---|---|---|
| 현금 | (700,000) | 매입채무 | 600,000 |
| 매출채권 | 300,000 | 선수금 | 400,000 |
| 재고자산 | 400,000 | 차입금 | 1,000,000 |
| 선급금 | 300,000 | 자본금 | 4,200,000 |
| 건물 | 5,000,000 | 이익잉여금 | 300,000 |
| | | 기타포괄손익누계액 | 200,000 |
| 자산총계 | 6,700,000 | 부채 및 자본총계 | 6,700,000 |

포괄손익계산서

| | | | |
|---|---|---|---|
| 매출원가 | 3,000,000 | 매출액 | 5,000,000 |
| 급여 | 1,000,000 | 유형자산평가이익 | 200,000 |
| 보험료 | 120,000 | | |
| 감가상각비 | 100,000 | | |
| 대손상각비 | 50,000 | | |
| 광고선전비 | 200,000 | | |
| 판매촉진비 | 100,000 | | |
| 이자비용 | 100,000 | | |
| 법인세 | 30,000 | | |
| 총포괄이익 | 500,000 | | |
| 비용과 순손익 총계 | 5,200,000 | 수익 총계 | 5,200,000 |

제 3 장

# 회계정보의 인식과 분개

1. 거래정보의 인식
2. 분개 및 분개장

# 1 거래정보의 인식

## 1.1 거래의의 및 종류

거래(transaction)는 사람들간 혹은 조직간 일정한 조건으로 무엇을 주고받는 행위이다. 기업의 거래는 경영활동을 통하여 자산·부채·자본의 증감변화를 일으키는 모든 현상과 수익·비용을 발생시키는 일체의 행위를 말한다. 기업 각 부문조직에서 경영활동, 즉 영업활동, 투자활동, 재무활동을 수행하게 되면 이로 인하여 재무상태의 증감변화를 초래하게 된다. 회계상 거래의 인식은 경영활동에서 장부의 기록대상 여부를 식별하는 일이다. 기업경영활동에 수반되는 거래의 장부기록 여부는 재무상태의 증감변화를 가져오고 객관적으로 측정할 수 있어야 한다. 제품 또는 서비스를 생산하기 위하여 원재료를 현금으로 구매하는 활동을 할 경우 원재료라는 재고자산이 증가되고 현금이 감소한다. 제품의 품질관리를 위하여 품질검사 장비를 외상으로 구매한 경우에는 기계설비 자산의 증가와 미지급금이라는 부채의 증가를 초래한다. 은행으로부터 품질관리장비의 구매를 위해 필요한 자금을 차입한 경우 현금이 증가하고 차입금이 증가하게 된다.

이상의 사례와 같이 자산의 증감, 부채의 증감 등 재무상태의 변화가 금전적으로 측정 가능한 경우 회계상 거래로 인식하는 반면에 제품품질관리 장비를 구매하기로 계약하는 활동이나 회사의 제품판매 활동에 필요한 영업인력을 채용하는 계약을 한 경우에는 실제 재무상태에 증감 변화가 없으므로 거래로 인식하지 않는다. 이 밖에 기업경영활동에 따른 거래 여부를 살펴보면 〈표 3-1〉과 같다.

**표 3-1** 기업경영활동에 따른 거래 여부

| 회계상 거래 | 회계상 비거래 |
|---|---|
| • 상품이나 원재료를 외상으로 구매하다.<br>• 컨설팅서비스를 제공하고 현금을 받다.<br>• 자동차를 구매하고 현금을 지급하다.<br>• 금전을 빌리거나 빌려주다.<br>• 인건비를 지급하다. | • 상품이나 원재료 구매계약을 체결하다.<br>• 신규 마케팅임원을 영입하다.<br>• 사무실 임차계약을 하다.<br>• 신상품 브랜드를 발표하다. |

회계상 거래는 자산, 부채, 자본의 증감 변화를 가져오기 때문에 장부에 기록하고 분류하는 등 회계처리활동을 수행하고 그 결과를 재무제표에 반영하여야 한다.

기업의 경영활동에 따라 거래로 인식하여 장부에 기록할 것인지 여부에 대한 조건은 두 가지를 충족시켜야 한다.

**▌회계상 거래인식의 조건**

1) 재무상태, 즉 자산/부채/자본(수익과 비용 발생 포함)이 변동하고
2) 증감에 대해 객관적인 화폐단위로 측정할 수 있는 일체의 경제적 사건

회계상 거래의 종류는 손익발생 유무에 따라서 교환거래, 손익거래, 혼합거래로 나눌 수 있다. 교환거래는 상품을 구매하고 대금은 현금으로 지급한 경우와 같이 재무상태의 증감변화를 가져오고 수익이나 비용이 발생하지 않는 거래이다. 손익거래는 광고선전비를 현금으로 지급하는 경우와 같이 수익이나 비용이 발생 또는 소멸하는 거래이다. 혼합거래는 차입금에 대하여 원금상환과 더불어 이자를 지급한 경우와 같이 교환거래와 손익거래가 동시에 발생하는 거래이다. 현금수반 여부에 따라서 현금거래와 대체거래로 구분할 수 있다. 현금거래는 현금을 수반하는 거래로 입금거래와 출금거래로 구분되며, 대체거래는 현금이 전혀 수반되지 않는 전부대체거래와 일부대체거래로 분류할 수 있다. 예를 들어, 상품 원가 ₩500,000을 ₩700,000에 매출하고 대금을 현금으로 받은 거래의 경우에는 상품매매에 따른 현금 입금거래인 교환거래와 원가 ₩500,000 상품을 ₩700,000에 판매하고 ₩200,000의 상품매출이익이 실현되는 손익거래

가 동시에 일어난 혼합거래라 할 수 있다.

## 1.2 거래의 인식

회계의 인식기준은 수익이나 비용의 지출, 이와 관련된 자산과 부채 등을 어느 시점에 회계장부에 기록할 것인가를 결정하는 기준이다. 회계거래 인식에 대한 기본은 발생주의원칙이다. 경영활동에 따라서 거래정보를 인식하는 것은 현금의 유입과 유출되는 시점이 아니라 해당거래가 발생한 시점에 인식한다는 원칙이다. 반면에 현금주의는 현금의 유입이나 유출이 있을 때 거래로 인식하는 것으로 현금의 유입이 있을 때 수익으로 인식하고 현금의 지출이 있을 때 비용으로 인식한다. 기업의 재무제표는 현금흐름표를 제외하고 모두 발생주의원칙에 따라서 작성되며, 현금흐름표는 발생주의원칙에 따라 작성된 재무상태표와 손익계산서를 활용하여 현금주의원칙을 적용하여 다시 조정하여 작성하게 된다.

### ■ 발생주의(Accrual Basis)

회계에서 거래의 인식은 현금의 유출이나 유입될 때가 아니라 거래가 발생했을 때 인식하는 발생주의에 따라 처리하게 된다. 발생주의에 의하면 수익의 인식시점은 재고자산이나 서비스를 구매자나 수요자에게 인도하거나 수행할 때이며, 비용의 인식시점은 상품이나 제품이 인도되고 서비스가 이용·소비될 때이다. 기업회계에서 당해 기간에 해당하는 손익만을 구분하여 계산하는 회계로서, 기업회계에서 수익 및 비용의 계상에 있어서 기업이 가지는 재산가치의 증가 또는 감소의 사실에 의거하여 당해 사실이 발생한 때에 계상한다. 발생주의원칙에 따라 지급을 수반하는 비용에 대하여는 채무가 확정된 날이 속하는 연도로 하며, 감가상각비에 대하여는 감가상각을 행하여야 할 날이 속하는 연도로 한다. 발생주의는 차기의 것을 미리 주거나 받았을 때와 전기의 것을 후에 주고받았을 경우 실제로 주고받은 시점에 관계없이 어느 기간의 손익에 해당하는지를 구분하여 그 기간의 손익으로 처리하게 된다. 예를 들면, 앞으로의 이자를 미리 지불하였을 때 지불된 이자 중 당기에 해당하는 부분만을 지급이자비용으로 처리하고 차기 해당부분은 선급이자비용으로 처리하는 것이다.

수익은 경제적 효익이 유입됨으로써 자산이 증가하거나 부채가 감소하고 그 금액을 신뢰성 있게 측정할 수 있을 때 인식한다. 이를 구체적으로 표현하면 수익은 다음의 두 가지 요건이 모두 충족하는 시점에 인식한다.

첫째, 수익은 실현되었거나 또는 실현가능한 시점에서 인식한다. 수익은 제품, 상품 또는 기타 자산이 현금 또는 현금청구권과 교환되는 시점에서 실현된다. 수익이 실현가능하다는 것은 수익의 발생과정에서 수취 또는 보유한 자산이 일정액의 현금 또는 현금청구권으로 즉시 전환될 수 있음을 의미한다. 현금 또는 현금청구권으로 즉시 전환될 수 있는 자산은 교환단위와 시장가격이 존재하여 시장에서 중요한 가격변동 없이 기업실체가 보유한 수량을 즉시 현금화할 수 있는 자산을 말한다.

둘째, 수익은 그 가득과정이 완료되어야 인식한다. 기업실체의 수익 창출활동은 재화의 생산 또는 인도, 용역의 제공 등으로 나타나며, 수익 창출에 따른 경제적 효익을 이용할 수 있다고 주장하기에 충분한 정도의 활동을 수행하였을 때 가득과정이 완료되었다고 본다.

상품 등을 판매하여 확정된 대가가 현금 또는 외상매출금 등의 화폐성자산으로 변환될 때에 수익으로 계상한다고 하는 것이 일반적이다. 또한 용역을 제공함으로써 자신의 의무를 모두 완료하여 수익이 가득되었다고 할 수 있다, 실현주의는 기본적으로는 발생주의를 근거로 하면서도 발생주의가 미실현이익을 손익 계산에 포함시킬 위험을 배제하기 위한 것이다. 수익은 제품이나 상품 또는 기타자산이 현금이나 현금청구권이 발생한 시점에 실현된다. 수익의 발생을 실현시기를 기준으로 하는 회계처리방식으로서 기업회계에 있어서 주로 수익의 계상에 관하여 그 계상을 확실한 시점에서 행하기 위하여 재화의 판매시점에서 계상하는 방식을 말한다. 현재의 기간손익계산에서는 비용의 계상은 발생주의에 의하나 수익에 관해서는 원칙적으로 실현주의를 적용하고 있다. 실현주의가 채택되는 이유는 생산시점에서 수익을 계상하면 미실현수익까지 계상하게 되어 기간손익계산에 자의적 판단이 개입되어 재무보고의 객관성이 저해되기 때문이다.

### ■ 현금주의(Cash Basis)

현금주의 회계에 있어서는 수익을 현금으로 수령한 때에 인식하고, 비용을 현금으로 지출한 때에 인식한다는 것이다. 이 인식기준을 단순히 적용하면 기간손익계산이 매우 불합리하게 되므로 오늘날 기업회계는 현금주의보다도 발생주의에 의한다.

현금주의는 현금의 흐름을 따라 회계처리를 하는 방법으로 현금주의의 핵심은 현금이 들어 왔을 때 수익으로 인식하고 현금이 지출되었을 때 비용으로 인식하는 방법이다. 물건을 팔고 아직 돈을 받지 않았다면 아직 수익이 아니며, 비용청구서를 받았지만 아직 돈을 지불하지 않았다면 마찬가지로 비용도 인식하지 않는다. 현금주의는 미수금이나 미지급금을 인식하지 않는다.

반면 발생주의는 현금주의와는 반대로 현금의 흐름은 무시하고 수익과 비용이 발생하였을 때 인식을 한다. 물건을 팔았다면 판매한 시점, 소유권이 넘어간 시점에서 수익을 인식하고, 비용청구서를 받았다면 청구서를 받은 시점에서 비용을 인식한다. 현금주의와의 가장 큰 차이점은 현금의 흐름과 관계없이 수익의 권리와 비용의 의무가 발생한 시점에서 각각 수익과 비용을 인식한다는 것이다. 예를 들어, 매월 말 통신비 납부를 미납했을 경우 현금주의 회계에서는 지출이 없었으므로 아무런 회계처리가 필요하지 않지만 발생주의 회계는 통신비를 지급해야 하는 의무가 발생했기 때문에 미지급금으로 인식하여 통신비를 비용으로 처리해야 한다.

### 예제 3-1

더나은미래㈜는 202×년 11월 30일에 상품 ₩100,000,000(원가 ₩80,000,00)을 외상으로 판매하고 그 대금은 다음해 1월 15일에 받기로 했다.

**풀이**

• 발생주의 기준

| | | | | |
|---|---|---|---|---|
| 11월 30일 | 매출채권 | 100,000,000 | 매출 | 100,000,000 |
| | 매출원가 | 80,000,000 | 재고자산 | 80,000,000 |
| 1월 15일 | 현금 | 100,000,000 | 매출채권 | 100,000,000 |

• 현금주의 기준

| | | | | |
|---|---|---|---|---|
| 11월 30일 | | 분개없음 | | |
| 1월 15일 | 현금 | 100,000,000 | 매출 | 100,000,000 |

## 1.3 거래의 구성요소 및 이중성

회계상의 모든 거래는 8가지 요소로 구성되어 있으며 차변과 대변의 결합관계로 표시할 수 있다. 차변(왼편)에 기록되는 요소는 자산의 증가, 부채의 감소, 자본의 감소, 비용의 발생이며, 대변(오른편)에 기록되는 요소는 자산의 감소, 부채의 증가, 자본의 증가, 수익의 발생이다. 자산은 자산이 증가하면 차변, 자산이 감소하면 대변에 기록하여야 하고, 부채는 부채가 증가하면 대변, 부채가 감소하면 차변에 기록하여야 한다. 자본의 경우 자본이 증가하면 대변에, 자본이 감소하면 차변에 기록하고, 수익의 발생은 대변, 비용의 발생은 차변에 기록하여야 한다.

모든 회계상의 거래는 거래의 8가지 요소 간의 결합관계에서 차변요소와 대변요소가 결합하여 거래가 인식되고 기록된다. 예를 들어, 상품을 매입하고 대금은 외상으로 한 경우에는 차변에 상품이라는 자산의 증가와 동시에 대변에 매입채무라는 부채의 증가라는 거래요소가 차변과 대변이 결합되어 있다는 것을 알 수 있다. 회계에 있어서 모든 거래는 왼편과 오른편의 대응관계로 원인과 결과를 나타내는 이중적 속성을 갖고 있는데 이를 거래의 이중성이라 한다. 급

**그림 3-1** 거래의 구성요소

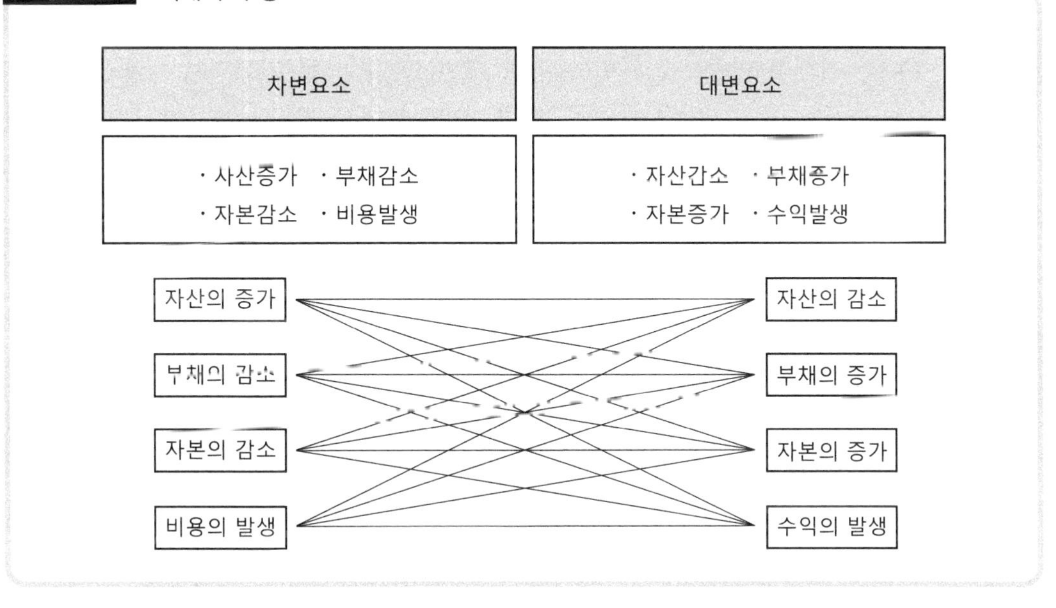

**그림 3-2** 거래의 이중성

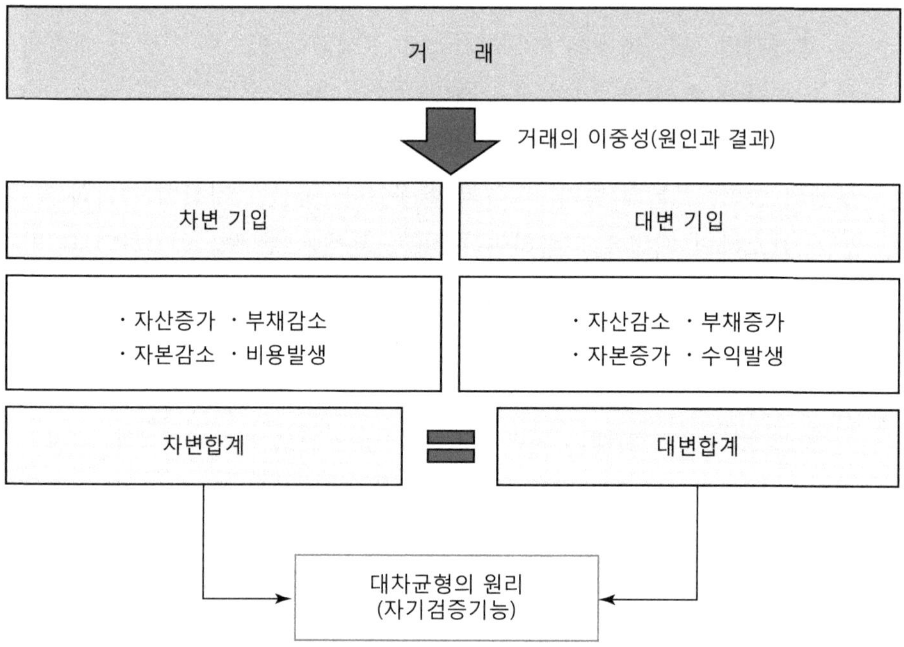


여를 현금으로 지급한 거래의 경우 급여라는 비용의 지급이 원인이 되어 현금감소라는 결과를 초래한 것이다.

회계는 거래의 이중성에 따라 모든 거래를 원인과 결과를 나누어 기록한다. 하나의 거래를 이중, 즉 차변(왼편)과 대변(오른편)으로 기록하는 방법을 복식부기(double entry book-keeping)라 한다. 모든 회계상 거래는 차변과 대변으로 나누어 동일한 금액을 기록하게 되므로 모든 거래의 차변합계액과 대변합계액은 항상 일치하게 된다.

예를 들어 은행으로부터 현금 ₩10,000,000를 연 5%, 상환기한 2년 조건으로 차입한 경우에 현금이라는 자산증가로 차변에 ₩10,000,000이 기입되고 차입금이라는 부채의 증가로 대변에도 ₩10,000,000이 기입되게 되는데, 현금 ₩10,000,000이 증가하게 된 결과는 은행으로부터 차입한 자금 ₩10,000,000이 원인이 된 것이다. 이처럼 모든 회계거래는 거래의 이중성에 따라 차변과 대변에 동일한 금액이 기입되기 때문에 각 거래의 차변과 대변을 모두 모은 차변과 대변의 합계도 반드시 일치하게 된다.

## 예제 3-2

다음의 거래에 대한 회계처리가 자산, 부채, 수익, 비용의 증감에 미치는 영향을 분개 형식으로 나타내세요.

(1) 더나은미래㈜는 202×년 12월 23일에 경영컨설팅 전문회사를 설립하였다. 회사는 액면 ₩1,000의 주식을 50,000주 발행하여 주주들에게 교부하고 주주들은 주금을 현금으로 납입하였다.

차변) 자산의 증가: 현금 50,000,000　대변) 자본의 증가: 자본금 50,000,000

(2) 202×년 1월 2일 거래은행으로부터 현금 ₩10,000,000을 차입하였다. (이자율 연 5%, 3년 만기, 이자지급일 매월 말일)

차변) 자산의 증가: 현금 10,000,000　대변) 부채의 증가: 차입금 10,000,000

(3) 더나은미래㈜는 202×년 1월 5일 ㈜핀큐로부터 시장조사 및 전략수립에 대한 경영컨설팅 용역 ₩30,000,000에 대한 계약을 체결하였다.
(거래가 아님)

(4) 1월 10일 회사는 업무에 필요한 복사지 등 사무용소모품 ₩50,000을 현금으로 구입하였다.

차변) 자산의 증가: 소모품 50,000　대변) 자산의 감소: 현금 50,000

(5) 1월 15일 회사는 국제상사에 경영컨설팅 용역계약 ₩50,000,000을 체결하고 계약금으로 ₩5,000,000를 현금으로 받다.

차변) 자산의 증가: 현금 5,000,000　대변) 부채의 증가: 선수금 5,000,000

(6) 1월 31일 회사는 파드타임 종업원에 대한 1월분 급여 ₩2,000,000을 지급하였다.

차변) 비용발생: 급여 2,000,000　대변) 자산의 감소: 현금 2,000,000

(7) 1월 31일 1월 사무실 임차료 ₩500,000의 청구가 있었으나 지급하지 않았다.

차변) 비용발생: 임차료 500,000　대변) 부채의 증가: 미지급비용 500,000

(8) 2월 1일 1월 15일의 국제의 컨설팅 용역 수행을 완료하고 대가 중 ₩20,000,000은 현금으로 받고 잔액은 10일 이내로 받기로 하다.

차변) 자산의 증가: 현금 20,000,000　대변) 수익의 발생: 용역수익 50,000,000
매출채권 25,000,000

부채의 감소: 선수금 5,000,000

(9) 2월 2일 1월 사무실 임차료 미지급액 ₩500,000를 현금으로 지급하다.
차변) 부채의 감소: 미지급비용 500,000 대변) 자산의 감소: 현금 500,000

(10) 2월 10일 국제상사의 컨설팅용역 대금 잔액 ₩25,000,000을 현금으로 받다.
차변) 자산의 증가: 현금 25,000,000 대변) 자산의 감소: 매출채권 25,000,000

(11) 2월 15일 회사의 업무용 차량에 대하여 1년 보험료 ₩1,200,000을 현금으로 지급하다.
차변) 비용의 발생: 보험료 1,200,000 대변) 자산의 감소: 현금 1,200,000

## 2 분개 및 분개장

### 2.1 분 개

기업의 경영활동에 따라 발생하는 회계상 거래정보에 대하여 어떤 이름으로 차변(왼편)과 대변(오른편)에 얼마의 금액을 기록할 것인지를 결정하여야 한다. 분개는 회계상 거래를 차변과 대변에 어떤 계정과목으로 얼마로 기록하는 것이고, 분개가 기록되는 장부를 분개장이라 한다.

**회계상 거래의 분개절차**

① 계정과목 결정: 어떤 계정과목으로 기록할 것인가.
② 차변과 대변 결정: 어느 편에 기록할 것인가.
③ 금액 결정: 얼마의 금액으로 기록할 것인가.

회계상 거래는 거래가 발생한 일자순으로 분개를 하여 분개장에 기록하게 된다. 분개장은 모든 거래를 처음으로 기록하는 장부로서 거래가 발생한 순서대로 기록되므로 계정과목별 거래내용을 파악할 수 없는 한계가 있다.

거래의 분개와 분개장에 기입하는 과정에 대하여 [예제 3-2]를 활용하여 분개해 본다.

**예제 3-3**

[예제 3-2] (1)~(6)의 거래내용을 분개하시오.

**풀이**

| 날짜 | 차변 | 금액 | 대변 | 금액 |
|---|---|---|---|---|
| 12월 23일 | 차변) 현금 | 50,000,000 | 대변) 자본금 | 50,000,000 |
| 1월 2일 | 차변) 현금 | 10,000,000 | 대변) 차입금 | 10,000,000 |
| 1월 10일 | 차변) 소모품 | 50,000 | 대변) 현금 | 50,000 |
| 1월 15일 | 차변) 현금 | 5,000,000 | 대변) 선수금 | 5,000,000 |
| 1월 31일 | 차변) 급여 | 2,000,000 | 대변) 현금 | 2,000,000 |

## 2.2 분개장과 전표

위 거래에 대한 분개를 분개장에 기입해 보면 거래가 발생한 날짜를 기입하고, 적요란에 간략한 거래내용을 기술하고, 차변과 대변을 구분하여 계정과목을 표시하고, 총계정원장의 계정과목별 원장번호를 기입한 후 동일한 금액을 차변과 대변에 기입한다(표 3-2).

요즈음 실제로 대부분의 기업들은 거래에 대해 분개를 할 때 분개장보다 전표를 많이 사용한다. 회계처리과정이 회계정보시스템을 통하여 이루어지기 때문에 거래가 발생하면 관련부서에서는 직접 분개하여 전표에 기록하고 이를 바탕으로 회계정보시스템에 입력하면 회계담당부서에서는 전표들을 종합·집계하여 각종 재무제표를 작성하게 된다.

전표란 일정한 거래를 유형별로 기록하고 관리하기 위하여 회계거래에 대한 계정과목, 거래내용, 금액 등을 기재할 수 있도록 만든 서식을 말한다. 전표가 모이면 장부의 역할을 하기 때문에 회사에서는 기본적으로 전표를 가장 기본적인 자료로 이용하고 있다.

전표는 일반적으로 입금전표, 출금전표, 대체전표로 구분할 수 있으며 관습

**표 3-2** 분개장

| 일자 | | 계 정 | 원 면 | 차 변 | 대 변 |
|---|---|---|---|---|---|
| 12 | 23 | 현금 | 1 | 50,000,000 | |
| | | 자본금 | 15 | | 50,000,000 |
| | | (주식발행) | | | |
| 1 | 2 | 현금 | 1 | 10,000,000 | |
| | | 차입금 | 13 | | 10,000,000 |
| | | (은행 차입) | | | |
| 1 | 10 | 소모품 | 6 | 50,000 | |
| | | 현금 | 1 | | 50,000 |
| | | (소모품 구입) | | | |
| 1 | 15 | 현금 | 1 | 5,000,000 | |
| | | 선수금 | 15 | | 5,000,000 |
| | | (경영컨설팅계약) | | | |
| 1 | 31 | 급여 | 18 | 2,000,000 | |
| | | 현금 | 1 | | 2,000,000 |
| | | (급여지급) | | | |

적으로 입금전표는 붉은색으로, 출금전표는 파란색, 그리고 대체전표는 검정색으로 된 양식을 사용한다.

입금전표는 현금이 들어오는 거래를 기재하는 전표이다. 입금전표의 차변은 항상 현금이므로 입금전표상의 계정에는 대변계정만 기재해야 한다. 이때 주의해야 할 사항은 입금의 상대계정과목이 두 개이면 두 장의 전표를 작성해야 한다는 점이다.

출금전표는 입금전표와는 반대로 현금이 지출되는 거래를 기재하는 전표이다. 출금전표의 대변은 항상 현금이므로 출금전표상의 계정과목에는 차변계정에만 기재한다. 이때 만일 출금에 대응하는 차변의 계정과목이 두 개가 나온다면 두 장의 출금전표를 발행해야 하며, 계정과목이 세 개인 경우에는 세 장의 출금전표를 발행해야 한다. 여러 계정과목을 한 장으로 전부 처리하지 않도록 주의해야 한다.

대체전표는 현금의 수입과 지출의 변동이 없는 거래, 즉 대체거래를 기입하는 전표이다. 대체거래는 전부대체거래(전부 비현금거래)와 일부대체거래(일부 현

**그림 3-3** 입금전표

| 입 금 전 표 | | | | No. | | |
|---|---|---|---|---|---|---|
| | | | | 담 당 | 팀 장 | 사 장 |
| 날짜 | 202×년 12월 23일 | | | | | |
| 과목 | 자본금 | 항목 | 자본 | | | |
| 적 요 | | | | 금 액 | | 비 고 |
| 주식발행에 대한 자본금 납입 | | | | 50,000,000 | | |
| | | | | | | |
| | | | | | | |
| | | | | | | |
| | | | | | | |
| | | | | | | |
| 합 계 | | | | ₩50,000,000 | | |

**그림 3-4** 출금전표

| 출 금 전 표 | | | | No. | | |
|---|---|---|---|---|---|---|
| | | | | 담 당 | 팀 장 | 사 장 |
| 날짜 | 202×년 1월 10일 | | | | | |
| 과목 | 소모품 | 항목 | 자산 | | | |
| 적 요 | | | | 금 액 | | 비 고 |
| 소모품 구입대금 지급 | | | | 50,000 | | |
| | | | | | | |
| | | | | | | |
| | | | | | | |
| | | | | | | |
| | | | | | | |
| 합 계 | | | | ₩50,000 | | |

**그림 3-5** 대체전표

<table>
<tr><td colspan="2" rowspan="2"><u>대 체 전 표</u></td><td></td><td>담당</td><td>팀장</td><td>사장</td></tr>
<tr><td></td><td></td><td></td><td></td></tr>
<tr><td>작성년월일</td><td colspan="5">202×년 1월 31일</td></tr>
<tr><td>차변과목</td><td>금 액</td><td>적 요</td><td>대변과목</td><td colspan="2">금 액</td></tr>
<tr><td>임차료</td><td>500,000</td><td>사무실 임차료<br>미지급</td><td>미지급비용</td><td colspan="2">500,000</td></tr>
<tr><td></td><td></td><td></td><td></td><td colspan="2"></td></tr>
<tr><td></td><td></td><td></td><td></td><td colspan="2"></td></tr>
<tr><td></td><td></td><td></td><td></td><td colspan="2"></td></tr>
</table>

금거래)로 분류된다. 상품을 판매하고 일부는 현금으로 받고 일부는 외상으로 하는 등의 복합된 거래(일부 현금거래)를 기록하기도 한다. 대체전표는 검정색으로 인쇄되어 있으며, 거래에 있어 일부 현금의 입출금을 수반하는 경우에도 사용된다. 대체전표는 차변과 대변의 기입 내용을 사전에 잘 숙지하고 거래내역을 쉽게 파악할 수 있도록 작성해야 한다. 대체전표 차변에 입금거래, 대변에 출금거래를 기입한다. 따라서 차변은 입금전표, 대변은 출금전표에 해당한다. 일부 대체거래에 대해서는 현금수지를 표시하기 위하여 차변에 차감현금 지불란을, 대변에 차감현금 수입란을 설정하고 있다. 경우에 따라서 회사의 모든 거래를 대체전표로 작성할 수도 있는데 이러한 경우에는 거래 전체를 한눈에 파악할 수 있고, 분개의 의미를 쉽게 이해할 수 있는 장점이 있으며, 이를 날짜순으로 정리해 두면 분개장으로 활용할 수 있다.

## 확 · 인 · 문 · 제

※ 각 문항의 설명 중 옳은 것에는 T, 틀린 것에는 F를 하시오.

1. 기업경영활동에 수반되는 거래가 회계처리 대상인지 여부는 재무상태의 증감변화를 가져오고 금전적으로 측정할 수 있는지 여부로 판단한다. (　　　)

2. 회계상 거래는 자산, 부채, 자본의 증감 변화를 가져오기 때문에 장부에 기록하고 분류하는 등 회계처리활동을 수행하고 그 결과를 재무제표에 반영하여야 한다. (　　　)

3. 이자수익이 발생하여 현금이 유입된 경우 수익이 발생하였으므로 차변에, 이자비용이 발생하여 현금이 유출된 경우는 비용이 발행하였으므로 대변에 기록한다. (　　　)

4. 회사를 설립하고 주식을 발행하여 주주들에게 교부하고 현금을 수령한 경우에는 현금 자산의 증가는 차변, 주주의 납입금은 대변 자본금의 증가로 기록한다. (　　　)

5. 상품 원가 ₩500,000을 ₩700,000에 매출하고 대금을 현금으로 받은 경우의 거래는 상품매매에 따른 현금과 상품 간의 교환거래이다. (　　　)

6. 회계의 인식기준은 수익이나 비용의 지출, 이와 관련된 자산과 부채 등을 어느 시점에 회계장부에 기록할 것인가를 결정하는 기준으로, 회계거래 인식에 대한 기본은 현금주의원칙이다. (　　　)

7. 현금주의는 현금의 유입이나 유출이 있을 때 거래로 인식하는 것으로, 현금의 유입이 있을 때 수익으로 인식하고 현금의 지출이 있을 때 비용으로 인식한다. (　　　)

8. 재무제표는 모두 발생주의원칙에 따라서 작성되며 현금흐름표는 재무상태표와 손익계산서를 기초로 하여 그대로 작성하게 된다. (  )

9. 회계는 거래의 이중성에 따라 모든 거래를 원인과 결과로 나누어 기록한다. 하나의 거래를 이중으로, 즉 차변(왼편)과 대변(오른편)으로 기록하는 방법을 복식부기(double entry book-keeping)라 한다. (  )

10. 은행으로부터 자금을 차입한 경우 부채의 증가이므로 차입금계정 대변, 그로 인하여 현금 자산이 증가되므로 현금계정 차변에 기입한다. (  )

11. 분개장은 모든 거래를 처음으로 기록하는 장부로서 거래가 발생한 순서대로 기록되므로 계정과목별 거래내용을 쉽게 파악할 수 있다. (  )

12. 전표는 일반적으로 입금전표, 출금전표, 대체전표로 나눌 수 있으며 대체전표는 현금의 거래가 수반되지 않는 거래 시 사용한다. (  )

13. 전표는 분개장을 대신하여 많이 활용되고 있으며 분개장이 갖고 있는 약점을 보완해 줄 수 있어서 기업에서 많이 사용하고 있다. (  )

14. 분개는 거래내용을 어떤 이름으로 어디에 얼마만큼 기록할 것인가를 결정해야 하며 거래의 8요소에 따라 자산의 경우 자산의 증가는 대변, 자산의 감소는 차변에 기록한다. (  )

15. 모든 회계상의 거래는 거래 8요소간의 결합관계에서 차변요소와 대변요소가 결합하여 거래가 인식되고 기록된다. 모든 거래는 왼편과 오른편의 대응관계로 원인과 결과를 나타내는 이중적 속성을 갖고 있다. (  )

---

**▮해답** 1. T 2. T 3. F 4. T 5. F 6. F 7. T 8. F 9. T 10. T 11. F 12. T 13. T 14. F 15. T

## 실 · 습 · 문 · 제

1. 더나은미래㈜의 202×년 5월 중 거래에 대하여 회계상 거래 여부와 거래인 경우 분개해 보세요.

| 거래내용 | 차변 | 대변 |
|---|---|---|
| 상품 1,000,000원 매입계약을 체결하였다. | | |
| 거래처에 상품 2,000,000원을 외상 판매하다. | | |
| 컴퓨터 5대(1대당 ₩1,000,000)를 현금 구입하다. | | |
| 은행으로부터 ₩5,000,000 차입하다. 연이자는 5%이고 기말에 이자를 지급함. | | |
| 인터넷 광고를 게재하고 대금 500,000원 지급하다. | | |
| 외상판매대금 1,000,000원 현금으로 회수하다. | | |
| 종업원 급여 3,000,000원 지급하다. | | |

2. 더나은미래㈜의 202×년 12월 중 거래에 대하여 물음에 답하기 바랍니다.

12월 1일 회사를 설립하고 주당 ₩5,000인 주식 10,000주를 액면발행하여 현금으로 납입받다.

12월 2일 회사의 사무용 PC 3대를 외상으로 구입하고 대금은 1개월 후에 지급하기로 하다(1대당 ₩1,000,000).

12월 5일 ㈜지엔스타로부터 경영컨설팅 용역계약을 체결하고 계약금으로 ₩5,000,000원 미리 받다.

12월 10일 사무용 소모품 ₩100,000을 구입하고 현금을 지급하다.

12월 15일 종업원의 컨설팅을 위한 출장교통비 및 식비를 ₩200,000 현금으로 지급하다.

12월 20일 인터넷 검색광고를 의뢰하고 계약금 ₩100,000을 현금 지급하다.

12월 31일 종업원 12월 급여 ₩5,000,000을 현금으로 지급하다.

2-1. 위 거래를 분개하세요.

2-2. 분개한 것을 분개장에 기록하세요.

3. 2번 문제를 활용하여 입금전표(12월 5일), 출금전표(12월 10일), 대체전표(12월 2일)를 작성해 보세요

4. 더나은미래㈜의 202×년 12월 중 거래의 분개를 보고 거래를 추정해 보세요.

| 차변 | | 대변 | |
|---|---|---|---|
| ① 현금 | 50,000,000 | 자본금 | 50,000,000 |
| ② 현금 | 5,000,000 | 차입금 | 5,000,000 |
| ③ 소모품 | 50,000 | 미지급금 | 50,000 |
| ④ 현금 | 10,000,000 | 용역수익 | 10,000,000 |
| ⑤ 광고선전비 | 100,000 | 현금 | 100,000 |
| ⑥ 급여 | 7,000,000 | 현금 | 7,000,000 |

5. 202×년 더나은미래㈜의 4월 중 거래내역이다. 해당 거래에 대한 4월 중 분개를 하고 분개장에 기입해 보세요.

4월 2일: 은행으로부터 현금 ₩50,000,000을 연 5%의 이자율 조건으로 2년 동안 차입하였다. 단, 이자는 매월 말에 지급할 것을 약정하였다.

4월 5일: 소모품 ₩500,000을 외상으로 구입하고 대금은 1개월 후에 지급하기로 하다.

4월 10일: 자동차 보험에 가입하고 보험료 ₩1,200,000을 지급하다.

4월 15일: 지엔스타㈜에 경영컨설팅 용역계약을 체결하고 계약금으로 ₩10,000,000원 받아 은행에 예입하였다.

4월 20일: 사무용 컴퓨터, 복사기 등 ₩5,000,000을 외상으로 구입하고 대금은 15일 후에 지급하기로 하다.

4월 25일: 업무용 자동차를 ₩50,000,000원에 구입하고 대금의 50%는 현금으로 지급하고 잔액은 10개월 할부로 하기로 하다.

4월 28일: 지엔스타㈜와 체결한 경영컨설팅 용역 수행을 위하여 전문컨설턴트를 파견하였다.

4월 30일: 4월분 종업원 급여 ₩15,000,000원을 소득세 등 원천징수 ₩2,000,000원 차감하고 지급하다.

## ▌실습문제 풀이

1.

| 차변 | | 대변 | |
|---|---|---|---|
| 회계상 거래로 인식하지 않는다. 따라서, 분개하지 않는다. | | | |
| 외상매출금 | 2,000,000 | 상품 | 2,000,000 |
| 사무용기기 | 5,000,000 | 현금 | 5,000,000 |
| 현금 | 5,000,000 | 차입금 | 5,000,000 |
| 광고료 | 500,000 | 현금 | 500,000 |
| 현금 | 1,000,000 | 외상매출금 | 1,000,000 |
| 급여 | 3,000,000 | 현금 | 3,000,000 |

2. 2-1. 분개

12월 1일: (차변) 현금 50,000,000 (대변) 자본금 50,000,000
12월 2일: (차변) 사무용기기 3,000,000 (대변) 미지급금 3,000,000
12월 5일: (차변) 현금 5,000,000 (대변) 선수금 5,000,000
12월 10일: (차변) 소모품 100,000 (대변) 현금 100,000
12월 15일: (차변) 출장여비 200,000 (대변) 현금 200,000
12월 20일: (차변) 선급금 100,000 (대변) 현금 100,000
12월 31일: (차변) 급여 5,000,000 (대변) 현금 5,000,000

2-2. 분개장 기록

| 일자 | | 계 정 | 원 면 | 차 변 | 대 변 |
|---|---|---|---|---|---|
| 12 | 1 | 현금 | 1 | 50,000,000 | |
| | | 자본금 | 15 | | 50,000,000 |
| | | (주식발행) | | | |
| 12 | 2 | 사무용기기 | | 3,000,000 | |
| | | 미지급금 | | | 3,000,000 |
| | | (컴퓨터 외상매입) | | | |
| 12 | 5 | 현금 | | 5,000,000 | |
| | | 선수금 | | | 5,000,000 |
| | | (컨설팅용역 계약금 선수) | | | |
| 12 | 10 | 소모품 | | 100,000 | |
| | | 현금 | | | 100,000 |
| | | (소모품 구입) | | | |

| | | | | | |
|---|---|---|---|---|---|
| 12 | 15 | 출장여비<br>현금<br>(종업원 출장여비 지급) | | 200,000 | <br>200,000 |
| 12 | 20 | 선급금<br>현금<br>(광고료 선급) | | 100,000 | <br>100,000 |
| 12 | 31 | 급여<br>현금<br>(급여 지급) | | 5,000,000 | <br>5,000,000 |
| | | | | | |

3.

| 입 금 전 표 | | | | No. | |
|---|---|---|---|---|---|
| | | | | 담 당 | 팀 장 | 사 장 |
| 날짜 | 202×년 12월 5일 | | | | | |
| 과목 | 선수금 | 항목 | 부채 | | | |
| 적 요 | | | | 금 액 | 비 고 | |
| 용역컨설팅 계약금 선수 | | | | 5,000,000 | | |
| | | | | | | |
| | | | | | | |
| | | | | | | |
| | | | | | | |
| | | | | | | |
| 합 계 | | | | ₩5,000,000 | | |

<table>
<tr><td colspan="4" rowspan="2"><u>출 금 전 표</u></td><td colspan="3">No.</td></tr>
<tr><td>담 당</td><td>팀 장</td><td>사 장</td></tr>
<tr><td>날짜</td><td colspan="3">202×년 12월 10일</td><td rowspan="2"></td><td rowspan="2"></td><td rowspan="2"></td></tr>
<tr><td>과목</td><td>소모품</td><td>항목</td><td>자산</td></tr>
<tr><td colspan="4">적 요</td><td colspan="2">금 액</td><td>비 고</td></tr>
<tr><td colspan="4">소모품 구입</td><td colspan="2">100,000</td><td></td></tr>
<tr><td colspan="4"></td><td colspan="2"></td><td></td></tr>
<tr><td colspan="4"></td><td colspan="2"></td><td></td></tr>
<tr><td colspan="4"></td><td colspan="2"></td><td></td></tr>
<tr><td colspan="4">합 계</td><td colspan="2">₩100,000</td><td></td></tr>
</table>

<table>
<tr><td colspan="3" rowspan="2"><u>대 체 전 표</u></td><td></td><td>담당</td><td>팀장</td><td>사장</td></tr>
<tr><td></td><td></td><td></td><td></td></tr>
<tr><td>작성년월일</td><td colspan="6">202×년 12월 2일</td></tr>
<tr><td>차변과목</td><td>금 액</td><td>적 요</td><td colspan="2">대변과목</td><td colspan="2">금 액</td></tr>
<tr><td>사무용기기</td><td>3,000,000</td><td>사무용 PC 외상 구입</td><td colspan="2">미지급금</td><td colspan="2">3,000,000</td></tr>
<tr><td></td><td></td><td></td><td colspan="2"></td><td colspan="2"></td></tr>
<tr><td></td><td></td><td></td><td colspan="2"></td><td colspan="2"></td></tr>
<tr><td></td><td></td><td></td><td colspan="2"></td><td colspan="2"></td></tr>
</table>

**4.** ① 유상증자하여 현금 50,000,000원을 납입받았다.

② 5,000,000원을 차입하였다.

③ 소모품 50,000원을 외상으로 매입하였다.

④ 용역 제공에 대한 대가로 현금 10,000,000원을 수취하였다.

⑤ 자사제품 광고에 따른 광고료 100,000원을 현금으로 지급하였다.

⑥ 종업원 급여 7,000,000원을 전액 현금으로 지급하였다.

5.

| 날짜 | 차변 | 금액 | 대변 | 금액 |
|---|---|---|---|---|
| 4월 2일: | (차변) 현금 | 50,000,000 | (대변) 차입금 | 50,000,000 |
| 4월 5일: | (차변) 소모품 | 500,000 | (대변) 미지급금 | 500,000 |
| 4월 10일: | (차변) 보험료 | 1,200,000 | (대변) 현금 | 1,200,000 |
| 4월 15일: | (차변) 예금 | 10,000,000 | (대변) 선수금 | 10,000,000 |
| 4월 20일: | (차변) 사무용기기 | 5,000,000 | (대변) 미지급금 | 5,000,000 |
| 4월 25일: | (차변) 차량운반구 | 50,000,000 | (대변) 현금 | 25,000,000 |
| | | | 미지급금 | 25,000,000 |
| 4월 28일: | 분개하지 않는다. | | | |
| 4월 30일: | (차변) 급여 | 15,000,000 | (대변) 예수금 | 2,000,000 |
| | | | 현금 | 13,000,000 |
| 4월 30일: | (차변) 이자비용 | 208,333 | (대변) 현금 | 208,333 |

* 이자비용 $208,333 = 50,000,000 \times 5\% \times \frac{1}{12}$

# 제4장

# 총계정원장과 수정전시산표

1. 계정기입과 총계정원장
2. 수정전시산표

# 1 계정기입과 총계정원장

## 1.1 계정과 계정과목

기업경영활동에서 거래정보가 발생하면 분개를 하여 분개장이나 전표에 기입한다. 기업의 각 조직에서 일상적으로 일어나는 수많은 거래를 분개하여 기입한 분개장에는 거래가 발생한 순서대로 기입되어 있으므로 거래의 성격이나 종류별로 그 내용을 파악하기가 어렵다. 동일한 거래종류는 한 단위로 묶어서 한곳에 기록한다면 회계기간 동안의 거래내역을 종합적으로 쉽게 파악할 수 있다. 1개월 동안 영업활동을 통하여 현금이 유입된 거래내역과 현금이 유출된 거래내역이 현금이라는 이름으로 한곳에 기입되어 있으면 현금의 유입과 현금의 유출을 한눈으로 파악할 수 있고 현금잔액이 얼마 남아 있는지 쉽게 알 수 있다. 이처럼 발생한 거래를 분개하여 동일한 성격의 거래를 기록하는 최소단위를 계정이라고 하고 그 명칭을 계정과목이라 한다.

계정을 분류하면 자산, 부채, 자본의 증감 변동이 기입되는 재무상태표 계정과 수익과 비용의 증감 변동이 기입되는 손익계산서 계정으로 크게 구분할 수

**그림 4-1** 계정의 분류

- 재무상태표 계정
  - 자산계정: 현금, 매출채권, 재고자산, 건물, 기계장치 등의 계정
  - 부채계정: 매입채무, 미지급금, 차입금 등의 계정
  - 자본계정: 자본금, 이익적립금, 임의적립금 등의 계정
- 손익계산서 계정
  - 수익계정: 매출, 이자수익, 배당수익 등의 계정
  - 비용계정: 매출원가, 급여, 대손상각비, 감가상각비, 이자비용 등의 계정

있다. 재무상태표 계정은 자산계정, 부채계정, 자본계정으로 나누고, 자산, 부채, 자본의 각 계정에서 세부적인 계정이 분화되어 계정과목이 설정된다. 손익계산서 계정도 수익계정과 비용계정으로 크게 구분할 수 있으며, 수익계정의 각 수익의 성격에 따라 세부적인 계정으로 분화되고 비용계정도 지출되는 비용의 특성에 따라서 세부적인 계정으로 분화된다.

## 1.2 계정기입과 총계정원장

총계정원장은 모든 계정의 기록을 종합해 놓은 장부로서, 재무상태표 계정과 손익계산서 계정의 각 세부적인 계정과목별로 관련 분개의 결과를 모아 놓은 장부이다. 회계상 발생한 여러 가지 거래를 분개하여 총계정원장 장부에 기입하게 되는데, 그 계정 기입방법은 거래의 성격과 내용에 따라 분개된 것을 해당 계정에 그대로 기입하는 것이다.

거래내용을 거래발생일의 순서로 기록한 분개장은 각 거래내용을 파악하기 어렵고 여러 가지 거래와 계정과목들이 분류되어 있지 않아 재무정보를 파악하거나 재무보고서를 작성하기가 곤란하다. 거래의 분개장에서 각 거래의 특성별로 해당 계정에 옮겨 적어두면 바로 자산, 부채, 자본, 수익과 비용별로 증감변동사항을 쉽게 파악할 수 있다. 이처럼 거래의 분개한 내용을 각 계정별로 총계정원가에 옮겨 전기(posting)하게 된다.

각 계정의 기입은 재무상태표 계정과 손익계산서 계정에서 차변과 대변에 어떤 계정이 표시되는지에 따라 각 계정을 기입하면 된다. 자산은 재무상태표 차변에 표시되므로 자산의 증가는 차변, 자산의 감소는 대변에 기록되고 재무상태표에는 자산의 차변 잔액이 표시된다. 부채는 재무상태표의 대변에 표시되므로 부채의 증가는 대변, 부채의 감소는 차변에 기록되고 재무상태표에는 부채의 대변 잔액이 표시된다. 자본은 재무상태표 대변에 표시되므로 자본의 증가는 대변, 자본의 감소는 차변에 기록되고 재무상태표에는 자본의 대변 잔액이 표시된다.

비용은 손익계산서 차변에 표시되므로 비용의 발생은 차변에, 비용의 감소는 대변에 기록되고 손익계산서에는 비용의 차변 잔액이 표시된다. 수익은 손익계산서 대변에 표시되므로 수익의 발생은 대변에, 수익의 감소는 차변에 기

**그림 4-2** 재무상태표 계정

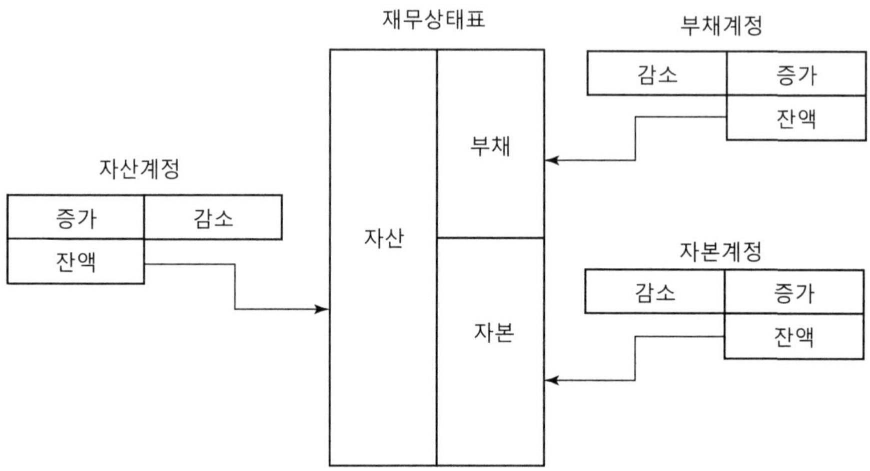


록되고 손익계산서에는 수익의 대변 잔액이 표시된다.

예를 들어 "더나은미래㈜에서 202×년 2월 1일에 컴퓨터 6대, 복사기 1대를 구입하고 현금 ₩10,000,000을 지급하다."라는 거래가 발생한 경우 컴퓨터, 복사기와 같은 자산이 증가하고 이로 인해 현금이 유출된 거래이다. 컴퓨터, 복사

**그림 4-3** 손익계산서 계정

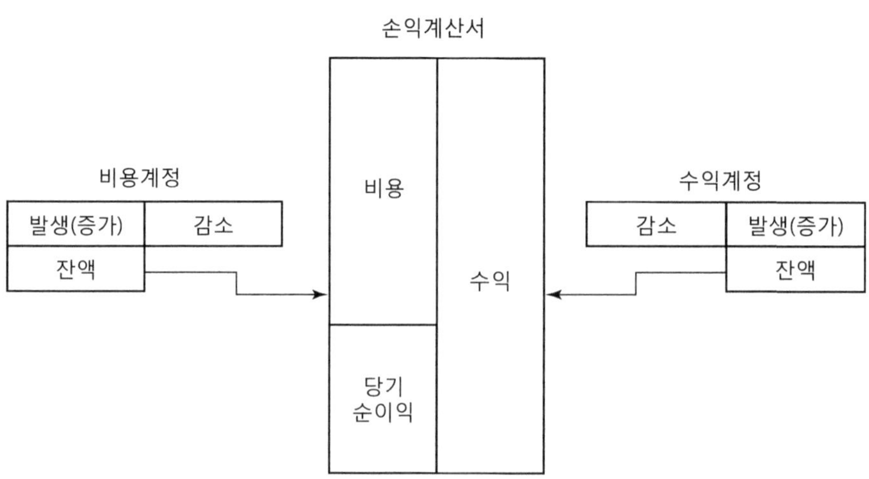

기 각각 이름으로 기록할 수 있겠지만 계정과목이 너무 많아 복잡해지므로 공통으로 적용할 수 있는 사무기기란 계정과목 명칭으로 자산의 증가는 차변에 기입하고 현금이라는 자산이 감소하였으므로 대변에 기입한다.

분개를 총계정원장에 기록하는 장부양식은 표준식과 약식으로 나눌 수 있는데, 일반적으로 실무편의나 교육현장 등에서는 약식인 T계정을 많이 활용한다. 분개장에 분개된 거래를 해당 계정에 각각 옮겨 기록한다. 분개장에서 현금이 10,000,000원 지급되었다면 현금자산의 감소를 대변(오른편)에 기록하며, 그 앞에 붙는 계정과목 명칭에는 상대계정과목인 사무기기라 기록한다. 사무기기계정에서는 컴퓨터, 복사기 등의 자산이 증가하였으므로 차변에 10,000,000원을 기록하고 그 앞에 붙는 계정과목 명칭에는 상대계정과목인 현금을 기록한다. 그 결과, 현금계정의 대변에 10,000,000원이 기록되어 있으니 현금이 유출되었다는 것을 알 수 있고 그 원인은 사무기기 구입을 위한 현금 지출이라는 것을 인지할 수 있다. 사무기기계정을 보면 차변에 10,000,000원이 기록되어 있으므로 사무기기 구입으로 인해 자산이 증가되었고 구입을 위한 현금 지출이 있었음을 인지할 수 있다.

### 예제 4-1

202×년 2월 1일에 더나은 미래자원주식회사에서 컴퓨터 6대, 복사기 1대를 구입하고 현금 ₩10,000,000을 지급하다.

**풀이**

(1) 분개

2월 1일 차변) 사무기기 10,000,000 대변) 현금 10,000,000

(2) 분개장 기입

분개장

| 일자 | | 계정 | 원면 | 차변 | 대변 |
|---|---|---|---|---|---|
| 2 | 1 | 사무기기 | 6 | 10,000,000 | |
| | | 현금 | 1 | | 10,000,000 |
| | | (컴퓨터 6, 복사기 1 구입) | | | |
| | | | | | |

분개를 총계정원장의 현금계정과 사무기기계정으로 전기한다.

현금계정

| 일자 | | 계정 | 분면 | 차변 | 대변 | 잔액 |
|---|---|---|---|---|---|---|
| 2 | 1 | 사무기기 | 1 | | 10,000,000 | 10,000,000 |
| | | | | | | |

사무기기계정

| 일자 | | 계정 | 분면 | 차변 | 대변 | 잔액 |
|---|---|---|---|---|---|---|
| 2 | 1 | 현금 | 1 | 10,000,000 | | 10,000,000 |
| | | | | | | |

위 내용들은 T계정으로 표시해 보면 간편하게 쉽게 이해할 수 있으며 본서에서는 앞으로 모든 계정의 기입은 T계정으로 한다. 위 거래내용을 T형 계정에 전기해 보자.

사무기기를 구매하고 대금을 지급하였으므로 현금의 감소가 발생하여 현금계정 대변에 기입되고 PC 등 사무기기를 구입하여 자산이 증가하였으므로 차변에 기록하고 그 대금은 현금으로 지급하였으므로 현금이라 표기한다.

| 현금 | |
|---|---|
| | 2.1 사무기기 10,000,000 |

| 사무기기 | |
|---|---|
| 2.1 현금 10,000,000 | |

## 2 수정전시산표

### 2.1 수정전시산표 개요

수정전시산표는 총계정원장의 모든 계정과목과 금액을 한곳에 모아서 작성한 표이다. 총계정원장의 모든 계정의 차변에 기록된 금액은 시산표의 차변으로, 대변에 기록된 금액은 시산표의 대변으로 옮겨와서 차변과 대변의 금액이 서로 일치하면 거래의 이중성에 의한 대차균형의 원리(principle of equilibrium)에 따라 거래의 분개와 총계정원장으로의 전기가 일차적으로 정확하게 기록되었다는 것을 확인할 수 있다.

총계정원장을 기초로 작성되는 시산표의 종류에는 총계정원장의 차변과 대변의 금액을 그대로 가져와 작성하는 합계시산표, 총계정원장의 각 계정의 잔액을 가져와 작성하는 잔액시산표가 있으며, 총계정원장의 합계액과 잔액을 동시에 표시하는 합계잔액시산표가 있다. 궁극적으로는 시산표가 재무제표를 작성하는 데 기초가 되는 장부이므로 실무에서는 잔액시산표를 채택하여 작성하고 있다.

## 2.2 수정전시산표 작성

잔액시산표의 차변에 자산과 비용, 대변에 부채, 자본, 수익이 집계되어 차변합계와 대변합계가 일치한다면 일차적으로 분개와 전기가 제대로 되었다고 할 수 있다. 다만, 수정전시산표의 차변합계와 대변합계가 일치하는 것이 곧 오류가 전혀 없었음을 의미하지는 않는다. 예를 들어, 광고료 100,000원을 현금으로 지급하였으나 거래분개나 원장의 전기를 하지 않고 누락한 경우에는 차변과 대변이 일치하더라도 거래분개와 전기가 누락되어 일치한 것이므로 이를 기반으로 작성된 재무제표는 재무상태를 정확하게 표시하지 못하는 오류가 있을 수 있다. 거래내용을 토대로 수정전 재무제표를 작성해 보자

### 예제 4-2

더나은미래㈜의 202×년 1월 1일 재무상태표와 거래내용을 활용하여 분개하고 총계정원장에 전기하며 수정전시산표를 작성해 보자

**재무상태표**

202×년 1월 1일 현재 (단위: 천원)

| | | | |
|---|---|---|---|
| 현금 | 60,000 | 미지급금 | 5,000 |
| 매출채권 | 6,000 | 차입금 | 15,000 |
| 소모품 | 1,000 | 자본금 | 50,000 |
| 사무용기기 | 3,000 | | |
| 자산총계 | 70,000 | 부채 및 자본총계 | 70,000 |

〈1월 중 거래내역〉

1월 2일 ㈜핀큐와 경영컨설팅 용역 ₩50,000,000 계약을 체결하고 계약금으로 ₩5,000,000 현금으로 받았다.

1월 10일 자동차 보험료 계약을 체결하고 1년간의 보험료 ₩2,400,000을 지급하다.

1월 15일 회사는 소모품 ₩500,000을 외상으로 구매하다.

1월 20일 중고 사무용기기 ₩1,000,000을 현금으로 매각하다.

1월 25일 종업원 1월 급여 ₩2,000,000을 지급하다.

1월 30일 통신요금청구서를 받고 통신비 ₩500,000을 납부하다.

1월 31일 주식회사 핀큐에 대한 경영컨설팅 용역을 완료하여 보고하고 대가는 현금 ₩25,000,000 받고 나머지는 1개월 후에 받기로 하다.

**풀이**

〈분 개〉

| | | | | | |
|---|---|---|---|---|---|
| 1월 2일 | 차변) 현금 | 5,000,000 | 대변) 선수금 | 5,000,000 |
| 1월 10일 | 차변) 보험료 | 2,400,000 | 대변) 현금 | 2,400,000 |
| 1월 15일 | 차변) 소모품 | 500,000 | 대변) 미지급금 | 500,000 |
| 1월 20일 | 차변) 현금 | 1,000,000 | 대변) 사무용기기 | 1,000,000 |
| 1월 25일 | 차변) 급여 | 2,000,000 | 대변) 현금 | 2,000,000 |
| 1월 30일 | 차변) 통신비 | 500,000 | 대변) 현금 | 500,000 |
| 1월 31일 | 차변) 현금 | 25,000,000 | 대변) 용역수익 | 50,000,000 |
| | 선수금 | 5,000,000 | | |
| | 매출채권 | 20,000,000 | | |

〈총계정원장 전기〉

**현금**

| | | | |
|---|---|---|---|
| 전기이월 | 60,000,000 | 보험료 | 2,400,000 |
| 선수금 | 5,000,000 | 급여 | 2,000,000 |
| 사무용기기 | 1,000,000 | 통신비 | 500,000 |
| 용역수익 | 25,000,000 | | |

**매출채권**

| | | | |
|---|---|---|---|
| 전기이월 | 6,000,000 | | |
| 용역수익 | 20,000,000 | | |

**소모품**

| | | | |
|---|---|---|---|
| 전기이월 | 1,000,000 | | |
| 미지급금 | 500,000 | | |

**사무용기기**

| | | | |
|---|---|---|---|
| 전기이월 | 3,000,000 | 현금 | 1,000,000 |

**미지급금**

| | | | |
|---|---|---|---|
| | | 전기이월 | 5,000,000 |
| | | 소모품 | 500,000 |

**차입금**

| | | | |
|---|---|---|---|
| | | 전기이월 | 15,000,000 |

**선수금**

| | | | |
|---|---|---|---|
| 용역수익 | 5,000,000 | 현금 | 5,000,000 |

**자본금**

| | | | |
|---|---|---|---|
| | | 전기이월 | 50,000,000 |

**급여**

| | | | |
|---|---|---|---|
| 현금 | 2,000,000 | | |

**통신비**

| | | | |
|---|---|---|---|
| 현금 | 500,000 | | |

**용역수익**

| | | | |
|---|---|---|---|
| | | 제좌 | 50,000,000 |

**보험료**

| | | | |
|---|---|---|---|
| 현금 | 2,400,000 | | |

〈수정전시산표 작성〉

수정전 잔액시산표

202×년 1월 31일 현재 (단위: 천원)

| 계정과목 | 차변 | 대변 | 비 고 |
|---|---|---|---|
| 현금 | 86,100 | | |
| 매출채권 | 26,000 | | |
| 소모품 | 1,500 | | |
| 사무용기기 | 2,000 | | |
| 미지급금 | | 5,500 | |
| 차입금 | | 15,000 | |
| 자본금 | | 50,000 | |
| 용역수익 | | 50,000 | |
| 급여 | 2,000 | | |
| 보험료 | 2,400 | | |
| 통신비 | 500 | | |
| 합계 | 120,500 | 120,500 | |

## 확 · 인 · 문 · 제

※ 각 문항의 설명 중 옳은 것에는 T, 틀린 것에는 F를 하시오.

1. 전기는 분개장에서 해당 계정으로 옮겨 적는 것을 말하며, 총계정원장은 크게 재무상태표 계정과 손익계산서 계정으로 구분할 수 있다. (　　　)

2. 자산계정은 재무상태표의 차변에 위치하므로 자산의 증가는 대변, 자산의 감소는 차변에 나타난다. (　　　)

3. 부채계정는 재무상태표의 대변에 위치하므로 부채의 증가는 대변, 부채의 감소는 차변에 기입한다. (　　　)

4. 비용계정은 손익계산서의 차변에 위치하므로 비용이 발생하면 차변에, 비용의 감소가 있을 경우 대변에 기입한다. (　　　)

5. 수익계정은 손익계산서의 대변에 위치하므로 수익이 발생하면 대변에, 수익의 감소는 직접 수익에서 차감한다. (　　　)

6. 외상으로 비품을 구입한 거래는 매입채무계정을 대변에 기입하고, 비품계정은 차변에 기입한다. (　　　)

7. 컨설팅 용역을 제공하고 그 내가를 현금으로 받지 못하면 매출계정은 대변에 기입하고, 외상대금을 받을 권리에 대해서는 매출채권계정을 차변에 기입한다. (　　　)

8. 회계거래가 올바르게 기록되고 집계되면, 원장의 모든 차변계정의 합계와 대변계정의 합계가 일치한다. (　　　)

9. 시산표상의 차변총계와 대변총계가 일치해도 회계기록과정에서 처음부터 분개를 하지 않았거나, 잘못된 계정과목을 선택하는 오류가 포함되어 있을 수 있다. (　　　)

**10.** 차입금을 현금으로 상환한 경우 차입금계정은 대변에 기록하고 현금계정은 차변에 기록한다. (　　　)

**11.** 주식을 발행하여 주주들에게 교부하고 각 주주들부터 현금을 납입받은 경우 자본금계정 대변에, 현금계정 차변에 기록한다. (　　　)

**12.** 손익계산서에서 대변의 총수익과 차변의 총비용을 차감한 후 대변에 차액이 남은 경우에 순이익을 의미한다. (　　　)

**13.** 잔액시산표의 차변에 자산과 비용, 대변에 부채, 자본, 수익이 집계되어 차변과 대변의 합계는 일치해야 한다. (　　　)

**14.** 거래의 분개장에서 각 거래의 특성에 맞추어 해당 계정으로 옮겨 적는 전기 과정을 통해 자산, 부채, 자본, 수익, 비용의 증감과 변동사항을 쉽게 파악할 수 있다. (　　　)

**15.** 시산표의 차변과 대변의 금액이 서로 일치하면 거래의 이중성에 의한 대차균형의 원리(principle of equilibrium)에 따라 거래의 분개와 총계정원장으로의 전기가 일차적으로 정확하게 기록되었다는 것을 확인할 수 있다. (　　　)

---

**▮해답** 1. T 2. F 3. T 4. T 5. F 6. F 7. T 8. T 9. T 10. F 11. T 12. T 13. T 14. T 15. T

## 실 · 습 · 문 · 제

1. 더나은미래㈜의 총계정원장의 일부 전기된 정보를 활용하여 분개를 표시하고 거래를 추정해 보세요.

| 현금 | | | |
|---|---|---|---|
| (5)선수금 | 5,000,000 | (4)보험료 | 2,400,000 |
| (6)사무용기기 | 1,000,000 | (3)급여 | 3,000,000 |
| (2)매출채권 | 25,000,000 | | |

| 매출채권 | | | |
|---|---|---|---|
| (1)용역수익 | 25,000,000 | (2)현금 | 25,000,000 |

| 용역수익 | | | |
|---|---|---|---|
| | | (1)제좌 | 25,000,000 |

| 급여 | | | |
|---|---|---|---|
| (3)현금 | 3,000,000 | | |

| 선수금 | | | |
|---|---|---|---|
| | | (5)현금 | 5,000,000 |

| 보험료 | | | |
|---|---|---|---|
| (4)현금 | 2,400,000 | | |

| 사무용기기 | | | |
|---|---|---|---|
| | | (6)현금 | 1,000,000 |

2. 더나은미래자원㈜의 총계정원장의 잔액 정보를 활용하여 수정전시산표를 작성해 보세요.

| | | | | | |
|---|---|---|---|---|---|
| 현금 | ( ) | 매출채권 | ₩300,000 | 재고자산 | ₩400,000 |
| 건물 | 5,000,000 | 선급금 | 300,000 | 매입채무 | 600,000 |
| 차입금 | 1,000,000 | 선수금 | 400,000 | 자본금 | 4,700,000 |
| 매출액 | 5,000,000 | 매출원가 | 3,000,000 | 급여 | 1,200,000 |
| 감가상각비 | 100,000 | 대손상각비 | 50,000 | 법인세 | 30,000 |
| 이자비용 | 100,000 | 광고선전비 | 200,000 | 판매촉진비 | 100,000 |
| 보험료 | 120,000 | 유형자산평가이익 | 200,000 | | |

**3.** 더나은미래자원㈜는 202×년 1월 경영컨설팅전문기업으로 설립되어 운영되고 있으며 1월의 거래내역에 대하여 물음에 답하기 바랍니다.

〈1월 거래내역〉

1월 4일 더나은미래자원㈜는 보통주식 100,000주(1주당 액면금액 ₩1,000)을 발행하여 주주들에게 교부하고 대금은 현금으로 납입 받았다.

1월 6일 회사는 ㈜핀큐로부터 경영컨설팅 용역 ₩30,000,000의 계약을 체결하고 계약금 ₩3,000,000을 현금으로 받다.

1월 8일 회사는 복사지 등 사무용품 ₩100,000을 외상으로 구입하다.

1월 10일 회사는 PC, 복사기 등 사무용기기 ₩5,000,0000을 구입하고 ₩2,000,000은 현금으로 지급하고 나머지는 외상으로 하다.

1월 12일 회사는 경영컨설팅 기업 홍보를 위하여 '네이버'에 검색광고계약을 하고 계약금 ₩100,000을 현금으로 지급하다.

1월 15일 회사는 경영컨설팅에 필요한 각종 전문서적 등을 ₩200,000에 구입하고 카드로 결제했다.

1월 18일 회사는 컨설팅 용역수행을 위한 시장조사를 위하여 전문가와 조사요원에게 ₩1,000,000을 지급하였다.

1월 20일 회사는 ㈜지엔스타로부터 시장조사를 통한 마케팅전략 수립용역 ₩50,000,000의 계약을 체결하고 계약금 ₩5,000,000을 현금으로 받다.

1월 25일 종업원에 대한 1월 급여 ₩3,000,000을 현금으로 지급하다.

1월 28일 2월 10일까지 납부해야 하는 통신비 ₩100,000의 청구서를 받았다.

1월 31일 ㈜핀큐로부터 의뢰받은 경영컨설팅 용역이 완료되어 보고하였으며 용역대가로 현금 ₩15,000,000을 받고 나머지는 외상으로 하다.

3-1. 1월 거래내역에 대하여 분개하고 전기를 해보세요.

3-2. 수정전시산표를 작성해 보세요.

**4.** 더나은미래㈜의 202×년 1월의 거래를 분개하고 전기하세요.

① 1월 1일 회사는 주식 100,000주(@1,000)를 발행하였다.

② 1월 4일 회사는 ㈜핀큐와 경영컨설팅제공계약을 ₩50,000,000에 체결하고 계약금으로 현금 ₩1,000,000을 수령하였다.

③ 1월 5일 컴퓨터를 현금 ₩5,000,000을 지급하고 구입하였다.

④ 1월 12일 사무용가구 등을 ₩1,000,000에 외상으로 매입하였다.

⑤ 1월 15일 직원 등의 컨설팅업무 수행을 위한 출장여비 등 ₩500,000을 현금으로 지급하였다.
⑥ 1월 20일 복사용지 등 사무용품 ₩300,000을 외상으로 구입하였다.
⑦ 1월 25일 1월분 직원급여 ₩3,000,000을 지급하였다.
⑧ 1월 31일 컨설팅용역을 제공완료하고 대금 중 ₩20,000,000을 현금으로 받고 나머지는 외상으로 처리하였다.

4-1. 거래를 분개하고 전기하세요.
4-2. 수정전시산표를 작성하세요.

**5.** 더나은미래㈜의 시산표이다. 아래 물음에 답하세요.

잔액시산표

(단위: 천원)

| 계정과목 | 차변 | 대변 | 비 고 |
|---|---|---|---|
| 현금 및 예금 | 14,000 | | 자산 |
| 매출채권 | 7,000 | | |
| 소모품 | 2,000 | | |
| 기계장치 | 10,000 | | |
| 미지급금 | | 4,000 | 부채 |
| 자본금 | | 15,000 | 자본 |
| 용역수익 | | 20,000 | 수익 |
| 급여 | 5,000 | | 비용 |
| 통신비 | 1,000 | | |
| 합계 | 39,000 | 39,000 | |

① PC를 현금 ₩1,000,000에 구입하였는데, 소모품으로 잘못 기재하였다.
② 고객에게 제공한 용역 ₩2,000,000을 외상으로 제공하였는데, 현금을 수납한 것으로 오기하였다.
③ 급여 ₩1,000,000을 현금으로 지급하였으나 회계처리가 누락되었다.
④ 미지급금 ₩2,000,000을 지급하였으나, (차변) 현금 2,000,000 (대변) 미지급금 2,000,000으로 분개하였다.
⑤ 소모품 사용액 ₩500,000의 기록이 누락되었다.

5-1. 오류사항을 수정하여 분개하세요.
5-2. 정확한 시산표를 작성하세요.

## 실습문제 풀이

1. ① 차) 매출채권 25,000,000 대) 용역수익 25,000,000
   용역서비스를 ₩25,000,000에 제공하고 대금을 1주일 후에 받기로 했다.
   ② 차) 현금 25,000,000 대) 매출채권 25,000,000
   1주일 후 용역대금 ₩25,000,000을 현금으로 회수하였다.
   ③ 차) 급여 3,000,000 대) 현금 3,000,000
   직원급여 ₩3,000,000을 현금으로 지급하였다.
   ④ 차) 보험료 2,400,000 대) 현금 2,400,000
   당기에 발생한 보험료 ₩2,400,000을 현금으로 지급하였다.
   ⑤ 차) 현금 5,000,000 대) 선수금 5,000,000
   용역계약과 관련하여 계약금 ₩5,000,000을 현금으로 받았다.
   ⑥ 차) 현금 1,000,000 대) 사무용기기 1,000,000
   중고사무용기기를 ₩1,000,000에 현금으로 매각하였다.

2. 수정전 잔액시산표

(단위: 천원)

| 계정과목 | 차변 | 대변 | 비 고 |
|---|---|---|---|
| 현금 | 1,000 | | |
| 매출채권 | 300 | | |
| 재고자산 | 400 | | 자산 |
| 건물 | 5,000 | | |
| 선급금 | 300 | | |
| 매입채무 | | 600 | |
| 차입금 | | 1,000 | 부채 |
| 선수금 | | 400 | |
| 자본금 | | 4,700 | 자본 |
| 매출액 | | 5,000 | 수익 |
| 매출원가 | 3,000 | | |
| 급여 | 1,200 | | |
| 감가상각비 | 100 | | |
| 대손상각비 | 50 | | |
| 법인세 | 30 | | |
| 이자비용 | 100 | | |

(계속)

| 광고선전비 | 200 | | |
|---|---|---|---|
| 판매촉진비 | 100 | | |
| 보험료 | 120 | | |
| 유형자산평가이익 | | 200 | 기타포괄손익 |
| 합계 | 11,900 | 11,900 | |

**3.** 3-1. 분개 및 전기

| | | | | |
|---|---|---|---|---|
| 1월 4일 | 차) 현금 | 100,000,000 | 대) 자본금 | 100,000,000 |
| 1월 6일 | 차) 현금 | 3,000,000 | 대) 선수금 | 3,000,000 |
| 1월 8일 | 차) 사무용품 | 100,000 | 대) 미지급금 | 100,000 |
| 1월 10일 | 차) 사무용기기 | 5,000,000 | 대) 현금 | 2,000,000 |
| | | | 미지급금 | 3,000,000 |
| 1월 12일 | 차) 선급금 | 100,000 | 대) 현금 | 100,000 |
| 1월 15일 | 차) 도서인쇄비 | 200,000 | 대) 미지급비용 | 200,000 |
| 1월 18일 | 차) 시장조사비 | 1,000,000 | 대) 현금 | 1,000,000 |
| 1월 20일 | 차) 현금 | 5,000,000 | 대) 선수금 | 5,000,000 |
| 1월 25일 | 차) 급여 | 3,000,000 | 대) 현금 | 3,000,000 |
| 1월 28일 | 차) 통신비 | 100,000 | 대) 미지급비용 | 100,000 |
| 1월 31일 | 차) 현금 | 15,000,000 | 대) 매출 | 30,000,000 |
| | 선수금 | 3,000,000 | | |
| | 매출채권 | 12,000,000 | | |

〈총계정원장〉

현금

| 차변 | | 대변 | |
|---|---|---|---|
| 자본금 | 100,000,000 | 사무용기기 | 2,000,000 |
| 선수금 | 8,000,000 | 선급금 | 100,000 |
| 매출 | 15,000,000 | 시장조사비 | 1,000,000 |
| | | 급여 | 3,000,000 |

자본금

| 차변 | | 대변 | |
|---|---|---|---|
| | | 현금 | 100,000,000 |

매출채권

| 차변 | | 대변 | |
|---|---|---|---|
| 매출 | 12,000,000 | | |

사무용품

| 차변 | | 대변 | |
|---|---|---|---|
| 미지급금 | 100,000 | | |

| 사무용기기 | | | |
|---|---|---|---|
| 현금 | 2,000,000 | | |
| 미지급금 | 3,000,000 | | |

| 도서인쇄비 | | | |
|---|---|---|---|
| 미지급비용 | 200,000 | | |

| 선급금 | | | |
|---|---|---|---|
| 현금 | 100,000 | | |

| 급여 | | | |
|---|---|---|---|
| 현금 | 3,000,000 | | |

| 시장조사비 | | | |
|---|---|---|---|
| 현금 | 1,000,000 | | |

| 선수금 | | | |
|---|---|---|---|
| 매출 | 3,000,000 | 현금 | 3,000,000 |
| | | 현금 | 5,000,000 |

| 통신비 | | | |
|---|---|---|---|
| 미지급비용 | 100,000 | | |

| 매출 | | | |
|---|---|---|---|
| | | 제좌 | 30,000,000 |

| 미지급금 | | | |
|---|---|---|---|
| | | 사무용품 | 100,000 |
| | | 사무용기기 | 3,000,000 |

| 미지급비용 | | | |
|---|---|---|---|
| | | 도서인쇄비 | 200,000 |
| | | 통신비 | 100,000 |

3-2. 수정전시산표

수정전 잔액시산표

(단위: 천원)

| 계정과목 | 차변 | 대변 | 비 고 |
|---|---|---|---|
| 현금 | 116,900 | | |
| 매출채권 | 12,000 | | |
| 사무용품 | 100 | | 자산 |
| 사무용기기 | 5,000 | | |
| 선급금 | 100 | | |
| 선수금 | | 5,000 | |
| 미지급비용 | | 300 | 부채 |
| 미지급금 | | 3,100 | |
| 자본금 | | 100,000 | 자본 |

(계속)

| 매출 | | 30,000 | 수익 |
|---|---|---|---|
| 도서인쇄비 | 200 | | 비용 |
| 시장조사비 | 1,000 | | |
| 급여 | 3,000 | | |
| 통신비 | 100 | | |
| 합계 | 138,400 | 138,400 | |

**4.** 4–1. 분개 및 전기

| | | | | |
|---|---|---|---|---|
| 1월 1일 | 차) 현금 | 100,000,000 | 대) 자본금 | 100,000,000 |
| 1월 4일 | 차) 현금 | 1,000,000 | 대) 선수금 | 1,000,000 |
| 1월 5일 | 차) 사무기기 | 5,000,000 | 대) 현금 | 5,000,000 |
| 1월 12일 | 차) 사무용가구 | 1,000,000 | 대) 미지급금 | 1,000,000 |
| 1월 15일 | 차) 출장여비 | 500,000 | 대) 현금 | 500,000 |
| 1월 20일 | 차) 사무용품 | 300,000 | 대) 미지급금 | 300,000 |
| 1월 25일 | 차) 급여 | 3,000,000 | 대) 현금 | 3,000,000 |
| 1월 31일 | 차) 현금 | 20,000,000 | 대) 용역수익 | 50,000,000 |
| | 선수금 | 1,000,000 | | |
| | 외상매출금 | 29,000,000 | | |

현금

| | | | |
|---|---|---|---|
| 자본금 | 100,000,000 | 사무기기 | 5,000,000 |
| 선수금 | 1,000,000 | 출장여비 | 500,000 |
| 용역수익 | 20,000,000 | 급여 | 300,000 |

자본금

| | | | |
|---|---|---|---|
| | | 현금 | 100,000,000 |

선수금

| | | | |
|---|---|---|---|
| 용역수익 | 1,000,000 | 현금 | 1,000,000 |

사무기기

| | | | |
|---|---|---|---|
| 현금 | 5,000,000 | | |

| 사무용가구 | |
|---|---|
| 미지급금 1,000,000 | |

| 미지급금 | |
|---|---|
| | 사무용가구 1,000,000<br>사무용품 300,000 |

| 출장여비 | |
|---|---|
| 현금 500,000 | |

| 사무용품 | |
|---|---|
| 미지급금 300,000 | |

| 급여 | |
|---|---|
| 현금 3,000,000 | |

| 외상매출금 | |
|---|---|
| 용역수익 29,000,000 | |

| 용역수익 | |
|---|---|
| | 제좌 50,000,000 |

4-2. 수정전시산표

수정전 잔액시산표

(단위: 천원)

| 계정과목 | 차변 | 대변 | 비 고 |
|---|---|---|---|
| 현금 | 112,500 | | |
| 외상매출금 | 29,000 | | |
| 사무기기 | 5,000 | | 자산 |
| 사무용가구 | 1,000 | | |
| 사무용품 | 300 | | |
| 출장여비 | 500 | | 비용 |
| 급여 | 3,000 | | |
| 미지급금 | | 1,300 | 부채 |
| 용역수익 | | 50,000 | 수익 |
| 자본금 | | 100,000 | 자본 |
| 합계 | 151,300 | 151,300 | |

**5.** 5-1. 수정분개

| | | | | |
|---|---|---|---|---|
| ① 차) 사무기기 | 1,000,000 | | 대) 소모품 | 1,000,000 |
| ② 차) 매출채권 | 2,000,000 | | 대) 현금 | 2,000,000 |
| ③ 차) 급여 | 1,000,000 | | 대) 현금 | 1,000,000 |
| ④ 차) 미지급금 | 4,000,000 | | 대) 현금 | 4,000,000 |
| ⑤ 차) 소모품비 | 500,000 | | 대) 소모품 | 500,000 |

5-2. 시산표 작성

잔액시산표

(단위: 천원)

| 계정과목 | 차변 | 대변 | 비 고 |
|---|---|---|---|
| 현금 및 예금 | 7,000 | | 자산 |
| 매출채권 | 9,000 | | |
| 소모품 | 500 | | |
| 사무기기 | 1,000 | | |
| 기계장치 | 10,000 | | |
| 자본금 | | 15,000 | 자본 |
| 용역수익 | | 20,000 | 수익 |
| 급여 | 6,000 | | 비용 |
| 소모품비 | 500 | | |
| 통신비 | 1,000 | | |
| 합계 | 35,000 | 35,000 | |

# 제 5 장

# 결산회계처리

1. 결산회계 및 수정사항
2. 수정후시산표 및 정산표 작성
3. 장부마감 및 이월시산표 작성

# 1 결산회계 및 수정사항

## 1.1 결산회계절차

기업은 계속기업(going concern)을 전제로 하고 주주 등 외부 이해관계자에게 정기적으로 회사의 재무상태나 경영성과를 보고해야 한다. 기업의 IR(investor relations)활동이나 정기적인 경영활동 결과보고는 재무제표를 통해서 이루어지고 이러한 재무제표를 작성하는 절차를 수행하게 되는데 이를 결산이라고 한다. 결산이란 회계기간이 종료되어 일정한 절차에 따라서 수익과 비용을 집계하여 손익을 산출하고 재무상태를 명확히 하는 등 제무제표를 작성하는 과정이라고 할 수 있다.

기업의 일상적인 경영활동과정에서 거래가 발생하면 분개를 하여 분개장에 기록하고 총계정원장에 전기하는 회계의 순환과정이 회계기간 중에 반복적으로 수행된다. 기업의 이해관계자에게 보고되는 재무제표의 작성을 위한 결산은 우선 기중 회계처리과정에서의 정확성을 확인하기 위하여 수정전시산표를 작성하여 회계기간 동안에 각 계정과목별로 기록된 내용이 정확한지를 일차적으로 확인하는 과정을 거치게 된다.

그 다음 과정은 결산조정사항에 대한 수정분개와 해당계정과목별 전기를 하고 그 과정이 완료된 후에 수정후시산표를 작성하여 수정전시산표와 결산수정사항에 대한 분개와 전기의 모든 과정이 정확하게 수행된 것인지에 대한 확인을 하게 된다.

그림 5-1 결산회계절차

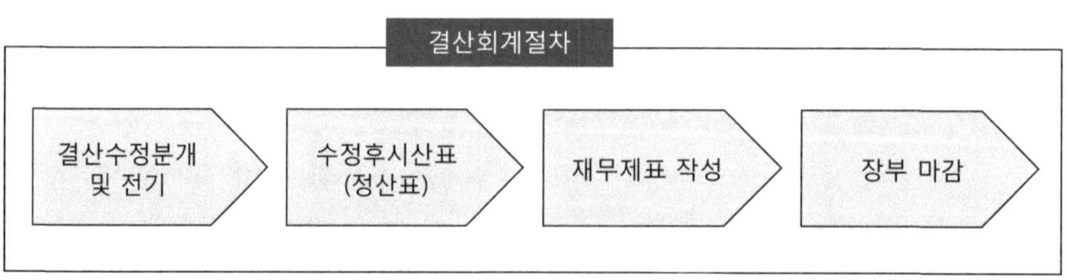

수정후시산표를 토대로 자산, 부채, 자본은 재무상태표에 옮겨 기록하고 수익과 비용을 손익계산서에 옮겨 적는 과정을 통하여 재무제표를 작성하는 과정을 수행한다.

재무제표의 작성과정이 완료되면 총계정원장 등 각종 장부에 대한 마감 작업 과정을 수행하게 된다.

## 1.2 결산수정분개 및 전기

기업의 경영활동에서 일어나는 회계상 거래의 인식에 있어서 기본은 발생주의원칙에 따라서 재무제표에 정확하게 반영된다. 기말결산시점에서 자산, 부채, 자본, 수익, 비용이 회계기간에 속하지 않는 경우 이를 동회계기간에서 제외함으로써 재무상태나 경영성과를 정확하게 나타낼 수 있다. 기업의 재무상태나 경영성과 등을 적절히 나타내기 위해 각 계정의 기말잔액에서 수정이 필요한 사항은 결산시점에서 수정하는 분개를 하고 이를 해당 계정에 전기하게 된다.

일반적으로 회계기간 말에 발생하는 결산수정분개의 종류는 크게 네 가지로 분류해 볼 수 있다.

**표 5-1** 결산수정분개의 종류

| 구분 | 의미 | 세부내용 |
|---|---|---|
| 수익/비용의 이연 | 수익과 비용 중에서 당해 회계기간에 속하지 않는 것을 차기로 이월시킴 | 비용의 이연: 비용에서 차감하여 자산으로 인식(예: 선급보험료)<br>수익의 이연: 수익에서 차감하여 부채로 인식(예: 선수임대료) |
| 수익/비용의 발생 | 수익과 비용이 발생했으나 인식하지 않은 것으로 당기에 반영 | 비용의 발생: 비용 및 부채로 인식(예: 미지급 비용)<br>수익의 발생: 수익 및 자산으로 인식(예: 미수수익) |
| 비용추정 및 자산평가 | 기말 결산 시 당기 발생비용을 추정하거나 공정가치로 평가하여 반영 | 매출채권의 대손상각비, 유형자산의 감가상각비를 추정하거나 유형자산 및 금융자산에 대한 평가손익 |
| 매출원가 산정 | 실지재고조사법에 의한 재고자산 회계 시 매출원가 산출 | 실제 기말재고자산을 파악한 후 매출원가 산출 |

## ■ 수익과 비용의 이연

회계기간 중에 발생한 비용이나 수익 중에서 결산기준일 기점으로 당해 회계기간에 포함되지 않는 수익과 비용이 있다면 당기의 수익과 비용에서 차감하여 차기수익과 비용으로 이월시키는 것이다. 결산기준일에 경과하지 않은 비용은 선급비용이라는 자산으로 이월시키고 경과되지 않은 수익은 선수수익이라는 부채로 이월시킨다.

### 예제 5-1

더나은미래㈜는 1월 2일에 1년간의 차량보험료 ₩600,000을 지급하고 이자수익 ₩1,200,000을 미리 받았다.

1년분 보험료와 이자수익에 대하여 6월 30일 기준으로 반기결산을 한다면 반기분은 미경과된 비용과 수익이므로 반기 수익과 비용에서 차감처리해야 한다.

| | | | | | |
|---|---|---|---|---|---|
| (1) 거래발생시 | 차변) 보험료 | 600,000 | 대변) 현금 | 600,000 |
| | 차변) 현금 | 1,200,000 | 대변) 이자수익 | 1,200,000 |
| 혹은 | 차변) 선급보험료 | 600,000 | 대변) 현금 | 600,000 |
| | 차변) 현금 | 1,200,000 | 대변) 선수이자 | 1,200,000 |
| (2) 반기결산시 | 차변) 선급보험료 | 300,000 | 대변) 보험료 | 300,000 |
| | 차변) 이자수익 | 600,000 | 대변) 선수수익 | 600,000 |
| 혹은 | 차변) 보험료 | 300,000 | 대변) 선급보험료 | 300,000 |
| | 차변) 선수이자 | 600,000 | 대변) 이자수익 | 600,000 |

## ■ 수익과 비용의 발생

회계기간 중에 발생한 비용이나 아직 현금을 지급하지 않아서 기중 비용을 인식하지 않은 비용에 대하여 당기 비용으로 인식하여 처리하는 경우 또는 당기에 발생한 수익이나 현금을 수취하지 못하여 수익으로 인식하여 처리하지 않은 수익에 대하여 당기의 수익으로 인식하여 처리하는 경우이다. 당해 회계기간에 포함해야 하는 수익과 비용에 대하여 당기 수익과 비용으로 처리하면서 미지급비용이나 미수수익으로 처리한다.

### 예제 5-2

더나은미래㈜는 7월 1일에 은행으로부터 연 12% 이자율로 현금 ₩10,000,000을 차입하였다. 또한 본사 건물의 일부를 10월 1일에 1년간 월 임대료 ₩200,000에 임대하고 월 임대료는 후불로 받기로 하였다. 결산일 현재까지 월 발생이자는 지급하지 않았고 임대수익은 수납되지 않았다.

7월 1일 차입 시에는 차입금만 처리하고 12월말 결산 시에는 이자 미지급분 인식 회계처리한다.

| | | | | |
|---|---|---|---|---|
| (1) 차입 시 | 차변) 현금 | 10,000,000 | 대변) 차입금 | 10,000,000 |
| (2) 결산 시 | 차변) 이자비용 | 600,000 | 대변) 미지급이자 | 600,000 |

10월 1일 건물임대 후 결산 시의 임대수익 미수납금에 대하여 미수수익으로 회계처리한다.

| | | | | |
|---|---|---|---|---|
| (1) 임대 시 | 분개 없음 | | | |
| (2) 결산 시 | 차변) 미수임대료 | 600,000 | 대변) 임대료수익 | 600,000 |

## ■ 비용추정과 자산평가

회계기간 중에 유형자산이나 매출채권 등에 대하여 감가상각비나 대손상각비 등을 추정하는 것이며, 금융자산에 대하여 공정가치 기준으로 평가하여 재무제표에 반영하는 것이다. 당기손익-공정가치측정 금융자산, 기타포괄손익-공정가치측정 금융자산은 결산일의 공정가치로 평가하여 손익계산서에는 기타포괄손익항목으로 표시하고 재무상태표에는 기타포괄손익누계액 항목에 표시하여야 한다.

### 예제 5-3

(1) 더나은미래㈜는 매출채권 ₩50,000,000 중에서 회수가 불가능할 것으로 예상되는 매출채권이 1%인 것으로 추정하고 있다. (대손충당금잔액은 없음)

| | | | | |
|---|---|---|---|---|
| 결산 시 | 차변) 대손상각비 | 500,000 | 대변) 대손충당금 | 500,000 |

(2) 더나은미래㈜의 기계장치(취득원가 ₩100,000,000)에 대하여 정액법으로 감가상각한다. (단, 내용연수는 10년, 잔존가치는 취득원가의 10%)

결산 시 차변) 감가상각비 9,000,000 대변) 감가상각누계액 9,000,000

---

## ■ 매출원가의 산정

회계기간 중에 상품의 매매거래에 대하여 계속기록법은 상품이 판매될 때마다 매출액과 매출원가를 구분해서 기록한다. 반면에, 실지재고조사법으로 기록할 경우 판매시점에는 매출액만 기록하고 매출원가에 대해서는 기말결산 시 제품이나 상품의 실지재고조사를 실시하여 파악된 재고수량에서 개당 단가를 곱하여 기말재고액을 산출한다. 매출원가는 기초상품재고액과 당기상품매입액의 합에서 기말상품재고액을 차감하여 별도로 산출하는 과정을 거친다.

---

### 예제 5-4

더나은미래㈜의 매매관련 거래정보는 아래와 같다. 전액 현금거래이며 거래발생시점과 기말 결산시점에 대해 회계 처리하라(실지재고조사법 적용).

| | | | |
|---|---|---|---|
| 매출액 | ₩10,000,000 | 당기매입액 | ₩7,000,000 |
| 기초상품재고액 | ₩2,000,000 | 기말상품재고액 | ₩2,500,000 |

| | | | | |
|---|---|---|---|---|
| (1) 거래 발생 시: | 차변) 매입 | 7,000,000 | 대변) 현금 | 7,000,000 |
| | 현금 | 10,000,000 | 매출 | 10,000,000 |
| (2) 기말 결산 시: | 차변) 매출원가 | 6,500,000 | 대변) 재고자산 | 6,500,000 |

* 기초재고액 + 당기매입액 − 기말재고액 = 매출원가 6,500,000

# 2 수정후시산표 및 정산표 작성

## 2.1 수정후시산표 작성

수정후시산표는 결산수정사항을 분개하여 각 총계정원장에 전기한 후 총계정원장 잔액으로 작성한 표이다. 이것은 수정전시산표에서 각 계정과목의 결산조정분개 사항을 전기하여 반영한 후 작성되는 것이다. 수정후시산표는 기말시점의 자산, 부채, 자본의 상태를 나타냄과 동시에 수익과 비용은 회계기간 동안의 경영성과를 나타낸다. 수정후시산표는 합계시산표, 잔액시산표, 합계잔액시산표가 있으나 실무에선 잔액시산표 형태를 많이 활용하고 있다. 재무제표는 수정후잔액시산표를 기준으로 자산, 부채, 자본을 모아서 재무상태표를 작성하고 수익과 비용을 모아서 손익계산서를 작성한다.

### 예제 5-5

더나은미래㈜의 [예제 4-2]의 수정전시산표와 결산수정사항에 대한 정보를 활용하여 수정후시산표를 작성해 보자.

(1) 수정전시산표는 다음과 같다.

수정전 잔액시산표

202×년 6월 30일 현재 (단위: 천원)

| 계정과목 | 차변 | 대변 | 비 고 |
|---|---|---|---|
| 현금 | 86,100 | | |
| 매출채권 | 26,000 | | |
| 소모품 | 1,500 | | |
| 사무용기기 | 2,000 | | |
| 미지급금 | | 5,500 | |
| 차입금 | | 15,000 | |
| 자본금 | | 50,000 | |
| 용역수익 | | 50,000 | |
| 급여 | 2,000 | | |
| 보험료 | 2,400 | | |
| 통신비 | 500 | | |
| 합계 | 120,500 | 120,500 | |

(2) 결산수정사항은 다음과 같다.

A. 소모품의 사용액이 ₩500,000이다.

B. 매출채권에 대해 ₩1,300,000 대손상각 처리하다.

C. 차입금에 대한 이자발생액은 ₩300,000이다.

D. 보험료 미경과분은 ₩1,200,000이다.

E. 기존에 발생한 통신비와는 별도로 통신비 미지급액은 ₩300,000이다.

결산수정분개

| | 차변 | | 대변 | |
|---|---|---|---|---|
| A. | 차변) 소모품비 | 500,000 | 대변) 소모품 | 500,000 |
| B. | 차변) 대손상각비 | 1,300,000 | 대변) 대손충당금 | 1,300,000 |
| C. | 차변) 이자비용 | 300,000 | 대변) 현금 | 300,000 |
| D. | 차변) 선급보험료 | 1,200,000 | 대변) 보험료 | 1,200,000 |
| E. | 차변) 통신비 | 300,000 | 대변) 미지급비용 | 300,000 |

**풀이**

수정후 잔액시산표

202×년 6월 30일 현재 (단위: 천원)

| 계정과목 | 차변 | 대변 | 비 고 |
|---|---|---|---|
| 현금 | 85,800 | | |
| 매출채권 | 26,000 | | |
| 대손충당금 | | 1,300 | |
| 선급보험료 | 1,200 | | |
| 소모품 | 1,000 | | |
| 사무용기기 | 2,000 | | |
| 미지급금 | | 5,500 | |
| 미지급비용 | | 300 | |
| 차입금 | | 15,000 | |
| 자본금 | | 50,000 | |
| 용역수익 | | 50,000 | |
| 급여 | 2,000 | | |
| 대손상각비 | 1,300 | | |
| 소모품비 | 500 | | |
| 보험료 | 1,200 | | |
| 통신비 | 800 | | |
| 이자비용 | 300 | | |
| 합계 | 122,100 | 122,100 | |

## 2.2 정산표

정산표는 수정전시산표를 기초로 하여 결산수정분개를 반영한 수정후시산표, 손익계산서, 재무상태표를 하나의 표로 정리해서 보여주는 보고서이다. 결산과정에서 반드시 작성해야 하는 것은 아니며 복잡한 결산과정에서 재무제표에 오류가 발생하지 않도록 하기 위하여 결산회계 전체과정을 종합한 일람표이다.

### 예제 5-6

[예제 5-5]를 활용하여 정산표를 작성해 보자.

**풀이**

정신표

(단위: 천원)

| 계정과목 | 수정전시산표 | | 결산수정분개 | | 수정후시산표 | | 손익계산서 | | 재무상태표 | |
|---|---|---|---|---|---|---|---|---|---|---|
| | 차변 | 대변 | 차변 | 대변 | 차변 | 대변 | 차변 | 대변 | 차변 | 대변 |
| 현금 | 86,100 | | | 300 | 85,800 | | | | 85,800 | |
| 매출채권 | 26,000 | | | | 26,000 | | | | 26,000 | |
| 소모품 | 1,500 | | | 500 | 1,000 | | | | 1,000 | |
| 사무용기기 | 2,000 | | | | 2,000 | | | | 2,000 | |
| 미지급금 | | 5,500 | | | | 5,500 | | | | 5,500 |
| 차입금 | | 15,000 | | | | 15,000 | | | | 15,000 |
| 자본금 | | 50,000 | | | | 50,000 | | | | 50,000 |
| 용역수익 | | 50,000 | | | | 50,000 | | 50,000 | | |
| 급여 | 2,000 | | | | 2,000 | | 2,000 | | | |
| 보험료 | 2,400 | | | 1,200 | 1,200 | | 1,200 | | | |
| 통신비 | 500 | | 300 | | 800 | | 800 | | | |
| 합계 | 120,500 | 120,500 | | | | | | | | |
| 소모품비 | | | 500 | | 500 | | 500 | | | |
| 대손상각비 | | | 1,300 | | 1,300 | | 1,300 | | | |
| 대손충당금 | | | | 1,300 | | 1300 | | | | 1,300 |
| 이자비용 | | | 300 | | 300 | | 300 | | | |
| 선급보험료 | | | 1,200 | | 1,200 | | | | 1,200 | |
| 미지급비용 | | | | 300 | | 300 | | | | 300 |
| 당기순이익 | | | | | | | 43,900 | | | 43,900 |
| 합계 | | | 3,600 | 3,600 | 122,100 | 122,100 | 50,000 | 50,000 | 116,000 | 116,000 |

# 3 장부마감 및 이월시산표 작성

재무제표의 작성이 완성됨과 동시에 총계정원장 등의 장부에 대한 마감을 하여야 한다. 총계정원장의 마감은 먼저 임시계정인 손익계산서 계정에서 당기순손익을 산출하여 영구계정인 이익잉여금 계정으로 대체하면서 손익계산서 계정을 마감하게 된다. 그 다음 영구계정인 재무상태표 계정은 자산, 부채, 자본의 각 계정을 마감한다.

## 3.1 손익계산서 계정의 마감

손익계산서 계정은 임시적 명목계정이고 수익계정과 비용계정으로 구성되어 있다. 이 계정은 회계기간 동안 일시적으로 기록해 당기순손익을 산출한 후 최종적으로 이익잉여금으로 대체되어 소멸한다. 손익계산서 계정의 마감방법과 절차는 집합손익계정을 신설하여 수익과 비용을 집합손익계정으로 대체하면서 수익과 비용계정을 마감하게 된다. 집합손익계정에 모인 차변의 비용항목과 대변의 수익항목들이 집계되어 수익에서 비용을 차감하여 당기순손익을 계산한다. 집합손익계정의 당기순손익을 이익잉여금계정으로 대체한 후 집합손익계정을 마감함으로써 손익계산서 계정이 마무리된다.

그림 5-2 손익계산서 계정의 마감

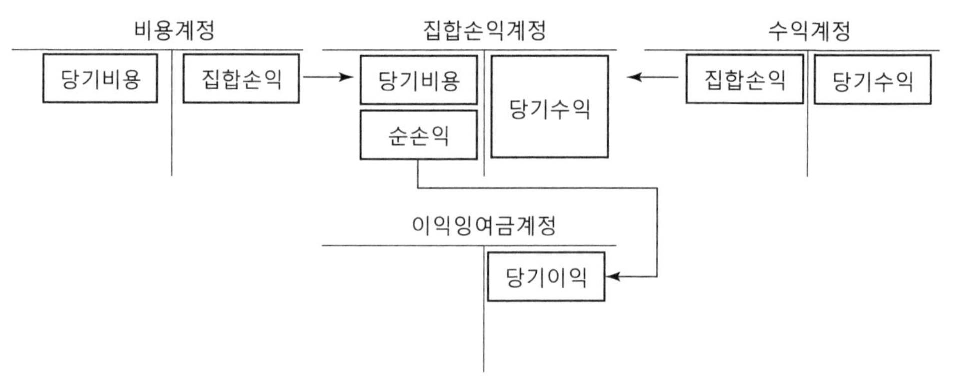

### 예제 5-7

더나은미래㈜의 [예제 5-5]의 수정전시산표와 결산수정사항에 대한 정보를 반영한 손익계산서 계정을 마감하세요.

용역수익

| | | | |
|---|---|---|---|
| 집합손익 | 50,000,000 | 제좌 | 50,000,000 |
| | 50,000,000 | | 50,000,000 |

소모품비

| | | | |
|---|---|---|---|
| 소모품 | 500,000 | 집합손익 | 500,000 |
| | 500,000 | | 500,000 |

보험료

| | | | |
|---|---|---|---|
| 현금 | 2,400,000 | 선급보험료 | 1,200,000 |
| | | 집합손익 | 1,200,000 |
| | 2,400,000 | | 2,400,000 |

급여

| | | | |
|---|---|---|---|
| 현금 | 2,000,000 | 집합손익 | 2,000,000 |
| | 2,000,000 | | 2,000,000 |

통신비

| | | | |
|---|---|---|---|
| 현금 | 800,000 | 집합손익 | 800,000 |
| | 800,000 | | 800,000 |

대손상각비

| | | | |
|---|---|---|---|
| 대손충당금 | 1,300,000 | 집합손익 | 1,300,000 |
| | 1,300,000 | | 1,300,000 |

이자비용

| | | | |
|---|---|---|---|
| 현금 | 300,000 | 집합손익 | 300,000 |
| | 300,000 | | 300,000 |

집합손익

| | | | |
|---|---|---|---|
| 소모품비 | 500,000 | 용역수익 | 50,000,000 |
| 보험료 | 1,200,000 | | |
| 급여 | 2,000,000 | | |
| 통신비 | 800,000 | | |
| 대손상각비 | 1,300,000 | | |
| 이자비용 | 300,000 | | |
| 이익잉여금 | 43,900,000 | | |
| | 50,000,000 | | 50,000,000 |

| | | | |
|---|---|---|---|
| 차변) 용역수익 | 50,000,000 | 대변) 집합손익 | 50,000,000 |
| 차변) 집합손익 | 6,100,000 | 대변) 소모품비 | 500,000 |
| | | 보험료 | 1,200,000 |
| | | 급여 | 2,000,000 |
| | | 통신비 | 800,000 |
| | | 대손상각비 | 1,300,000 |
| | | 이자비용 | 300,000 |
| 차변) 집합손익 | 43,900,000 | 대변) 이익잉여금 | 43,900,000 |

## 3.2 재무상태표 계정의 마감

재무상태표 계정의 자산과 부채 및 자본은 회계기간이 지나도 계정잔액이 소멸하지 않고 다음 회계기간으로 계속 이월되므로 영구계정 또는 실질계정이라고 한다. 자산, 부채, 자본은 잔액이 있는 상대편에 잔액과 동일한 금액을 적

**그림 5-3** 재무상태표 계정의 마감

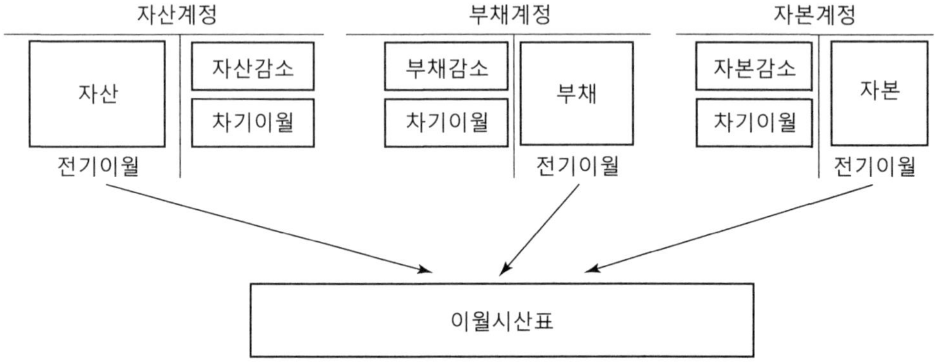


고 계정과목란에 차기이월이라고 기록하고 장부를 마감한다. 자산계정은 차변에서 대변을 차감한 잔액이 차변에 있으므로 그 반대편인 대변에 차기이월이라고 기록하고 마감한다. 부채계정은 대변에서 차변을 차감하고 잔액이 대변에 남으므로 그 반대편인 차변에 차기이월이라고 기록하고 마감한다. 자본계정도 대변에서 차변을 차감한 잔액이 대변에 남게 되므로 그 반대편인 차변에 차기이월이라고 기록하고 마감한다.

### 예제 5-8

더나은미래㈜의 [예제 5-5]의 수정전시산표와 결산수정사항에 대한 정보를 반영한 재무상태표 계정을 마감하세요.

현금

| | | | |
|---|---|---|---|
| 전기이월 | 60,000,000 | 보험료 | 2,400,000 |
| 선수금 | 5,000,000 | 급 여 | 2,000,000 |
| 사무용기기 | 1,000,000 | 통신비 | 800,000 |
| 용역수익 | 25,000,000 | 차기이월 | 85,800,000 |
| | 91,000,000 | | 91,000,000 |

매출채권

| | | | |
|---|---|---|---|
| 전기이월 | 6,000,000 | 차기이월 | 26,000,000 |
| 용역수익 | 20,000,000 | | |
| | 26,000,000 | | 26,000,000 |

소모품

| | | | |
|---|---|---|---|
| 전기이월 | 1,000,000 | 소모품비 | 500,000 |
| 미지급금 | 500,000 | 차기이월 | 1,000,000 |
| | 1,500,000 | | 1,500,000 |

사무용기기

| | | | |
|---|---|---|---|
| 전기이월 | 3,000,000 | 현금 | 1,000,000 |
| | | 차기이월 | 2,000,000 |
| | 3,000,000 | | 3,000,000 |

미지급금

| 차변 | | 대변 | |
|---|---|---|---|
| 차기이월 | 5,500,000 | 전기이월 | 5,000,000 |
| | | 소모품 | 500,000 |
| | 5,500,000 | | 5,500,000 |

차입금

| 차변 | | 대변 | |
|---|---|---|---|
| 차기이월 | 15,000,000 | 전기이월 | 15,000,000 |
| | 15,000,000 | | 15,000,000 |

미지급비용

| 차변 | | 대변 | |
|---|---|---|---|
| 차기이월 | 300,000 | 통신비 | 300,000 |
| | 300,000 | | 300,000 |

자본금

| 차변 | | 대변 | |
|---|---|---|---|
| 차기이월 | 50,000,000 | 전기이월 | 50,000,000 |
| | 50,000,000 | | 50,000,000 |

선급보험료

| 차변 | | 대변 | |
|---|---|---|---|
| 보험료 | 1,200,000 | 차기이월 | 1,200,000 |
| | 1,200,000 | | 1,200,000 |

대손충당금

| 차변 | | 대변 | |
|---|---|---|---|
| 차기이월 | 1,300,000 | 대손상각비 | 1,300,000 |
| | 1,300,000 | | 1,300,000 |

## 3.3 이월시산표 작성

이월시산표(post-closing trial sheet)는 결산장부마감 후 자산, 부채, 자본의 계정을 마감한 후 작성되는 시산표이다. 결산마감의 정확성을 확인하기 위하여 작성되는 것으로 임시계정인 손익계산서 계정은 나타나지 않는다. 이월시산표는 이익잉여금이 처분된 후에 작성되므로 회계기간말의 이월 이익잉여금을 표시하게 된다.

### 예제 5-9

더나은미래㈜의 [예제 5-8]의 재무상태표 계정을 마감한 정보를 활용하여 이월시산표를 작성하세요.

이월시산표

(단위: 천원)

| 계정과목 | 차변 | 대변 |
|---|---|---|
| 현금 | 85,800 | |
| 매출채권 | 26,000 | |
| 대손충당금 | | 1,300 |
| 선급보험료 | 1,200 | |
| 소모품 | 1,000 | |
| 사무용기기 | 2,000 | |
| 미지급금 | | 5,500 |
| 미지급비용 | | 300 |
| 자입금 | | 15,000 |
| 자본금 | | 50,000 |
| 이익잉여금 | | 43,900 |
| 합계 | 116,000 | 116,000 |

## 확 · 인 · 문 · 제

※ 각 문항의 설명 중 옳은 것에는 T, 틀린 것에는 F를 하시오.

1. 기업의 IR(Investor Relations)활동이나 정기적인 경영활동 결과보고는 재무제표를 통해서 이루어지고 이러한 재무제표를 작성하는 절차를 수행하게 되는데 이를 결산이라 한다. (　　　)

2. 회계기간말에 재무제표를 작성하기 위하여 자산, 부채, 자본, 수익 및 비용의 모든 계정을 집계한 것이 시산표이며 총계정원장 기록 등의 정확성을 확인하며, 반드시 작성하지 않아도 된다. (　　　)

3. 상품의 실지재고조사법으로 회계처리한 경우에 회계결산시 창고의 상품재고를 조사하여 매출원가를 별도 산출하는 과정을 반드시 거쳐야 한다. (　　　)

4. 기업의 재무상태나 경영성과 등을 적절히 나타내기 위해 각 계정의 기말잔액에서 수정이 필요한 사항은 결산시점에서 수정하는 분개를 하고 이를 해당 계정에 전기하게 된다. (　　　)

5. 유형자산이나 매출채권 등에 대하여 감가상각비나 대손상각비 등을 추정하여 당기비용으로 반영하여야 한다. (　　　)

6. 금융자산에 대하여 공정가치 기준으로 평가하여 재무제표에 반영하여야 하며 당기손익 공정가치측정금융자산, 기타포괄손익 공정가치측정금융자산은 결산일의 공정가치로 평가하여 손익계산서에는 기타포괄손익으로 표시한다. (　　　)

7. 정산표는 결산과정의 재무제표 작성의 오류 등을 사전에 방지하기 위하여 수정전시산표, 결산수정분개, 수정후시산표, 손익계산서, 재무상태표를 종합하여 보여주는 보고서이며 결산시 반드시 작성해야 한다. (　　　)

**8.** 자동차보험계약을 체결하고 1년간의 보험료를 선지급한 경우 결산시점에 미경과보험료는 선급보험료로 처리하고 그 금액만큼 보험료에서 차감해야 한다. (　　)

**9.** 건물임대계약을 하고 1년간의 임대료를 수납한 경우 결산시점에서 선수령한 임대료는 선수수익만 처리하면 되며 회계연도에 반영되는 임대수익의 금액은 변화가 없다. (　　)

**10.** 재무제표를 작성한 후 장부마감을 하게 되는데 먼저 재무상태표 계정를 마감하고 손익계산서 계정을 마감하는 순으로 진행한다. (　　)

**11.** 손익계산서 계정의 마감은 집합손익계정을 설정하여 비용은 집합손익계정 차변에, 수익은 대변에 집계하여 대변에서 차변을 차감하여 잔액이 대변에 남으면 당기순손실이며 이것은 이익잉여금계정으로 대체하고 완료한다. (　　)

**12.** 수정후시산표는 기말에서의 자산, 부채, 자본의 상태를 나타냄과 동시에 수익과 비용은 기말의 경영성과를 나타내는 것은 아니다. (　　)

**13.** 재무상태표 계정의 마감은 각 계정 잔액의 반대편에 차기이월이라 표시하고 동일금액을 기입하여 마감한 후 회계기간 개시 첫날에 다시 그 반대편에 전기이월이라 표시한다. (　　)

**14.** 결산마감의 정확성을 확인하기 위하여 작성되는 이월시산표에는 임시계정인 손익계산서 계정은 나타나지 않는다. (　　)

**15.** 기업의 경영활동에서 일어나는 회계상 거래의 인식이 발생주의원칙이 적용되므로 기말결산시점에서 자산, 부채, 자본, 수익, 비용이 회계기간에 속하지 않는 경우 이를 동회계기간에서 제외함으로써 재무상태나 경영성과를 정확하게 나타낼 수 있다. (　　)

---

**해답** 1. T 2. F 3. T 4. T 5. T 6. F 7. F 8. T 9. F 10. F 11. F 12. F 13. T 14. T 15. T

## 실 · 습 · 문 · 제

1. 더나은미래자원주식회사의 202×년 5월 31일 재무상태와 6월 중 거래내역을 활용하여 아래 물음에 답하라.

(1) 202×년 5월 31일 현재 재무상태표

재무상태표

202×년 5월 31일 현재

| | | | |
|---|---|---|---|
| 현금 | 20,000,000 | 미지급금 | 2,000,000 |
| 매출채권 | 6,000,000 | 선수금 | 10,000,000 |
| 재고자산 | 300,000 | 차입금 | 10,000,000 |
| 미수금 | 1,000,000 | 자본금 | 15,000,000 |
| 비품 | 2,000,000 | 이익잉여금 | 5,300,000 |
| 사무용기기 | 3,000,000 | | |
| 차량운반구 | 10,000,000 | | |
| 자산총계 | 42,300,000 | 부채 및 자본총계 | 42,300,000 |

(2) 202×년 6월의 거래내역

5일) 주식회사 핀큐와 경영컨설팅 용역계약을 ₩60,000,000에 체결하고 계약금 ₩6,000,000 현금으로 받다.

7일) 5월에 계약한 ₩50,000,000경영컨설팅 용역을 완료하여 보고하고 그 대가는 선수금을 차감한 금액을 현금으로 받다.

10일) 사무용 물품 ₩500,000을 구입하고 현금으로 지급하다.

15일) 사무용 PC 5대를 신형으로 교체하고 대금 ₩5,000,000은 50% 현금 지급하고 나머지는 외상으로 하다. 구형 PC 5대는 ₩3,000,000에 현금 매각하였다.

17일) 차량보험계약을 체결하고 1년간 보험료 ₩1,200,000을 선급하였다.

20일) 6월 사무실 임차료 ₩500,000을 현금 지급하다.

24일) 원가 ₩250,000의 상품을 ₩330,000에 매출하고 대금은 현금으로 받아 곧 은행에 예금하다.

25일) 6월 종업원 급여 ₩20,000,000을 현금으로 지급하다.

27일) 차입금에 대한 이자 ₩100,000을 현금으로 지급하다.

30일) 종업원들의 건강관리 등을 위한 복리후생비 ₩10,000,000을 지급하다.

(3) 결산수정사항

① 미수금 회수액이 ₩1,000,000이다.

② 소모품 사용액이 ₩200,000이다.

③ 차량의 감가상각비 ₩900,000 계상하다.

④ 매출채권 중 ₩2,000,000 대손예상하다.

⑤ 기존에 발생한 이자비용과 별도로 이자비용 ₩100,000 미지급 상태이다.

1-1. 6월의 각 거래내역을 분개하고 해당 계정에 전기하세요.

1-2. 수정전시산표를 작성하세요.

1-3. 결산수정분개를 하세요.

1-4. 수정후시산표를 작성하세요.

1-5. 손익계산서와 재무상태표를 작성하세요.

1-6. 장부마감을 하세요.

**2.** 더나은미래㈜의 총계정원장잔액과 결산수정사항은 다음과 같다.

(1) 총계정원장 잔액 (단위: 천원)

| | | | | | |
|---|---:|---|---:|---|---:|
| 현금 | 20,000 | 미지급금 | 3,000 | 급여 | 17,000 |
| 매출채권 | 6,000 | 차입금 | 5,000 | 보험료 | 2,000 |
| 소모품 | 500 | 자본금 | 10,000 | 통신비 | 1,000 |
| 사무용기기 | 1,500 | 컨설팅수익 | 30,000 | | |

(2) 결산수정사항

a. 소모품 사용액은 ₩300,000이다.

b. 보험료 미경과액이 ₩1,000,000이다.

c. 차입금에 대한 이자 미지급액은 ₩100,000이다.

2-1. 결산수정분개를 해 보세요.

2-2. 부분정산표(수정전시산표, 결산수정분개, 수정후시산표)를 작성해 보세요.

2-3. 완성한 부분정산표를 활용하여 포괄손익계산서와 재무상태표를 작성해 보세요.

**3.** 더나은미래자원주식회사의 202×년 1월 1일부터 동년 12월 31일까지의 총계정원장 잔액과 결산수정사항에 의하여 수정후시산표를 작성하고 손익계산서와 재무상태표를 작성하라.

(1) 총계정원장 잔액

| | | | | | |
|---|---|---|---|---|---|
| 현금 | 55,300,000 | 매출채권 | 25,000,000 | 미수금 | 1,000,000 |
| 재고자산 | 15,000,000 | 소모품 | 500,000 | 사무용기기 | 5,000,0000 |
| 차량운반구 | 20,000,000 | 건물 | 100,000,000 | 매입채무 | 20,000,000 |
| 미지급금 | 1,500,000 | 차입금 | 35,000,000 | 선수금 | 5,500,000 |
| 자본금 | 60,000,000 | 이익잉여금 | 50,000,000 | 매출액 | 300,000,000 |
| 매출원가 | 180,000,000 | 급여 | 30,000,000 | 광고선전비 | 5,000,000 |
| 판매수수료 | 20,000,000 | 복리후생비 | 10,000,000 | 통신비 | 2,000,000 |
| 수도광열비 | 1,500,000 | 보험료 | 1,200,000 | 이자비용 | 500,000 |

(2) 결산수정사항

a. 소모품 사용액은 ₩300,000이다.

b. 매출채권에 대한 대손상각액을 ₩1,300,000으로 추정한다.

c. 차량운반구 및 건물에 대한 감가상각액을 ₩24,000,000으로 추정한다.

d. 차입금이자 ₩2,000,000이 미지급된 사실을 확인하였다.

e. 보험료 미경과액이 ₩600,000이다.

f. 통신비 청구액 ₩500,000이 추가로 식별되었으며, 미납한 상태이다.

3-1. 결산수정사항에 대한 수정분개를 하세요.

3-2. 부분정산표를 작성해 보세요.

3-3. 포괄손익계산서와 재무상태표를 작성해 보세요.

**4.** 더나은미래㈜는 202×년 1월 1일에 설립되어 1년간 영업을 하였는데, 202×년 12월 31일의 시산표와 결산수정사항을 활용하여 아래 물음에 답하세요.

(1) 총계정원장 잔액

(단위: 천원)

| | | | | | |
|---|---|---|---|---|---|
| 현금 | 10,000 | 미지급금 | 1,400 | 급여 | 8,000 |
| 매출채권 | 5,000 | 차입금 | 5,000 | 복리후생비 | 2,000 |
| 선급보험료 | 2,400 | 자본금 | 8,000 | 소모품비 | 1,000 |
| 소모품 | 1,000 | 용역수익 | 15,000 | | |

(2) 결산수정사항은 아래와 같다.

① 소모품 미사용액이 500,000원이다.

② 컨설팅용역을 제공하고 용역대금 5,000,000원을 1개월 후에 받기로 하였는데

이를 기록하지 않았다.

③ 차입금에 대한 이자(연이율 10%)가 발생하였는데 지급하지 않았다.

④ 보험료 선급액 중 당기 경과분은 1,200,000원이다.

⑤ 광고비 50만원에 대한 청구서가 나왔는데 지급하지 않았다.

4-1. 결사수정사항에 대한 수정분개를 하세요.

4-2. 부분정산표를 작성하세요.

4-3. 202×년도의 손익계산서를 작성하세요.

4-4. 202×년 말의 재무상태표를 작성하세요.

**5.** 더나은미래㈜의 202×년 12월 15일의 총계정원장 잔액과 결산수정사항은 다음과 같다.

(1) 총계정원장잔액

(단위: 천원)

| | | | | | |
|---|---|---|---|---|---|
| 현금 | 20,000 | 기계장치 | 26,000 | 자본금 | 30,000 |
| 매출채권 | 15,000 | 미지급금 | 10,000 | 용역수익 | 40,000 |
| 소모품 | 5,000 | 차입금 | 20,000 | 급여 | 25,000 |
| 선급보험료 | 12,000 | 선수금 | 10,000 | 통신비 | 2,000 |
| | | | | 임차료 | 5,000 |

(2) 202×년 12월의 추가거래 및 결산수정사항은 다음과 같다.

① 소모품 2,000,000원이 사용되었다.

② 보험료 경과분이 7,000,000원이다.

③ 컨설팅용역을 완료하고 이전에 지급받은 선수금 10,000,000원을 포함하여 총 20,000,000원을 받았다.

④ 기계장치에 대한 감가상각비 5,000,000원을 계상했다.

⑤ 임차료 중 2,000,000원은 선급한 것이다.

5-1. 결산수정사항에 대한 수정분개를 하세요.

5-2. 부분정산표를 작성하세요.

5-3. 재무상태표와 손익계산서를 작성하세요.

## 실습문제 풀이

1. 1-1. 분개 및 전기(1-6 참조)

| | | | | |
|---|---|---|---|---|
| 6월 5일 | 차) 현금 | 6,000,000 | 대) 선수금 | 6,000,000 |
| 6월 7일 | 차) 선수금 | 10,000,000 | 대) 용역수익 | 50,000,000 |
| | 차) 현금 | 40,000,000 | | |
| 6월 10일 | 차) 소모품 | 500,000 | 대) 현금 | 500,000 |
| 6월 15일 | 차) 사무용기기 | 5,000,000 | 대) 현금 | 2,500,000 |
| | | | 대) 미지급금 | 2,500,000 |
| | 차) 현금 | 3,000,000 | 대) 사무용기기 | 3,000,000 |
| 6월 17일 | 차) 선급보험료 | 1,200,000 | 대) 현금 | 1,200,000 |
| 6월 20일 | 차) 임차료 | 500,000 | 대) 현금 | 500,000 |
| 6월 24일 | 차) 현금 | 330,000 | 대) 매출 | 330,000 |
| | 차) 매출원가 | 250,000 | 대) 재고자산 | 250,000 |
| 6월 25일 | 차) 급여 | 20,000,000 | 대) 현금 | 20,000,000 |
| 6월 27일 | 차) 이자비용 | 100,000 | 대) 현금 | 100,000 |
| 6월 30일 | 차) 복리후생비 | 10,000,000 | 대) 현금 | 10,000,000 |

1-2. 수정전시산표

수정전시산표

(단위: 천원)

| 계정과목 | 차변 | 대변 | 비고 |
|---|---|---|---|
| 현금 | 34,530 | | |
| 매출채권 | 6,000 | | |
| 미수금 | 1,000 | | |
| 재고자산 | 50 | | 자산 |
| 비품 | 2,000 | | |
| 소모품 | 500 | | |
| 차량운반구 | 10,000 | | |

(계속)

| 사무용기기 | 5,000 | | |
|---|---|---|---|
| 선급보험료 | 1,200 | | |
| 선수금 | | 6,000 | |
| 차입금 | | 10,000 | 부채 |
| 미지급금 | | 4,500 | |
| 자본금 | | 15,000 | 자본 |
| 이익잉여금 | | 5,300 | |
| 용역수익 | | 50,000 | 수익 |
| 매출 | | 330 | |
| 임차료 | 500 | | |
| 매출원가 | 250 | | 비용 |
| 급여 | 20,000 | | |
| 복리후생비 | 10,000 | | |
| 이자비용 | 100 | | |
| 합계 | 91,130 | 91,130 | |

1-3. 결산수정분개

① 차) 현금 1,000,000 대) 미수금 1,000,000

② 차) 소모품비 200,000 대) 소모품 200,000

③ 차) 감가상각비 900,000 대) 감가상각누계액 900,000

④ 차) 대손상각비 2,000,000 대) 대손충당금 2,000,000

⑤ 차) 이자비용 100,000 대) 미지급이자 100,000

1-4. 수정후시산표 작성

수정후시산표

202×년 12월 31일 (단위: 천원)

| 계정과목 | 수정전시산표 | | 결산수정분개 | | 수정후시산표 | |
|---|---|---|---|---|---|---|
| | 차변 | 대변 | 차변 | 대변 | 차변 | 대변 |
| 현금 | 34,530 | | 1,000 | | 35,530 | |
| 매출채권 | 6,000 | | | | 6,000 | |
| 대손충당금 | | | | 2,000 | | 2,000 |
| 미수금 | 1,000 | | | 1,000 | | |
| 비품 | 2,000 | | | | 2,000 | |
| 소모품 | 500 | | | 200 | 300 | |
| 차량운반구 | 10,000 | | | | 10,000 | |
| 감가상각누계액 | | | | 900 | | 900 |

(계속)

| | | | | | | |
|---|---:|---:|---:|---:|---:|---:|
| 사무용기기 | 5,000 | | | | 5,000 | |
| 선급보험료 | 1,200 | | | | 1,200 | |
| 재고자산 | 50 | | | | 50 | |
| 선수금 | | 6,000 | | | | 6,000 |
| 차입금 | | 10,000 | | | | 10,000 |
| 미지급금 | | 4,500 | | | | 4,500 |
| 미지급이자 | | | | 100 | | 100 |
| 자본금 | | 15,000 | | | | 15,000 |
| 이익잉여금 | | 5,300 | | | | 5,300 |
| 용역수익 | | 50,000 | | | | 50,000 |
| 매출 | | 330 | | | | 330 |
| 임차료 | 500 | | | | 500 | |
| 매출원가 | 250 | | | | 250 | |
| 급여 | 20,000 | | | | 20,000 | |
| 이자비용 | 100 | | 100 | | 200 | |
| 복리후생비 | 10,000 | | | | 10,000 | |
| 소모품비 | | | 200 | | 200 | |
| 감가상각비 | | | 900 | | 900 | |
| 대손상각비 | | | 2,000 | | 2,000 | |
| 합계 | 91,130 | 91,130 | 4,200 | 4,200 | 94,130 | 94,130 |

1-5. 손익계산서와 재무상태표

포괄손익계산서

(단위: 천원)

| | | | |
|---|---:|---|---:|
| 매출원가 | 250 | 매출 | 330 |
| 임차료 | 500 | 용역수익 | 50,000 |
| 급여 | 20,000 | | |
| 이자비용 | 200 | | |
| 복리후생비 | 10,000 | | |
| 소모품비 | 200 | | |
| 감가상각비 | 900 | | |
| 대손상각비 | 2,000 | | |
| 당기순이익 | 16,280 | | |
| 비용과 순손익 총계 | 50,330 | 수익 총계 | 50,330 |

### 재무상태표

(단위: 천원)

| | | | |
|---|---:|---|---:|
| 현금 | 35,530 | 선수금 | 6,000 |
| 매출채권 | 6,000 | 차입금 | 10,000 |
| 대손충당금 | (2,000) | 미지급금 | 4,500 |
| 재고자산 | 50 | 미지급이자 | 100 |
| 비품 | 2,000 | | |
| 소모품 | 300 | 자본금 | 15,000 |
| 차량운반구 | 10,000 | 이익잉여금 | 21,580 |
| 감가상각누계액 | (900) | | |
| 사무용기기 | 5,000 | | |
| 선급보험료 | 1,200 | | |
| 자산총계 | 57,180 | 부채 및 자본총계 | 57,180 |

## 1-6. 장부마감

**현금**

| | | | |
|---|---:|---|---:|
| 전기이월 | 20,000,000 | 소모품 | 500,000 |
| 선수금 | 6,000,000 | 사무기기 | 2,500,000 |
| 용역수익 | 40,000,000 | 선급보험료 | 1,200,000 |
| 사무기기 | 3,000,000 | 임차료 | 500,000 |
| 매출 | 330,000 | 급여 | 20,000,000 |
| 미수금 | 1,000,000 | 이자비용 | 100,000 |
| | | 복리후생비 | 10,000,000 |
| | | 차기이월 | 35,530,000 |
| | 70,330,000 | | 70,330,000 |

**매출채권**

| | | | |
|---|---:|---|---:|
| 전기이월 | 6,000,000 | 차기이월 | 6,000,000 |
| | 6,000,000 | | 6,000,000 |

**대손충당금**

| | | | |
|---|---:|---|---:|
| 차기이월 | 2,000,000 | 대손상각비 | 2,000,000 |
| | 2,000,000 | | 2,000,000 |

**미수금**

| | | | |
|---|---:|---|---:|
| 전기이월 | 1,000,000 | 현금 | 1,000,000 |
| | 1,000,000 | | 1,000,000 |

**비품**

| | | | |
|---|---:|---|---:|
| 전기이월 | 2,000,000 | 차기이월 | 2,000,000 |
| | 2,000,000 | | 2,000,000 |

**소모품**

| | | | |
|---|---:|---|---:|
| 현금 | 500,000 | 소모품비 | 200,000 |
| | | 차기이월 | 300,000 |
| | 500,000 | | 500,000 |

**차량운반구**

| | | | |
|---|---:|---|---:|
| 전기이월 | 10,000,000 | 차기이월 | 10,000,000 |
| | 10,000,000 | | 10,000,000 |

**감가상각누계액**

| | | | |
|---|---:|---|---:|
| 차기이월 | 900,000 | 감가상각비 | 900,000 |
| | 900,000 | | 900,000 |

**사무용기기**

| | | | |
|---|---:|---|---:|
| 전기이월 | 3,000,000 | 현금 | 3,000,000 |
| 현금 | 2,500,000 | 차기이월 | 5,000,000 |
| 미지급금 | 2,500,000 | | |
| | 8,000,000 | | 8,000,000 |

**선급보험료**

| | | | |
|---|---:|---|---:|
| 현금 | 1,200,000 | 차기이월 | 1,200,000 |
| | 1,200,000 | | 1,200,000 |

재고자산

| | | | |
|---|---|---|---|
| 전기이월 | 300,000 | 매출원가 | 250,000 |
| | | 차기이월 | 50,000 |
| | 300,000 | | 300,000 |

선수금

| | | | |
|---|---|---|---|
| 용역수익 | 10,000,000 | 전기이월 | 10,000,000 |
| 차기이월 | 6,000,000 | 현금 | 6,000,000 |
| | 16,000,000 | | 16,000,000 |

차입금

| | | | |
|---|---|---|---|
| 차기이월 | 10,000,000 | 전기이월 | 10,000,000 |
| | 10,000,000 | | 10,000,000 |

미지급금

| | | | |
|---|---|---|---|
| 차기이월 | 4,500,000 | 전기이월 | 2,000,000 |
| | | 사무기기 | 2,500,000 |
| | 4,500,000 | | 4,500,000 |

미지급이자

| | | | |
|---|---|---|---|
| 차기이월 | 100,000 | 이자비용 | 100,000 |
| | 100,000 | | 100,000 |

용역수익

| | | | |
|---|---|---|---|
| 집합손익 | 50,000,000 | 제좌 | 50,000,000 |
| | 50,000,000 | | 50,000,000 |

매출

| | | | |
|---|---|---|---|
| 집합손익 | 330,000 | 현금 | 330,000 |
| | 330,000 | | 330,000 |

임차료

| | | | |
|---|---|---|---|
| 현금 | 500,000 | 집합손익 | 500,000 |
| | 500,000 | | 500,000 |

매출원가

| | | | |
|---|---|---|---|
| 재고자산 | 250,000 | 집합손익 | 250,000 |
| | 250,000 | | 250,000 |

급여

| | | | |
|---|---|---|---|
| 현금 | 20,000,000 | 집합손익 | 20,000,000 |
| | 20,000,000 | | 20,000,000 |

이자비용

| | | | |
|---|---|---|---|
| 현금 | 100,000 | 집합손익 | 200,000 |
| 미지급이자 | 100,000 | | |
| | 100,000 | | 200,000 |

복리후생비

| | | | |
|---|---|---|---|
| 현금 | 10,000,000 | 집합손익 | 10,000,000 |
| | 10,000,000 | | 10,000,000 |

소모품비

| | | | |
|---|---|---|---|
| 현금 | 200,000 | 집합손익 | 200,000 |
| | 200,000 | | 200,000 |

감가상각비

| | | | |
|---|---|---|---|
| 감가상각누계액 | 900,000 | 집합손익 | 900,000 |
| | 900,000 | | 900,000 |

대손상각비

| | | | |
|---|---|---|---|
| 대손충당금 | 2,000,000 | 집합손익 | 2,000,000 |
| | 2,000,000 | | 2,000,000 |

집합손익

| | | | |
|---|---|---|---|
| 매출원가 | 250,000 | 용역수익 | 50,000,000 |
| 이자비용 | 200,000 | 매출 | 330,000 |
| 임차료 | 500,000 | | |
| 복리후생비 | 10,000,000 | | |
| 급여 | 20,000,000 | | |
| 소모품비 | 200,000 | | |
| 감가상각비 | 900,000 | | |
| 대손상각비 | 2,000,000 | | |
| 이익잉여금 | 16,280,000 | | |
| | 50,330,000 | | 50,330,000 |

**2.** 2-1. 결산수정분개

| | | | |
|---|---|---|---|
| 차) 소모품비 | 300,000 | 대) 소모품 | 300,000 |
| 차) 선급보험료 | 1,000,000 | 대) 보험료 | 1,000,000 |
| 차) 이자비용 | 100,000 | 대) 미지급이자 | 100,000 |

2-2. 부분정산표

| 계정과목 | 수정전시산표 | | 결산수정분개 | | 수정후시산표 | |
|---|---|---|---|---|---|---|
| | 차변 | 대변 | 차변 | 대변 | 차변 | 대변 |
| 현금 | 20,000 | | | | 20,000 | |
| 매출채권 | 6,000 | | | | 6,000 | |
| 소모품 | 500 | | | 300 | 200 | |
| 사무용기기 | 1,500 | | | | 1,500 | |
| 미지급금 | | 3,000 | | | | 3,000 |
| 차입금 | | 5,000 | | | | 5,000 |
| 자본금 | | 10,000 | | | | 10,000 |
| 컨설팅수익 | | 30,000 | | | | 30,000 |
| 급여 | 17,000 | | | | 17,000 | |
| 보험료 | 2,000 | | | 1,000 | 1,000 | |
| 통신비 | 1,000 | | | | 1,000 | |
| 소모품비 | | | 300 | | 300 | |
| 대손상각비 | | | | | | |
| 선급보험료 | | | 1,000 | | 1,000 | |
| 이자비용 | | | 100 | | 100 | |
| 미지급이자 | | | | 100 | | 100 |
| 합계 | 48,000 | 48,000 | 1,400 | 1,400 | 48,100 | 48,100 |

2-3. 재무상태표 및 포괄손익계산서

재무상태표

| | | | |
|---|---|---|---|
| 현금 | 20,000,000 | 미지급금 | 3,000,000 |
| 매출채권 | 6,000,000 | 미지급이자 | 100,000 |
| 선급보험료 | 1,000,000 | 차입금 | 5,000,000 |
| 사무용기기 | 1,500,000 | | |
| 소모품 | 200,000 | 자본금 | 10,000,000 |
| | | 이익잉여금 | 10,600,000 |
| 자산총계 | 28,700,000 | 부채 및 자본총계 | 28,700,000 |

포괄손익계산서

| | | | |
|---|---:|---|---:|
| 급여 | 17,000,000 | 컨설팅수익 | 30,000,000 |
| 보험료 | 1,000,000 | | |
| 통신비 | 1,000,000 | | |
| 소모품비 | 300,000 | | |
| 이자비용 | 100,000 | | |
| 당기순이익 | 10,600,000 | | |
| 비용과 순손익 총계 | 30,000,000 | 수익 총계 | 30,000,000 |

**3.** 3-1. 수정분개

| | | | |
|---|---:|---|---:|
| 차) 소모품비 | 300,000 | 대) 소모품 | 300,000 |
| 차) 대손상각비 | 1,300,000 | 대) 대손상각충당금 | 1,300,000 |
| 차) 감가상각비 | 24,000,000 | 대) 감가상각누계액 | 24,000,000 |
| 차) 이자비용 | 2,000,000 | 대) 미지급이자 | 2,000,000 |
| 차) 선급보험료 | 600,000 | 대) 보험료 | 600,000 |
| 차) 통신비 | 500,000 | 대) 미지급비용 | 500,000 |

3-2. 부분정산표

(단위: 천원)

| 계정과목 | 수정전시산표 | | 결산수정분개 | | 수정후시산표 | |
|---|---:|---:|---:|---:|---:|---:|
| | 차변 | 대변 | 차변 | 대변 | 차변 | 대변 |
| 현금 | 55,300 | | | | 55,300 | |
| 매출채권 | 25,000 | | | | 25,000 | |
| 대손충당금 | | | | 1,300 | | 1,300 |
| 미수금 | 1,000 | | | | 1,000 | |
| 선급보험료 | | | 600 | | 600 | |
| 재고자산 | 15,000 | | | | 15,000 | |
| 소모품 | 500 | | | 300 | 200 | |
| 사무용기기 | 5,000 | | | | 5,000 | |
| 차량운반구 | 20,000 | | | | 20,000 | |
| 건물 | 100,000 | | | | 100,000 | |
| 감가상각누계 | | | | 24,000 | | 24,000 |
| 매입채무 | | 20,000 | | | | 20,000 |
| 미지급금 | | 1,500 | | | | 1,500 |

(계속)

| | | | | | | |
|---|---|---|---|---|---|---|
| 미지급비용 | | | | 500 | | 500 |
| 미지급이자 | | | | 2,000 | | 2,000 |
| 차입금 | | 35,000 | | | | 35,000 |
| 선수금 | | 5,500 | | | | 5,500 |
| 자본금 | | 60,000 | | | | 60,000 |
| 이익잉여금 | | 50,000 | | | | 50,000 |
| 매출액 | | 300,000 | | | | 300,000 |
| 매출원가 | 180,000 | | | | 180,000 | |
| 급여 | 30,000 | | | | 30,000 | |
| 소모품비 | | | 300 | | 300 | |
| 대손상각비 | | | 1,300 | | 1,300 | |
| 감가상각비 | | | 24,000 | | 24,000 | |
| 광고선전비 | 5,000 | | | | 5,000 | |
| 판매수수료 | 20,000 | | | | 20,000 | |
| 복리후생비 | 10,000 | | | | 10,000 | |
| 통신비 | 2,000 | | 500 | | 2,500 | |
| 수도광열비 | 1,500 | | | | 1,500 | |
| 보험료 | 1,200 | | | 600 | 600 | |
| 이자비용 | 500 | | 2,000 | | 2,500 | |
| 합계 | 472,000 | 472,000 | 28,700 | 28,700 | 499,800 | 499,800 |

### 3-3. 재무상태표 및 포괄손익계산서

**재무상태표**

(단위: 천원)

| | | | |
|---|---|---|---|
| 현금 | 55,300 | 매입채무 | 20,000 |
| 매출채권 | 25,000 | 미지급금 | 4,000 |
| 대손충당금 | (1,300) | 차입금 | 35,000 |
| 재고자산 | 15,000 | 선수금 | 5,500 |
| 미수금 | 1,000 | | |
| 선급보험료 | 600 | | |
| 사무용기기 | 5,000 | 자본금 | 60,000 |
| 소모품 | 200 | 이익잉여금 | 72,300 |
| 차량운반구 | 20,000 | | |
| 건물 | 100,000 | | |
| 감가상각누계 | (24,000) | | |
| 자산총계 | 196,800 | 부채 및 자본총계 | 196,800 |

손익계산서

(단위: 천원)

| | | | |
|---|---:|---|---:|
| 매출원가 | 180,000 | 매출액 | 300,000 |
| 급여 | 30,000 | | |
| 판매수수료 | 20,000 | | |
| 복리후생비 | 10,000 | | |
| 수도광열비 | 1,500 | | |
| 소모품비 | 300 | | |
| 대손상각비 | 1,300 | | |
| 감가상각비 | 24,000 | | |
| 광고선전비 | 5,000 | | |
| 보험료 | 600 | | |
| 통신비 | 2,500 | | |
| 이자비용 | 2,500 | | |
| 당기순이익 | 22,300 | | |
| 비용과 순손익 총계 | 300,000 | 수익 총계 | 300,000 |

**4.** 4-1. 수정분개

| | | | |
|---|---:|---|---:|
| 차) 소모품 | 500,000 | 대) 소모품비 | 500,000 |
| 차) 매출채권 | 5,000,000 | 대) 용역수익 | 5,000,000 |
| 차) 이자비용 | 500,000 | 대) 미지급이자 | 500,000 |
| 차) 보험료 | 1,200,000 | 대) 선급보험료 | 1,200,000 |
| 차) 광고선전비 | 500,000 | 대) 미지급비용 | 500,000 |

4-2. 부분정산표

(단위: 천원)

| 계정과목 | 수정전시산표 | | 결산수정분개 | | 수정후시산표 | |
|---|---|---|---|---|---|---|
| | 차변 | 대변 | 차변 | 대변 | 차변 | 대변 |
| 현금 및 예금 | 10,000 | | | | 10,000 | |
| 매출채권 | 5,000 | | 5,000 | | 10,000 | |
| 선급보험료 | 2,400 | | | 1,200 | 1,200 | |
| 소모품 | 1,000 | | 500 | | 1,500 | |
| 미지급금 | | 1,400 | | | | 1,400 |
| 미지급비용 | | | | 500 | | 500 |
| 미지급이자 | | | | 500 | | 500 |
| 차입금 | | 5,000 | | | | 5,000 |

(계속)

| 자본금 | | 8,000 | | | | 8,000 |
|---|---|---|---|---|---|---|
| 용역수익 | | 15,000 | | 5,000 | | 20,000 |
| 급여 | 8,000 | | | | 8,000 | |
| 복리후생비 | 2,000 | | | | 2,000 | |
| 소모품비 | 1,000 | | | 500 | 500 | |
| 이자비용 | | | 500 | | 500 | |
| 광고선전비 | | | 500 | | 500 | |
| 보험료 | | | 1,200 | | 1,200 | |
| 합계 | 29,400 | 29,400 | 7,700 | 7,700 | 35,400 | 35,400 |

## 4-3. 포괄손익계산서

### 손익계산서

(단위: 천원)

| | | | |
|---|---|---|---|
| 급여 | 8,000 | 용역수익 | 20,000 |
| 복리후생비 | 2,000 | | |
| 소모품비 | 500 | | |
| 광고선전비 | 500 | | |
| 이자비용 | 500 | | |
| 보험료 | 1,200 | | |
| 당기순이익 | 7,300 | | |
| 비용과 순손익 총계 | 20,000 | 수익 총계 | 20,000 |

## 4-4. 재무상태표

### 재무상태표

(단위: 천원)

| | | | |
|---|---|---|---|
| 현금 | 10,000 | 미지급금 | 1,400 |
| 매출채권 | 10,000 | 미지급이사 | 500 |
| 선급보험료 | 1,200 | 미지급비용 | 500 |
| 소모품 | 1,500 | 차입금 | 5,000 |
| | | 자본금 | 8,000 |
| | | 이익잉여금 | 7,300 |
| 자산총계 | 22,700 | 부채 및 자본총계 | 22,700 |

**5.** 5-1. 수정분개

| | | | | |
|---|---|---|---|---|
| ① 차) 소모품비 | 2,000,000 | | 대) 소모품 | 2,000,000 |
| ② 차) 보험료 | 7,000,000 | | 대) 선급보험료 | 7,000,000 |
| ③ 차) 선수금 | 10,000,000 | | 대) 용역수익 | 20,000,000 |
| 현금 | 10,000,000 | | | |
| ④ 차) 감가상각비 | 5,000,000 | | 대) 감가상각누계액 | 5,000,000 |
| ⑤ 차) 선급임차료 | 2,000,000 | | 대) 임차료 | 2,000,000 |

5-2. 부분정산표

(단위: 천원)

| 계정과목 | 수정전시산표 | | 결산수정분개 | | 수정후시산표 | |
|---|---|---|---|---|---|---|
| | 차변 | 대변 | 차변 | 대변 | 차변 | 대변 |
| 현금 | 20,000 | | 10,000 | | 30,000 | |
| 매출채권 | 15,000 | | | | 15,000 | |
| 소모품 | 5,000 | | | 2,000 | 3,000 | |
| 선급임차료 | | | 2,000 | | 2,000 | |
| 선급보험료 | 12,000 | | | 7,000 | 5,000 | |
| 기계장치 | 26,000 | | | | 26,000 | |
| 감가상각누계 | | | | 5,000 | | 5,000 |
| 미지급금 | | 10,000 | | | | 10,000 |
| 차입금 | | 20,000 | | | | 20,000 |
| 선수금 | | 10,000 | 10,000 | | | |
| 자본금 | | 30,000 | | | | 30,000 |
| 용역수익 | | 40,000 | | 20,000 | | 60,000 |
| 급여 | 25,000 | | | | 25,000 | |
| 통신비 | 2,000 | | | | 2,000 | |
| 임차료 | 5,000 | | | 2,000 | 3,000 | |
| 소모품비 | | | 2,000 | | 2,000 | |
| 보험료 | | | 7,000 | | 7,000 | |
| 감가상각비 | | | 5,000 | | 5,000 | |
| 합계 | 110,000 | 110,000 | 36,000 | 36,000 | 125,000 | 125,000 |

## 5-3. 재무상태표 및 포괄손익계산서

### 재무상태표

(단위: 천원)

| | | | |
|---|---|---|---|
| 현금 | 30,000 | 미지급금 | 10,000 |
| 매출채권 | 15,000 | 차입금 | 20,000 |
| 소모품 | 3,000 | 자본금 | 30,000 |
| 선급임차료 | 2,000 | 이익잉여금 | 16,000 |
| 선급보험료 | 5,000 | | |
| 기계장치 | 26,000 | | |
| 감가상각누계 | (5,000) | | |
| 자산총계 | 76,000 | 부채 및 자본총계 | 76,000 |

### 손익계산서

(단위: 천원)

| | | | |
|---|---|---|---|
| 급여 | 25,000 | 용역수익 | 60,000 |
| 통신비 | 2,000 | | |
| 임차료 | 3,000 | | |
| 소모품비 | 2,000 | | |
| 보험료 | 7,000 | | |
| 감가상각비 | 5,000 | | |
| 당기순이익 | 16,000 | | |
| 비용과 순손익 총계 | 60,000 | 수익 총계 | 60,000 |

제 2 부

# 비즈니스 활동에 따른 회계정보처리

Business Accounting Management

제 6 장

# 구매 및 생산활동의 회계처리

# 1 구매와 재고자산

## 1.1 재고자산의 의의

기업은 인간생활에 필요한 제품이나 서비스를 생산하고 판매하여 이익을 창출하는 집단이다. 제품을 생산하는 기업이 제품이나 서비스를 생산하기 위해서는 이에 필요한 원재료 등 각종 필요한 물품을 구매하는 활동을 하게 된다. 제품을 생산한 기업으로부터 제품을 구매하여 판매하는 기업도 구매활동을 하게 된다. 판매되지 않고 남은 상품이나 제품은 재고자산이다.

기업의 성격에 따라서 재고자산을 분류하는 방식에서 차이가 발생한다. 제품을 생산하는 기업에서의 재고자산은 제품제조를 위하여 구매하는 원재료, 공장에서 제조과정에 있는 재공품, 제조가 완료된 제품이 모두 포함되는 반면에, 제조기업으로부터 제품을 구매하여 판매하는 기업의 경우 판매목적으로 구매한 상품이 재고자산이 된다. 상품매매기업이 제조기업으로부터 상품을 구매할 경우 구매한 상품은 재고자산이 되고, 그 재고자산의 취득원가는 매입가격과 매입에 따른 부대비용을 가산하고 매입상품의 결함 등에 따른 매입에누리나 매입환출을 차감하고 외상매입금을 정해진 기한 내에 지급할 경우 조기지급에 따른 외상매입금액의 할인액을 차감하여 산정한다.

**▌재고자산의 취득원가 산정**

취득원가 = 매입가격 + 직접부대비용 – (매입에누리 + 매입환출 + 매입할인)

기업의 재고자산은 구매와 취득-고객판매-재고관리라는 일련의 흐름 속에서 관리되어야 할 것이다. 제조기업으로부터 구입한 제품은 판매될 때까지 상품창고에 보관관리되고 판매가 이루어지면 상품이 출고되어 고객에게 배송되게 된다. 창고에 보관 중인 제품은 전기말에 판매되지 않아 이월된 재고자산과 당기에 구매한 제품이 함께 창고에 보관되어 있으므로 이번 회계기간 동안에 판매가능한 상품이 된다. 재고자산이 판매활동을 통하여 고객에게 제품이 판매가

**그림 6-1** 재고자산의 흐름

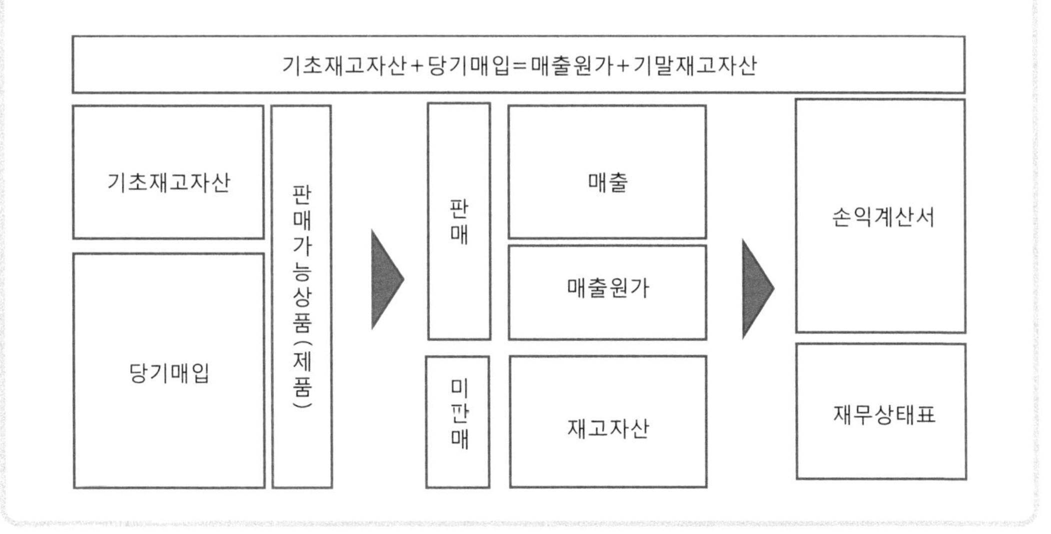


되면 매출이 실현되고 이에 대응하여 판매된 제품이나 상품의 원가는 매출원가가 되어 손익계산서에 표시되며, 재고자산이 판매가 되지 않으면 재고자산으로 재무상태표에 표시가 된다. 이월된 재고자산이나 구매한 재고자산에 대하여 판매되거나 기말재고자산으로 남아 있을 경우 매출원가나 기말 재고자산에 대한 평가는 매출총이익 산출에 직접적인 영향을 주므로 공정하게 평가되어 적용되어야 한다. 손익계산서의 판매된 제품의 재고자산과 재무상태표의 기말재고자산은 재고자산의 수량에 단위당 단가를 곱하여 산정하게 하게 된다.

상품을 구매한 후 검수하여 입고하는 과정에서 여러 가지 문제들이 발생할 수 있다. 매입한 상품에 경미한 불량이 있어서 일부 가격할인을 받은 경우도 있고, 상품에 큰 결함이 있어서 매입한 상품을 반품처리하게 되는 경우도 있다. 상품을 외상으로 구매한 후 외상대금 지급기한보다 조기에 상환한 경우 할인을 받을 수 있다. 이처럼 상품의 구매 후에 발생하는 여러 가지 거래사항에 대해서 정확한 정보를 파악하여 효율적으로 재고자산을 관리할 수 있도록 해당 거래내용을 기록하여야 한다.

**▍상품매입 후 거래**

| | 차변 | | 대변 | |
|---|---|---|---|---|
| 상품 하자시 | 차) 매입채무 | ×××× | 대) 매입에누리 및 환출 | ×××× |
| 상품 반품시 | 차) 매입채무 | ×××× | 대) 매입에누리 및 환출 | ×××× |
| 외상조기상환 | 차) 매입채무 | ×××× | 대) 현 금 | ×××× |
| | | | 매입할인 | ×××× |

매입한 상품에 대해 일부 가격할인은 매입에누리, 불량품을 반품한 경우에는 매입환출, 외상대금을 조기 상환하여 할인받은 경우 매입할인으로 처리해야 한다. 상품을 매입하고 그 대금을 현금으로 지급하거나 후일에 지급하기로 하고 외상으로 한 경우 매입채무가 발생하게 된다. 상품을 외상으로 매입한 경우에는 신용으로 구입하거나 어음을 발행해 주고 매입할 수 있는데, 이 경우 외상매입금과 지급어음으로 기록 처리하나 재무상태표에 표시할 때에는 외상매입금과 지급어음을 합하여 매입채무라고 표시한다.

**예제 6-1**

더나은미래㈜의 9월 거래내역을 보고 계속기록법에 의한 회계처리를 하시오.

9월 1일 우수상생㈜에 2/10, n/30의 신용조건으로 상품 ₩1,000,000을 외상으로 매출하였다. (상품 취득원가 ₩700,000)

9월 9일 9/1 우수상생㈜에 외상 매출한 상품 ₩150,000(판매가)이 상품의 중대한 결함이 있어서 반품되었다.

9월 10일 9/1 매출거래에 대한 외상 판매대금을 우수상생㈜로부터 수령하였다.

| | | | | | |
|---|---|---|---|---|---|
| 9월 1일 | (차) 매출채권 | 1,000,000 | (대) 매출 | 1,000,000 |
| | (차) 매출원가 | 700,000 | (대) 재고자산 | 700,000 |
| 9월 9일 | (차) 매출에누리 및 환입 | 150,000 | (대) 매출채권 | 150,000 |
| | (차) 재고자산 | 105,000 | (대) 매출원가 | 105,000 |
| 9월 10일 | (차) 현금 | 833,000 | (대) 매출채권 | 850,000 |
| | 매출할인 | 17,000 | | |

재고자산은 매매활동을 통하여 회계기간 중에 구매와 판매가 활발히 이루어지고 기말에는 남아 있는 재고자산의 금액을 결정하여야 한다.

기말재고자산금액은 재고수량과 재고자산의 단위당 원가를 기준으로 산정되며 재고자산의 수량은 계속기록법과 실지재고조사법을 통하여 산정될 수 있다.

> 재고자산액 = 재고자산 수량(계속기록법, 실지재고조사법) ×
> 재고자산의 단가(개별법, 선입선출법 등)

## 1.2 재고자산의 수량 결정

상품판매를 전문으로 하는 상품판매기업이 상품을 매입하거나 매출한 경우 기록하는 방법은 계속기록법과 실지재고조사법이 있다. 과거에는 상품취급 품목이 소수이고, 품목당 금액이 고가이면서 거래빈도가 높지 않은 경우에는 계속기록법을 적용하는 반면, 상품의 품목이 많고 품목당 금액이 작고 거래가 빈번히 발생할 경우에는 판매할 때 수량을 기록하지 않는 실지재고조사법을 적용해 왔다. 그러나 인터넷 이용이 보편화되고 유통산업의 디지털 온라인화를 통한 혁신으로 판매시점 관리시스템(POS: Point of Sale System)을 활용하여 입출고 상품의 기록관리는 물론이고 현재시점에서 재고자산을 즉시 파악할 수 있어서 실지재고조사법과 계속기록법은 상호 보완적으로 활용되고 있다.

### ■ 계속기록법

계속기록법은 상품의 매매거래를 재고자산계정에 빠짐없이 기록하여 장부상으로 매출수량과 기말재고수량을 파악할 수 있는 방법이다. 상품 매입시 자산계정인 상품계정의 차변에 기록하고 상품 매출 시 판매대금을 수익계정인 매출계정 대변에 기록하면서 동시에 판매된 상품의 원가를 비용계정인 매출원가계정의 차변에 기록하며 결산일에 기말재고자산이나 매출원가를 결정하기 위해 별도의 분개를 할 필요가 없다.

**기말재고자산(상품) = 기초재고자산(상품) + 당기매입 − 매출원가**

이 방법은 매매가 다양하고 빈번하게 이루어지는 경우 적용이 불편하고 재고자산은 도난이나 공손 또는 감손을 통해서도 감소하므로 재고 실사금액이 장부금액보다 작은 경우에 재고자산 감모손실로 인식하고 당기 매출원가에 가산하여 비용으로 처리한다.

재고자산을 매입과 매출시마다 입출고수량을 상품재고장에 기록함으로써 언제라도 장부상 재고수량을 파악할 수 있다. 상품재고장은 상품매매기업이 상품의 입고와 출고시 기록하는 장부로, 상품의 종류별로 기록하여 각 상품의 증감변동, 잔액을 표시한다. 상품재고장을 보면 상품의 매입, 매출은 물론이고 현재 시점에서 상품의 재고를 파악할 수 있다. 상품매입시 계속기록법과 실지재고조사법에 의한 기록방법에 차이가 있다.

| | | | | |
|---|---|---|---|---|
| 매입시 | 차) 상품 | ×××× | 대) 현금(매입채무) | ×××× |
| 매출시 | 차) 현금(매출채권) | ×××× | 대) 매출 | ×××× |
| | 매출원가 | ××× | 상품 | ×××× |

## ■ 실지재고조사법

실지재고조사법은 상품매입시 매입수량 등을 회계처리하나 매출시에는 매출수량을 장부에 기록하지 않고 매출액에 대하여 분개처리를 하고 기말에 실지재고조사를 통하여 기말재고수량을 결정하는 방법이다. 이 방법은 상품매입시에는 매입계정에 기입하고, 상품 판매시에는 매출계정으로 처리하면서 매출원가를 산정하지 않으며, 상품매출에 따른 이익을 거래시점에서 산출하지 않는다. 상품매매이익의 산출을 위한 매출원가의 산출은 기말에 재고조사를 통하여 기말재고자산을 평가하여 매출원가와 매출총이익을 산출하게 되므로 회계기간 중에는 매출원가와 매출총이익을 알 수 없다.

결산일에 기말재고를 알기 위해 실지재고조사가 필요하고, 매출원가 계산을 위해 별도의 결산수정 분개가 필요하다.

**매출원가 = 기초재고자산(상품) + 당기매입 − 기말재고자산(상품)**

기말결산 시에는 기초재고상품과 당기매입액을 매출원가계정 차변으로 대체하고, 기말실사를 통해 파악된 기말재고상품은 매출원가계정 대변으로 대체하여 매출원가를 기말에 일괄 계산하기 때문에 사용이 간편하지만 재고자산의 감소를 모두 판매된 것으로 간주하기 때문에 분실이나 파손으로 인한 재고감모를 파악할 수 없다는 단점이 있다.

### 예제 6-2

더나은미래㈜의 10월 거래내역이다. 이 회사는 10월 1일 기초재고로 ₩100,000의 상품을 보유하고 있다.

① 10월 5일 상품 ₩500,000을 우수상생㈜로부터 외상으로 매입하고 대금은 1개월 후에 지급하기로 하였다.
② 10월 6일 우수상생㈜로부터 매입한 상품 ₩100,000에 중대한 결함이 있어 반품하였다.
③ 10월 10일 지앤스타에게 ₩200,000의 상품을 ₩400,000에 판매하고 현금 ₩150,000을 받고 나머지는 외상으로 하였다.
④ 10월 15일 지앤스타에게 ₩400,000의 상품을 ₩500,000에 외상으로 판매하였다.
⑤ 10월 20일 우수상생㈜로부터 상품 ₩400,000을 매입하고 대금은 현금 ₩200,000 지급하였다. 이 외의 나머지는 외상으로 하였다.
⑥ 10월 25일 우수상생㈜에 외상매입금을 조기 지급하여 ₩25,000의 할인을 받았다.
⑦ 10월 31일 기말시점에 상품에 대한 실지재고를 실사한 결과 ₩200,000의 상품이 남아 있다는 것을 파악하였다.

(1) 더나은미래㈜의 10월 거래를 계속기록법을 적용하여 회계처리하세요.

| | | | | | | |
|---|---|---|---|---|---|---|
| 10월 5일 | (차) | 재고자산 | 500,000 | (대) | 매입채무 | 500,000 |
| 10월 6일 | (차) | 매입채무 | 100,000 | (대) | 매입에누리 및 환출 | 100,000 |
| 10월 10일 | (차) | 현금 | 150,000 | (대) | 매출 | 400,000 |
| | | 매출채권 | 250,000 | | | |
| | (차) | 매출원가 | 200,000 | (대) | 재고자산 | 200,000 |

| | | | | | |
|---|---|---|---|---|---|
| 10월 15일 | (차) 매출채권 | 500,000 | (대) | 매출 | 500,000 |
| | (차) 매출원가 | 400,000 | (대) | 재고자산 | 400,000 |
| 10월 20일 | (차) 재고자산 | 400,000 | (대) | 현금 | 200,000 |
| | | | | 매입채무 | 200,000 |
| 10월 25일 | (차) 매입채무 | 600,000 | (대) | 현금 | 575,000 |
| | | | | 매입할인 | 25,000 |

*기말재고자산 275,000 / 매출원가 600,000

(2) 더나은미래㈜의 10월 거래를 실지재고조사법을 적용하여 회계처리하세요.

| | | | | | |
|---|---|---|---|---|---|
| 10월 5일 | (차) 매입 | 500,000 | (대) | 매입채무 | 500,000 |
| 10월 6일 | (차) 매입채무 | 100,000 | (대) | 매입에누리 및 환출 | 100,000 |
| 10월 10일 | (차) 현금 | 150,000 | (대) | 매출 | 400,000 |
| | 매출채권 | 250,000 | | | |
| 10월 15일 | (차) 매출채권 | 500,000 | (대) | 매출 | 500,000 |
| 10월 20일 | (차) 매입 | 400,000 | (대) | 현금 | 200,000 |
| | | | | 매입채무 | 200,000 |
| 10월 25일 | (차) 매입채무 | 600,000 | (대) | 현금 | 575,000 |
| | | | | 매입할인 | 25,000 |
| 10월 31일 | (차) 매출원가 | 675,000 | (대) | 재고자산 | 675,000 |

*실지재고를 실사한 결과 ₩200,000의 기말재고가 존재하였다.
기초재고상품 100,000 + 당기매입 775,000 − 기말재고실사액 200,000
= ₩675,000(매출원가)

## 1.3 재고자산 단가의 결정

재고자산의 기말재고와 매출원가 산정에 있어서 적용할 단가는 실제 구매단가를 추적하여 구매단가를 그대로 적용하는 개별법, 원가흐름을 가정하여 단가를 적용하는 선입선출법, 평균원가법, 후입선출법이 있다. 개별법은 판매된 개별 재고자산의 취득원가를 추적하여 매출원가와 기말재고를 결정한다.

## ■ 개별법

재고자산의 매입원가를 재고자산의 판매 시에 그대로 적용하는 방법으로 실제 입고물량과 출고물량의 흐름을 맞추어 동일하게 기록하는 것이다. 개별법은 소량의 빈번한 거래가 발생하지 않는 상품에 대하여 적용하고 동질의 대량으로 거래되는 상품에 대해서는 적용하기 적절하지 않는 방법이다.

## ■ 선입선출법

먼저 매입한 상품이 먼저 판매된다는 가정하에 기말재고자산과 매출원가를 결정하는 방법이다. 상품 판매원가에 적용되는 단가는 먼저 구매한 상품의 단가가 적용되고 기말재고는 가장 최근 매입단가로 적용된다. 계속기록법을 적용할 경우 상품판매 시마다 매출원가를 결정해야 하므로 선입선출법 적용시점은 기말이 아니라 판매시점인 반면에 실지재고조사법은 회계기간 말에 매출원가를 계산하기 위하여 기말재고조사를 실시하고 기말재고수량을 기초로 선입선출법을 적용하여 단가를 구한다.

**예제 6-3**

더나은미래㈜의 202×년 9월 상품 매입 및 매출에 관한 자료이다. (단, 모든 거래는 현금거래)

| 일자 | 거래 | 수량 | 단가 | 잔량 |
|---|---|---|---|---|
| 9월 1일 | 기초재고 | 1,000 | 500 | 1,000 |
| 9월 5일 | 매입 | 500 | 550 | 1,500 |
| 9월 10일 | 판매 | 1,000 | 800 | 500 |
| 9월 15일 | 매입 | 1,500 | 600 | 2,000 |
| 9월 25일 | 판매 | 1,200 | 900 | 800 |

(1) 위 거래에 대하여 실지재고조사법과 계속기록법으로 회계처리하세요

(2) 매출원가와 기말재고자산을 각각 계산하세요.

**풀이**

① 선입선출법에 의한 계속기록법

| | | | | | |
|---|---|---|---|---|---|
| 9월 5일 | (차) 재고자산 | 275,000 | (대) 현금 | 275,000 |

| | | | | | |
|---|---|---|---|---|---|
| 9월 10일 | (차) 현금 | 800,000 | (대) 매출 | 800,000 |
| | (차) 매출원가 | 500,000 | (대) 재고자산 | 500,000 |
| 9월 15일 | (차) 재고자산 | 900,000 | (대) 현금 | 900,000 |
| 9월 25일 | (차) 현금 | 1,080,000 | (대) 매출 | 1,080,000 |
| | (차) 매출원가 | 695,000 | (대) 재고자산 | 695,000 |

*기초재고 500,000 / 당기매입재고 1,175,000 / 기말재고 480,000 / 매출원가 1,195,000
매출원가: 1,195,000 = 500,000 + 695,000
기말재고자산: 480,000 = 500,000 + 275,000 + 900,000 − 1,195,000

② 선입선출법에 의한 실지재고조사법

| | | | | |
|---|---|---|---|---|
| 9월 5일 | (차) 매입 | 275,000 | (대) 현금 | 275,000 |
| 9월 10일 | (차) 현금 | 800,000 | (대) 매출 | 800,000 |
| 9월 15일 | (차) 매입 | 900,000 | (대) 현금 | 900,000 |
| 9월 25일 | (차) 현금 | 1,080,000 | (대) 매출 | 1,080,000 |

*기초재고 500,000 / 당기매입재고 1,175,000 / 기말재고 480,000 / 매출원가 1,195,000
매출원가: 1,195,000 = 500,000 + 275,000 + 9,000,000 − 480,000
기말재고자산: 480,000 = 800개 × 600

### ■ 평균원가법

일정기간 동안의 재고자산에 대한 평균 단위당 단가를 구하고 이를 기말재고자산과 매출원가에 적용하는 방법이다. 평균원가법은 계속기록법에서의 이동평균법과 실지재고조사법에서의 총평균법을 적용한다. 기초재고와 당기매입분을 구분하지 않고 평균적으로 판매한다는 가정하에 기초재고와 당기매입액을 평균하여 단위원가를 산정한다. 이동평균법은 재고자산을 구입할 때마다 구매수량과 구매단가를 보유하고 있는 재고자산의 수량과 단가에 합산하여 평균단가를 다시 산정하고, 이후 재고자산의 판매시 새롭게 산정한 단가를 적용하여 매출원가를 산정하게 된다. 이 방법은 상품구매와 판매시 구매시 계속 장부에 기록하는 계속기록법에서 사용하게 된다. 반면에 총평균법은 일정기간 동안 재고자산의 구매수량과 구매금액을 합산하여 평균 구매단가를 산정하게 되는데 실지재고조사법에서 활용되고 있다. 이 방법은 회계기간 말에 판매 가능한 재고자산의 기초재고액과 당기매입액의 합계를 총재고수량으로 나누어 가중평균단가를 구하고 그 단가를 기말재고액과 매출원가 계산의 단위원가로 사용한다.

### 예제 6-4

[예제 6-3]을 활용하여 이동평균법과 가중평균법에 의하여 매출원가와 기말재고자산을 각각 계산하세요. (단, 모든 계산은 소숫점 첫째자리에서 반올림하여 정수로 표시)

**풀이**

① 계속기록법의 상황에서 이동평균법을 적용할 경우 매출원가와 기말재고자산을 각각 계산하세요.

이동평균법에 의한 단위당 재고자산가액
9월 10일: (500,000 + 275,000)/1,500 = 517
9월 25일: (517 × 500 + 900,000)/2,000 = 579

기말재고자산: 800단위 × 579 = 463,200
매출원가: 1,000단위 × 517 + 1,200단위 × 579 = 1,211,800

② 실지재고조사법의 상황에서 가중평균법을 적용할 경우 매출원가와 기말재고자산을 각각 계산하세요.

평균법에 의한 단위당 재고자산가액: (500,000 + 275,000 + 900,000)/3,000단위
= 558
기말재고자산: 800단위 × 558 = 446,400
매출원가: 기초재고 500,000 + 총매입액 1,175,000 − 기말재고 446,400
= 1,228,600

## ■ 후입선출법

최근에 구매한 상품이 먼저 판매된다는 가정하에 기말재고는 가장 오래 전 매입한 단가를 적용하여 회계처리하는 방법이다. 매출원가는 최근에 매입한 재고자산의 단가를 적용하고 기말재고의 단가는 먼저 구입한 단가로 적용하여 평

가한다. 후입선출법은 급속한 기술발전과 혁신에 의해 신상품이 빠르게 출시되는 현 상황에서 최근에 구매한 상품을 먼저 판매한다는 가정은 비현실적이고, 재고자산으로 남은 상품은 정상적 가격으로 판매하기 어렵기 때문에 합리적인 회계처리방법이 아니다. 이로 인하여 국제회계기준에서는 후입선출법을 적용하지 않도록 하고 있다.

### ■ 매출총이익률법

기말재고자산의 평가에 있어서 실지 기말재고수량이 화재나 도난 등으로 소멸되거나 수만가지의 다양한 상품을 취급하는 백화점의 경우, 소매재고법이나 매출총이익률법에 의하여 재고자산을 추정할 수 있다. 소매재고법은 판매가격과 취득원가 사이에 존재하는 원가율을 기초로 기말재고자산을 추정하는 방법이다. 이러한 방법은 소매가격기준 기말재고액에 원가율을 적용하여 기말재고액을 산정하며, 취급상품의 종류가 많고 개별 상품의 구매단가가 낮으며 구매와 판매가 매우 빈번히 일어나는 경우에 적용한다. 매출총이익률법은 상품의 과거 매출정보와 매출이익의 비율을 이용하여 기말재고액을 역산하는 방법으로, 화재 등으로 재고자산과 재고자산기록이 소멸된 경우 기말재고 추정치를 구하는 경우에 적용된다. 추정매출원가를 산출하여 판매 가능한 재고자산에서 차감하여 추정기말재고자산을 산출한다.

## 2 생산활동과 제품

기업이 제품이나 서비스를 생산하는 프로세스는 원재료를 구매하여 공장의 기계설비를 가동하는 등의 생산하는 과정을 통하여 제품을 완성하는 과정이며, 완성된 제품에 대해서는 원가계산을 해야 한다. 제품생산을 위해 투입되는 원가요소는 원재료, 인력, 기계설비 등이고, 이로 인하여 발생하는 원가요소로서 재료원가, 노무원가, 제조경비가 3대 생산요소이다. 제품제조원가는 투입물의 원가요소에 대하여 산출물 중 완성품과 미완성품으로 구분할 수 있으며 이 중 완성품의 원가가 제품제조원가이다.

## 2.1 생산원가요소의 투입

제품의 생산은 원재료를 공장에 투입하고 생산직원이나 자동화시스템에 의하여 공장설비를 가동하여 원재료를 가공하여 제품으로 완성된다. 제조원가란 주로 제조기업에서 제품을 생산하기 위해 소요되는 원가 및 비용을 말한다. 제조원가의 발생원천별로는 재료원가, 노무원가, 제조경비로 구분할 수 있으며, 개별제품별로 직접 발생하고 부과되는 직접원가인 직접재료원가, 직접노무원가와 여러 제품에 공통으로 발생하는 제조간접원가가 있다.

### ■ 재료원가의 인식과 기록

제품제조에 필요한 원재료를 구입하고 제품제조를 위해 출고하는 과정에서 원가의 인식과 기록을 하게 된다. 원재료는 출고되어 공장에서 제품제조에 투입되는데, 특정제품의 구성원료가 되는 직접재료와 여러 제품에 공통으로 활용되는 간접재료로 크게 나눌 수 있다. 직접재료는 재공품계정으로 대체되고 간접재료는 제조간접원가계정으로 대체한다.

| | | | | | |
|---|---|---|---|---|---|
| 원재료 구매시 | 차) 원재료 | ××× | 대) 현금(매입채무) | ××× |
| 원재료 출고시 | 차) 재공품 | ××× | 대) 원재료 | ××× |
| | 제조간접원가 | ××× | | |

### ■ 노무원가의 인식과 기록

노무원가는 공장에서 제품을 생산하는 일에 직접 종사한 직원에 대한 임금인 직접노무원가와 공장의 제품 생산을 지원하는 공장장이나 공장사무실 직원에 대한 급여인 간접노무원가로 나눌 수 있다. 생산직 직원의 임금인 지접노무원가는 재공품계정으로 대체하고 공장의 생산지원인력에 대한 급여는 제조간접원가로 대체한다.

| | | | | |
|---|---|---|---|---|
| 임금/급여 발생 | 차) 임금/급여 | ××× | 대) 미지급비용 | ××× |
| 재공품 대체 | 차) 재공품 | ××× | 대) 임금/급여 | ××× |
| | 제조간접원가 | ××× | | |

### ■ 제조간접원가의 인식과 기록

제조간접원가는 제품 제조를 위해 공통으로 발생한 원가 및 비용으로, 간접재료원가, 간접노무원가, 기계설비 가동 등으로 발생하는 제조경비를 포함한다. 제조간접원가는 여러 가지 제품에 공통으로 발생하기 때문에 적정한 배부기준에 따라서 배분을 해야 한다.

| | | | | |
|---|---|---|---|---|
| 제조간접원가 발생 | 차) 제조간접원가 | ××× | 대) 간접재료원가 | ××× |
| | | | 간접노무원가 | ××× |
| | | | 감가상각비 | ××× |
| | | | 수선유지비 | ××× |
| 재공품 대체 | 차) 재공품 | ××× | 대) 제조간접원가 | ××× |

## 2.2 제품의 제조원가 및 제조원가명세서

### ■ 제품의 제조원가

제품은 원재료가 공장에서 생산과정을 거치면서 재공품이 되고 완성되면 제품이 되는 일련의 제조과정에서 발생하는 원가가 제조원가이다. 제품의 제조과정에 투입된 직접재료원가, 직접노무원가, 제조간접원가의 총액이 당기에 발생한 총제조원가이다. 이러한 당기총제조원가에 기초재공품재고액을 가산하고 기말재공품재고액을 차감하여 당기 완성된 제품의 원가를 계산한다. 제품제조에 투입되는 원가는 재공품계정에서 집계되는데, 차변에는 기초재공품재고액, 당기투입된 직접재료원가, 직접노무원가, 제조간접원가를 기록하고 대변에는 기말에 공장에서 완성되지 않은 기말재공품재고액을 차감하면 남은 금액이 당기제품제조원가가 된다. 제품제조원가는 총누적제조원가를 완성된 제품과 미완성제품인 재공품에 배부하여 완성된 제품의 제조원가를 산출하는 것이라 할 수 있다.

## ■ 제조원가명세서

제품을 제조하는 데에 사용된 제조원가 내용을 상세하게 기록한 보고서이다. 제조원가명세서는 제품제조에 관한 세부적인 투입원가에 관한 내용이므로 기업의 영업비밀로 인정되어 재무제표 부속명세서에서 제외된다. 제조업의 경우에는 매출원가가 판매된 제품의 제조원가이므로 손익계산서 작성을 위해서 제품제조원가의 총액은 표시되게 된다. 세부적인 원가요소별 구성내역은 외부적으로 공개되지는 않지만 기업 내부적으로는 작성되고 활용된다. 제조원가명세서는 직접재료원가, 직접노무원가, 제조간접원가로 나누어 세부적인 원가요소를 담은 보고서이므로 내부적으로 원가통제 및 관리에 유용한 수단이 될 수 있다.

제조원가명세서는 원재료가 생산과정을 거쳐 제품으로 완성된 경우 재공품계정에서 기초재공품 재고액과 당기투입원가에서 기말 재공품 재고액을 차감하여 산출된다. 재공품계정에서 완성된 제품은 제품계정으로 대체가 되고, 제품

**표 6-1** 제조원가명세서

| 제품제조원가명세서 | |
|---|---|
| 1. 재료비 | ×××,××× |
| 1) 기초재료재고액 | |
| 2) 당기매입액 | |
| 3) 기말재료재고액 | |
| 2. 노무비 | ×××,××× |
| 1) 임금 | |
| 2) 생산수당 | |
| 3. 제조경비 | ×××,××× |
| 제조경비(전력비, 감가상각비, 수선유지비 등) | |
| 4. 당기총제조원가 | ×,×××,××× |
| 5. 기초재공품재고액 | ×××,××× |
| 6. 기말재공품재고액 | ×××,××× |
| 7. 당기제품제조원가 | ×××,××× |

**그림 6-2** 원가정보의 흐름

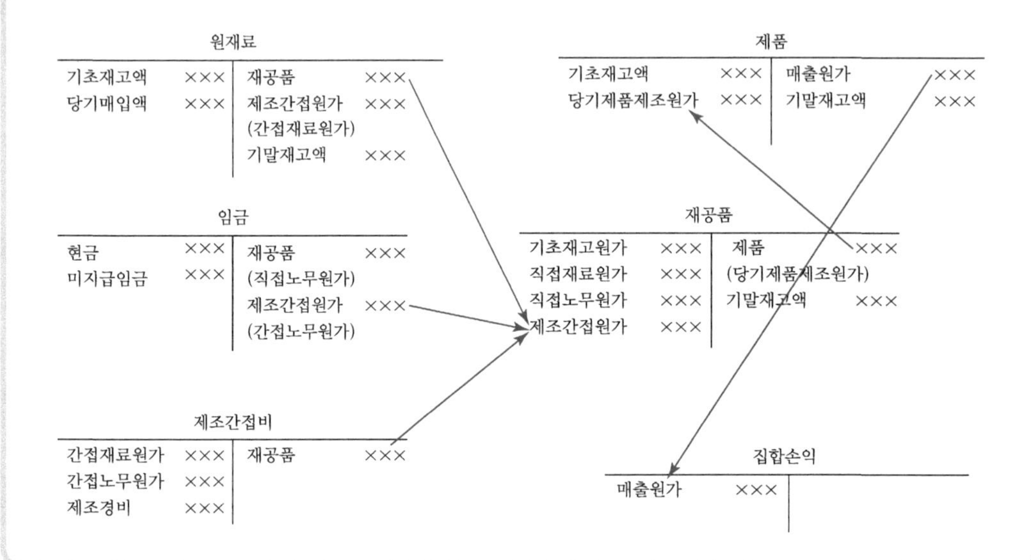


계정에서는 전기에 미판매된 제품과 당기에 완성된 제품을 합한 판매가능한 제품이 산출이 되며, 당기 중에 판매활동을 통하여 제품이 판매가 될 경우 제품제조원가는 판매된 제품의 제조원가인 매출원가로 전환이 된다.

이상에서 살펴본 원재료 → 재공품 → 제품으로 변환되어 가는 원가정보의 흐름을 [그림 6-2]에서 T계정을 통해 보여주고 있다. 재공품계정이 중심이 되어 전 단계에서는 각종 생산원가요소(직접재료, 직접노무, 제조간접원가)들이 투입이 되고 재공품계정에서 완성된 제품과 미완성된 제품의 원가가 분리되어 완성된 제품은 제품계정으로 대체되는 과정을 볼 수 있다. 제품계정에서 기초제품재고액과 당기완성품이 당기 판매가능한 제품이며, 이 중 판매되지 않고 남아있는 기말제품재고액을 차감하면 매출원가가 산출된다.

### 예제 6-5

더나은미래㈜는 컴퓨터를 제조하여 판매하는 기업이며, 5월 1일 기초재고자산은 원재료 ₩1,000,000, 재공품 ₩3,000,000, 제품 ₩4,000,000이다. 5월 중 거래정보는 다음과 같다.

① 각종 부품 등의 원재료 ₩10,000,000을 외상으로 구입하였다.
② 원재료 ₩8,000,000을 제조과정에 투입하였다.
③ 생산직 근로자에게 발생한 직접노무원가는 ₩3,000,000이다.
④ 공장장 및 관리직원에게 발생한 간접노무원가는 ₩2,000,000, 판매직원의 인건비는 ₩2,500,000이다.
⑤ 공장기계 및 설비의 감가상각비는 ₩1,000,000, 본사건물 감가상각비는 ₩1,500,000이다.
⑥ 제조과정에서 사용한 수도광열비는 ₩5,000,000이다.
⑦ 당기에 투입된 원가에서 기말재공품을 제외하고는 모두 완성되었으며, 완성품은 모두 판매되었다. (단, 기말재공품재고액은 ₩4,000,000)
⑧ 제품을 ₩25,000,000에 판매하고 현금을 수취했다. (단, 기말제품재고액은 ₩5,000,000 계속기록법으로 처리함)

(1) 이 거래를 분개하고 전기하세요.

| | 차변 | 금액 | 대변 | 금액 |
|---|---|---|---|---|
| ① | (차) 원재료 | 10,000,000 | (대) 매입채무 | 10,000,000 |
| ② | (차) 재공품 | 8,000,000 | (대) 원재료 | 8,000,000 |
| ③ | (차) 재공품 | 3,000,000 | (대) 미지급급여 | 3,000,000 |
| ④ | (차) 간접노무원가 | 2,000,000 | (대) 미지급급여 | 4,500,000 |
| | 판매관리비 | 2,500,000 | | |
| | (차) 제조간접원가 | 2,000,000 | (대) 간접노무원가 | 2,000,000 |
| ⑤ | (차) 감가상각비 | 2,500,000 | (대) 감가상각누계액 | 2,500,000 |
| | (차) 제조간접원가 | 1,000,000 | (대) 감가상각비 | 1,000,000 |
| ⑥ | (차) 수도광열비 | 5,000,000 | (대) 미지급비용 | 5,000,000 |
| | (차) 제조간접원가 | 5,000,000 | (대) 수도광열비 | 5,000,000 |
| | (차) 재공품 | 8,000,000 | (대) 제조간접원가 | 8,000,000 |
| ⑦ | (차) 제품 | 18,000,000 | (대) 재공품 | 18,000,000 |
| ⑧ | (차) 현금 | 25,000,000 | (대) 매출 | 25,000,000 |
| | (차) 매출원가 | 17,000,000 | (대) 제품 | 17,000,000 |

*당기제품제조원가 = 3,000,000 + 19,000,000 − 4,000,000 = 18,000,000
*매출원가 = 4,000,000 + 18,000,000 − 5,000,000 = 17,000,000

(2) 제품제조원가명세서를 작성하세요.

제조원가명세서

| 과목 | 금액 | |
|---|---|---|
| 재료비 | | **8,000,000** |
| 기초재료원가 | 1,000,000 | |
| 당기재료매입액 | 10,000,000 | |
| 기말재료재고액 | 3,000,000 | |
| 노무비 | | **5,000,000** |
| 제조경비 | | **6,000,000** |
| 감가상각비 | 1,000,000 | |
| 수도광열비 | 5,000,000 | |
| **당기총제조원가** | | **19,000,000** |
| 기초재공품재고액 | | 3,000,000 |
| 기말재공품재고액 | | 4,000,000 |
| **당기제품제조원가** | | **18,000,000** |

(3) 손익계산서를 작성하세요.

손익계산서

| | | |
|---|---|---|
| 매출액 | | 25,000,000 |
| 매출원가 | | 17,000,000 |
| 기초제품재고액 | 4,000,000 | |
| 당기제품제조원가 | 18,000,000 | |
| 기말제품재고액 | 5,000,000 | |
| 매출총이익 | | 8,000,000 |
| 판매비와 관리비 | | 4,000,000 |
| 급여 | 2,500,000 | |
| 감가상각비 | 1,500,000 | |
| 영업이익 | | 4,000,000 |

## 확 · 인 · 문 · 제

※ 각 문항의 설명 중 옳은 것에는 T, 틀린 것에는 F를 하시오.

1. 실지재고조사법은 기중의 입고기록만을 하고 매출시 출고기록을 하지 않기 때문에 기말에 실사를 통하여 재고자산을 파악하여 매출원가를 산정하게 된다. (      )

2. 재고자산과 관련하여 발생한 비용을 재고자산의 원가에 포함시킬 경우와 기간비용으로 처리할 경우 당기순이익에 미치는 영향은 기말재고와 관계없이 동일하다. (      )

3. 상품의 기초재고액에 당기매입액을 가산한 금액을 판매가능액이라고 하며, 여기에서 기말재고액을 차감하여 매출원가를 산출한다. (      )

4. 구매자가 매입한 상품에 결함이 있어 반품하면 이를 매입환출이라 하고, 반품 대신 값을 깎는다면 이를 매입에누리라고 한다. (      )

5. 현금할인을 회계처리할 때에 구매자는 매입할인계정에 기록하고, 판매자는 매출할인계정에 기록하되 손익계산서상에는 각각 총매입액과 총매출액에서 가산한다. (      )

6. 재고자산의 실지재고조사법에서는 매출할 때마다 매출액과 매출원가를 구분하여 별도 처리하며 장부상으로 기말재고액을 파악할 수 있다. (      )

7. 계속기록법을 채택하면 매출원가계정을 기말에 신설한 후 기초재고자산계정을 제거하고, 기말 실사에 의해 파악된 기말재고자산을 재무상태표에 계상하는 분개를 한다. (      )

8. 재고자산의 취득원가는 매입가격에 직접부대비용을 더하고 매출에누리와 환입, 매출할인을 차감하여 산출한다. (      )

**9.** 총평균법은 회계기간말에 한 번만 회계연도 전체기간의 가중평균단가를 계산하기 때문에 기말 이외의 시점에서는 원가를 알 수 없다는 단점이 있다. (　　　)

**10.** 인플레이션 시 선입선출법은 재무상태표를 적절하게 표시하는 데 기여할 수 있지만 손익계산서에서는 그렇지 못하다. (　　　)

**11.** 물가가 지속적으로 상승할 경우, 매출원가로 계상될 금액의 크기는 선입선출법 < 가중평균법<후입선출법이 될 것이다. (　　　)

**12.** 기말재고의 취득원가를 일일이 조사하지 않고 기말재고의 판매가격만 파악함으로써 많은 시간과 노력을 줄일 수 있다는 것이 소매재고법의 특징이다. (　　　)

**13.** 당기의 기말재고가 과소평가되면 당기의 순이익은 과대평가되고 차기의 매출원가는 과대평가된다. (　　　)

**14.** 재고자산의 수량을 결정하는 방법으로서 기말에 보유 중인 재고자산 수량을 직접 실사하여 파악하는 방법을 실지재고조사법이라고 하며, 재고자산의 입출고 내역을 장부상에 계속 기록하여 매거래시점마다 분개를 한다. (　　　)

**15.** 제품의 제조과정에 투입된 직접재료원가, 직접노무원가, 제조간접원가 등 당기에 발생한 총원가에서 기초재공품을 가산하고 기말재공품을 차감하여 당기 완성된 제품의 원가를 계산한다. (　　　)

---

**해답** 1. T 2. F 3. T 4. T 5. F 6. F 7. F 8. F 9. T 10. T 11. T 12. T 13. F 14. F 15. T

## 실·습·문·제

**1.** 더나은미래㈜는 202×년 6월 29일에 상품 2,000개를 매입하여 이를 단위당 ₩2,000에 모두 판매하였으며, 다음은 그에 관한 거래자료이다. 다음 물음에 답하세요.

| | | | |
|---|---|---|---|
| 단위당 매입가격: | ₩1,000 | 단위당 운송 및 하역비: | ₩200 |
| 단위당 판매운임: | ₩200 | 단위당 매입에누리 및 환출: | ₩200 |
| 단위당 매입할인: | ₩100 | | |

1-1. 단위당 취득원가와 매출원가는 얼마인가?

1-2. 매출총이익과 영업이익은 얼마인가?

**2.** 더나은미래㈜는 202×년 6월 5일 상품 1,000개를 개당 ₩200에 현금으로 매입하였으며, 6월 10일 이 중 1,100개를 개당 ₩250에 현금을 받고 판매하였다. 202×년 6월 30일 창고 실사 결과 300개의 재고자산이 남아 있었다. 더나은미래㈜의 상품거래를 정리하면 다음과 같다. (단, 총평균법에 의한 단위당 단가는 소수점 첫째 자리에서 반올림한다.)

| | | 수량 | 단가 | 금액 |
|---|---|---|---|---|
| 6월 1일 | 기초재고 | 400 | ₩180 | ₩72,000 |
| 6월 5일 | 당기매입 | 1,000 | 200 | 200,000 |
| 6월 10일 | 판 매 | 1,100 | | |
| 6월 30일 | 기말재고 | 300 | | |

2-1. 계속기록법과 선입선출법에 의하여 상품의 매입과 판매에 대한 분개를 하고, 매출원가를 계산하세요.

2-2. 실지재고조사법과 총평균법에 의한 매출원가와 기말재고자산을 산출하세요.

**3.** 더나은미래㈜는 202×년 기초재고와 당기매입/매출은 다음의 표와 같다. 매입과 매출은 현금거래를 가정하며, 단위원가 결정방법으로 선입선출법을 사용한다. 계속기록법과 실지재고조사법에 의한 기말재고와 매출원가를 각각 계산해 보세요.

| | | 수량 | 단가 | 금액 |
|---|---|---|---|---|
| 6월 1일 | 기초재고 | 500 | ₩1,000 | ₩500,000 |
| 6월 6일 | 매입 | 1,500 | 900 | 1,350,000 |
| 6월 13일 | 매출 | 1,200 | 1,500 | 1,800,000 |
| 6월 25일 | 매입 | 1,000 | 1,000 | 1,000,000 |

**4.** 더나은미래㈜는 202×년 6월 10일 800개의 상품을 개당 ₩150에 판매하였다. 실지재고조사법을 사용하는 경우 선입선출법, 후입선출법, 가중평균법을 각각 적용하여 기말재고와 매출원가를 계산하세요. 더나은미래㈜의 상품거래를 정리하면 다음과 같다. (단, 총평균법에 의한 단위당 단가는 소수점 첫째 자리에서 반올림한다.)

| | 입출고 | 수량 | 단가 | 금액 |
|---|---|---|---|---|
| 6월 1일 | 기초재고 | 500 | ₩100 | ₩50,000 |
| 6월 6일 | 매입 | 1,000 | 120 | 120,000 |
| 6월 10일 | 매출 | 800 | 150 | 120,000 |

4-1. 선입선출법에 의한 기말재고액과 매출원가를 산출하세요.

4-2. 총평균법에 의한 기말재고액과 매출원가를 산출하세요.

4-3. 후입선출법에 의한 기말재고액과 매출원가를 산출하세요.

**5.** 더나은미래㈜의 2월말 재무상태표 잔액과 3월 거래내역은 다음과 같다.

| | | | | | |
|---|---|---|---|---|---|
| 현금 | 1,000,000 | 매출채권 | 500,000 | 재고자산 | 300,000 |
| 매입채무 | 400,000 | 차입금 | 500,000 | 자본금 | 900,000 |

① 3/1 우수상생㈜부터 1/10, n/30 조건으로 상품 ₩100,000을 구매하였다.

② 3/2 ㈜지앤스타에 상품 ₩100,000을 1/10, n/30 조건으로 ₩150,000에 판매하였다.

③ 3/4 우수상생㈜로부터 구매한 상품에 결함이 있어서 이를 반송하고 ₩600을 공제받았다.

④ 3/12 3월 2일의 외상판매대금을 전액 지급받았다.

⑤ 3/14 우수상생㈜에 외상매입대금을 전액 지급했다.

⑥ 3/15 우수상생㈜로부터 상품 ₩300,000을 현금으로 구입하였다.

⑦ 3/17 우수상생㈜로부터 2/10, n/30 선적지인도조건으로 상품 ₩400,000을 구입하였다. (단, 상품도착 완료)

⑧ 3/19 원가 ₩500,000의 상품을 ₩800,000에 핀큐㈜에 현금을 받고 판매하였다.
⑨ 3/22 우수상생㈜로부터 2/10, n/30 도착지인도조건으로 상품 ₩300,000을 외상으로 구입하였다. (단, 상품도착 완료)
⑩ 3/25 우수상생㈜에 외상대금 전액을 지급하였다.
⑪ 3/31 원가 ₩300,000의 상품을 ₩500,000에 판매하고 ₩250,000을 현금으로 받고 나머지는 외상으로 처리하였다. 우수상생㈜로부터 현금으로 구매한 상품 ₩50,000에 결함이 있어서 반품하였다.

5-1. 계속기록법으로 회계처리하세요.
5-2. 실지재고조사법으로 회계처리하세요.
5-3. 실지재고조사법에 의한 매출총이익을 산출하세요.(기말재고액은 ₩400,000)

**6.** 더나은미래㈜의 202×년 6월 재무상태표와 202×년 7월 중 거래내역은 다음과 같다. 아래 물음에 답하세요.

재무상태표

202×년 6월 30일 현재 (단위: 천원)

| | | | |
|---|---|---|---|
| 유동자산 | | 유동부채 | |
| 현금 | 200,000 | 매입채무 | 400,000 |
| 당기손익인식금융자산 | 180,000 | 미지급금 | 50,000 |
| 매출채권 | 300,000 | 단기차입금 | 100,000 |
| 재고자산 | | 비유동부채 | |
| 제품 | 50,000 | 사채 | 300,000 |
| 재공품 | 200,000 | 자본 | |
| 원재료 | 150,000 | 자본금 | 700,000 |
| 선급보험료 | 24,000 | 이익잉여금 | 1,754,000 |
| 비유동자산 | | | |
| 건물 | 2,000,000 | | |
| 기계장치 | 1,000,000 | | |
| 감가상각누계액 | (800,000) | | |
| 자산합계 | 3,304,000 | 부채와 자본합계 | 3,304,000 |

202×년 7월 중 발생한 거래내역은 다음과 같다.
① 핀큐㈜로부터 원재료 ₩315,000,000을 외상으로 구입하였다.
② 7월 중의 재료는 제품제조에 ₩300,000,000과 공장에서 공통재료로서 ₩15,000,000이 사용되었다.

③ 7월 중의 총급여액 ₩200,000,000 중에서 ₩20,000,000을 원천공제한 후 종업원에게 현금으로 지급하였다. 원천공제액의 내역은 소득세 ₩15,000,000, 의료보험료 ₩5,000,000이다.

④ 급여에 대한 원가배분내역은 직접노무원가(60%), 간접노무원가(10%), 판매원급여(20%), 일반관리직급여(10%)이다.

⑤ 7월 중 제조간접원가의 발생내역은 감가상각비 ₩100,000,000, 보험료 ₩12,000,000, 수선유지비 ₩50,000,000이다.

⑥ 7월 중 매출채권회수액은 ₩200,000,000이다.

⑦ 7월 중 매입채무 ₩200,000,000과 미지급금 ₩40,000,000을 상환하였다.

⑧ 작업이 완료되어 제품계정으로 완성품을 대체되었다. (단, 기말재공품재고액은 ₩47,000,000)

⑨ 7월 중 판매액은 ₩400,000,000이며 이 중에서 40%는 현금매출이며, 나머지는 외상매출이다. (단, 기말제품재고액은 ₩500,000,000)

⑩ 7월 중 발생이익에 대하여 법인세비용으로 ₩6,000,000 추정계상하였다.

아래 물음에 답하시오.

6-1. 제조원가명세서를 작성하세요.

6-2. 7월 거래내역에 대해 분개하고 손익계산서를 작성하세요.

## ❙ 실습문제 풀이

**1.** 1-1. ₩900 = 1,000 + 200 − 200 − 100

*단위당 취득원가 = 매입가격 + 운송 및 하역비 − 매입에누리 및 환출 − 매입할인

- 매출원가 = ₩900 × 2,000개 = ₩1,800,000

1-2.

- 매출총이익 2,200,000 = 매출액 4,000,000 − 매출원가 1,800,000
- 영업이익 1,800,000 = 매출총이익 2,200,000 − 판매관리비 400,000

**2.** 2-1. 계속기록법 & 선입선출법

| | 차변 | | 대변 | |
|---|---|---|---|---|
| 매입 | 차) 상품 | 200,000 | 대) 현금 | 200,000 |
| 판매 | 차) 현금 | 275,000 | 대) 매출 | 275,000 |

| | | | |
|---|---|---|---|
| 차) 매출원가 | 212,000 | 대) 상품 | 212,000 |

- 매출원가 = 400개 × ₩180 + 700개 × ₩200 = ₩212,000

2-2. 실지재고조사법 & 총평균법

| | | | |
|---|---|---|---|
| 매입 차) 매입 | 200,000 | 대) 현금 | 200,000 |
| 판매 차) 현금 | 275,000 | 대) 매출 | 275,000 |

- 총평균법에 의한 단가 = (72,000 + 200,000)/1,400개 = ₩194
- 매출원가 = ₩194 × 1,100개 = ₩213,400
- 기말재고 = ₩194 × 300개 = ₩58,200

**3.** 〈계속기록법〉
- 기말재고 ₩1,720,000 = 500,000 + 2,350,000 − 1,130,000
- 매출원가 ₩1,130,000 = 500 × ₩1,000 + 700 × ₩900

〈실지재고조사법〉
- 기말재고 ₩1,720,000 = 800 × ₩900 + 1,000 × ₩1,000
- 매출원가 ₩1,130,000 = 500,000 + 2,350,000 − 1,720,000

**4.** 4-1. 선입선출법
- 기말재고액 = 700 × ₩120 = ₩84,000
- 매출원가 = 기초재고액 50,000 + 당기매입액 120,000 − 기말재고액 84,000 = ₩86,000

4-2. 총평균법

*단위당 단가 = (50,000 + 120,000)/1,500개 = ₩113
- 기말재고액 = 700 × ₩113 = ₩79,100
- 매출원가 = 기초재고액 50,000 + 당기매입액 120,000 − 기말재고액 79,100 = ₩90,900

4-3. 후입선출법
- 기말재고액 = 500 × ₩100 + 200 × ₩120 = W74,000
- 매출원가 = 기초재고액 50,000 + 당기매입액 120,000 − 기말재고액 74,000 = ₩96,000

**5.** 5-1. 계속기록법

| | | | |
|---|---|---|---|
| 3월 1일: 차) 재고자산 | 100,000 | 대) 매입채무 | 100,000 |
| 3월 2일: 차) 매출채권 | 150,000 | 대) 매출 | 150,000 |

| 일자 | 차변 | 금액 | 대변 | 금액 |
|---|---|---|---|---|
| | 차) 매출원가 | 100,000 | 대) 재고자산 | 100,000 |
| 3월 4일: | 차) 매입채무 | 600 | 대) 매입에누리 및 환출 | 600 |
| 3월 12일: | 차) 현금 | 148,500 | 대) 매출채권 | 150,000 |
| | 매출할인 | 1,500 | | |
| 3월 14일: | 차) 매입채무 | 100,000 | 대) 현금 | 100,000 |
| 3월 15일: | 차) 재고자산 | 300,000 | 대) 현금 | 300,000 |
| 3월 17일: | 차) 재고자산 | 400,000 | 대) 매입채무 | 400,000 |
| 3월 19일: | 차) 현금 | 800,000 | 대) 매출 | 800,000 |
| | 차) 매출원가 | 500,000 | 대) 재고자산 | 500,000 |
| 3월 22일: | 차) 재고자산 | 300,000 | 대) 매입채무 | 300,000 |
| 3월 25일: | 차) 매입채무 | 700,000 | 대) 현금 | 686,000 |
| | | | 매입에누리 및 환출 | 14,000 |
| 3월 31일: | 차) 현금 | 250,000 | 대) 매출 | 500,000 |
| | 매출채권 | 250,000 | | |
| | 차) 매출원가 | 300,000 | 대) 재고자산 | 300,000 |
| | 차) 현금 | 50,000 | 대) 매입에누리 및 환출 | 50,000 |

5-2. 실지재고조사법

| 일자 | 차변 | 금액 | 대변 | 금액 |
|---|---|---|---|---|
| 3월 1일: | 차) 매입 | 100,000 | 대) 매입채무 | 100,000 |
| 3월 2일: | 차) 매출채권 | 150,000 | 대) 매출 | 150,000 |
| 3월 4일: | 차) 매입채무 | 600 | 대) 매입에누리 및 환출 | 600 |
| 3월 12일: | 차) 현금 | 148,500 | 대) 매출채권 | 150,000 |
| | 매출할인 | 1,500 | | |
| 3월 14일: | 차) 매입채무 | 100,000 | 대) 현금 | 100,000 |
| 3월 15일: | 차) 매입 | 300,000 | 대) 현금 | 300,000 |
| 3월 17일: | 차) 매입 | 400,000 | 대) 매입채무 | 400,000 |
| 3월 19일: | 차) 현금 | 800,000 | 대) 매출 | 800,000 |
| 3월 22일: | 차) 매입 | 300,000 | 대) 매입채무 | 300,000 |
| 3월 25일: | 차) 매입채무 | 700,000 | 대) 현금 | 686,000 |
| | | | 매입에누리 및 환출 | 14,000 |
| 3월 31일: | 차) 현금 | 250,000 | 대) 매출 | 500,000 |
| | 매출채권 | 250,000 | | |
| | 차) 현금 | 50,000 | 대) 매입에누리 및 환출 | 50,000 |

5-3. 매출총이익

매출원가: 기초재고 300,000 + 당기재고매입 1,035,400 − 기말재고 400,000 = ₩935,400

매출액: ₩1,448,500 = 150,000 − 1,500 + 800,000 + 500,000

• 매출총이익: 1,448,500 − 935,400 = ₩513,100

**6.** 분개 및 손익계산서

| | | 차변 | 금액 | | 대변 | 금액 |
|---|---|---|---|---|---|---|
| ① | (차) | 원재료 | 315,000,000 | (대) | 매입채무 | 315,000,000 |
| ② | (차) | 재공품 | 300,000,000 | (대) | 원재료 | 315,000,000 |
| | | 제조간접원가 | 15,000,000 | | | |
| ③ | (차) | 급여 | 200,000,000 | (대) | 현금 | 180,000,000 |
| | | | | | 소득세예수금 | 15,000,000 |
| | | | | | 보험료예수금 | 5,000,000 |
| ④ | (차) | 재공품 | 120,000,000 | (대) | 급여 | 200,000,000 |
| | | 제조간접원가 | 20,000,000 | | | |
| | | 판매비 | 40,000,000 | | | |
| | | 관리비 | 20,000,000 | | | |
| ⑤ | (차) | 감가상각비 | 100,000,000 | (대) | 감가상각누계액 | 100,000,000 |
| | (차) | 보험료 | 12,000,000 | (대) | 선급보험료 | 12,000,000 |
| | (차) | 수선유지비 | 50,000,000 | (대) | 미지급비용 | 50,000,000 |
| | (차) | 제조간접원가 | 162,000,000 | (대) | 감가상각비 | 100,000,000 |
| | | | | | 보험료 | 12,000,000 |
| | | | | | 수선유지비 | 50,000,000 |
| | (차) | 재공품 | 197,000,000 | (대) | 제조간접원가 | 197,000,000 |
| ⑥ | (차) | 현금 | 200,000,000 | (대) | 매출채권 | 200,000,000 |
| ⑦ | (차) | 매입채무 | 200,000,000 | (대) | 현금 | 240,000,000 |
| | | 미지급금 | 40,000,000 | | | |
| ⑧ | (차) | 제품 | 770,000,000 | (대) | 재공품 | 770,000,000 |

*기초재공품 200,000,000 + 당기총제조원가 617,000,000 − 기말재공품재고 47,000,000

⑨ (차) 현금 160,000,000 (대) 매출 400,000,000
매출채권 240,000,000
(차) 매출원가 320,000,000 (대) 제품 320,000,000

⑩ (차) 법인세비용 6,000,000 (대) 미지급법인세 6,000,000

6-1. 제조원가명세서

제품제조원가명세서

| | | |
|---|---|---|
| 재료비 | | 315,000,000 |
| 기초재료재고액 | 150,000,000 | |
| 당기매입액 | 315,000,000 | |
| 기말재료재고액 | 150,000,000 | |
| 노무비 | | 140,000,000 |
| 제조경비 | | 162,000,000 |
| 감가상각비 | 100,000,000 | |
| 보험료 | 12,000,000 | |
| 수선유지비 | 50,000,000 | |
| 당기총제조원가 | | 617,000,000 |
| 기초재공품재고액 | | 200,000,000 |
| 합계 | | 817,000,000 |
| 기말재공품재고액 | | 47,000,000 |
| 당기제품제조원가 | | 770,000,000 |

6-2. 손익계산서

손익계산서 (단위: ₩)

| | | |
|---|---|---|
| 매출액 | | 400,000,000 |
| 매출원가 | | 320,000,000 |
| 기초제품재고액 | 50,000,000 | |
| 당기제품제조원가 | 770,000,000 | |
| 계 | 820,000,000 | |
| 기말제품재고액 | 500,000,000 | |
| 매출총이익 | | 80,000,000 |
| 판매비와 관리비 | | 60,000,000 |
| 변동판관비 | 60,000,000 | |
| 고정판관비 | – | |
| 영업이익 | | 20,000,000 |
| 법인세비용 | 6,000,000 | |
| 당기순이익 | | 14,000,000 |

제 7 장

# 판매 및 관리활동의 회계처리

1. 판매활동
2. 사업관리활동

# 1 판매활동

제조기업의 경우 완성된 제품의 판매활동이 이루어지고, 제품을 구매하여 판매하는 유통기업의 경우 상품에 대한 판매활동을 하게 된다. 제품이나 상품이 판매가 될 경우에는 매출이라는 수익이 발생하고 이에 따른 판매된 제품이나 상품의 매출원가를 인식한다. 제품이나 판매활동의 수행에 따라서 수익과 비용의 발생은 물론 채권과 채무의 발생과 같은 자산, 부채의 증감변화가 발생한다.

## 1.1 판매수익 및 판매채권

제품이나 상품을 판매할 경우 매출액, 즉 수익이 발생하게 되고 이와 더불어 현금이나 매출채권과 같은 자산이 증가하게 된다. 기업에는 생산한 제품이나 구매한 상품이 판매가 되지 않고 재고로 창고에 남아 있으면 현금흐름이 막혀 경영에 어려움을 초래하게 된다. 모든 기업은 판매과정을 통하여 생산된 제품이나 상품을 판매하여 수익이 발생하고 현금으로 다시 회수되면서 기업이 유지되고 발전할 수 있다. 영업수익은 기업의 주된 영업활동에서 발생하는 수익으로, 상품매매업에서의 상품매출액, 운송업 등에서의 운임, 건설업에서의 공사대금, 창고업에서의 보관료 등을 말한다. 매출액이란 기업에서 영업활동을 통해 상품이나 제품을 판매하거나 혹은 용역을 제공하고 받은 대가를 말하며, 회계기간 동안 총매출액에서 매출환입액, 매출에누리액 및 매출할인액을 차감한 순매출액을 말한다.

매출한 상품에 경미한 불량이 있는 경우 일부에 대해 가격할인을 받고, 상품에 큰 결함이 있는 경우에는 매출한 상품을 반품인수 처리하게 된다. 상품을 외상으로 판매한 후 외상대금을 지급기한보다 조기에 수납한 경우 조기 납부에 대한 할인을 제공할 수 있다.

| **▌상품판매후 거래** | | | | | |
|---|---|---|---|---|---|
| 상품 판매시 | 차) 현금(매출채권) | ×××× | 대) 매출 | ×××× |
| 상품 하자시 | 차) 매출에누리 및 환입 | ×××× | 대) 매출채권 | ×××× |
| 상품 반품시 | 차) 매출에누리 및 환입 | ×××× | 대) 매출채권 | ×××× |
| 외상조기수납 | 차) 현금<br>매출할인 | ××××<br>×××× | 대) 매출채권 | ×××× |

이처럼 상품의 판매 후에 발생하는 여러 가지 거래사항에 대해서 정확한 정보를 파악하여 효율적으로 재고자산을 관리할 수 있도록 해당거래 내용을 기록하여야 한다. 판매한 상품에 대해 일부 가격할인은 매출에누리, 불량품이 반품된 경우에는 매출환입, 외상대금을 조기에 상환받은 경우에는 할인을 제공하여 매출할인으로 처리하게 된다. 기업매출액은 상품판매가격에 판매수량을 곱하여 결정되며, 매출액의 증대를 위해 기업이 취할 수 있는 방법은 영업을 통해 판매수량을 확대하거나 가격을 할인하여 판매수량을 확대하는 방법 또는 판매가격과 판매수량을 동시에 증대시키는 방법 등이 있다.

### 예제 7-1

다음은 더나은미래㈜의 매출관련 정보이다.

(단위: 천원)

| | | | | | |
|---|---|---|---|---|---|
| 매출액 | ₩10,000,000 | 당기매입액 | ₩7,000,000 | 판매관리비 | ₩100,000 |
| 기초상품재고액 | ₩2,000,000 | 기말상품재고액 | ₩2,500,000 | 영업직급여 | ₩300,000 |
| 시장조사비 | ₩20,000 | 광고선전비 | ₩20,000 | 판매수수료 | ₩200,000 |
| 매출할인 | ₩500,000 | 매출에누리 및 환입 | ₩550,000 | 대손상각비 | ₩10,000 |

(1) 상품 매출원가는 얼마인지 답하세요.

기초재고액 + 당기매입액 − 기말재고액 = 6,500,000

(2) 상품 매출총이익은 얼마인지 답하세요.

8,950,000 − 6,500,000 = 2,450,000

*순매출액 = 10,000,000 − 500,000 − 550,000 = 8,950,000

(3) 영업이익은 얼마인지 답하세요.

2,450,000 − (20,000 + 20,000 + 200,000 + 100,000 + 10,000 + 300,000)
= 1,800,000

---

그러나 판매실적 증대를 통해 매출액을 증대시키더라도 매출총이익이 감소한다면 매출액 증대는 의미가 있다고 할 수 없다. 매출총이익을 증대시킬 수 있는 매출액 증대방안을 함께 생각해서 판매전략을 구사해야 할 것이다.

### ■ 매출채권

제품이 판매되면 현금이 유입되거나 외상매출금이나 받을어음과 같은 채권이 발생하게 된다. 외상매출금은 거래상대방을 믿고 외상으로 거래할 경우에 발생하고, 받을어음은 거래상대방으로부터 약속어음을 받고 상품을 판매할 경우에 발생한다. 이처럼 외상매출금이나 받을어음을 포괄하여 재무상태표에는 매출채권이라고 표시된다. 기업은 수많은 기업과 거래를 하면서 거래상대방의 부도 등 경영악화로 인하여 회수가 불가능한 매출채권이 발생하는 경우가 있으며 특히 경기불황이 지속될 경우 각 기업은 유동성 부족으로 인한 도산의 위험에 노출된다. 기업의 경영자는 매년 회계결산시 매출채권의 회수가능성과 회수불능한 매출채권을 구분하여 회수불능할 것으로 예상되는 매출채권은 비용으로 반영하여 당기 경영성과를 가능한 한 정확하게 표시해야 할 책임이 있다.

### ■ 대손충당금 설정

기업은 회계결산시점에 매출채권에 대하여 과거 대손상각률 등을 고려하여 대손충당금을 설정한다. 대손충당금이란, 회수가 불확실한 외상매출금, 받을어음 등의 매출채권에 대하여 산출한 대손추산액에 대해 설정하는 충당금으로서 매출채권 등의 차감항목으로 표시한다. 전기말 대손충담금 잔액이 있는 경우 당기말에 추정한 대손충당금과 전기말 대손충당금 잔액과의 차액을 대손상각비용으로 인식한다. 매출채권의 대손추정방법은 발생한 매출채권의 기말잔액의 일정비율을 대손으로 추정하는 매출채권잔액비율법, 매출채권 발생시점에서 경과일수에 따라 대손상각비율을 차등 적용하는 연령분석법 등이 있으나 일반적으로 실무에서는 매출채권잔액비율법을 많이 활용하고 있다. 상거래에서 발생한 매출채권에 대한 대손상각비는 판매비와 관리비로 기재하고 기타채권에서 발생한 것은 영업외비용으로 기재한다. 대손충당금은 대손상각비의 상대계정으로 대손설정액을 누계로 표시하며 재무상태표에는 매출채권에 대해 차감하는 형식으로 표시한다.

### 예제 7-2

다음은 202×년 1월 1일 더나은미래㈜의 부분재무상태표이다.

| | |
|---|---|
| 매출채권 | ₩10,000,000 |
| 대손충당금 | (₩300,000) |
| 매출채권(순액) | ₩9,700,000 |

더나은미래㈜의 12월 말 매출채권이 ₩15,000,000이고 이 중 3%가 회수불능일 것으로 추정한다. 다음의 물음에 답하세요.

(1) 매출채권에 대한 대손추정액을 계산하세요.

15,000,000×3%=450,000

(2) 대손충당금을 설정하기 위한 분개를 하세요

기말 대손추정액－기초 대손충당금=150,000

| | | | |
|---|---|---|---|
| (차) 대손상각비 | 150,000 | (대) 대손충당금 | 150,000 |

(3) 익년도 2월 15일에 파산으로 외상매출금 ₩100,000이 회수불능하게 되어 손상이 발생하였다.

| | | | |
|---|---|---|---|
| (차) 대손충당금 | 100,000 | (대) 외상매출금 | 100,000 |

(4) 거래처 파산으로 대손상각 처리한 부실채권 ₩100,000이 다시 회수되었다.

| | | | |
|---|---|---|---|
| (차) 매출채권 | 100,000 | (대) 대손충당금 | 100,000 |
| (차) 현금 | 100,000 | (대) 매출채권 | 100,000 |

## 1.2 매출원가와 판매비용

판매비용이란 기업이 일정기간 동안에 제품 또는 서비스를 판매하기 위하여 소비한 자원을 말하며, 기업의 주된 영업활동에서 발생하는 영업비용은 영업수익을 얻기 위하여 희생된 경제적 가치로서 매출원가와 판매관리비 등이 포함된다. 매출원가는 상품판매기업의 경우에는 상품 판매를 통한 수익액에 대응하여 발생한 판매상품의 취득원가를 의미하고 제조기업에서는 판매된 제품의 제조원가를 의미한다.

매출원가 = 기초상품재고액 + 당기순매입액 − 기말상품재고액
당기순매입액 = 총매입액 − (매입에누리 + 매입환출액 + 매입할인액)

판매비용은 상품과 용역의 판매활동에서 발생한 비용을 말하고, 상품이나 용역의 판매와 관련하여 직·간접적으로 발생하는 비용으로서 매출원가에 속하지 않는 영업비용으로 판매비가 있다. 이는 상품에 대한 마케팅과 판매활동을 수행하는 마케팅 및 판매부서에서 발생하는 비용이다. 이와 유사하게 회사 전체적인 조직 및 사업운영에 따른 관리와 유지를 위하여 지출되는 비용이 관리비이다. 판매비는 매출액의 증감에 비례하는 변동비 성격을 갖는 반면에, 관리비는 주로 고정비의 성격을 갖는 경우가 많으며, 경영관리목적으로 이를 구분하여 처리할 수도 있지만 그 구분이 쉽지 않고 실익도 적기 때문에 손익계산서에는 판매비와 관리비로 통합하여 표시하는 경우도 있다.

**표 7-1** 판매비용

| 구 분 | 세부내용 |
|---|---|
| 시장조사비 | 상품과 브랜드 선호도, 만족도 등에 대한 조사분석 비용 |
| 광고선전비 | 상품과 브랜드 등에 대한 온라인과 오프라인 매체 광고비 |
| 판매수수료 | 판매점이나 판매직원에 대한 판매실적에 따른 인센티브 |
| 판매촉진비 | 판매점에서 상품판매시점에 판매촉진을 위해 지출하는 비용 |
| 대손상각비 | 매출채권 중 회수불능채권에 대한 상각 비용 |
| 영업직 급여 | 영업직원에 대한 급여 및 수당, 성과급 |

# 2 사업관리활동

기업의 사업관리활동이란 기업의 제품생산, 판매 등의 본원적 활동을 지원 관리하는 활동을 의미한다. 이러한 경영지원활동은 주로 조직 내에서 스탭에 의해 이루어지는 활동이라 할 수 있다.

## 2.1 사업관리활동과 관리비용

사업관리비용은 기업의 전체입장에서 조직 및 사업 운영관리를 위하여 발생하는 비용이다. 기업은 이익창출 등을 위한 목적을 가진 사람들이 모인 조직으로, 조직의 운영과 조직구성원이 맡은 역할에 따른 활동에 여러 가지 비용이 발생한다. 기업이 제품이나 서비스를 생산하고 판매하여 이익을 창출하는 본원적인 활동인 제품의 생산과 마케팅 및 판매활동 이외의 모든 활동은 생산과 판매를 위한 지원·관리활동이라 할 수 있을 것이다. 이러한 지원·관리활동에 지출되는 비용을 사업관리비용 혹은 경영관리비용이라 할 수 있다. 다른 측면에서

**표 7-2** 사업관리비용

| 구 분 | 세부내용 |
|---|---|
| 소모품비 | 컴퓨터, 복사기, 프린터 등의 비품과 복사지, 문구류, 토너 등의 소모품 비용 |
| 도서인쇄비 | 인쇄비, 신문구독료, 도서구입비 등을 말한다. |
| 교통통신비 | 업무 수행을 위해 외부 출장 시 지급된 여비와 교통비 발생액 |
| 통신료 | 업무용 전화료, 인터넷 사용료, 전파사용료 등 |
| 제세공과금 | 공과금 및 세금 납부에 사용된 지출 |
| 교육훈련비 | 직원에 대한 법정교육 참가비 및 직무향상 교육 등에 소요되는 비용 |
| 차량유지비 | 차량의 연료비, 수리비, 보험료 등 |
| 지급수수료 | 회계감사비, 변호사/법무사/노무사 수임료 등 전문가의 자문비용, 전산 프로그램 사용료 |
| 시설유지비 | 공동으로 이용하는 시설의 보수유지비 및 제반 검사비 |
| 수도광열비 | 모든 형태의 난방비, 전력비, 수도료 |
| 보험료 | 건물, 차량 등의 보험가입소요비용 |

는 회사의 유한한 자원과 프로세스를 유지하고 관리하기 위해 지출되는 비용을 관리비라고 할 수 있다.

## 2.2 영업외 활동과 영업외 손익

기업의 영업외 손익은 영업활동을 제외한 투자활동이나 재무활동에서 발생하는 수익과 비용을 의미한다. 디지털 융복합과 지능화 기술 등에 의한 산업구조의 혁신과 개편으로 산업간 경계가 모호해지고 있어서 기업은 본연의 사업 이외에 핵심역량을 기반으로 융복합 산업개편에 맞추어 다각적인 전략적 제휴와 투자가 요구되는 경영환경에 속해 있다. 투자 및 재무활동을 통하여 영업손익의 창출도 중요한 경영전략의 수단이 될 수 있고 이로 인하여 발생한 영업외 손익은 기업가치 제고에 기여할 수 있다. 기업의 주된 영업활동은 아니지만 투

**표 7-3** 영업외 수익

| 구 분 | 세부내용 |
|---|---|
| 이자수익 | 금융업 이외의 제조업 등을 영위하는 회사가 유휴자금을 은행 등에 예치함으로 인해 얻는 이익 |
| 투자자산처분이익 | 기업이 영업과 관계 없이 투자목적으로 보유하고 있던 자산의 처분에서 발생하는 이익 |
| 유형자산처분이익 | 건물, 기계장치 등 유형자산 매각에 따른 이익 |
| 당기손익-공정가치측정 금융자산 평가이익 | 기업이 여유자금을 단기보유 목적으로 상장주식 등에 투자하는 경우, 결산 시에 시가로 평가하고 장부가액과의 차액을 평가이익이라 한다. |
| 당기손익-공장가치측정 금융자산 처분이익 | 기업이 단기보유 목적으로 상장주식 등에 투자한 금융자산의 처분에 따른 이익을 처분이익이라 한다. |
| 외환이익 | 기중에 외환결제가 이루어진 경우에 최초 채권/채무의 발생시점과 결제시점 간의 환율차이를 외환차익이라 한다. |
| 지분법손익 | 기업이 보유하고 있는 유가증권 중 지분법적용대상인 유가증권에 대하여 지분법을 적용하면서 발생한 손익 |
| 외화환산이익 | 결산기까지 외화결제가 이루어지지 않고, 기말 시점에 외화채권/채무로 남아 있는 경우 기말 환율과 발생 당시 환율과의 차이 금액 |

자활동이나 재무활동에서 발생하는 수익이나 비용도 기업의 당기순이익과 기업가치에 미치는 영향이 클 수 있기 때문에 기업의 경영전략차원에서 접근해야 할 것이다. 투자 및 재무활동에서 발생할 수 있는 수익을 살펴본다(〈표 7-3〉 참조).

영업외 활동을 통해서 발생하는 영업외 비용은 투자활동이나 재무활동 등에서 발생한다. 기업의 주된 영업활동 이외의 활동에서 발생하는 비용으로 항상 차변에 표시된다.

**표 7-4** 영업외 비용

| 구 분 | 세부내용 |
|---|---|
| 이자비용 | 은행 등에 자금을 차입하고 지급한 이자 |
| 유형자산처분손실 | 건물, 기계장치 등 유형자산 매각에 따른 손실 |
| 기부금 | 기업이 영업과 관계 없이 국가나 사회봉사단체에 무상으로 제공한 현금이나 물품 |
| 당기손익-공정가치측정 금융자산 평가손실 | 기업이 여유자금을 단기보유 목적으로 상장주식 등에 투자하는 경우, 결산 시에 시가로 평가하고 장부가액과의 차액을 평가손실이라 한다. |
| 당기손익-공정가치측정 금융자산 처분손실 | 기업이 단기보유 목적으로 상장주식 등에 투자한 금융자산의 경우 처분에 따른 손실을 처분손실이라 한다. |
| 외환차손 | 기중에 외환결제가 이루어진 경우에 최초 채권/채무의 발생시점과 결제시점 간의 환율차이를 외환차손이라 한다. |
| 지분법손실 | 기업이 보유하고 있는 유가증권 중 지분법적용대상인 유가증권에 대하여 지분법을 적용하면서 발생한 손익 |
| 외화환산손실 | 결산기까지 외화결제가 이루어지지 않고, 기말 시점에 외화채권/채무로 남아 있는 경우 기말 환율과 발생 당시 환율과의 차이 금액 |

## 2.3 조세공과금 신고/납부

■ **부가가치세**

사업자가 창출한 부가가치에 대하여 과세하는 세금으로 납세의 의무는 사업자에게 있지만 실질적 담세자는 최종소비자인 간접세이다. 부가가치세 납세대상은 일반과세자와 간이과세자로 구분할 수 있으며, 면세사업자는 부가가치세 납세의무가 없다. 간이과세자는 직전연도 공급대가의 합계액이 8,000만원 미만인 사업자로서 간편한 절차로 부가가치세를 신고·납부하는 개인사업자를 말한다.

**표 7-5** 부가가치세

| 과세기간 | 과세대상기간 | | 신고납부기간 | 신고대상자 |
|---|---|---|---|---|
| 제1기<br>1.1~6.30 | 예정신고 | 1.1~3.31 | 4.1~4.25 | 법인사업자 |
| | 확정신고 | 4.1~6.30 | 7.1~7.25 | 법인/개인사업자 |
| 제2기<br>7.1~12.31 | 예정신고 | 7.1~9.30 | 10.11~10.25 | 법인사업자 |
| | 확정신고 | 10.1~12.31 | 익년 1.1~1.25 | 법인/개인사업자 |

각 과세대상기간의 종료일로부터 25일 이내에 부가가치세 신고와 납부가 이루어져야 한다. 부가가치세법에서는 사업장을 기준으로 과세를 하고 있으며 사업장의 소재지를 납세지로 하고 있다. 사업자가 동일하여도 사업장별로 사업자 등록 및 부가가치세법상의 각종 의무를 이행하여야 한다.

### ■ 법인세

국내에 본점이나 주사무소를 둔 법인, 즉 내국법인은 국내외에서 발생한 모든 소득에 대한 세금을 납부해야 한다. 외국법인은 국내에서 발생한 소득에 대해서만 법인세 납부의무를 진다. 여기서 말하는 소득은 법인의 소득이다. 기업의 대표이사라도 개인의 소득은 종합소득세로 납부하게 되며 기업에서 벌어들인 소득에 대해서만 법인세를 납부한다. 회계기간이 1월 1일~12월 31일인 경우 3월 31일까지가 법인세 신고, 납부기간이다.

만약 법인세 납부시 세부담을 분산하고 싶다면 법인세 중간예납제도를 이용할 수 있다. 개시일부터 6개월 동안을 중간예납기간으로 보아 중간예납기간이 지난 날부터 2개월 안에 신고 및 납부해야 한다.

**표 7-6** 법인세

| 구분 | 법정신고기한 | 제출서류 |
|---|---|---|
| 12월 결산법인 | 3월 31일 | (1) 법인과세표준 및 세액신고서 |
| 3월 결산법인 | 6월 30일 | (2) 재무상태표/손익계산서/현금흐름표 |
| 6월 결산법인 | 9월 30일 | (3) 이익잉여금처분계산서 |
| 9월 결산법인 | 12월 31일 | (4) 세무조정계산서 및 부속서류 |

## 확 · 인 · 문 · 제

※ 각 문항의 설명 중 옳은 것에는 T, 틀린 것에는 F를 하시오.

1. 매출액은 회계기간 동안 총매출액에서 매출에누리와 환입, 매입할인을 차감한 순매출액을 의미한다. (　　　)

2. 대금지급조건이 2/10, n/30이라 하면, 총신용기간이 30일이며, 2일 이내에 대금을 지급하면 10%의 할인혜택이 있음을 의미한다. (　　　)

3. 판매자가 판매한 상품의 운임을 부담하면, 판매자의 손익계산서상에 판매비로 처리한다. (　　　)

4. 상품매매회사의 판매가능액은 상품의 기초재고액과 당기매입액을 합한 금액이며, 기말 현재 모든 상품이 판매되었다면 매출원가는 판매가능액과 일치할 것이다. (　　　)

5. 어떤 기업이 ₩500,000의 상품을 2/10, n/60 조건으로 외상으로 판매하였다면 판매시점의 매출액은 ₩500,000으로 표시된다. (　　　)

6. 판매비나 관리비는 매출총이익 계산에 영향을 미치지 않으나 영업이익에는 영향을 미친다. (　　　)

7. 영업외손익은 투자활동이나 재무활동에서 발생하는 수익과 비용으로 당기손익-공정가치측정 금융자산 평가손익은 이에 해당하지 않는다. (　　　)

8. 외상매출금과 받을어음 등의 매출채권계정은 기업의 일상적인 판매활동에 의해 발생한다. (　　　)

9. 매출채권에는 외상매출금과 받을어음이 있으며, 매입채무에는 외상매입금과 지급어음이 있다. (　　　)

**10.** 매출채권은 발생 당시에는 교환가격으로 기록되나, 기말시점에 미회수된 매출채권에 대해 대손충당금을 고려하지 않는다. (　　)

**11.** 생산과 판매활동 이외의 모든 활동은 생산·판매활동을 지원·관리하는 활동인데 그 비용은 판매관리비로 처리한다. (　　)

**12.** 대손충당금 잔액을 초과하여 대손이 확정되면 초과액은 대손상각비를 인식한다. (　　)

**13.** 기업의 매출채권에서 발생할 것으로 예상되는 대손가능금액을 추정하여 대수상각비와 대손충당금으로 처리하고 대손충당금은 재무상태표의 매출채권에서 차감되는 형식으로 표시한다. (　　)

**14.** 전기말 대손충담금 잔액이 있는 경우 당기 설정 대손충당금은 전기말 대손충당금 잔액과 무관하게 대손추정액만큼 대손상각비를 인식한다. (　　)

**15.** 사업자가 창출한 부가가치에 대하여 과세하는 부가가치세의 납세의무는 사업자에게 있지만 실질적 담세자는 최종소비자인 직접세이다. (　　)

---

**해답** 1. F 2. F 3. T 4. T 5. T 6. T 7. F 8. T 9. T 10. F 11. F 12. T 13. T 14. F 15. F

## 실·습·문·제

1. 더나은미래㈜는 실지재고조사법을 적용하고 있으며 수정전시산표와 기말수정사항은 다음과 같다.

(1) 수정전시산표

수정전 잔액시산표

202×년 6월 30일 현재 (단위: 천원)

| 계정과목 | 차변 | 대변 | 비 고 |
|---|---|---|---|
| 현금 | 56,400 | | |
| 매출채권 | 26,000 | | |
| 재고자산 | 5,000 | | |
| 소모품 | 1,500 | | |
| 사무용기기 | 2,000 | | |
| 차량운반구 | 20,000 | | |
| 미지급금 | | 5,000 | |
| 대손충당금 | | 500 | |
| 차입금 | | 35,000 | |
| 자본금 | | 50,000 | |
| 매출 | | 55,000 | |
| 매입 | 30,000 | | |
| 급여 | 2,000 | | |
| 보험료 | 2,400 | | |
| 통신비 | 200 | | |
| 합계 | 145,500 | 145,500 | |

(2) 결산수정사항

① 상품의 실지재고조사를 한 결과 상품재고액이 ₩9,000,000이다.

② 매출채권에 대하여 5%의 대손충당금을 설정하다.

③ 소모품 사용액은 ₩500,000이다.

④ 차량운반구의 장부금액의 10%를 감가상각비로 한다.

⑤ 매출에누리 및 환입 ₩5,000,000, 매출할인 ₩1,000,000이 있음.

⑥ 매입에누리 및 환출 ₩3,000,000, 매입할인 ₩1,000,000이 있음.

⑦ 전기에 발생한 통신비 ₩500,000원을 현금으로 지급한 것으로 회계처리하였으나, 실제로 현금으로 지급한 금액은 ₩200,000인 것으로 확인되었다.

1-1. 순매출액과 순매입액을 구하세요.
1-2. 대손상각비와 대손충당금은 얼마인가요.
1-3. 포괄손익계산서와 재무상태표를 작성하세요.

**2.** 더나은미래㈜의 부분재무상태표와 거래정보는 다음과 같다. 물음에 답하세요.

부분재무상태표

202×년 1월 1일 현재 (단위: 천원)

| | |
|---|---|
| 유동자산 | |
| 현금 | ₩70,000 |
| 매출채권 | ₩20,000 |
| 대손충당금 | (₩600) |
| 재고자산 | ₩25,000 |
| 선급비용 | ₩12,000 |
| 유동자산 총계 | ₩126,400 |

202×년 1월 20일 거래처 대우㈜의 파산으로 외상대금 ₩9,400,000을 받을 수 없게 되었다.

202×년 3월 15일 한보㈜의 파산으로 외상대금 ₩5,000,000을 대손처리하였다.

대우㈜의 파산으로 인해 상각처리한 외상대금 중 ₩5,000,000이 다시 회수되어 현금으로 입금되었다.

202×년 12월 31일 매출채권 잔액 ₩5,600,000 중 3%를 대손추정하였다.

2-1. 위 거래내용을 분개하고 대손충당금 설정 관련 사항을 전기하세요.
2-2. 202×년 12월 31일 기준으로 부분재무상태표와 부분손익계산서에 매출채권과 대손충당금, 대손상각비를 표시하세요.

**3.** 더나은미래㈜의 202×년 말의 계정잔액 정보 및 거래내역이다. 아래 물음에 답하세요.

(단위: 천원)

| | | | |
|---|---|---|---|
| 매출채권 | ₩30,000 | 매출 | ₩100,000 |
| 매출원가 | ₩65,000 | 급여 | ₩10,000 |
| 광고선전비 | ₩5,000 | 임차료 | ₩12,000 |
| 차입금 | ₩25,000 | 이자비용 | ₩2,400 |
| 보험료 | ₩600 | | |

① 매출채권의 2%를 대손충당금으로 설정한다. (기초 대손충당금 잔액 ₩300,000)
② 보험료 미지급분이 ₩1,000,000 있다.
③ 정보통신요금 ₩5,000,000이 누락되었으며, 미지급상태이다.

3-1. 상품매출총이익은 얼마입니까?
3-2. 추가거래정보에 대하여 분개해보세요.
3-3. 영업이익은 얼마입니까?

**4.** 더나은미래㈜의 202×년 10월 1일 각 계정의 기초잔액이다.

| | | | |
|---|---|---|---|
| 현금 | ₩1,000,000 | 매입채무 | ₩400,000 |
| 매출채권 | ₩500,000 | 자본금 | ₩2,500,000 |
| 재고자산 | ₩1,900,000 | 이익잉여금 | ₩1,100,000 |
| 소모품 | ₩100,000 | | |
| 선급보험료 | ₩500,000 | | |

202×년 10월에 발생한 거래는 다음과 같다.
① 10월 5일 지엔스타에 상품을 ₩2,500,000에 판매하고 대금은 외상으로 하였다.
② 10월 10일 영업직 직원에게 판매수당 ₩200,000을 현금으로 지급하였다.
③ 10월 15일 우수상생㈜로부터 상품을 ₩2,000,000에 매입하고 대금은 외상으로 하였다.
④ 10월 18일 매입채무 ₩1,000,000을 현금으로 지급하였다.
⑤ 10월 20일 ₩1,000,000의 상품을 ₩1,500,000에 판매하고 대금은 1개월 후에 받기로 하였다.
⑥ 10월 25일 매출채권 ₩1,500,000을 현금으로 회수하였다.
⑦ 10월 28일 종업원 급여 ₩1,000,000을 현금으로 지급하였다.
⑧ 10월 30일 우수상생㈜로부터 상품을 ₩1,000,000에 매입하고 대금은 1개월 후에 지급하기로 하였다.
⑨ 매출채권의 3%를 대손충당금으로 설정한다.
⑩ 소모품비 ₩100,000에 대한 회계처리가 누락되었다.
⑪ 월말상품재고액은 ₩2,500,000이다.

4-1. 위의 거래를 분개하세요. (매출과 매입에 대해서는 실지재고조사법 적용)
4-2. 매출원가를 산출하세요.

4-3. 영업이익은 얼마입니까?

**5.** 더나은미래㈜의 상품매매에 관한 계정 잔액이 T계정에 표시되어 있다. (실지재고조사법 적용)

재고자산

| 차변 | | 대변 | |
|---|---|---|---|
| 전기이월 | 500,000 | | |
| 현금 | 2,000,000 | | |
| 매입채무 | 1,000,000 | | |

매출

| 차변 | | 대변 | |
|---|---|---|---|
| | | 현금 | 4,000,000 |
| | | 매출채권 | 2,400,000 |

추가정보는 아래와 같다. (단, 기존의 매입과 매출거래는 모두 외상거래이다.)

① 상품 판매 후 결함이 발견되어 ₩500,000을 반품 받았다.

② 매입한 상품 중 경미한 결함이 있어서 ₩200,000을 에누리 받았다.

③ 상품 판매를 위한 광고선전비 ₩300,000, 판매촉진비 ₩500,000, 판매사원 인센티브 ₩1,000,000을 지급하였다.

④ 매출채권의 3%를 대손충당금으로 설정하였다.

⑤ 기말재고상품은 ₩700,000이다.

5-1. 매출원가와 매출총이익의 산출과정을 분개하고 전기하세요.

5-2. 영업이익은 얼마인가요?

## ❙ 실습문제 풀이

1. 1–1. 순매출액 및 순매입액

순매출액 = 매출액 55,000,000 − 매출에누리 및 환입 5,000,000 − 매출할인 1,000,000
= 49,000,000

순매입액 = 매입액 30,000,000 − 매입에누리 및 환출 3,000,000 − 매입할인 1,000,000
= 26,000,000

1–2. 대손상각비 및 대손충당금

기말 대손충당금 = 매출채권 26,000,000 × 5% = 1,300,000

대손상각비 = 1,300,000 − 기초 대손충당금 500,000 = 800,000

1–3. 포괄손익계산서 및 재무상태표

포괄손익계산서 (단위: 천원)

| | | | |
|---|---|---|---|
| 매출원가* | 22,000 | 매출 | 49,000 |
| 급여 | 2,000 | | |
| 보험료 | 2,400 | | |
| 통신비 | 200 | | |
| 대손상각비 | 800 | | |
| 소모품비 | 500 | | |
| 감가상각비 | 2,000 | | |
| 당기순이익 | 19,100 | | |
| 비용과 순손익 총계 | 49,000 | 수익 총계 | 49,000 |

*매출원가 22,000 = 기초재고 5,000 + 당기매입 26,000 − 기말재고 9,000

재무상태표 (단위: 천원)

| | | | |
|---|---|---|---|
| 현금* | 54,700 | 미지급금 | 5,000 |
| 매출채권 | 26,000 | 미지급비용 | 300 |
| 대손충당금 | (1,300) | 차입금 | 35,000 |
| 재고자산 | 9,000 | 자본금 | 50,000 |
| 소모품 | 1,000 | 이익잉여금 | 19,100 |
| 사무용기기 | 2,000 | | |
| 차량운반구 | 20,000 | | |
| 감가상각누계액 | (2,000) | | |
| 자산총계 | 109,400 | 부채 및 자본 총계 | 109,400 |

*현금 54,700 = 56,400 − 6,000 + 4,000 + 300

**2.** 2-1. 분개 및 전기

| | | | | | |
|---|---|---|---|---|---|
| 1월 20일: | 차) 대손충당금 | 600,000 | 대) 매출채권 | 9,400,000 |
| | 대손상각비 | 8,800,000 | | |
| 3월 15일: | 차) 대손상각비 | 5,000,000 | 대) 매출채권 | 5,000,000 |
| | 차) 현금 | 5,000,000 | 대) 대손충당금 | 5,000,000 |
| 12월 31일: | 차) 대손충당금 | 4,832,000 | 대) 대손상각비* | 4,832,000 |

*4,832,000 = 5,000,000 − 5,600,000 × 3%

**대손상각비**

| 차변 | | 대변 | |
|---|---|---|---|
| 매출채권 | 8,800,000 | 대손충당금 | 4,832,000 |
| 매출채권 | 5,000,000 | | |

**대손충당금**

| 차변 | | 대변 | |
|---|---|---|---|
| 매출채권 | 600,000 | 전기이월 | 600,000 |
| 대손상각비 | 4,832,000 | 현금 | 5,000,000 |

2-2. 매출채권, 대손충당금, 대손상각비의 표시

**부분재무상태표**

202×년 1월 1일 (단위: 천원)

| | |
|---|---|
| 유동자산 | |
| 현금 | 75,000 |
| 매출채권 | 5,600 |
| 대손충당금 | (168) |
| 재고자산 | 25,000 |
| 선급비용 | 12,000 |
| 유동자산 총계 | 117,432 |

**부분손익계산서**

202×년 12월 31일 (단위: 천원)

| | | | |
|---|---|---|---|
| 대손상각비 | 13,800 | 대손상각비환입 | 4,832 |

**3.** 3-1. 매출총이익

매출총이익 = 매출액 100,000,000 − 매출원가 65,000,000 = 35,000,000

3-2. 분개

| | | | |
|---|---|---|---|
| 차) 대손상각비 | 300,000 | 대) 대손충당금 | 300,000 |
| 차) 현금 | 1,000,000 | 대) 미지급비용 | 1,000,000 |
| 차) 통신비 | 5,000,000 | 대) 미지급비용 | 5,000,000 |

3-3. 영업이익

매출총이익: 35,000,000

영업비용: 급여 10,000,000＋임차료 12,000,000＋광고선전비 5,000,000＋
보험료 600,000＋대손상각비 300,000＋통신비 5,000,000＝32,900,000

영업외비용: 이자비용 2,400,000

*영업이익＝35,000,000－32,900,000＝2,100,000

**4.** 4-1. 분개

| | | | | |
|---|---|---|---|---|
| 10월 5일: | 차) 매출채권 | 2,500,000 | 대) 매출 | 2,500,000 |
| 10월 10일: | 차) 판매관리비 | 200,000 | 대) 현금 | 200,000 |
| 10월 15일: | 차) 재고자산 | 2,000,000 | 대) 매입채무 | 2,000,000 |
| 10월 18일: | 차) 매입채무 | 1,000,000 | 대) 현금 | 1,000,000 |
| 10월 20일: | 차) 매출채권 | 1,500,000 | 대) 매출 | 1,500,000 |
| 10월 25일: | 차) 현금 | 1,500,000 | 대) 매출채권 | 1,500,000 |
| 10월 28일: | 차) 급여 | 1,000,000 | 대) 현금 | 1,000,000 |
| 10월 30일: | 차) 재고자산 | 1,000,000 | 대) 매입채무 | 1,000,000 |
| 12월 31일: | 차) 대손상각비 | 90,000 | 대) 대손충당금 | 90,000 |
| | 차) 소모품비 | 100,000 | 대) 소모품 | 100,000 |

4-2. 매출원가

매출원가 2,400,000＝기초재고자산 1,900,000＋당기매입 3,000,000－
기말재고액 2,500,000

4-3. 영업이익

영업이익 210,000＝매출액 4,000,000－매출원가 2,400,000－급여 1,000,000－
판매관리비 200,000－소모품비 100,000－대손상각비 90,000

**5.** 5-1. 분개 및 전기

① 차) 매출에누리 및 환입 500,000 대) 매출채권 500,000

② 차) 매입채무 200,000 대) 매입에누리 및 환출 200,000
③ 차) 판매관리비 1,800,000 대) 현금 1,800,000
④ 차) 대손상각비* 57,000 대) 대손충당금 57,000

*대손상각비 57,000 = (2,400,000 − 500,000) × 3%

재고자산

| 전기이월 | 500,000 | 매출원가 | 2,600,000 |
|---|---|---|---|
| 현금 | 2,000,000 | 매입에누리 | 200,000 |
| 매입채무 | 1,000,000 | 및 환출 | |

매출

| 매출에누리 | 500,000 | 현금 | 4,000,000 |
|---|---|---|---|
| 및 환입 | | 매출채권 | 2,400,000 |

*매출원가 2,600,000 = 500,000 + 2,800,000 − 700,000

매출원가

| 재고자산 | 500,000 | 재고자산 | 700,000 |
|---|---|---|---|
| 매입 | 2,800,000 | | |

5-1. 영업이익

영업이익 1,443,000 = 매출총이익 3,300,000 − 판매관리비 1,800,000 − 대손상각비 57,000

# 제 8 장

# 투자활동의 회계처리

1. 유형자산의 취득과 처분
2. 무형자산의 취득과 처분
3. 금융자산의 취득과 처분

# 1 유형자산의 취득과 처분

비유동자산은 1년 이상의 장기간 보유하고 있는 자산으로 투자자산, 유형자산, 무형자산 등이 있다. 유형자산은 건물, 토지, 기계장치와 같이 형태가 있는 자산을 의미하고, 무형자산은 영업권, 특허권, 지적재산권, 소프트웨어 등과 같이 형태가 없는 자산을 의미한다.

## 1.1 유형자산의 취득

유형자산은 재화의 생산, 용역의 제공, 자체적 사용 등 영업활동에 사용하기 위한 목적으로 보유하며, 물리적 형태가 있고 회계기간을 초과하여 사용할 것이 예상되는 자산이다. 그 특징으로는 ① 물리적 실체가 있는 자산으로, 물리적 실체 없이 권리 등으로 표시되는 무형자산과 구별되고, ② 기업의 정상적인 영업활동과정에서 사용할 목적의 자산이며, ③ 한 회계기간을 초과하여 장기간 기업에 미래 경제적 효익을 가져다 주는 자산이고, ④ 자산으로부터 발생하는 미래 경제적 효익이 기업에 유입될 가능성이 높아야 하고 가치를 신뢰성 있게 측정할 수 있어야 한다. 유형자산은 토지, 건물, 기계장치, 선박, 항공기, 차량운반구, 집기, 사무용 비품, 건설중인 자산 등이다.

유형자산의 취득원가는 구입가격, 직접관련원가, 추정복구원가로 구성된다. 구입가격은 세금을 포함하고 매입할인은 차감하며 관련 자산을 가동하는 데 필요한 장소와 상태에 이르게 하는 데 직접 관련된 원가나 사용종료 후 환경보전을 위해 원상복구해야 할 경우 가산되는 추정복구원가의 현재가치가 포함된다.

유형자산의 취득 후에 유형자산에 대하여 지출하는 경우는 해당자산의 미래가치를 향상시키는 지출의 경우와 해당자산의 현상유지를 위한 지출의 경우 두 가지로 나눌 수 있다.

■ **자본적 지출**

해당 지출에 의해 개선된 자산으로부터 발생하는 미래의 경제적 효익이 기업에 유입될 가능성이 높고, 그 원가를 신뢰성 있게 측정할 수 있는 경우 자본화하여 해당 유형자산의 취득원가에 포함시킨다. 취득 후 발생하는 여러 가지 지출을 유형자산의 원가에 포함시키면 자산이 증가하게 되고, 감가상각비를 통해서 남은 내용연수 동안 비용으로 처리된다. 예를 들어, 건물의 리모델링 공사를 하는 경우에는 건물의 가치가 증대되므로 리모델링 공사비는 취득원가에 포함되고 매년 일정액을 감가상각비로 처리한다.

### ■ 수익적 지출

자본적 지출의 조건이 충족되지 않는 경우에는 지출 시점에 당기비용으로 처리하고 당해 손익계산에 포함된다. 예를 들어, 건물의 현상유지를 위하여 외벽 도색을 하는 경우에는 건물에 대한 수선유지비라는 비용으로 처리하고 당기손익에 반영한다.

#### 예제 8-1

더나은미래㈜는 20×1년 중 생산로봇설비를 ₩1,000,000,000에 구축하고 대금 중 관련된 부대비용으로 부가가치세 ₩100,000,000, 운송보험료 ₩10,000,000, 그리고 설치 및 시험비용 ₩50,000,000이 있다. 대금 중 ₩500,000,000은 현금으로 나머지는 외상으로 하였다.

(1) 20×1년 생산로봇시설의 취득원가는 얼마입니까?
취득에 소요된 모든 원가가 취득원가에 포함된다.
1,000,000,000 + 100,000,000 + 10,000,000 + 50,000,000 = ₩1,160,000,000

(2) 20×2년 3월 생산로봇설비의 고장으로 설비수리비용 ₩5,000,000을 지출하였다.

| (차) 수선비 | 5,000,000 | (대) 현금 | 5,000,000 |
|---|---|---|---|

(3) 20×2년 9월 생산로봇 소프트웨어 전 제품을 업그레이드하고 이와 관련된 하드웨어를 교체하였으며 그에 관한 비용으로 ₩200,000,000이 청구되었으나 아직 지급하지 않았다.

| (차) 생산로봇설비 | 200,000,000 | (대) 미지급비용 | 200,000,000 |
|---|---|---|---|

비상각유형자산인 토지를 제외한 유형자산은 정상적인 영업활동에 사용되면서 물리적 요인과 경제적 요인에 의해 미래 경제적 효익이 감소되므로 이에

대한 비용처리를 해야 한다.

## 1.2 유형자산 감가상각

유형자산의 감가상각은 취득 후 시간이 경과함에 따라서 진부화 등으로 인한 가치하락분을 상각하여 비용으로 처리하는 것을 말한다. 유형자산의 취득원가에서 사용기간 동안에 가치소모액을 비용으로 산정하여 자산의 장부가액을 감소시키는 것, 즉 유형자산의 가치 감소액을 자산의 사용기간 동안에 비용으로 배분해 나가는 과정이다. 이러한 효익의 감소분을 자산의 사용기간 동안에 비용으로 배분해 당기비용으로 처리하여 재무제표에 표시하게 된다.

감가상각비의 계산을 위해서는 유형자산의 취득원가, 내용연수, 잔존가액 3가지 요소에 대한 정보가 있어야 한다. 취득원가는 유형자산을 취득할 때의 구매가격과 부대비용을 합한 원가이고, 내용연수는 그 유형자산을 정상적으로 사용할 수 있는 기간으로 유형자산의 종류별로 내용연수가 상이하다. 잔존가액은 유형자산의 내용연수 경과 후 내재하고 있는 가치를 말한다

### ■ 유형자산의 감가상각

정액법은 자산의 내용연수에 걸쳐 매 기간 일정하게 감가상각비를 인식하여 비용처리하는 방법이다. 유형자산의 취득원가에서 잔존가액을 차감한 감가상각 대상 금액을 내용연수로 나누어 산출한다. 이 방법은 계산과정이 간편하다는 이점이 있으나 매년 일정한 금액을 감가상각함으로써 내용연수의 수익창출과 대응한 감가상각비 간에 연관성이 떨어진다는 문제가 있다.

$$\text{정액법에 의한 감가상각비} = \frac{(\text{취득원가} - \text{잔존가액})}{\text{내용연수}}$$

정률법은 유형자산의 장부가액에서 상각률을 곱하여 감가상각비를 산출하며 장부가액은 취득원가에서 감가상각누계액를 차감한 금액이다. 이러한 방법은 유형자산의 내용연수 동안 감가상각비가 매 기간 감소하는 방법이다. 초기

에 상대적으로 감가상각비가 크게 계상되고 나중으로 갈수록 감가상각비가 적게 계상된다. 즉, 상각률은 일정하지만 감가상각대상금액(기초장부금액)이 매년 감소하므로 감가상각비가 매년 감소한다.

> 정률법에 의한 연간감가상각비 = 유형자산의 장부가액 × 상각률
>
> $$상각률 = 1 - \sqrt[n]{\frac{잔존가액}{취득원가}}$$

### 예제 8-2

더나은미래㈜는 20×1년 1월 1일 로봇생산시스템을 ₩15,000,000,000에 구축하고 그 대금의 절반을 현금으로, 나머지는 외상으로 하였다. 설치비용 ₩20,000,000은 현금으로 지급하였다. 로봇생산시스템의 내용연수는 10년, 잔존가치는 ₩1,500,000,000으로 추정된다.

〈추가정보〉

① 정률법에 의한 상각률은 30%이다.

② 20×2년 3월 로봇생산시스템의 소프트웨어와 하드웨어에 대한 수선유지비용으로 ₩50,000,000을 지급하였다.

(1) 정액법과 정률법에 의하여 1년차, 2년차의 감가상각비를 산정하세요.

정액법: (15,000 + 20 − 1,500) / 10 = 1,352(백만원) → 매년 동일

정률법 1년차: (15,000 + 20) × 30% = 4,506(백만원)

정률법 2년차: (15,020 − 4,506) × 30% = 3,154.2(백만원)

(2) 추가정보 ②에 대하여 회계처리하세요.

(차) 수선유지비 50,000,000 (대) 현금 50,000,000

연수합계법은 자산의 내용연수를 나타내는 숫자의 합계를 분모로 하고 각 회계연도에 그 회계연도를 포함한 잔여내용연수를 분자로 하여 상각률을 산정한 후 감가상각기준액을 곱하여 계산하는 방법이다. 초기에 많은 감가상각비를 인식하고 기간이 지날수록 감가상각비를 적게 인식하는 이중체감법의 일종이

다. 감가상각대상금액(취득원가 – 잔존가액)은 일정하지만 상각률이 매년 감소하기 때문에 감가상각비가 매년 감소한다.

$$연간감가상각비 = (취득원가 - 잔존가액) \times \frac{잔여내용연수}{내용연수의\ 합계}$$

생산량비례법은 자산의 미래 경제적 효익의 감소가 시간의 경과에 따라 나타나는 것이 아니라 생산량 또는 사용량에 비례하여 나타난다는 것을 전제로 감가상각비를 인식하는 방법이다. 예를 들어, 차량의 경우에는 단순히 시간의 경과에 따라 자산의 가치가 감소되는 것이 아니라 주행거리에 비례하여 감소하는 것이다. 이때 감가상각대상금액에 당기생산량비율을 곱한 금액이 감가상각비로 계상된다. 생산량비례법을 적용할 경우 기간별 감가상각비는 실제 생산량이나 사용량에 따라 변화한다.

$$연간감가상각비 = (취득원가 - 잔존가액) \times \frac{당기생산량}{총예정생산량}$$

## 1.3 유형자산 재평가 및 처분

### ■ 자산의 재평가

유형자산은 원가모형과 재평가모형 중 한 가지 회계정책을 선택할 수 있다. 재평가모형이란 유형자산을 최초 인식한 후에 공정가치를 신뢰성 있게 측정할 수 있는 유형자산에 대하여 재평가일의 공정가치로 측정하는 것을 말한다.

재평가모형을 적용하여 평가증이 발생하는 경우에는 평가증된 부분을 재평가잉여금(기타포괄손익)으로 인식하며, 이후 평가증이 되면 다시 재평가잉여금으로, 그러나 이후에 평가감이 되는 경우에는 전에 인식했던 재평가잉여금을 우선 감소시키고 남은 초과액을 재평가손실(당기손익)로 인식한다.

## ▪ 유형자산의 처분

기업이 보유하고 있는 유형자산을 처분하는 경우는 여러 가지가 있다. 새로운 신규투자를 통하여 구형 설비를 대체하고 기존 설비는 매각, 처분하는 경우도 있으나 기업의 경영상황이 악화되어 외부로부터 자금 조달이 어려운 상황에 처한 경우 사업구조조정을 실행하면서 보유하고 있는 비유동자산을 처분하는 경우도 발생한다. 유형자산을 처분하는 경우 그동안 누적된 감가상각누계액도 함께 정리하면서 처분에 따른 손익이 발생한다.

### 예제 8-3

[예제 8-2]를 활용하여 만약 20×6년 12월 31일에 로봇생산시스템을 우수상생㈜에 ₩10,000,000,000에 매각하고 내금 설반을 현금으로 받고 나머지는 6개월 후에 받기로 한 경우 물음에 답하세요.

(1) 정액법일 경우

장부가액: 15,020 − 1,352 × 6 = 6,908(백만원)

| | | | | |
|---|---|---|---|---|
| (차) | 감가상각누계액 | 8,112,000,000 | (대) 로봇생산시스템 | 15,020,000,000 |
| | 현금 | 5,000,000,000 | 유형자산처분이익 | 3,092,000,000 |
| | 미수금 | 5,000,000,000 | | |

(2) 정률법일 경우

장부가액: $15,020 \times (1 - 30\%)^6 = 1,767.09$(백만원)

| | | | | |
|---|---|---|---|---|
| (차) | 감가상각누계액 | 13,252,910,000 | (대) 로봇생산시스템 | 15,020,000,000 |
| (차) | 현금 | 5,000,000,000 | 유형자산처분익 | 8,232,910,000 |
| (차) | 미수금 | 5,000,000,000 | | |

*계산의 편의를 위해 장부가액 계산시 백만원 단위로 표시하였으며, 소숫점 셋째자리에서 반올림하였음.

# 2 무형자산의 취득과 처분

## 2.1 무형자산의 취득

기업이 통제하고 있는 자산으로서, 물리적 실체가 없지만 식별 가능한 자산으로 장기간에 걸쳐 기업의 영업활동에 경제적 효익을 제공하는 자산이 무형자산이다. 무형자산의 특성은 다음과 같다. ① 인식요건은 유형자산과 동일함, ② 무형자산을 최초로 인식할 때는 원가로 측정함, ③ 내부적으로 창출된 영업권은 자산으로 인식하지 않고 당기비용으로 처리, ④ 기타무형자산은 미래 경제적 효익을 창출할 식별가능한 자산이 존재하는지 여부와 그 시점을 파악하기 어렵고 그 가치를 객관적으로 평가하기 어렵기 때문에 추가적인 인식요건의 충족이 필요하다. 무형자산은 영업권, 개발비, 산업재산권, 컴퓨터소프트웨어, 라이선스와 프랜차이즈, 저작권, 특허권, 용역운영권, 광업권 및 어업권 등이다.

내용연수가 유한한 무형자산은 무형자산의 취득원가를 내용연수에 걸쳐 체계적으로 배분하는 반면 내용연수가 비한정인 무형자산은 순현금유입을 창출할 것으로 기대되는 기간에 대하여 예측가능한 제한이 없을 경우에는 내용연수를 비한정(indefinite)인 것으로 본다.

## 2.2 무형자산의 상각

무형자산의 내용연수는 유한한 경우와 확정할 수 없는 경우의 두 가지로 나눌 수 있다. 유한한 내용연수를 가지는 무형자산은 상각하지만 확정이 불가능한 내용연수를 가진 무형자산은 상각하지 않는다. 상각기간은 독점적 배타적 권리를 부여하고 있는 관계법령이나 계약에 정해진 경우를 제외하고는 20년 이내의 합리적인 내용연수를 적용하고 상각한다. 계약상 또는 기타 법적 권리로부터 발행하는 무형자산의 내용연수는 경제적 요인과 법적 요인에 의하여 영향을 받는다. 상각방법은 정액법을 적용하며 일반적으로 잔존가치는 없는 것으로 가정하고 계산하는데 상각누계액을 사용하지 않고 직접법으로 회계처리한다.

### 예제 8-4

더나은미래㈜의 202×년도 재무상태표 및 거래내역은 다음과 같다(단위: 천원). 다른 거래는 없다고 가정한다.

재무상태표

202×년 1월 1일 (단위: 천원)

| 자산 | | 부채 | |
|---|---|---|---|
| 현금 | 30,000 | 매입채무 | 25,000 |
| 매출채권 | 40,000 | 단기차입금 | 23,000 |
| 토지 | 100,000 | | |
| 건물 | 400,000 | 자본금 | 400,000 |
| 감가상각누계액 | (50,000) | 이익잉여금 | 84,000 |
| 개발비 | 12,000 | | |
| 합계 | 532,000 | 합계 | 532,000 |

〈거래내역〉

① 건물을 리모델링하고 현금 ₩10,000,000을 지급하였다.

② 취득원가가 ₩200,000,000이고 감가상각누계액이 ₩20,000,000인 건물을 ₩190,000,000에 처분하고 현금으로 받았다.

③ 신제품 연구개발투자를 위해 ₩100,000,000을 현금으로 지출하였으며, 그중에서 ₩80,000,000은 개발비로 분류하고, 나머지는 경상개발비로 분류하였다.

④ 당기 건물의 감가상각비는 ₩10,000,000이고, 개발비 상각액은 ₩20,000,000이다.

(1) 위 거래 내용을 분개하세요.

| | | | | | | |
|---|---|---|---|---|---|---|
| ① | (차) 건물 | 10,000,000 | (대) | 현금 | 10,000,000 |
| ② | (차) 현금 | 190,000,000 | (대) | 건물 | 200,000,000 |
| | 감가상각누계액 | 20,000,000 | | 유형자산처분이익 | 10,000,000 |
| ③ | (차) 개발비 | 80,000,000 | (대) | 현금 | 100,000,000 |
| | 경상개발비 | 20,000,000 | | | |
| ④ | (차) 감가상각비 | 10,000,000 | (대) | 감가상각누계액 | 10,000,000 |
| | (차) 무형자산상각비 | 20,000,000 | (대) | 개발비(무형자산) | 20,000,000 |

(2) 부분재무상태표에 표시하세요.

재무상태표

202×년 12월 31일 (단위: 천원)

| 자산 | | 부채 | |
|---|---|---|---|
| 현금 | 110,000 | 매입채무 | 25,000 |
| 매출채권 | 40,000 | 단기차입금 | 23,000 |
| 토지 | 100,000 | | |
| 건물 | 210,000 | 자본금 | 400,000 |
| 감가상각누계액 | (40,000) | 이익잉여금 | 44,000 |
| 개발비 | 72,000 | | |
| 합계 | 492,000 | 합계 | 492,000 |

# 3 금융자산의 취득과 처분

회사는 잉여자금으로 이익 창출을 하거나 타기업을 지배할 목적으로 타회사가 발행한 주식이나 회사채를 취득하는 지분투자나 채권투자를 하게 된다. 회사채나 주식을 발행하는 회사 입장에서는 사업의 자금이 필요할 경우 주식이나 회사채를 통하여 투자자들로부터 자금을 조달한다.

## 3.1 금융자산의 정의와 분류

금융자산은 공정가치로 측정되는 금융자산과 상각후원가로 측정되는 금융자산으로 크게 나눌 수 있으며, 공정가치측정 금융자산은 당기손익-공정가치측정 금융자산과 기타포괄손익-공정가치측정 금융자산으로 나눌 수 있다. 금융자산은 사업모형과 계약상 현금흐름 특성에 따라 구분할 수 있다. 계약상 현금흐름 특성은 원금과 이자의 결정 여부와 관련되어 있는 것으로, 채권형 금융자산의 경우 원리금 지급만으로 구성되어 있는 반면, 지분형 상품인 주식은 원리금과는 관계없이 배당이나 매매차익을 얻을 수 있다. 사업모형은 보유목적과 관련된 사항으로, 채권형 금융자산의 경우 계약상 현금흐름 수취 목적으로 보유하는 상각후원가측정 금융자산, 계약상 현금흐름 수취와 매매차익 실현을 목적으로 보유하는 기타포괄손익-공정가치측정 금융자산, 기타 단기매매목적으로 보유하는 당기손익-공정가치측정 금융자산으로 분류할 수 있다. 지분형 금융자산의 경우 원리금과 무관하므로 단기매매목적의 당기손익-공정가치측정 금융자산, 기타포괄손익-공정가치측정 금융자산으로 구분된다.

이처럼 금융자산은 취득시에는 공정가치로 평가하고 취득 이후에는 공정가치측정을 선택하면 공정가치, 상각후원가측정 금융자산은 상각후원가로 평가한다. 상각후원가측정 금융자산, 당기손익-공정가치측정 금융자산, 기타포괄손익-공정가치측정 금융자산으로 구분되며 그 내용을 세부적으로 살펴본다.

### ■ 당기손익-공정가치측정(FVPL: Fair Value through Profit or Loss) 금융자산

금융자산의 공정가치 변동분을 손익계산서에 평가손익으로 인식한다. 종전 단기매매증권에 해당하는 것으로 시세차익으로 인한 이익을 목적으로 보유하며 공정가치로 평가한다. 취득시점에 발생한 할인(할증)발행차금은 상각하지 않고 액면이자만 이자수익으로 계상하며 연말에 공정가치로 평가하여 장부가액을 조정한다. 단기매매증권의 평가손익은 영업외손익으로 당기손익처리한다.

| 장부가액<공정가치 평가액 | | | |
|---|---|---|---|
| 차) 당기손익-공정가치측정 금융자산 | ××× | 대) 당기손익-공정가치측정 금융자산 평가이익 | ××× |
| 장부가액>공정가치 평가액 | | | |
| 차) 당기손익-공정가치측정 금융자산평가손실 | ××× | 대) 당기손익-공정가치측정 금융자산 | ××× |

당기손익-공정가치측정 금융자산의 장부가액과 공정가치의 차이는 당기손익-공정가치측정 금융자산 평가손익으로 그 성격상 미실현보유손익이지만 당기손익에 반영한다.

**예제 8-5**

더나은미래㈜는 20×1년 6월 30일에 단기매매목적으로 우수상생㈜의 주식을 현금으로 취득하고 부대비용으로 ₩100,000을 지급하였다. 주식 관련 정보가 다음과 같을 때 질문에 답하세요.

| 취득원가 | 공정가치 | 처분가격 |
|---|---|---|
| 20×1.6.30 | 20×1.12.31 | 20×2.3.20 |
| ₩10,000,000 | ₩15,000,000 | ₩14,000,000 |

(1) 20×1년 6월 30일 취득에 관한 회계처리를 하세요.

(차) 당기손익-공정가치측정 금융자산 ₩10,000,000 (대) 현금 ₩10,000,000
(차) 지급수수료 ₩100,000 (대) 현금 ₩100,000

(2) 20×1년 12월 31일 결산시의 회계처리를 하세요.

(차) 당기손익-공정가치측정 금융자산 ₩5,000,000 (대) 당기손익-공정가치측정 금융자산 평가이익 ₩5,000,000

(3) 20×2년 3월 20일 주식 매각에 관한 회계처리를 하세요.

(차) 현금 ₩14,000,000 (대) 당기손익-공정가치측정 금융자산 ₩15,000,000
(차) 당기손익-공정가치측정 금융자산처분손실 ₩1,000,000

■ **기타포괄손익-공정가치측정(FV-OCI: Fair Value through Other Comprehensive Income) 금융자산**

금융자산의 공정가치 변동을 손익계산서에 당기손익으로 인식하지 않고 기타포괄손익으로 인식하며 금융자산의 공정가치 변동분이 당기순손익에 영향을 미치지 않는다. 기타포괄손익자산의 장부가액과 공정가치의 차이는 기타포괄손익-공정가치측정 금융자산 평가손익으로 처리하며 손익계산서에는 기타포괄손익으로, 재무상태표에는 기타포괄손익누계액으로 반영한다.

장부가액<공정가치 평가액

| 차) 기타포괄손익-공정가치측정 금융자산 | ××× | 대) 기타포괄손익-공정가치측정 금융자산 평가이익 | ××× |
|---|---|---|---|

장부가액>공정가치 평가액

| 차) 기타포괄손익-공정가치측정 금융자산평가손실 | ××× | 대) 기타포괄손익-공정가치측정 금융자산 | ××× |
|---|---|---|---|

## 예제 8-6

더나은미래㈜는 20×1년 5월 30일에 장기보유 후 매각 목적으로 우수상생㈜의 주식 100,000주(@1,000)를 ₩120,000,000에 취득하였다. 우수상생㈜의 주식 관련 정보는 다음과 같다.

(단위: 천원)

| | 취득원가 | 기말평가 | 처분 |
|---|---|---|---|
| 금액 | 120,000 | 110,000 | 130,000 |
| 일자 | 20×1.5.30 | 20×1.12.31 | 20×2.6.30 |

(1) 20×1년 5월 30일 취득에 관한 회계처리를 하세요.

| (차) 기타포괄손익-공정가치측정 금융자산 | ₩120,000,000 | (대) 현금 | ₩120,000,000 |
|---|---|---|---|

(2) 20×1년 12월 31일 결산에 관한 회계처리를 하세요.

| (차) 기타포괄손익-공정가치측정 금융자산 평가손실 | ₩10,000,000 | (대) 기타포괄손익-공정가치측정 금융자산 | ₩10,000,000 |
|---|---|---|---|

(3) 20×2년 6월 30일 처분에 관한 회계처리를 하세요.

| (차) 현금 | ₩130,000,000 | (대) 기타포괄손익-공정가치측정 금융자산 | ₩110,000,000 |
|---|---|---|---|
| | | (대) 기타포괄손익-공정가치측정 금융자산 평가이익 | ₩20,000,000 |

### ■ 상각후원가(AC: Amortized Cost)측정 금융자산

특정일에 원금과 이자를 받을 목적으로 보유하는 금융자산으로, 상각후원가는 장부금액에 유효이자율을 적용하여 조정한 후의 금액을 의미하며 주로 회사채 등이 여기에 해당된다. 계약조건에 따라 특정일에 원금과 원금잔액에 대한 이자(원리금)만으로 구성되어 있는 현금흐름이 발생하며, 만기가 확정된 채무증권이다. 보유기간 동안 공정가치의 변동이 있더라도 평가손익으로 인식하지 않는 대신 매연도말 유효이자율을 사용하여 상각후원가를 측정한다.

| | | | |
|---|---|---|---|
| 채권취득시 | | | |
| 차) 상각후원가측정 금융자산 | ××× | 대) 현금 | ××× |
| *원금과 이자의 현재가치로 취득금액 산정 | | | |
| 회계연도말 | | | |
| 차) 현금 | ××× | 대) 이자수익 | ××× |
| 상각후원가측정 금융자산 | ××× | | |

#### 예제 8-7

더나은미래㈜는 20×1년 1월 1일 핀큐㈜가 발행한 액면금액 ₩1,000,000의 3년 만기의 채권을 ₩950,244에 취득하였다. 이 채권의 액면이자율은 8%이며 매년 말에 이자가 지급되는 조건이다. 유효이자율은 10%이다. 20×1년과 20×2년의 금융자산 관련 분개를 하세요. (3년 현가계수 0.7513, 연금현가계수 2.4868)

(1) 20×1년 1월 1일 채권의 취득

| | | | |
|---|---|---|---|
| (차) 상각후원가측정 금융자산 | ₩950,244 | (대) 현금 | ₩950,244 |

(2) 20×1년 12월 31일 결산시

| | | | |
|---|---|---|---|
| (차) 상각후원가측정 금융자산 | ₩15,024 | (대) 이자수익 | ₩95,024 |
| (차) 현금 | ₩80,000 | | |

(3) 20×2년 12월 31일 만기시

| | | | |
|---|---|---|---|
| (차) 상각후원가측정 금융자산 | ₩16,527 | (대) 이자수익 | ₩96,527 |
| 현금 | ₩80,000 | | |

상각후원가측정 금융자산의 회계처리는 채권을 취득한 투자자 측면에서 금융상품거래를 처리한 것이다.

그 반대로 채권발행 측면에서 처리되는 사채의 회계처리에 대해서는 다음 장의 재무활동의 회계처리에서 다루어진다.

## 3.2 관계기업 및 종속기업 투자자산

투자회사가 투자대상인 타회사에 유의적인 영향력을 행사하거나 타회사의 경영권을 지배하거나 통제할 목적으로 보유하는 금융자산이다. 투자기업이 타기업에 대하여 유의적인 영향력을 가지고 있는 경우란 일반적으로 투자회사가 타회사의 영업 및 재무정책 등의 의사결정에 실질적인 영향력을 미치고 통상 피투자기업의 의사결정권이 있는 주식의 20% 이상을 소유하는 경우이다. 가장 적극적인 투자방법으로서 타회사를 자회사의 형태로 직접 지배하거나 통제할 목적으로 주식을 매입하는 경우(발행주식의 50% 초과)에는 지배회사와 종속회사의 관계가 성립된다. 이때 지배기업은 자회사를 포함하여 하나의 연결실체 입장에서 연결재무제표를 주재무제표로 작성하여야 한다. 보고기간 말에 해당 기업의 이익에 대해 지분율만큼 지분법이익으로 인식하고 관계기업투자주식 계정의 장부금액을 조정하며, 관계 자회사로부터 배당금을 수령하는 경우 배당금만큼 관계기업투자주식의 장부금액에서 차감시킨다. 또한 피투자회사에 대한 유의적인 영향력을 상실한 경우에는 지분법 적용을 중단하고 해당 주식을 당기손익-공정가치측정 금융자산이나 기타포괄손익-공정가치측정 금융자산으로 재분류하고 공정가치로 평가해야 한다.

| | | |
|---|---|---|
| 주식 취득시 | 차) 관계기업투자주식 ×××,××× | 대) 현금 ×××,××× |
| 손익 보고시 | 차) 관계기업투자주식 ×××,××× | 대) 지분법이익 ×××,××× |
| 배당 수령시 | 차) 현금 ××× | 대) 관계기업투자주식 ××× |

### 예제 8-8

더나은미래㈜는 경영지배권을 목적으로 우수상생㈜의 주식을 취득하고 있다. 아래 거래를 회계처리하세요.

(1) 더나은미래㈜는 20×1년 1월 1일 우수㈜의 보통주 50,000주(30%)를 ₩50,000,000(@1,000)에 취득했다.

(차) 관계기업투자주식 ₩50,000,000 (대) 현금 ₩50,000,000

(2) 20×1년 말에 우수㈜는 ₩10,000,000의 당기순이익을 보고하였으며, ₩2,000,000의 현금배당을 선언하고 지급하였다.

(차) 관계기업투자주식 ₩3,000,000 (대) 지분법이익 ₩3,000,000

(차) 현금 ₩600,000 (대) 관계기업투자주식 ₩600,000

## 확·인·문·제

※ 각 문항의 설명 중 옳은 것에는 T, 틀린 것에는 F를 하시오.

1. 유형자산에 대한 전반적인 수선 등을 통하여 실질적인 경제적 내용연수가 연장된다면 자본적 지출로 처리한다. (　　　)

2. 비유동자산을 처분하는 경우 그동안 누적된 감가상각누계액도 함께 정리하면서 처분에 따른 손익이 발생한다. (　　　)

3. 정액법의 감가상각비 계산은 (기초장부금액×상각률) 또는 (미상각잔액×상각률)로 계산하며 매년 감가상각비가 감소한다. (　　　)

4. 무형자산 중 기업전체로부터 분리하여 매각가능한 자산으로는 산업재산권, 라이선스와 프랜차이즈, 개발비, 임차권리금, 지적재산권 등이 있다. (　　　)

5. 비유동자산은 투자자산, 유형자산, 무형자산, 기타자산으로 분류하며 유형자산은 취득시점에서 원칙적으로 공정가치 기준으로 기록한다. (　　　)

6. 기타포괄손익-공정가치측정 금융자산은 보유기간 중 공정가치 변동에 따라 장부가액을 조정하고 당기손익에 반영한다. (　　　)

7. 토지를 제외한 모든 유형자산은 사용기간 동안 감가상각되며, 감가상각비가 결정되면 차변에 감가상각비계정을, 대변에 감가상각누계액계정을 기록한다. 취득원가에서 감가상각누계액을 차감한 금액을 장부금액이라 한다. (　　　)

8. 정액법에 의한 유형자산의 감가상각은 취득원가에서 잔존가치를 차감한 금액을 그 자산의 내용연수 동안 체계적이고 합리적으로 배분하여 비용으로 추정할 수 있다. (　　　)

**9.** 관계기업투자주식은 투자회사가 적극적 투자대상으로서 타회사에 유의적인 영향력을 행사하거나 타회사의 경영권을 지배하거나 통제할 목적으로 보유하는 금융자산이다. (  )

**10.** 당기손익-공정가치측정 금융자산은 공정가치로 가치변동을 인식하는 금융자산이며, 이러한 가치변동은 당기손익으로 인식한다. (  )

**11.** 만기까지 보유할 목적으로 취득하는 사채나 원리금 회수를 목적으로 자금을 빌려준 대여금은 상각후원가로 측정한다. (  )

**12.** 금융자산을 최초로 취득할 때나 재무제표를 작성하기 위한 보고기간말에 취득원가로 평가하면 금융자산의 경제적 실질을 잘 나타낼 수 있다. (  )

**13.** 상각후원가측정 금융자산은 만기까지 원금과 이자를 받을 목적으로 보유하는 금융자산을 말한다. (  )

**14.** 금융자산이 유동자산인지 비유동자산인지 여부는 보고기간말을 기준으로 1년 이내에 처분이나 회수기일이 도래하는지 여부로 결정된다. (  )

**15.** 기타포괄손익-공정가치측정 금융자산은 보유기간 동안 계약상 원리금 수령은 있으나 필요에 따라서 매각할 수 없다. (  )

---

**해답** 1. T 2. T 3. F 4. T 5. F 6. F 7. T 8. T 9. T 10. T 11. T 12. F 13. T 14. T 15. F

## 실·습·문·제

**1.** 202×년 1월 1일 더나은미래㈜가 보고한 유형자산의 내역은 다음과 같다.

부분재무상태표

(단위: 천원)

| | | |
|---|---|---|
| 건물 | ₩2,000,000 | |
| 감가상각누계액 | (₩500,000) | ₩1,500,000 |
| 기계장치 | ₩500,000 | |
| 감가상각누계액 | (₩180,000) | ₩320,000 |

202×년 중 다음과 같은 거래가 발생하였다.

① 3월 20일 건물을 ₩2,000,000,000에 매각하고 대금 중 ₩1,000,000,000을 현금으로 받고 나머지는 3개월 후에 받기로 하였다.

② 5월 1일 기계장치의 수선비 ₩1,000,000을 지급하였다.

③ 6월 30일 신제품 생산을 위한 자동화 설비를 ₩500,000,000에 증설하였다.

*202×.1.1. 기준 건물의 잔존내용연수는 10년, 기계장치와 자동화 설비의 잔존내용연수는 5년으로 하며 잔존가치는 없다.

1-1. 각 거래에 대하여 분개처리하세요.

1-2. 기말 결산 감가상각비를 계산하고 부분재무상태표에 표시하세요. 단, 감가상각방법은 정액법으로 하며 월할계산한다.

**2.** 202×년 1월 1일 더나은미래㈜는 다음과 같은 IT시스템을 보유하고 있다. IT시스템의 세부사항은 다음과 같다.

(단위: 천원)

| IT 시스템 | 취득원가 | 잔존가치 | 내용연수 |
|---|---|---|---|
| 1 | 5,000,000 | 취득가액의 10% | 3년 |
| 2 | 400,000 | 취득가액의 5% | 3년 |
| 3 | 3,000,000 | 취득가액의 10% | 3년 |
| 4 | 200,000 | 취득가액의 15% | 4년 |

2-1. 각 IT시스템의 감가상각비를 정액법을 이용해서 산출하세요.

2-2. 각 IT시스템을 정률법으로 감가상각한 경우 2년차 감가상각비를 계산하세요. (상각률 30%)

2-3. 정률법을 적용했을 경우의 2년차 부분재무상태표에 IT시스템의 장부금액을 표시해보세요.

**3.** 더나은미래㈜는 핀큐㈜의 주식을 단기매매목적으로 취득하였으며 주식 관련 정보는 다음과 같다.

| | 주식 취득 | 주식 평가 | 주식 처분 |
|---|---|---|---|
| 날짜 | 20×1.6.1 | 20×1.12.31 | 20×2.5.31 |
| 금액(단위: 천원) | 100,000 | 90,000 | 110,000 |

3-1. 20×1년 6월 1일 주식 취득과 관련하여 회계처리하세요.

3-2. 20×1년 12월 31일 기말결산시점의 회계처리하세요.

3-3. 20×2년 5월 31일 주식 처분과 관련하여 회계처리하세요.

**4.** 다음은 더나은미래㈜가 20×1년 12월 31일에 보유하고 있는 금융자산이며, 취득시점은 모두 20×1년 1월 1일이다. 아래 물음에 답하세요. 단, 금융자산은 투자지분상품을 가정한다.

| | 취득원가 | 공정가치 |
|---|---|---|
| 당기손익인식 금융자산 | ₩1,000,000 | ₩900,000 |
| 기타포괄손익인식 금융자산 | ₩15,000,000 | ₩20,000,000 |

4-1. 각각의 금융자산에 대하여 취득시점과 기말결산시점의 회계처리하세요.

4-2. 각각의 금융자산을 20×2년 5월 31일에 장부금액으로 매각했을 경우의 회계처리를 하세요.

**5.** 더나은미래㈜의 202×년 1월 1일 시점에서 단기매매목적으로 보유하고 있는 타회사 주식은 다음과 같다.

| 주식보유현황(202×.1.1 현재) | | | |
|---|---|---|---|
| 삼성㈜ | 1,000주 | @70,000 | ₩70,000,000 |
| 현대㈜ | 100주 | @50,000 | ₩5,000,000 |
| 한세㈜ | 1,000주 | @40,000 | ₩40,000,000 |

위 주식과 관련하여 202×년 중에 다음과 같은 거래가 있었다.

① 1월 5일 삼성㈜의 주식 500주를 주당 ₩65,000에 처분하였다.
② 3월 30일 삼성㈜, 현대㈜, 한세㈜ 주식에 대하여 배당금 ₩1,000,000을 현금으로 받았다.
③ 9월 1일 한세㈜의 주식 500주를 주당 ₩50,000에 매각하였다.
④ 12월 31일 보유하고 있는 주식의 공정가치는 삼성㈜ ₩80,000, 현대㈜ ₩55,000, 한세㈜ ₩35,000이다.

5-1. 위 거래에 대하여 분개하세요.
5-2. 금융자산계정에 전기하세요.
5-3. 202×년 12월 31일 재무상태표에 표시하세요.

## ▎실습문제 풀이

1. 1-1. 분개

| | | | | |
|---|---|---|---|---|
| 3월 20일: 차) | 현금 | 1,000,000,000 | 대) 건물 | 2,000,000,000 |
| | 미수금 | 1,000,000,000 | 유형자산처분이익 | 537,500,000 |
| | 감가상각누계액 | 537,500,000 | | |
| 5월 1일: 차) | 수선비 | 1,000,000 | 대) 현금 | 1,000,000 |
| 6월 30일: 차) | 자동화 설비 | 500,000,000 | 대) 현금 | 500,000,000 |

1-2. 건물 감가상각비: (1,500,000,000/10)×3/12＝37,500,000
기계장치 감가상각비: 320,000,000/5＝64,000,000
자동화 설비 감가상각비: (500,000,000/5)×6/12＝50,000,000

부분재무상태표

(단위: 천원)

| | | |
|---|---|---|
| 기계장치 | ₩500,000 | |
| 감가상각누계액 | (₩244,000) | 256,000 |
| 자동화 설비 | 500,000 | |
| 감가상각누계액 | (50,000) | 450,000 |

**2.** 2-1. 정액법 감가상각비

| | 취득원가 | 감가상각 대상액 | 내용연수 | 1년차 감가상각비 | 1년차 기말 장부가액 | 2년차 감가상각비 |
|---|---|---|---|---|---|---|
| 1 | 5,000,000 | 4,500,000 | 3 | 1,500,000 | 3,500,000 | 1,500,000 |
| 2 | 400,000 | 380,000 | 3 | 126,667 | 273,333 | 126,667 |
| 3 | 3,000,000 | 2,700,000 | 3 | 900,000 | 2,100,000 | 900,000 |
| 4 | 200,000 | 170,000 | 4 | 42,500 | 157,500 | 42,500 |

2-2. 정률법 감가상각비

| | 취득원가 | 1년차 감가상각비 | 2년차 감가상각비 |
|---|---|---|---|
| 1 | 5,000,000 | 1,500,000 | 1,050,000 |
| 2 | 400,000 | 120,000 | 84,000 |
| 3 | 3,000,000 | 900,000 | 630,000 |
| 4 | 200,000 | 60,000 | 42,000 |

*1년차 감가상각비 = 취득원가 × 0.3

*2년차 감가상각비 = 취득원가 × (1 − 0.3) × 0.3

2-3. 정률법 적용시 2년차 재무상태표

| | 취득원가 | 1년차 감가상각비 | 2년차 감가상각비 | 2년차 기말장부금액 |
|---|---|---|---|---|
| 1 | 5,000,000 | 1,500,000 | 1,050,000 | 2,450,000 |
| 2 | 400,000 | 120,000 | 84,000 | 196,000 |
| 3 | 3,000,000 | 900,000 | 630,000 | 1,470,000 |
| 4 | 200,000 | 60,000 | 42,000 | 98,000 |

부분재무상태표

202×. 12. 31 (단위: 천원)

| | | |
|---|---|---|
| IT시스템 | 8,600,000 | |
| 감가상각누계액 | (4,386,000) | 4,214,000 |

**3.** 3-1.

| 차) 당기손익-공정가치측정 금융자산 | 100,000,000 | 대) 현금 | 100,000,000 |
|---|---|---|---|

3-2.

| | | | |
|---|---|---|---|
| 차) 당기손익-공정가치측정 금융자산 평가손실 | 100,000,000 | 대) 당기손익-공정가치 측정 금융자산 | 100,000,000 |

3-3.

| | | | |
|---|---|---|---|
| 차) 현금 | 110,000,000 | 대) 당기손익-공정가치 측정 금융자산 | 90,000,000 |
| | | 처분이익 | 20,000,000 |

**4.** 4-1. 취득과 기말시점 회계처리

〈취득시점〉

| | | | |
|---|---|---|---|
| 차) 당기손익-공정가치측정 금융자산 | 1,000,000 | 대) 현금 | 1,000,000 |
| 차) 기타포괄손익-공정가치측정 금융자산 | 15,000,000 | 대) 현금 | 15,000,000 |

〈기말결산시점〉

| | | | |
|---|---|---|---|
| 차) 당기손익-공정가치측정 금융자산 평가손실 | 100,000 | 대) 당기손익-공정가치측정 금융자산 | 100,000 |
| 차) 기타포괄손익-공정가치측정 금융자산 | 5,000,000 | 대) 기타포괄손익-공정가치측정 금융자산 평가이익 | 5,000,000 |

4-2. 매각시 회계처리

| | | | |
|---|---|---|---|
| 차) 현금 | 900,000 | 대) 당기손익-공정가치측정 금융자산 | 900,000 |
| 차) 현금 | 20,000,000 | 대) 기타포괄손익-공정가치측정 금융자산 | 20,000,000 |
| 차) 기타포괄손익-공정가치측정 금융자산 | 5,000,000 | 대) 이익잉여금 | 5,000,000 |

**5.** 5-1. 분개

| | | | | |
|---|---|---|---|---|
| 1/ 5 | 차) 현금 | 32,500,000 | 대) 당기손익-공정가치측정 금융자산 | 35,000,000 |
| | 당기손익-공정가치측정 금융자산 처분손실 | 2,500,000 | | |

| | | | | | |
|---|---|---|---|---|---|
| 3/30 | 차) 현금 | 1,000,000 | 대) | 배당수익 | 1,000,000 |
| 9/ 1 | 차) 현금 | 25,000,000 | 대) | 당기손익-공정가치측정 금융자산 | 20,000,000 |
| | | | | 당기손익-공정가치측정 금융자산 처분이익 | 5,000,000 |
| 12/31 | 차) 당기손익-공정가치측정 금융자산(삼성) | 5,000,000 | 대) | 당기손익-공정가치측정 금융자산 평가이익 | 5,000,000 |
| | 차) 당기손익-공정가치측정 금융자산(현대) | 500,000 | 대) | 당기손익-공정가치측정 금융자산 평가이익 | 500,000 |
| | 차) 당기손익-공정가치측정 금융자산 평가손실 | 2,500,000 | 대) | 당기손익-공정가치측정 금융자산(한세) | 2,500,000 |

5-2. 금융자산계정 전기

당기손익-공정가치측정 금융자산

| | | | |
|---|---|---|---|
| 전기이월 | 115,000,000 | 현금 | 55,000,000 |
| 평가이익 | 5,500,000 | 평가손실 | 2,500,000 |

5-3. 재무상태표 표시

부분재무상태표

202×. 12. 31 현재

| | |
|---|---|
| 당기손익-공정가치측정 금융자산 | ₩63,000,000 |

제 9 장

# 재무활동의 회계처리

1. 사채발행과 상환
2. 주식발행과 자본

# 1 사채발행과 상환

단기자금조달은 1년 이내에 상환하여야 하는 유동부채를 의미하며 단기차입금 등이 있다. 장기자금조달은 기계와 설비 등의 비유동자산의 구매에 사용되는 자금으로, 직접금융과 간접금융 방식을 통하여 조달되고 비유동부채에 해당한다. 비유동부채는 은행과 같은 금융기관으로부터의 장기차입금, 거액의 자금을 조달하기 위한 장기 채무증서로 의결권이 없는 대신에 이자와 원금을 최우선적으로 상환해야 하는 사채 등이 있다. 본 장에서는 사채발행에 대하여 세부적으로 살펴본다.

## 1.1 사채발행

사채는 기업이 일반투자자들로부터 직접 자금을 조달하는 방식으로 이자와 원금상환 등 확정채무사항이 표시되어 있는 증권을 발행하여 자금을 조달하는 것이다. 사채발행회사는 일정기간마다 약정된 이자를 지급하고, 만기에는 원금을 상환해야 하며, 차입금과 비슷하지만 일반투자자를 대상으로 직접 자금을 조달한다는 점에서 차이점이 있다. 사채발행과 관련된 세부적인 사항을 살펴보자

발행일은 발행회사가 사채를 발행한 일자를 말하며, 만기일은 사채의 원금(액면금액)을 사채발행회사가 정해진 지급일에 상환하는 일자를 의미한다. 액면금액은 사채권면에 기재되어 만기일에 상환하기로 약속한 금액이며, 액면이자율은 사채의 표면에 기록되어 있는 이자율로 현금으로 지급하는 이자를 결정하는 이자율이다. 시장이자율은 사채를 매입하는 투자자의 기대수익률을 말하는 것이다.

사채 발행가격은 각 기간 지급할 사채의 액면이자와 만기에 지급할 원금상환액을 현재시점에서 평가한 금액이다. 즉, 사채와 관련하여 발생하는 미래의 현금흐름을 사채발행 시점의 시장이자율로 할인한 값으로 사채의 액면금액과는 다르다. 사채의 액면금액과 현재가치의 차액을 사채할인발행차금 또는 사채할증발행차금으로 당해 사채의 액면금액에서 가감하는 형식으로 기재한다.

**액면발행: 액면이자율 = 시장이자율**

| 차변 | | 대변 | |
|---|---|---|---|
| 차) 현금 | ×××,××× | 대) 사채 | ×××,××× |

**할인발행: 액면이자율 < 시장이자율**

| 차변 | | 대변 | |
|---|---|---|---|
| 차) 현금 | ×××,××× | 대) 사채 | ×××,××× |
| 사채할인발행차금 | ××,××× | | |

**할증발행: 액면이자율 > 시장이자율**

| 차변 | | 대변 | |
|---|---|---|---|
| 차) 현금 | ×××,××× | 대) 사채 | ×××,××× |
| | | 사채할증발행차금 | ××,××× |

사채할인발행차금은 사채의 액면이자율이 시장이자율보다 낮기 때문에 채권자가 상실하는 이자를 보상해 주기 위한 추가적인 이자비용으로서 사채발행시점에 이자를 선지급하는 것과 같다. 이것은 부채가 아니고 현 시점에서의 사채의 평가액을 나타내기 위하여 액면금액에서 차감하는 형식으로 표시하게 된다. 시간이 경과함에 따라 추가적인 이자비용으로서 매 회계기간마다 표시이자를 상회하는 이자비용만큼 상각되므로 점차 감소하여 만기시점에는 잔액이 0이 되어 사채장부금액과 액면금액이 일치하게 된다.

### 예제 9-1

더나은미래㈜는 20×1년 5월 1일에 다음 조건의 사채를 발행하였다.

| | |
|---|---|
| 발행일: 20×1년 5월 1일 | 만기일: 20×4년 4월 30일(3년) |
| 액면금액: 2억원 | 액면이자율: 연 10% |
| 이자지급조건: 연 1회(매년 4월 30일에 지급) | |

(1) 더나은미래㈜가 발행한 사채의 시장이자율이 8%이었다면, 사채발행가격은 얼마인가요?

액면이자율이 시장이자율보다 높으므로 할증발행이다.

$200{,}000{,}000 \times 1/(1.08)^3 + 20{,}000{,}000 \times \{1/1.08 + 1/(1.08)^2 + 1/(1.08)^3\}$

$= 210{,}308{,}388$

(2) 만약 시장이자율이 10%라면, 사채발행가격은 얼마인가요?
액면발행이므로 사채발행가격은 ₩200,000,000

(3) 만약 시장이자율이 12%라면, 사채발행가격은 얼마인가요?
액면이자율이 시장이자율보다 낮으므로 할인발행이다.
$200,000,000 \times 1/(1.12)^3 + 20,000,000 \times \{1/1.12 + 1/(1.12)^2 + 1/(1.12)^3\}$
$= 190,392,675$

## 1.2 사채이자 및 상환

사채발행회사가 사채를 통해 자금을 조달하면서 실제 부담하는 이자율은 유효이자율이므로 유효이자율만큼 이자비용으로 인식하여야 한다. 유효이자와 액면이자의 차이는 사채할인발행차금 또는 사채할증발행차금의 상각액이 된다. 따라서 사채에 대한 이자비용은 정해진 기일에 액면이자율에 의한 이자와 사채할인발행차금 또는 사채할증발행차금의 상각액이 된다.

### ■ 사채이자 지급

사채이자는 액면발행, 할인발행, 할증발행에 따라서 이자비용을 산정하는 방법에 있어서 차이가 있다. 액면발행의 경우 사채의 액면이자율과 발행시점의 시장이자율이 같으므로 표시이자와 이자비용이 동일하나 할인발행의 경우 사채발행금액과 사채액면금액의 차이인 사채할인발행차금은 기업이 현금으로 지급하는 이자 외에 추가적으로 부담하는 선이자 금융비용이 된다. 할증발행의 경우 사채만기 상환시 지급해야 할 금액이 사채발행시 받은 금액보다 적다. 이 경우 사채의 발행금액과 사채상환금액과의 차액인 사채할증발행차금은 사채이용기간 동안에 발행기업의 사채발행 프리미엄으로 사채의 이자비용을 감소시키게 된다. 이처럼 현금으로 지급되는 표시이자 외에 추가적인 금융부담인 사채할인발행차금이나 사채이용기간 동안의 금융프리미엄액은 표시이자에 가감하여 이자비용을 구성하고, 결과적으로 사채발행일에서 사채상환일까지의 기간에 배분하여 사채이자비용으로 인식된다.

| 액면발행 | | | |
|---|---|---|---|
| 차) 이자비용 | ××,××× | 대) 현금 | ××,××× |
| **할인발행** | | | |
| 차) 이자비용 | ××,××× | 대) 현금 | ××,××× |
| | | 사채할인발행차금 | ××,××× |
| **할증발행** | | | |
| 차) 이자비용 | ××,××× | 대) 현금 | ××,××× |
| 사채할증발행차금 | ××,××× | | |

### ■ 사채상환

사채상환에는 만기상환과 중도상환의 두 가지가 있는데, 만기상환은 사채의 만기일에 사채의 액면금액을 전액 상환하는 것이며, 중도상환은 만기일 전에 사채를 상환하는 것을 말한다. 사채를 중도에 상환할 경우에는 사채와 관련된 계정에 대한 일괄 정리가 필요하다. 사채장부금액과 상환금액 사이에 차이가 있다면 그 차이를 사채상환손익으로 처리해야 한다.

#### 예제 9-2

더나은미래㈜는 20×1년 1월 1일에 다음 조건의 무보증사채를 발행하였다.

| 발행일: 20×1년 1월 1일 | 만기일: 20×5년 12월 31일 (5년) |
|---|---|
| 액면금액 10,000,000 | 액면이자율: 연 8% |
| 이자지급조건: 연 1회(매년 말에 지급) | |

(1) 더나은미래㈜가 발행한 사채의 유효이자율이 10%이었다면, 사채발행가격은 얼마인가요?

$10,000,000/(1.1)^5 + 800,000/(1.1)^5 + 800,000/(1.1)^4 + 800,000/(1.1)^3$
$+ 800,000/(1.1)^2 + 800,000/(1.1) = 9,241,843$

(2) 사채발행일인 20×1년 1월 1일에 더나은미래㈜의 사채발행 분개를 해보세요.

(차) 현금 ₩9,241,843 (대) 사채 ₩10,000,000

사채할인발행차금 758,157

(3) 사채발행일부터 상환일까지 5년간의 연간 이자비용 계산을 위한 표를 작성해 보세요.

| | 이자비용 | 표시이자 | 상각액 | 기말장부가액 |
|---|---|---|---|---|
| 20×1 | 924,184 | 800,000 | 124,184 | 9,366,027 |
| 20×2 | 936,603 | 800,000 | 136,603 | 9,502,630 |
| 20×3 | 950,263 | 800,000 | 150,263 | 9,652,893 |
| 20×4 | 965,289 | 800,000 | 165,289 | 9,818,182 |
| 20×5 | 981,818 | 800,000 | 181,818 | 10,000,000 |

(4) 20×1년 12월 31일에 1차 연도의 이자비용 및 첫 번째 사채이자의 현금 지급에 대한 분개를 해보세요.

(차) 이자비용 ₩924,184 (대) 현금 ₩800,000

(대) 사채할인발행차금 ₩124,184

(5) 마지막 연도 말인 20×5년 12월 31일에 5차 연도의 이차비용 및 사채이자의 현금 지급에 대한 분개를 해보세요.

(차) 이자비용 ₩981,818 (대) 현금 ₩800,000

(대) 사채할인발행차금 ₩181,818

(6) 마지막 연도 말인 20×5년 12월 31일에 사채의 액면금액을 현금으로 상환하였다고 가정할 경우 이에 대한 분개를 해보세요.

(차) 사채 ₩10,000,000 (대) 현금 ₩10,000,000

## 2 주식발행과 자본

주식회사는 사업에 필요한 자금을 조달하기 위해 주식을 발행하고 주주들이 주식을 인수하고 자금을 출자함으로써 설립된 기업이다. 주주들이 출자한 자금은 자본으로 재무상태표에 표시되고 총자산에서 채권자지분인 부채를 뺀 나머지인 자기자본 혹은 순자산을 의미한다. 회사의 이익에 대해 출자금에 비례하여 배당을 회사로부터 받을 수 있고 회사경영에 있어서 주요한 사항에 대하여 주주권을 행사하여 이사회와 경영진을 지배하고 통제한다.

## 2.1 납입자본

기업경영에 필요한 자금조달의 원천에는 타인자본(부채), 자기자본(자본) 두 가지가 있다. 부채는 사채나 차입금 등과 같이 타인자본을 조달하는 것으로 타인자본의 사용대가로 이자를 지급해야 하고 만기일에는 원금을 상환해야 한다. 반면에 자본은 주식을 발행하여 주주로부터 자금을 조달하는 것으로 만기일이 없어 상환할 필요가 없으며 이익이 발생할 경우 배당금을 주주들에게 지급하면 된다. 기업에서 주식은 의결권과 배당권을 가지고 있는 보통주, 의결권이 없으나 이익에 대한 배당을 받거나 회사를 청산할 때 보통주보다 우선적인 청구권을 갖는 우선주로 크게 나눌 수 있다. 회사를 설립할 때 회사가 발행할 총주식수를 정관에 정하고 그 범위 내에서 회사설립 시 주식을 발행하고 그 후 필요시 추가적으로 신주를 발행할 수 있다. 주식을 발행하는 방법은 액면발행, 할증발행, 할인발행의 3가지로 구분할 수 있다.

액면발행은 주식의 발행금액이 액면금액과 동일한 경우를 말한다. 액면발행 시에는 회사에 유입된 현금을 차변에 기록하고 같은 금액을 대변의 자본금계정에 기록한다.

할증발행은 주식의 발행금액이 액면금액을 초과하는 경우를 말한다. 할증발행의 경우 차변에 회사에 유입된 현금을 기록하고, 대변에는 발행주식의 액면금액에 대해 자본금으로 기록하고 발행금액이 액면금액을 초과하는 부분에 대해 자본잉여금 항목인 주식발행초과금으로 기록한다.

할인발행은 주식의 발행금액이 액면금액보다 작은 경우를 말한다. 상법에서는 채권자 보호를 위해 주식의 할인발행을 원칙적으로 금지하고 있지만 회사가 설립된 후 2년이 지나면 법원의 인가를 받아 할인발행할 수 있다. 할인발행 시에도 차변에는 회사에 유입된 현금을 기록하고, 대변에는 발행주식의 액면금액을 자본금으로 기록한다. 발행금액에 액면금액에 미달하는 부분은 주식할인발행차금 계정으로 차변에 기록한다. 주주들이 주식을 인수하고 회사에 납입한 자본은 자본금과 자본잉여금으로 나눌 수 있다.

자본금은 주주들이 주식을 인수하고 회사에 납입한 금액 중에서 인수한 주식수와 액면금액을 곱한 금액이고 자본잉여금에 해당하는 주식발행초과금과 자본조정에 해당하는 주식할인발행차금은 주식을 액면금액을 초과 또는 미달하여 발행한 금액에 해당한다.

**예제 9-3**

더나은미래㈜는 202×년 1월 1일에 액면금액 ₩1,000인 보통주 10,000주를 발행하여 회사를 설립하였다. 아래 내용에 대하여 회계처리하세요.

(1) 1주당 발행금액이 ₩1,000인 경우(액면발행)

| | | | |
|---|---|---|---|
| (차) 현금 | ₩10,000,000 | (대) 자본금 | ₩10,000,000 |

(2) 1주당 발행금액이 ₩5,000인 경우(할증발행)

| | | | |
|---|---|---|---|
| (차) 현금 | ₩50,000,000 | (대) 자본금 | ₩10,000,000 |
| | | 주식발행초과금 | ₩40,000,000 |

(3) 1주당 발행금액이 ₩900인 경우(할인발행)

| | | | |
|---|---|---|---|
| (차) 현금 | ₩9,000,000 | (대) 자본금 | ₩10,000,000 |
| 주식할인발행차금 | ₩1,000,000 | | |

## 2.2 이익잉여금

이익잉여금은 기업의 설립 이후 현재까지 발생한 당기순이익 중에서 주주에게 배당금으로 지급되거나 자본으로 대체된 금액을 제외하고 기업 내부에 유보된 금액이다. 사내에 유보된 이익금액은 모두 현금으로 보유하고 있는 것이 아니라 현금을 포함한 여러 가지 자산형태로 회사 내부에 존재하고 있다. 이익잉여금은 당기순이익이 발생하면 증가되고 배당금을 지급하면 감소하며 손익계산서 계정과 재무상태표 계정을 연결시키는 계정이다. 회사에서 발생한 이익은 미래 투자 등을 위해 회사 내부에 여러 가지 형태로 적립되거나 주주에게 배당금으로 처분된다.

**예제 9-4**

다음 내용에 대하여 회계처리하세요.

(1) 더나은미래㈜는 20×1년 12월 31일의 결산결과 당기순이익이 ₩5,000,000 발생하였다.

| | | | | |
|---|---|---|---|---|
| (차) | 집합손익 | ₩5,000,000 | (대) | (미처분)이익잉여금 ₩5,000,000 |

(2) 더나은미래㈜는 20×2년 3월 10일 주주총회에서 ₩3,000,000(주당 ₩300)의 현금배당을 결의하였고 이익준비금 ₩300,000을 적립하기로 하였다.

| | | | | | |
|---|---|---|---|---|---|
| (차) | (미처분)이익잉여금 | ₩3,300,000 | (대) | 미지급배당금 | ₩3,000,000 |
| | | | | 이익준비금 | ₩300,000 |

(3) 더나은미래㈜는 20×2년 3월 30일 주주들에게 배당금을 현금으로 지급하였다.

| | | | | | |
|---|---|---|---|---|---|
| (차) | 미지급배당금 | ₩3,000,000 | (대) | 현금 | ₩3,000,000 |

### ▪ 법정적립금

적립금은 회사가 사업을 운영한 후 남긴 돈, 이익을 적립한 것으로, 법정적립금은 회사가 남은 이익을 함부로 유출하지 못하게 비축하여 혹시 모를 미래의 경영상황의 악화를 대비하여 법에서 강제적으로 적립하도록 규정한 것이다. 대표적인 법정적립금인 이익준비금은 상법에서는 매 결산기에 현금으로 지급하는 이익배당금의 10분의 1 이상을 자본금의 2분의 1에 달할 때까지 적립하도록 규정하고 있다.

### ▪ 임의적립금

법정적립금과는 달리 회사가 임의로 적립하는 적립금이나 법인세 등을 이연시킬 목적으로 조세특례제한법의 규정에 따라 계상한 준비금 등을 말한다. 또한 임의적립금에는 회사의 순자산을 증가시킬 목적으로 설정하는 적극적인 적립금으로서 감채적립금, 사업확장적립금 등이 있고, 미래의 회사 순자산이 감소할 것에 대비하여 설정하는 배당평균적립금, 결손보전적립금 등이 있으며, 소극적 적립금으로는 중소기업투자준비금 등의 조세특례제한법상 준비금 등이 있다.

## 2.3 자본조정과 기타포괄손익

자본조정은 자본의 감소를 가져오는 항목으로 자기주식, 감자차손, 자기주식처분손실, 주식할인발행차금 등이 해당되며, 기타포괄손익누계액은 기타포괄손익-공정가치측정 금융자산평가손익, 유형자산재평가손익과 같이 자산에 대한 재평가로 인하여 발생하는 손익을 의미한다.

## 2.4 자본변동표

자본변동표는 일정기간 동안에 발생한 자본 변동내역에 관한 내용을 작성한 재무제표 중 하나이다. 자본을 구성하고 있는 세부내역인 자본금, 자본잉여금, 이익잉여금, 자본조정, 기타포괄손익누계액에 대하여 일정기간 동안에 변동한 내역을 나타내는 보고서이다. 자본변동표의 구성은 기초자본변동표 잔액, 일정기간 동안의 자본변동내역, 기말자본변동표 잔액으로 나누어 구성되어 있다.

**예제 9-5**

더나은미래㈜의 202×년도 자본 기초잔액과 202×년 중 자본거래는 다음과 같다.

| 202×년 1월 1일 현재 자본의 기초잔액 | |
|---|---|
| 자본금 | ₩100,000,000 |
| 이익준비금 | ₩10,000,000 |
| 임의적립금 | ₩30,000,000 |
| 기타포괄손익금융자산 평가이익 | ₩2,000,000 |

202×년 중 자본 관련 거래는 다음과 같다.

3월 15일에 주주총회에서 ₩1,000,000을 현금배당하기로 결의하였다.
4월 15일에 배당금을 지급하였다.
5월 1일에 보통주 10,000주를 1주당 ₩2,000(액면금액 ₩1,000)에 발행하였다.
6월 1일에 자기주식 1,000주를 주당 ₩3,000에 취득하였다.
12월 31일에 기타포괄손익-공정가치측정 금융자산의 평가이익 ₩500,000을 인식하였다.

당기순이익은 ₩15,000,000이다.

(1) 202×년에 발생한 자본거래를 회계처리하세요.

| | | | | | |
|---|---|---|---|---|---|
| 3/15 | (차) 이익잉여금 | ₩1,000,000 | (대) 미지급배당금 | ₩1,000,000 |
| 4/15 | (차) 미지급배당금 | ₩1,000,000 | (대) 현금 | ₩1,000,000 |
| 5/ 1 | (차) 현금 | ₩20,000,000 | (대) 자본금 | ₩10,000,000 |
| | | | 주식발행초과금 | ₩10,000,000 |
| 6/ 1 | (차) 자기주식 | ₩3,000,000 | (대) 현금 | ₩3,000,000 |
| 12/31 | (차) 기타포괄손익-공정가치측정 금융자산 | ₩500,000 | (대) 기타포괄손익-공정가치측정 금융자산 평가이익 | ₩500,000 |
| | (차) 집합손익 | ₩15,000,000 | (대) 이익잉여금 | ₩15,000,000 |

(2) 주어진 자료를 바탕으로 자본변동표를 작성해보세요.

(단위: 천원)

| | 납입자본 | 이익잉여금 | 자본조정 | 기타포괄손익 누계액 | 총계 |
|---|---|---|---|---|---|
| 기초잔액 | 100,000 | 40,000 | | 2,000 | 142,000 |
| 유상증자 | 20,000 | | | | 20,000 |
| 배당금지급 | | (1,000) | | | (1,000) |
| 자기주식취득 | | | (3,000) | | (3,000) |
| 기타포괄손익 | | | | 500 | 500 |
| 당기순이익 | | 15,000 | | | 15,000 |
| | 120,000 | 54,000 | (3,000) | 2,500 | 173,500 |

## 확 · 인 · 문 · 제

※ 각 문항의 설명 중 옳은 것에는 T, 틀린 것에는 F를 하시오.

1. 사채가 할인발행되었을 때 유효이자율법을 적용하면 기간이 경과할수록 매기 사채이자비용은 점차 증가한다. (      )

2. 자본금계정의 금액을 표시할 때 할인발행이나 할증발행의 경우에도 주식의 액면금액으로 표시한다. (      )

3. 이익잉여금은 배당금의 지급, 당기순손실, 주식할인발행차금의 상각, 전기오류수정손실 등에 의해 감소된다. (      )

4. 이익준비금은 매결산시마다 금전에 의한 이익배당의 10% 이상에 해당하는 금액을 자본금의 50%에 달할 때까지 적립해야 한다. (      )

5. 임의적립금, 법정적립금, 이익준비금, 자본잉여금 등은 결손을 전보할 목적으로 처분할 수 있다. (      )

6. 사채는 기업이 일반투자자들로부터 직접 자금을 조달하는 방식으로 이자와 원금상환 등 확정채무사항이 표시되어 있는 증권을 발행하여 자금을 조달하는 것이다. (      )

7. 사채 액면이자율은 사채의 표면에 기록되어 있는 이자율로 현금으로 지급하는 이자를 결정하는 시장이자율이다. (      )

8. 사채 발행가격은 각 기간 발생하는 사채의 액면이자와 만기에 발생하는 원금상환액을 현재시점에서 평가한 금액이다. (      )

9. 사채와 관련하여 발생하는 미래의 현금흐름을 사채발행 시점의 시장이자율로 할인한 값으로 사채의 액면금액과는 같다. (      )

**10.** 사채할인발행차금은 사채의 표면이자율이 시장이자율보다 낮기 때문에 채권자가 상실하는 이자를 보상해 주기 위한 추가적인 이자비용으로서 사채발행시점에 이자를 선지급하는 것과 같다. (  )

**11.** 사채에 대한 이자비용은 정해진 기일에 액면이자율에 의한 이자와 사채할증발행차금 상각액을 가산한 금액이 된다. (  )

**12.** 사채발행회사가 사채를 통해 자금을 조달하면서 실제 부담하는 이자율은 유효이자율이므로 유효이자율만큼 이자비용으로 인식하여야 한다. (  )

**13.** 이익금액은 모두 현금으로 보유하고 있는 것이 아니라 현금을 포함한 여러 가지 자산형태로 회사 내부에 존재하고 있다. (  )

**14.** 이익잉여금은 당기순이익이 발생하면 증가되고 배당금을 지급하면 감소하며 손익계산서 계정과 재무상태표 계정을 연결시키는 계정이다. (  )

**15.** 기타포괄손익누계액은 공정가치측정 금융자산평가손익, 유형자산재평가 손익과 같이 자산에 대한 재평가로 인하여 발생하는 손익을 의미한다. (  )

---

**▮해답** 1. T 2. T 3. T 4. T 5. T 6. T 7. F 8. T 9. F 10. T 11. F 12. T 13. T 14. T 15. T

## 실 · 습 · 문 · 제

**1.** 더나은미래㈜는 다음과 같은 조건의 사채를 발행하였다.

| 액면금액: ₩100,000 | 만기: 3년 |
|---|---|
| 액면이자율: 연 10% | 이자지급조건: 매년 말 1회 |
| 발행일: 20×1년 1월 1일 | |

1-1. 시장이자율이 12%라면, 사채발행시점인 20×1년 1월 1일에서의 분개를 해보세요.
1-2. 유효이자율법을 적용하여 향후 3년간 이자비용 및 상각표를 작성해보세요.
1-3. 1차 연도 말에서의 이자비용 인식과 이자지급을 분개해보세요.
1-4. 마지막 연도 말(3년차)에서의 이자비용 인식과 이자지급을 분개해보세요.
1-5. 만기시점에서의 사채상환을 분개해보세요.

**2.** 더나은미래㈜는 20×1년 1월 1일에 다음과 같은 조건으로 사채를 발행하였다.

| 액면금액: 500,000,000 | 액면이자율: 연 8% |
|---|---|
| 만기: 5년 | 시장이자율 10% |

2-1. 사채발행에 대한 회계처리를 해보세요.
2-2. 만기시점까지의 사채발행차금을 상각하기 위한 상각표를 작성하세요.
2-3. 연도별 발생이자와 할인차금의 상각을 기록하는 회계처리를 하세요.
2-4. 만기시점의 사채 상환에 따른 회계처리를 하세요.

**3.** 더나은미래㈜는 20×1년 1월 1일에 다음과 같은 조건으로 사채를 취득하였다.

| 액면금액: 1,000,000 | 액면이자율: 8% |
|---|---|
| 만기: 5년 | 이자지급일: 매년 12월 말 |

〈추가정보〉
유효이자율이 10%이며, 취득한 사채는 상각후원가 금융자산으로 분류한다.

3-1. 사채 취득일로부터 만기시점까지의 상각표를 작성하세요.
3-2. 이 회사의 1차연도 수익에 대해 회계처리하세요.
3-3. 5차연도 말에 사채를 상환받았을 경우를 회계처리하세요.

**4.** 더나은미래㈜는 20×1년 1월 1일에 5년 만기의 액면금액 ₩500,000의 사채를 발행하였다. 액면이자율은 7%로 연말에 지급한다. 사채 발행일 현재 시장이자율은 10%이다. 이자는 매년 12월 31일에 지급하며 사채발행차금은 유효이자율법에 따라 연말에 상각한다.

4-1. 20×1년 1월 1일 사채발행에 대한 회계처리를 하세요.
4-2. 5년간의 사채할인발행차금 상각표를 작성하세요.
4-3. 1차연도 이자지급과 관련된 회계처리를 하세요.

**5.** 더나은미래㈜의 202×년 12월 31일의 재무상태표의 자본 부분은 다음과 같다.

**부분재무상태표**

202×년 1월 1일 (단위: 천원)

| | |
|---|---|
| 자본금 | ₩100,000 |
| 자본잉여금: 주식발행초과금 | ₩30,000 |
| 자본조정: 자기주식 | (₩10,000) |
| 이익잉여금 | |
| 이익준비금 | ₩5,000 |
| 감채적립금 | ₩2,000 |
| 미처분이익잉여금 | ₩15,000 |
| 자본 총계 | ₩142,000 |

*주석사항: 주당 액면금액 ₩1,000, 발행주식수 100,000주

〈거래내역〉

① 2월 20일 자기주식 1,000주를 주당 ₩2,000씩 현금을 지급하고 취득하였다.
② 3월 10일 보통주 10,000주를 주당 ₩2,000에 발행하고 현금으로 납입받았다.
③ 3월 20일 주주총회에서 다음과 같이 이익잉여금 처분안을 의결하였다.

| | | | |
|---|---|---|---|
| 감채적립금 적립 | 3,000,000 | 이익준비금 적립 | 1,000,000 |
| 사업확장적립액 적립 | 5,000,000 | 현금배당 | 3,000,000 |

④ 202×년도 당기순이익은 ₩3,000,000이었다.

5-1. 202×년 중의 자본 관련 거래내역을 각각 분개하세요.
5-2. 위의 분개사항을 반영하여 202×년 말 재무상태표상의 자본 부분을 작성하세요.
5-3. 위의 자료를 토대로 202×년도 자본변동표를 작성하세요.

## ▎실습문제 풀이

**1.** 1-1. 분개

| | | | |
|---|---|---|---|
| (차) 현금 | 95,196 | (대) 사채 | 100,000 |
| 사채할인발행차금 | 4,804 | | |

$*95,196 = 100,000/(1.12)^3 + 10,000/(1.12)^3 + 10,000/(1.12)^2 + 10,000/1.12$

1-2. 상각표 및 이자비용

| | 이자비용 | 표시이자 | 상각액 | 기말 장부가액 |
|---|---|---|---|---|
| 1차연도 | 11,424 | 10,000 | 1,424 | 96,620 |
| 2차연도 | 11,594 | 10,000 | 1,594 | 98,214 |
| 3차연도 | 11,786 | 10,000 | 1,786 | 100,000 |

*이자비용＝전기말 장부가액×0.12
*상각액＝당기이자비용－10,000
*기말장부가액＝전기말 장부가액＋당기상각액

1-3. 1차연도 말 분개

| | | | |
|---|---|---|---|
| (차) 이자비용 | 11,424 | (대) 현금 | 10,000 |
| | | 사채할인발행차금 | 1,424 |

1-4. 마지막 연도(3차연도)말에서의 이자관련 분개

| | | | |
|---|---|---|---|
| (차) 이자비용 | 11,786 | (대) 현금 | 10,000 |
| | | 사채할인발행차금 | 1,786 |

1-5. 사채상환 분개

| | | | |
|---|---|---|---|
| (차) 사채 | 100,000 | (대) 현금 | 100,000 |

**2.** 2-1. 발행일의 회계처리

| | | | |
|---|---|---|---|
| (차) 현금 | 462,092,132 | (대) 사채 | 500,000,000 |
| 사채할인발행차금 | 37,907,868 | | |

$*462,092,132 = 500,000,000/(1.1)^5 + 40,000,000/(1.1)^5 + 40,000,000/(1.1)^4$
$+ 40,000,000/(1.1)^3 + 40,000,000/(1.1)^2 + 40,000,000/1.1$

2-2. 사채할인발행차금 상각표

| 연차 | 이자비용 | 표시이자 | 상각액 | 기말 장부가액 |
|---|---|---|---|---|
| 1 | 46,209,213 | 40,000,000 | 6,209,213 | 468,301,345 |
| 2 | 46,830,135 | 40,000,000 | 6,830,135 | 475,131,480 |
| 3 | 47,513,148 | 40,000,000 | 7,513,148 | 482,644,628 |
| 4 | 48,264,463 | 40,000,000 | 8,264,463 | 490,909,091 |
| 5 | 49,090,909 | 40,000,000 | 9,090,909 | 500,000,000 |

2-3. 1차연도 이자 및 할인발행차금 상각 분개

| (차) 이자비용 | 46,209,213 | (대) 현금 | 40,000,000 |
|---|---|---|---|
| | | 사채할인발행차금 | 6,209,213 |

2-4. 만기상환 관련 분개

| (차) 사채 | 500,000,000 | (대) 현금 | 500,000,000 |
|---|---|---|---|

**3.** 3-1. 1차연도 인식할 상각후 원가측정 금융자산 관련 수익

| 연차 | 이자수익 | 표시이자 | 상각액 | 기말 장부가액 |
|---|---|---|---|---|
| 1 | 92,418 | 80,000 | 12,418 | 936,602 |
| 2 | 93,660 | 80,000 | 13,660 | 950,262 |
| 3 | 95,026 | 80,000 | 15,026 | 965,288 |
| 4 | 96,529 | 80,000 | 16,529 | 981,818 |
| 5 | 98,182 | 80,000 | 18,182 | 1,000,000 |

*취득가액 924,184

3-2.

| (차) 현금 | 80,000 | (대) 이자수익 | 92,418 |
|---|---|---|---|
| 상각후원가측정 금융자산 | 12,418 | | |

3-3. 5차연도 말에 사채를 상환받을 경우의 회계처리

| (차) 현금 | 1,000,000 | (대) 상각후원가측정 금융자산 | 1,000,000 |
|---|---|---|---|

**4.** 4-1. 발행일의 회계처리

| (차) 현금 | 443,138 | (대) 사채 | 50,000 |
|---|---|---|---|
| 사채할인발행차금 | 56,862 | | |

4-2. 사채할인발행차금 상각표

| 연차 | 이자비용 | 표시이자 | 상각액 | 기말 장부가액 |
|---|---|---|---|---|
| 1 | 44,314 | 35,000 | 9,314 | 452,452 |
| 2 | 45,245 | 35,000 | 10,245 | 462,697 |
| 3 | 46,270 | 35,000 | 11,270 | 473,967 |
| 4 | 47,397 | 35,000 | 12,397 | 486,364 |
| 5 | 48,636 | 35,000 | 13,636 | 500,000 |

4-3. 1차연도 이자지급 관련 분개

| (차) 이자비용 | 44,314 | (대) 현금 | 35,000 |
|---|---|---|---|
| | | 사채할인발행차금 | 9,314 |

**5.** 5-1. 자본 관련 거래내역 분개

| 일자 | 차변 | 금액 | 대변 | 금액 |
|---|---|---|---|---|
| 2/20 | (차) 자기주식 | 2,000,000 | (대) 현금 | ₩2,000,000 |
| 3/10 | (차) 현금 | 20,000,000 | (대) 자본금 | ₩10,000,000 |
| | | | 주식발행초과금 | ₩10,000,000 |
| 3/20 | (차) 미처분이익잉여금 | 12,000,000 | (대) 이익준비금 | ₩1,000,000 |
| | | | 감채적립금 | ₩3,000,000 |
| | | | 사업확장적립금 | ₩5,000,000 |
| | | | 현금배당 | ₩3,000,000 |
| 12/31 | (차) 집합손익 | ₩3,000,000 | (대) 이익잉여금 | ₩3,000,000 |

5-2. 기말 재무상태표상의 '자본 부분'

부분재무상태표

202×년 12월 31일 (단위: 천원)

| | |
|---|---|
| 자본금 | ₩110,000 |
| 자본잉여금: 주식발행초과금 | ₩40,000 |
| 자본조정: 자기주식 | (₩12,000) |
| 이익잉여금 | |
| 이익준비금 | ₩6,000 |
| 감채적립금 | ₩5,000 |
| 사업확장적립금 | ₩5,000 |
| 미처분이익잉여금 | ₩6,000 |
| 자본 총계 | ₩160,000 |

5-3. 자본변동표 작성

(단위:천원)

| 구분 | 자본금 | 자본 잉여금 | 자본조정 | 이익 잉여금 | 총계 |
|---|---|---|---|---|---|
| 기초자본 | 100,000 | 30,000 | (10,000) | 22,000 | 142,000 |
| 유상증자 | 10,000 | 10,000 | | | 20,000 |
| 자기주식 | | | (2,000) | | (2,000) |
| 현금배당 | | | | (3,000) | (3,000) |
| 당기순이익 | | | | 3,000 | 3,000 |
| 기말자본 | 110,000 | 40,000 | (12,000) | 22,000 | 160,000 |

# 제 3 부

# 회계정보의 이해와 활용

Business Accounting Management

# 제 10 장

# 재무제표 작성 및 이해

# 1 경영활동과 경영자원의 순환

기업의 경영활동 계획과 실적을 화폐단위의 숫자로 표시한 것이 회계정보이다. 경영활동의 계획은 예산편성의 과정을 통해서 추정재무제표로 나타나고, 경영활동의 결과는 결산재무제표를 통하여 나타나게 된다. 경영활동에 따른 기본재무정보는 일정시점의 기업의 재무상태를 나타내는 재무상태표, 일정기간 동안의 경영성과를 보여주는 손익계산서, 그리고 일정기간 동안의 기업의 현금유입과 유출 및 현금잔액을 보여주는 현금흐름표이다. 회계정보 분석은 투자자 등 제3자가 기업에 투자할지 여부에 대한 평가지표로 활용되고, 기업 내부적으로는 경영평가에 대한 지표로도 사용된다. 투자자나 경영자가 회계정보 분석 결과를 이해하고 잘 활용한다면 투자자는 투자성과를 크게 향상시킬 수 있을 것이며 경영자는 과거의 경영성과를 점검한 후 기업의 미래경영의 방향을 설정하는 데 큰 도움이 될 것이다.

## 1.1 경영활동과 비즈니스 모델의 혁신

회계를 제대로 이해하고 있지 못하다면 기업을 경영하고 있는 경영자, 회사의 주식에 투자하는 투자자는 합리적인 의사결정을 할 수 없어서 여러 가지 경제적인 손실을 입을 수 있다. 특히 투자자나 경영자는 단순한 숫자 자체가 아닌, 회계정보를 통한 기업경영 분석을 함으로써 회계정보 분석 결과의 숫자에 대한 의미를 이해하여야 한다. 기업은 영업활동을 통하여 기업의 이익을 창출하고, 영업활동에 필요한 자산은 투자활동을 통하여 획득하게 된다. 그리고 재무활동은 이러한 영업활동과 투자활동에 필요한 자금을 조달하는 기능을 하게 된다.

기업은 새로운 제품이나 서비스를 고객에게 제공하는 영업활동으로 이익을 창출하고 있는데, 지금까지 경영자들은 경쟁자와 차별화되는 제품이나 서비스를 개발하기 위해 노력해 왔지만 인공지능과 디지털 대전환시대에는 단순히 새로운 제품이나 서비스의 제공을 통해 성장하기에는 한계가 있다. 인공지능과 디지털 혁신기술은 제품이나 서비스 자체보다는 근본적으로 비즈니스 모델의 근본적인 혁신을 요구하고 있으며, 고객에게 무슨 가치를 어떤 방식을 통하여 제공할 것인지에 대하여 결정하고 시장에서 기업이 어떻게 이윤을 창출하는지가 중요한 요인으로 작용하고 있다.

오늘날 많은 기업들은 고객의 니즈와 가치를 기반으로 새로운 가치를 제공하고 이익을 획득하는 메커니즘인 비즈니스 모델에 대한 혁신에 많은 관심을 갖고 있다. 같은 제품이나 서비스일지라도 수익을 창출하는 비즈니스 모델은 다를 수 있으며, 제품이나 역량 차원에서의 경쟁이 아닌 서로 다른 비즈니스 모델 간의 경쟁이 이루어지고 있다. 기업에서의 이익창출은 제품이나 서비스를 잘 만들어 잘 판매가 될 수 있도록 하는 비즈니스 모델의 경쟁력이 매출을 좌우하는 결정적 요소이다. 기업매출의 창출은 비즈니스 모델의 경쟁력을 기반으로 판매가격과 판매수량에 의하여 이루어진다. 또한 비즈니스 모델 기반의 매출창출에 투입되는 원가요소의 경쟁력에 따라서 이익창출 규모가 크게 변할 수 있다. 따라서 기업의 이익과 부의 창출 메카니즘은 그 기업의 비즈니스 모델에 의하여 제공되는 제품이나 서비스의 가격과 원가가 고객에게 얼마나 큰 가치를 제공해 주느냐에 달려 있다.

**❙ 비즈니스 모델의 경쟁력**

가치 > 가격 > 원가

이제 기업혁신의 대상은 단순히 제품이나 서비스에서 비즈니스 모델 자체가 된 것이다. 기업의 경영활동은 비즈니스 모델 혁신을 통하여 비즈니스 모델을 구성하는 여러 가지 요소를 다각도에서 변형시켜 차별화된 가치를 창출해내는 것이다. 비즈니스 모델 기반의 각종 경영활동은 계획-실행-평가의 순환과정을 거치며 이를 통해 회계정보가 생산되고 재무제표라는 보고서로 기업 내·외부의 이해관계자들이 의사결정에 활용되고 있다.

기업들은 비즈니스 모델 혁신을 통해 급변하는 경영환경에서 경쟁우위를 강화해 한 차원 더 높은 가치를 창출할 수 있다. 기업들은 제품이나 서비스의 개별적 관점이 아니라 통합적 관점에서 가치창출방법의 혁신을 추구하면서, 수익창출 및 사업 수행 방식과 같은 전반적 혁신방법으로 비즈니스 모델 혁신이 발

**그림 10-1** 비즈니스 모델 혁신 기반의 경영활동(Plan-Do-See)

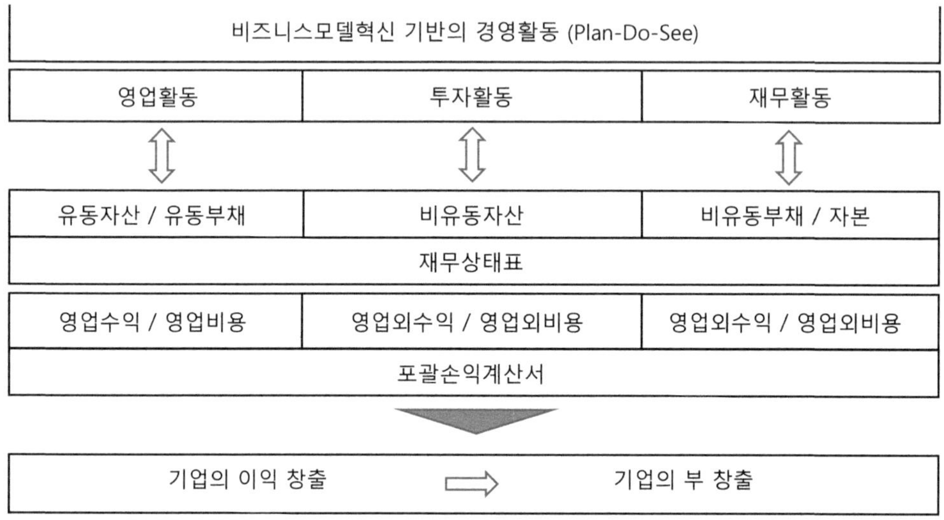


생하고 있다. 비즈니스 모델의 경쟁력은 고객가치 관점에 집중하여 기업을 둘러싼 여러 이해관계자들을 위해 가치를 창출하고 성과를 내기 위하여 다양한 고객 유형에 따라 기업의 가치를 제공하고 지속적인 수익을 창출하기 위한 기업의 수익구조 모델이다.

비즈니스 모델 혁신은 기능분야의 혁신을 통한 성과향상 방식인 경영혁신과는 달리 사업수행 방식 자체를 전반적으로 차별화한다는 점에서 차이가 있다. 비즈니스 모델의 혁신과 경쟁우위력을 확보할 수 있도록 영업활동, 투자활동, 재무활동이 수행되어야 할 것이고, 이러한 활동결과로 인해 생산된 회계정보가 투자자나 경영자의 의사결정에 활용이 되어야 할 것이다. 기업의 비즈니스 모델은 사업환경의 변화에 따라서 지속적인 혁신을 요구받고 있다. 비즈니스 모델 혁신은 시장 상황을 파악하여 여러 가지 측면에서 현재의 비즈니스 모델을 진단, 평가하여 진화시켜나가야 할 것이다. 비즈니스 모델 혁신시기에 대한 평가 체크리스트[1]는 다음과 같다.

1 출처: 이병남(2011), 비즈니스 모델 혁신이 필요한 때인가 평가하기 위한 체크리스트, 동아비즈니스 리뷰.

**표 10-1** 비즈니스 모델 혁신시기에 대한 평가 체크리스트

| 구분 | 세부체크리스트 | Yes | No |
|---|---|---|---|
| 사업의 포화 | 지금보다 월등한 성장과 수익성을 원하는가?<br>사업의 장기적인 마진이 현재 수준에 비해 낮은가?<br>신규비즈니스 모델을 도입한 경쟁자들이 시장점유율을 크게 확대하고 있는가? | | |
| 가치제안의 손상 | 고객이 기꺼이 비용을 지불할 의사가 있지만 실제로는 충족되지 않고 있는 니즈가 있는가?<br>가격프리미엄을 추구하기가 점점 어려워지는가? | | |
| 차별화의 약화 | 가치제안의 차별화가 점점 어려운가? | | |
| 기업의 시야 제한 | 참여할 수 있는 가장 큰 시장이 어디인지 알고 있는가?<br>경영진은 자사의 핵심사업을 손상시킬 수 있는 5가지 위협을 알고 있는가?<br>지난 1년간 비즈니스 모델 혁신에 대해 경영진의 핵심논의사항이 있었나? | | |
| 업계를 뒤흔드는 변화방향 | 현재 혹은 장래에 영향을 미칠 업계 규제변화가 있는가?<br>업계에 파급효과가 큰 기술적 변화가 있는가? | | |

또한 비즈니스 모델의 혁신은 기업이 미래에 존속하고 지속가능한 성장을 가능하게 하는 토대가 되고 지속적으로 이익창출을 할 수 있게 한다. 기업의 생존과 지속가능한 성장은 고객의 니즈와 환경변화에 맞추어 지속적으로 함께 진화해 나가야 하며 비즈니스 모델도 계속 진화하고 변화해야 한다. 미래의 기업 경쟁력은 기존 비즈니스 모델을 고객과 시장의 변화에 맞추어 인공지능 등 신기술을 적용하여 새롭게 가치혁신을 할 수 있느냐에 달려 있다.

## 1.2 경영자원의 순환

기업은 창업과 동시에 계속기업으로서 지속적으로 생존과 성장·발전을 추구해 나가야 한다. 기업의 생존과 성장의 본질은 고객가치 창출을 통해 이익을 창출하고 자본을 축적하는 것이다. 기업이란 자기자본이나 타인자본의 조달을 통하여 설비자산을 구축하고 제품 등 다양한 자산형태로 변환하여 이익을 창출

**그림 10-2** 경영자원의 순환

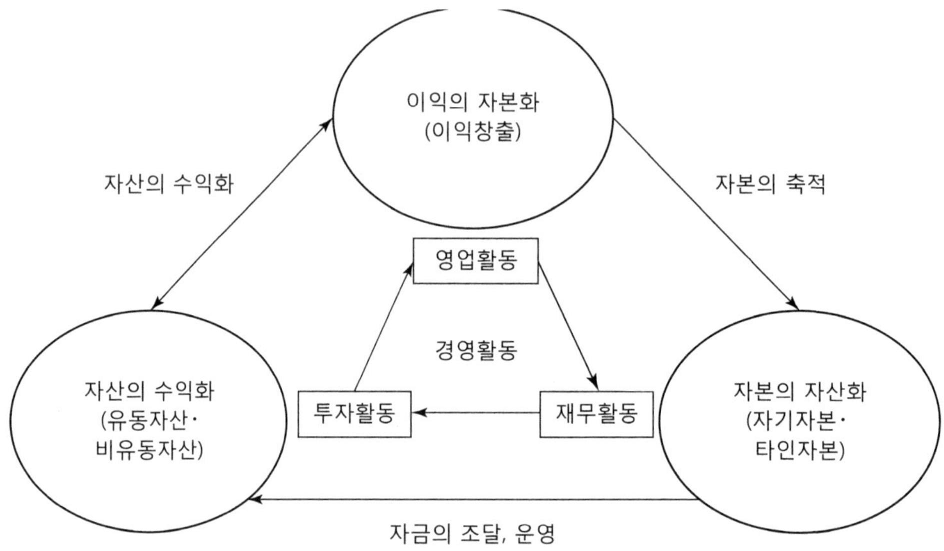


하는 시스템이다. 기업의 경영활동은 이익을 창출하기 위하여 계획-실행-평가의 경영관리 사이클에 맞추어 영업활동, 투자활동, 재무활동을 수행하여 고객의 가치창출과 더불어 기업의 이익을 창출하고 그 창출된 이익의 일부는 주주에게 배당하고 나머지는 기업 내부자본으로 축적하고 있다가 신규투자 등이 필요한 경우에 투자재원으로 활용된다.

기업의 경영활동 결과는 경영성과로 손익계산서에 나타나고 창출한 이익은 재무상태표에 해당기업의 자산과 자본으로 축적된다. 이익을 창출해 내지 못하는 기업은 상품시장, 노동시장, 자본시장에서 고객들로부터 외면을 받게 되고 상품의 재고가 쌓이고 인력과 자본이 이탈하여 부실기업으로 전환될 것이다. 기업의 생존과 지속가능한 성장을 위해서는 비즈니스 모델의 지속적인 혁신과 더불어 경영관리에 있어서 혁신이 필요하다.

정상적인 기업의 경영은 재무활동으로 조달된 자금이 비유동자산 등으로 자산화되고, 투자활동과 더불어 영업활동으로 만들어진 제품 등의 판매로 수익화가 되어 창출된 이익은 또다시 자본화로 이어지는 선순환을 하게 된다.

# 2 재무제표 작성과 이해

재무제표는 기업의 재무상태와 경영성과 등을 나타내는 재무보고서로서 기업경영활동 결과보고서이다. 재무상태표는 특정시점의 기업의 재무상태, 즉 자산, 부채, 자본의 상태를 나타내는 표이므로 자본의 구성이나 자산의 특성을 알 수 있고 자금의 조달원천과 자금의 운용을 확인할 수 있다. 포괄손익계산서는 일정기간 동안에 기업의 경영성과인 손익을 나타내며 기업에서 획득한 수익과 이에 대응한 비용항목의 내역을 알 수 있다. 기업의 회계처리와 보고서의 작성은 기본적으로 발생주의원칙에 따라 처리되나 현금주의로 작성되는 현금흐름표는 일정기간 동안의 기업의 현금이 어떻게 유입되고 유출되었는지 현재 남은 현금은 얼마인지를 알 수 있다. 자본변동표는 일정기간 동안의 자본항목의 증감변동 내역을 표시한 보고서로서 배당, 증자 등으로 인한 자본의 증감변동을 표시한다. 주석은 기업의 회계정책, 재무제표를 이해하는 데 필요한 상세정보를 표시하고 있다. 재무제표의 숫자를 보고 이해가 되지 않는 경우에는 주석을 통해서 세부적인 사항을 더 파악하여 이해하는 데 도움을 된다.

재무제표의 작성은 기본적으로 보고식으로 작성되고 외부 전문회계법인의 회계감사를 통하여 검증받은 재무제표를 주주총회에 보고하고 외부에 공시하게 된다.

## 1.1 재무상태표 작성과 이해

재무상태표는 기업경영에 필요한 자금의 조달과 조달된 자금을 운용한 결과를 나타내는 것이다. 재무상태표의 대변에는 자본 조달의 원천을 나타내는 부채와 자본, 차변에는 자금의 운용을 나타내는 자산이 표시되어 대치대조표라고도 한다. 기업의 경영활동에 필요한 자금이 규모가 어느 정도인가와 그 필요사금을 차입할 것인가 아니면 주식을 발행하여 조달할 것인가에 따라서 자금의 조달은 부채나 자본으로 나타나게 된다. 기업에서 자금을 조달하는 방식에는 대여자로부터 조달된 타인자본인 부채, 주식투자자로부터 조달된 자기자본인 자본으로 구분되며 타인자본과 자기자본을 합한 것을 총자본이라 한다.

부채의 경우에는 1년 이내에 지급해야 할 의무가 있는 유동부채와 지급기한 및 상환기한이 1년 이상인 비유동부채로 구분할 수 있다. 기업에 조달된 자금을 통해 제품이나 서비스의 생산에 필요한 각종 설비나 고정자산을 확보하고, 제품이나 서비스 생산을 위한 원재료를 구매하여 생산활동을 한다. 이를 통해 완성된 제품이 판매될 경우에는 현금이나 매출채권으로 전환되고, 판매되지 않을 경우에는 재고자산으로 보유하게 된다. 자산은 1년 이내에 현금화가 가능한 유동자산과 장기간에 걸쳐 사용되는 비유동자산으로 구분된다.

재무상태표에서 대변의 자금의 조달금액과 차변의 조달된 자금의 운용금액은 복식부기의 원리에 따라 반드시 일치하게 된다. 자금조달과 운용의 균형은 사업의 자금과 경영활동과의 균형을 의미하는 것인데, 회사의 외적 확대와 성장전략을 추구한 나머지 자금부족으로 유동성 위기에 몰려 불황기에는 흑자도산이 발생하는 경우가 많다. 기업의 경영자는 기업경영에 필요한 소요자금과 자금의 조달방안, 자금의 조달과 운용의 균형 유지에 대하여 올바르게 판단하고 의사결정을 하여야 한다.

자금의 운용(자산) = 자금의 조달(타인자본 + 자기자본)
재무상태표 자산 = 부채 + 자본

재무상태표는 정보이용자들이 기업실체의 유동성, 재무적 탄력성, 수익성과 위험 등을 평가하는 데 유용한 정보를 제공하여야 한다. 예를 들어, 자산과 부채의 항목이 재무상태표에 그 유동성 정도에 따라 적절히 구분 표시되거나 영업활동과 재무활동의 구분을 고려하여 보고된다면 정보이용자의 의사결정에 보다 유용할 수 있다. 재무상태표의 차변과 관련된 자금의 운용, 대변과 관련된 자금의 조달에 대하여 세부적인 내용을 읽고 이해하여 활용할 수 있도록 세부적 사항을 살펴보고자 한다.

## ■ 자금조달의 원천

기업의 자금조달 원천은 기업의 내부자금과 외부자금의 두 가지로 크게 나눌 수 있으며, 자기자본과 타인자본의 균형적 구조를 유지함으로써 재무안정성을 확보할 수 있다. 기업 내부자금은 영업활동으로 발생한 당기순이익 중 주주에게 배당한 뒤 남은 부분을 내부에 적립해 둔 각종 적립금을 말한다. 이것은 이자 등 조달비용이 들지 않고 자금의 사용기간에도 제약이 없어 기업 입장에서는 매우 안정적이고 유리한 자금조달 수단이 된다

그러나 내부자금만으로 미래투자에 필요한 대규모 투자자금을 조달하기에는 한계가 있으므로 기업들은 부족한 자금을 외부로부터 조달하지 않을 수 없다. 외부자금은 조달방식에 따라 직접금융과 간접금융이 있다. 직접금융은 기업이 자본시장에서 주식 및 채권 발행 등을 통해 조달하는 방식이고, 간접금융은 은행 같은 금융기관에서 자금을 차입하는 것이다.

기업이 회사채 등 채권을 발행하면 신용등급에 따라 이자를 지급하고 만기에 원금을 상환해야 하는데 금융기관에서 자금을 빌린 것과 유사하다. 반면 주식 발행은 원금을 상환할 필요가 없고 이익의 일부를 배당금으로 지급하면 된다. 기업 입장에서는 주식 발행을 통한 자금조달이 채권 발행이나 금융기관 차입보다 안정적인 조달방법이나 주주들이 과도한 배당금을 요구하거나 경영 간섭이나 통제를 받게 된다.

반면에 차입금이나 채권을 발행할 경우 이자비용으로 인해 과세표준이 감소하므로 세부담이 줄어드는 이점이 있으나 기업 부채의 규모가 너무 커지면 금리가 오르거나 금융시장 여건이 나빠질 때 원리금을 상환하지 못할 위험이 있다. 또한 금융기관으로부터 차입하는 방식은 단순해 보이지만 금융기관은 고객이 맡긴 예금을 이용해 대출을 해야 하므로 대출 규모에 제약이 있고, 차입금과 이자의 상환능력을 심사하며 신용이 부족한 경우 부동산과 같은 담보를 요구하게 된다.

**표 10-2** 자금조달

| 구분 | 내부자금조달 | 외부자금조달 |
|---|---|---|
| 조달원천 | 내부금융: 이익적립금 | 주식, 사채, 차입금 |
| 금융비용 | 없음 | 주식: 이익발생시 배당금<br>사채/차입금: 이자 |
| 상환기한 | 없음 | 주식: 없음<br>사채/차입금: 만기일 상환 |

기업이 신규사업이나 신규시장 개척 등 사업을 확장할 경우 대규모 자금이 소요되기 때문에 부채, 타인자본을 활용할 수밖에 없는 경우가 많이 발생한다. 이 경우 자본의 운용목적에 적합한 자금조달 방법을 선택하고 자본의 조달비용과 자금의 규모를 고려하여 부채와 자본 간의 최적 조합을 맞추는 것이 바람직하다고 할 수 있다.

자기자본이나 1년 이상 장기간 이용할 수 있는 장기차입금·사채와 같은 비유동부채는 설비투자 등 장기적 투자에 활용한다. 과학기술의 급속한 발달과 기술혁신에 의한 신규사업자의 진입 등으로 제품의 수명주기가 단축되면서 신규 설비의 도입과 투자가 증가되고 있다. 과도한 신규설비투자는 감가상각비와 이자비용을 증가시키면서 이익을 감소시킬 수 있으므로 설비투자의 규모와 자금조달 간의 균형적 관계와 투자설비의 생산성을 고려한 투자의사결정이 요구된다. 설비투자는 생산성 향상이나 원가절감을 위한 대체투자, 사업규모 확장을 위한 확장투자, 신제품이나 신사업개발을 위한 개발투자, 탄소배출 방지 등의 목적을 위한 전략투자로 나눌 수 있다. 이러한 투자의 경우 거액의 투자자금을 조달하는 대신 리스회사로부터 관련설비를 빌려서 사용하는 기업도 많이 있다. 단기차입금, 매입채무, 지급어음과 같이 단기간 이용할 수 있는 유동부채는 지급할 수 있는 현금 등의 유동자산을 적정수준으로 보유하고 있어야 한다. 모든 기업은 산업이나 업종에 불문하고 자금조달 측면에서 안정성을 확보하기 위해 일정수준 이상의 자기자본을 유지하여야 하고 자금회수기간이 장기간 소요되는 생산설비투자는 자기자본이나 비유동부채로 조달하여 운용하는 것이 바람직하다.

### ■ 자금의 운용

기업은 조달된 자금을 활용하여 각종 자산을 취득하여 부가가치를 창출하는 조직이다. 기업이 조달한 자금을 어떻게 운용하느냐에 따라서 손익계산서와 재무상태표에 그대로 반영되게 된다. 우선적으로 제품이나 서비스의 생산과 판매에 필요한 설비자산에 투자를 하게 된다. 대규모의 자금이 장기간에 걸쳐서 회수되기에 설비투자에 대한 잘못된 의사결정은 회사를 위기에 빠지게 할 수 있다. 설비투자의 수익성에 대하여 사전에 충분히 검토하여 설비투자 결정을 하여야 한다. 일반적으로 설비투자는 자기자본이나 장기차입금 및 사채와 같은 비유동부채로 조달하여 충당하게 된다. 이 경우 자금의 운용과 조달의 균형 유지가 중요한 문제이고 투자한 설비로 인한 생산성이나 수익성 등으로 투자설비의 활용성을 파악하여 설비투자의 사후 관리를 해 나가야 한다.

> 비유동비율 = (비유동자산 / 자기자본) × 100
> 비유동장기적합률 = {비유동자산 / (자기자본 + 비유동부채)} × 100
> 비유동자산회전율 = 매출액 / 비유동자산

자산 중에서 많은 부분을 차지하고 있는 것이 매출채권, 재고자산, 비유동자산으로 이들 3가지 자산을 어떻게 관리하느냐에 따라서 자금의 흐름에 영향을 미치게 된다. 매출채권은 현금으로 회수되어야만 이익이 현금으로 실현되게 되고 회수가 되지 않는다면 발생한 이익기준으로 배당 등을 실시하게 되므로 최악의 경우 자금의 부족현상을 겪게 될 수 있다. 재고자산은 제조기업의 경우 원재료 중에서 생산에 투입되지 않은 재료, 생산 중에 있는 미완성제품, 판매되지 않고 창고에 보관 중인 제품으로 원가는 투입되었으나 판매가 되지 않아 현금회수가 되지 않는 것으로 과다 재고자산을 보유할 경우 현금흐름에 악영향을 줄 수 있다.

일정시점에서 기업의 재무상태, 즉 자산, 부채, 자본을 나타내는 보고서인 재무상태표는 자산이나 부채의 구분과 배열은 유동성 기준으로 구분하고 배열하여 표시한다. 자산의 경우에는 1년 이내에 현금화할 수 있는지 여부에 따라 유동자산과 비유동자산으로 구분하여 배열하고 표시하며, 부채의 경우에는 1년 이내에 상환 여부에 따라 유동부채와 비유동부채로 구분하여 배열하고 표시한다.

재무상태표는 수정후시산표를 활용하여 주주총회 보고와 외부 이해관계자들에게 정보를 제공해 주기 위하여 위에서 아래로 자산계정, 부채계정, 자본계정으로 배열하여 보고식으로 작성하게 된다.

### 예제 10-1

더나은미래㈜의 202×년 12월 31일 수정후시산표의 재무상태에 관한 정보를 활용하여 보고식 재무상태표를 작성하세요. (단, 단위는 천원)

| | | | | | | | |
|---|---|---|---|---|---|---|---|
| 현금 및 예금 | 350,000 | 매출채권 | 150,000 | 대손충당금 | 20,000 | 선급금 | 10,000 |
| 재고자산 | 50,000 | 소모품 | 10,000 | 건물 | 500,000 | 기계장치 | 200,000 |
| 유형자산감가상각누계액 | 140,000 | | | 매입채무 | 110,000 | 미지급금 | 50,000 |
| 차입금 | 200,000 | 선수금 | 50,000 | 퇴직급여충당부채 | 150,000 | | |
| 자본금 | 200,000 | 이익준비금 | 200,000 | 미처분이익잉여금 | 150,000 | | |

재무상태표

202×년 12월 21일 현재 (단위: 천원)

| 계정과목 | 금액 |
|---|---|
| 자산 | |
| 유동자산 | |
| 현금 및 예금 | 350,000 |
| 매출채권 | 150,000 |
| 대손충당금 | (20,000) |
| 재고자산 | 50,000 |
| 소모품 | 10,000 |
| 선급금 | 10,000 |
| 비유동자산 | |
| 건물 | 500,000 |
| 기계장치 | 200,000 |
| 유형자산감가상각누계액 | (140,000) |
| **자산총계** | 1,110,000 |
| 부채 | |
| 유동부채 | |
| 매입채무 | 110,000 |
| 미지급금 | 50,000 |
| 차입금 | 200,000 |
| 선수금 | 50,000 |
| 퇴직급여충당부채 | 150,000 |
| 부채총계 | 560,000 |
| 자본 | |
| 자본금 | 200,000 |
| 이익잉여금 | |
| 미처분이익잉여금 | 150,000 |
| 이익준비금 | 200,000 |
| 자본총계 | 550,000 |
| **부채와 자본총계** | 1,110,000 |

## ■ 재무상태표의 핵심 포인트

재무상태표는 일정시점에서의 기업의 자산, 부채와 자본의 상태를 보여주는 보고서로서 해당기업의 부의 규모를 나타내기도 한다. 기업은 이익을 창출하는 조직으로 자금을 조달하여 제품 또는 서비스를 생산·판매할 수 있는 시스템을 갖추고 제품과 서비스를 생산하여 일정규모의 이익을 부가하여 판매함으로써 이익을 창출하고 있다. 재무상태표는 자금의 조달과 운용결과를 보여주는 것으로 자금의 조달은 자기자본과 타인자본으로 크게 나눌 수 있으며 동시에 조달된 자금은 제품이나 서비스의 생산에 필요한 자산인 비유동자산과 생산된 제품의 판매 등을 통하여 현금, 매출채권 등의 유동자산의 형태로 전환되어 운용되고 있다.

**표 10-3** 재무상태표의 핵심 포인트

| 구분 | 주요활동 | 핵심 포인트 |
|---|---|---|
| • 유동자산<br>현금<br>매출채권<br>재고자산 | 영업활동<br>-판매 및 구매<br>-판매<br>-구매 및 생산 | -유동자산과 비유동자산의 분류가 적절한가<br><br><br>-재고자산과 매출채권 표시가 적절한가?. |
| • 비유동자산<br>투자자산<br>유형자산<br>무형자산 | 투자활동 | -영업자산과 비영업자산의 구성이 적정한가?<br>-산업특성과 비교했을 때 비유동자산의 비중이 적정한가?<br>-수익을 창출하지 못하는 유휴 투자자산이 존재하는가? |
| 자산 총액 | | |
| • 유동부채<br>매입채무<br>미지급비용<br>선수금 | 영업활동<br>-구매<br>-생산<br>-판매 | -유동자산과 연계한 유동성 비율이 적정한가?<br>-영업부채와 금융부채의 규모가 적정한가? |
| • 비유동부채<br>사채<br><br>장기차입금 | 재무활동 | -단·장기 부채, 금융부채 수준 적정한가?<br>-자본구조(부채비율)가 적정한가?<br>-자금조달비용이 적정한가?<br>-유형(비유동)자산과 장기성자금이 균형적인가? |
| • 자본<br>자본금<br>자본잉여금<br>이익잉여금 | 재무활동 | -자기자본의 수익성은 적정한가?<br>-총자본대비 자기자본비율이 적정한가? |
| 부채 및 자본 총액 | | |

재무상태표에서는 자기자본과 타인자본을 합산한 총자본규모를 파악하고 자기자본대비 타인자본의 구성비로써 재무구조의 안정성을 점검해야 한다. 부채는 장기부채와 단기부채, 상거래에서 발생한 영업부채와 자금융통을 위한 금융부채로 나누어서 유동성의 한계에 직면하지 않도록 관리하고, 단기채무의 상환능력은 유동부채와 유동자산을 비교해서 점검해 볼 필요가 있다. 조달자금의 운용적 측면에서 비유동자산과 장기부채, 자기자본 등의 장기성 자금과 균형을 이루고 자금조달 원천별 자본비용을 고려하여 부족자금을 조달하여야 한다. 기업의 자본비용은 기업의 신용수준에 따라 상이하므로 해당기업의 신용등급도 별도 관리가 필요하다. 또한 비유동자산은 정상적인 기업이라면 증가추세에 있는 것이 바람직한 방향이나 감소되고 있다면 이에 대해서도 점검과 대응이 필요할 것이다.

## 1.2 (포괄)손익계산서의 작성과 이해

손익계산서는 기업이 일정한 기간 동안에 사업활동을 수행하면서 획득한 수익과 이에 수반하여 지출된 비용을 차감하고 남은 이익을 나타내는 표이다. 기업이 일정기간 동안 창출한 이익은 일정기간 동안 기업의 경영활동 결과에 대한 성과로서 경영자의 경영성적표라 할 수 있다. 당해 회계기간의 경영성과를 나타낼 뿐만 아니라 기업의 미래현금흐름과 수익창출능력 등의 예측에 유용한 정보를 제공한다. 포괄손익계산서는 기타포괄손익 및 총포괄손익이 있다는 것이 손익계산서와의 차이점이다.

수익은 제품 또는 서비스를 생산하여 판매를 통해서 획득하는 수입을 말하고 수익을 얻기 위해 지출된 자원을 비용이라 한다. 기업의 1차적인 목적이 이익의 극대화에 있기에 기업의 모든 경영의사결정이나 경영활동은 이익 창출에 집중되어 있다. 기업에서 이익의 극대화는 수익을 극대화하고 비용을 극소화함으로써 달성될 수 있다.

이익(Profit) = 수익(Revenue) − 비용(Expense)
　　　　　= (판매가격 × 판매수량) − (매출원가 + 판매관리비 등)

매출액에서 비용에 해당되는 매출원가와 판매비 및 관리비를 차감하고 남은 금액이 영업이익이 된다. 영업이익에서 영업외수익을 가산하고 영업외비용, 법인세를 차감한 금액이 당기순이익이 된다. 영업이익을 냈다고 하더라도 만약 기업이 부채가 많아 금융비용에 대한 부담이 크다면 당기순이익은 적자를 낼 수 있다. 즉, 영업을 해서 은행이자도 못 번 셈이 되는 것이다.

**표 10-4** 손익계산서의 핵심 포인트

| 구분 | 주요활동 | 핵심 포인트 |
|---|---|---|
| 매출액<br>매출원가 | 영업활동<br>(판매/구매/생산) | 매출액 성장추세가 어떤가?<br>매출원가의 비율이 적정한가? |
| 매출총이익<br>판매관리비 | 영업활동<br>(판매/경영관리) | –배출총이익률의 변동이 어떠한가?<br>–판매비, 일반관리비의 비중은? |
| 영업이익<br>영업외수익<br>영업외비용 | 투자활동<br>재무활동 | –최근 영업이익의 성장성은?<br>–영업외수익은 어떠한가?<br>–이자비용을 영업이익으로 보상가능한가? |
| 법인세비용차감전순이익<br>법인세비용 | 영업활동<br>(경영관리) | |
| 당기순이익 | | –당기순이익은 증가하고 있는가? |

매출원가는 매출액을 얻기 위해 일차적으로 투입되는 원가, 즉 판매된 제품이나 서비스의 제조원가로 제조기업의 경우 제품제조원가이며 직접재료원가, 직접노무원가, 제조간접원가로 구성된다.

판매비와 관리비는 판매나 일반 관리활동을 목적으로 발생되는 비용으로 주로 영업조직 또는 전사 지원 부서에서 발생하는 비용을 의미한다. 일정기간의 급여 및 복리후생비, 광고선전비, 운반비, 감가상각비, 기타 비용 등으로 구성된다. 영업외수익이라는 것은 금융수익, 환율변동 관련 수익, 자산평가이익, 자산매각이익 등이 해당된다.

포괄손익은 주주와 자본거래를 제외한 모든 거래나 자본의 변동액을 의미한다. 주주와의 자본거래를 제외한 순자산의 변동을 측정하기 위한 목적으로 작성이 되는데 당기순이익(손실)과 기타포괄손익의 합으로 구성된다. 기타포괄손익은 주로 보유손익으로 유형자산 평가손익이나 기타포괄손익-공정가치측정 금융자산의 평가손익 등이 해당된다.

| | |
|---|---|
| 매출총이익 | = 매출액 − 매출원가 |
| 영업이익 | = 매출총이익 − 판매비와 관리비 |
| 법인세비용차감전순이익 | = 영업이익 + 영업외수익 − 영업외비용 |
| 당기순이익 | = 법인세비용차감전순이익 − 법인세비용 |
| 총포괄이익 | = 당기순이익 + 기타포괄손익 |

손익계산서를 통해서 수익성, 활동성, 성장성을 분석할 수 있다. 수익성은 기업의 성과에 대해 살펴볼 때 주로 많이 보는데, 영업이익, 당기순이익 등은 일정기간의 기업의 경영성과를 의미한다. 예를 들어, 기업이 1년 동안 경영활동을 해서 영업이익을 내지 못하고 적자를 냈거나, 이자비용조차도 못 냈다면 그 기업은 1년 동안 성과가 부진한 것을 의미한다. 수익성은 단순히 이익액이 얼마인지도 중요하지만 결국은 이익률이 얼마인지가 중요하다. 매출기준 영업이익률, 자기자본 순이익률, 총자산 순이익률 등의 항목을 통해 측정된다. 특히, 자기자본 순이익률이나 총자산 순이익률 등의 분석은 손익계산서만을 가지고 기업의 성과를 분석하는 것이 아니라 재무상태표 상의 관련항목들을 기준으로 이익률을 분석할 수 있다.

활동성은 자원을 얼마나 효율적으로 활용하는지를 측정하는 것이다. 활동성 분석에 대한 항목들은 총자산이 1년 동안 몇 번이나 회전했는지를 측정하는 총자산회전율, 주주가 투자한 자본의 활용도를 측정하는 자기자본회전율, 재고자산이 일정기간 매출로 전환되는 속도를 측정하는 재고자산회전율 등이 대표적인 분석항목들이다. 특히, 재고자산회전율의 경우, 그 수치가 높다면 적은 재고자산으로 판매활동을 잘했다고 평가할 수 있다.

성장성은 기업의 경쟁력이나 미래수익 창출능력을 간접적으로 나타내는 지표이기 때문에 의미가 있다. 대표적인 지표로는 외형적 성장을 판단하는 매출증가율, 총자산증가율, 장부가치 기준으로 주주의 재산이 얼마나 늘었는지를 판단할 수 있는 자기자본증가율, 실질적인 성장세를 의미하는 순이익증가율 및 주당 순이익증가율 등이 있다포괄손익계산서(statement of comprehensive income)는 원칙주의와 포괄주의에 입각해 수익과 비용을 항목별로 구분표시하여 당기순이익을 산출한다. 수익은 매출액, 영업외수익 등으로 나눌 수 있으며, 비용은 매출원가, 판매비와 관리비, 영업외비용, 법인세비용 등으로 나눌 수 있다. 일정기간 경영활동에서 발생한 순손익과 기업이 보유한 비유동자산이나 부채의 가치 변동에 따른 평가손익인 기타포괄손익을 포괄하여 작성한 보고서이다. 매출수익에서 매출원가 및 판매관리비를 차감한 영업손익을 포괄손익계산서에 구분하여 표시하고 기타포괄손익과 합하여 총포괄손익으로 표시한다.

### 예제 10-2

더나은미래㈜의 202×년 12월 31일 수정후시산표의 수익과 비용에 관한 정보를 활용하여 보고식 손익계산서를 작성하세요. (단, 단위는 천원임)

| | | | | | | | |
|---|---|---|---|---|---|---|---|
| 매출액 | 1,500,000 | 매출원가 | 1,050,000 | 기타수익 | 20,000 | 판매촉진비 | 50,000 |
| 광고료 | 10,000 | 판매수수료 | 50,000 | 판매성과급 | 50,000 | 대손상각 | 5,000 |
| 사무직급여 | 40,000 | 감가상각비 | 10,000 | 보험료 | 10,000 | 전기통신료 | 5,000 |
| 소모품비 | 5,000 | 교육훈련비 | 10,000 | 복리후생비 | 20,000 | 기타 비용 | 10,000 |
| 법인세비용 | 16,000 | 기타포괄손익인식-공정가치측정 금융자산평가이익 50,000 | | | | | |
| 유형자산재평가이익 | 20,000 | | | | | | |

포괄손익계산서

(202×.1.1~202×.12.31) (단위: 천원)

| | |
|---|---|
| 수익(매출액) | 1,500,000 |
| 매출원가 | 1,050,000 |
| 매출총이익 | 450,000 |
| 판매비와 관리비 | 265,000 |
| 영업이익 | 185,000 |
| 기타수익 | 20,000 |
| 기타비용 | (10,000) |
| 법인세비용차감전순이익 | 195,000 |
| 법인세비용 | 16,000 |
| 당기순이익 | 179,000 |
| 기타포괄손익 | |

(계속)

| | |
|---|---:|
| FVOCI금융자산 평가이익 | 50,000 |
| 유형자산 재평가이익 | 20,000 |
| 포괄손익 | 249,000 |

*판매비와 관리비: 판매촉진비, 광고료, 판매수수료, 판매성과급, 대손상각비, 사무직급여, 감가상각비, 보험료, 전기통신료, 소모품비, 교육훈련비, 복리후생비

## 1.3 현금흐름표의 작성과 이해

기업의 현금흐름이 막히면 사람에 있어서 혈액의 흐름이 막히는 것과 같이 매우 위험한 상황을 초래할 수 있다. 현금흐름표는 기업의 일정기간 경영활동을 통하여 발생하는 현금의 유입과 현금의 유출을 나타내는 보고서이다. 현금흐름표를 통하여 기업의 미래현금흐름을 예측해 볼 수 있고 당기순이익의 질적 특성을 파악할 수 있다. 재무상태표의 기초현금잔액에 회계기간 동안의 경영활동을 통한 현금유입과 유출의 증감 변화가 반영되어 기말현금현잔액이 된다. 이러한 기초현금에서 기말현금으로의 현금의 증감에 대한 세부적인 내역을 현금증감 변화의 원천별, 즉 영업활동, 투자활동, 재무활동으로 나누어 현금흐름을 파악할 수 있다.

기업의 현금흐름은 영업활동으로 인한 현금흐름, 투자활동으로 인한 현금흐름, 재무활동으로 인한 현금흐름 등 3가지 범주에서 발생하고 있다. 영업활동에서는 상품판매로 인한 현금유입과 상품의 구매로 인한 현금유출이 발생한다. 투자활동에서는 유형자산의 취득으로 인한 현금유출, 유형자산의 처분으로 인한 현금유입이 발생하고, 재무활동에서는 은행으로부터 자금을 차입할 경우 현금유입, 차입금의 상환시 현금유출이 발생한다. 실무에서는 영업활동 현금흐름은 당기순이익에서 현금유출이 없는 비용은 가산하고 현금유입이 없는 수익은 차감하며 영업활동으로 인한 자산부채의 변동을 조정하여 산정하는 간접법을 많이 활용하고 있다.

**그림 10-3** 현금흐름표

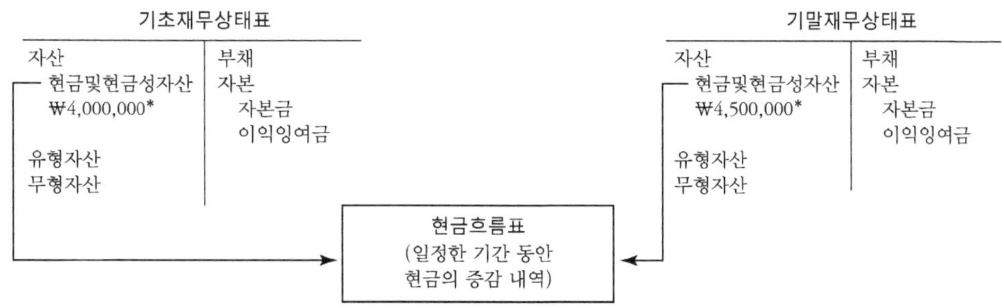


* [예제 10-6] 현금및현금성자산의 기초 및 기말잔액임

현금흐름표의 각 현금흐름의 유형별 현금유입과 유출에 대한 의미를 이해하고 이에 잘 대처해야 한다. 영업활동 현금흐름은 현금유입에서 현금유출을 차감한 순현금흐름이 투자활동이나 재무활동의 현금흐름과의 증감조정 후에도 플러스이고 일정규모 이상인 경우에는 기업의 현금흐름은 양호한 것으로 판단할 수 있다.

투자활동 현금흐름에 있어서 순현금흐름이 플러스인 경우 현금유출액보다 현금유입액이 더 큰 사유가 무엇인지 세부적으로 파악하여 이에 대처해야 하며, 재무활동 현금흐름은 가능한 한 현금유출보다 현금유입에 대한 내용을 파악하여 이에 대응한 자금관리방안을 수립하는 것이 바람직할 것이다.

**표 10-5** 현금흐름

| 구분 | 현금유입 | 현금유출 |
|---|---|---|
| 영업활동 현금흐름 | 직접법: 매출로 인한 현금유입<br>간접법: 당기순이익+현금유출 없는 비용 가산 | 직접법: 매입 및 각종비용 지급<br>간접법: 현금유입이 없는 수익 차감 |
| 투자활동 현금흐름 | 대여금의 회수, 금융상품 처분, 유형자산 처분 등 | 금융상품 취득, 대여금의 대여, 유형자산 취득 |
| 재무활동 현금흐름 | 현금차입, 주식발행, 배당금수취 | 차입금 상환, 이자지급, 배당금지급, 자기주식 취득 |

**표 10-6** 현금흐름표의 핵심 포인트

| 구분 | 주요활동 | 핵심 포인트 |
|---|---|---|
| 영업활동으로 인한 현금흐름 | 영업활동<br>-현금유입<br>-현금유출 | 순현금흐름이 플러스인가?<br>순현금흐름의 규모가 적정한가?<br>순현금흐름이 증가하는 추세인가? |
| 투자활동으로 인한 현금흐름 | 투자활동<br>-현금유입<br>-현금유출 | 순현금흐름이 플러스 혹은 마이너스인가?<br>현금유입의 원천이 적정한가?<br>영업자산 등의 투자가 적절한가? |
| 재무활동으로 인한 현금흐름 | 재무활동<br>-현금유입<br>-현금유출 | 순현금흐름이 마이너스인가?<br>현금유입의 추세는 어떠한가?<br>자본비용은 적정한가? |

## ■ 영업활동

기업의 주된 수익창출활동으로서 일반적으로 제품의 생산 및 재화와 용역의 판매와 관련한 활동을 의미한다. 영업활동으로 인한 현금흐름은 일반적으로 당기순이익의 결정에 영향을 미치는 거래로부터 주로 발생하며, 재무상태표의 유동자산이나 유동부채와 관련성을 가지고 있다. 영업활동으로 인한 현금 유입액은 상품 및 제품의 판매로 인한 현금유입, 투자활동과 재무활동에 속하지 않는 거래에서 발생한 기타의 현금유입이 있다. 영업활동으로 인한 현금 유출액은 원재료, 상품 및 제품 등의 매입에 따른 현금유출, 판매관리비와 종업원 등에 대한 현금유출, 이자비용 지급이나 법인세 납부 등의 거래에서 발생한 현금유출이 해당된다. 일반적으로 영업활동 현금흐름은 양의 현금흐름이 발생해야 정상적인 영업활동에 따른 현금흐름이라 할 수 있다. 사업개시 초기에는 매출이 제대로 발생할 수 없기 때문에 영업활동에서 양의 현금흐름을 기대하기는 어렵다. 영업활동 현금흐름이 음이라고 해서 회사의 미래가 나쁘다고만 볼 수는 없다.

**예제 10-3**

다음 자료에 의하여 영업활동으로 인한 현금흐름을 계산하세요.

| | | | |
|---|---|---|---|
| 당기순이익 | ₩77,000,000 | 감가상각비 | ₩10,000,000 |
| 매출채권의 증가 | 10,000,000 | 매입채무의 증가 | 5,000,000 |

| | | | |
|---|---|---|---|
| 재고자산의 증가 | 5,000,000 | 유형자산처분이익 | 450,000 |
| 법인세비용 | 19,250,000 | 미지급법인세의 증가 | 1,250,000 |

**풀이**

| | |
|---|---|
| 법인세비용차감전순이익 | 96,250,000 |
| －유형자산처분이익 | 450,000 |
| ＋감가상각비 | 10,000,000 |
| －매출채권, 재고자산의 증가 | 15,000,000 |
| ＋매입채무의 증가 | 5,000,000 |
| －법인세 납부 | 18,000,000 |
| | = 77,800,000 |

### ■ 투자활동

투자자산, 유형자산 및 무형자산 등의 주로 비유동자산의 취득과 처분 활동을 의미한다. 투자활동으로 인한 현금 유입액은 장기금융상품 또는 장기투자증권의 처분, 유·무형자산의 처분 등이 해당된다. 투자활동으로 인한 현금 유출액은 장기금융상품 또는 장기투자증권의 취득, 유·무형자산의 취득 등이 해당된다. 투자 및 재무활동 현금흐름은 음의 현금흐름이 발생해야 건전한 경영활동이 이루어지고 있는 기업이라고 볼 수 있다. 회사가 성장가능성이 클수록 투자에 대한 요구가 커질 것이기 때문에 투자활동 현금흐름은 현금이 유출되는 방향으로 흐르기 마련이다.

**예제 10-4**

다음 자료에 의하여 투자활동으로 인한 현금흐름을 계산하세요.

① 기계장치 ₩500,000,000(감가상각누계액 ₩300,000,0000)을 ₩10,000,000,000에 매각하고 현금을 받았다.

② 새로운 ERP시스템과 더불어 PC, Server 등 하드웨어와 소프트웨어 등에 ₩10,000,000,000을 투자하고 그 대금의 50%는 현금으로 지급하고 잔액은 장기성할부로 처리한다.

③ 건물 ₩10,000,000,000를 매수하고 등기비용 등 ₩800,000,000을 지급한 후 취득하다.

**풀이**

| | |
|---|---|
| •투자활동으로 인한 현금유입 | |
| －기계장치 매각 | 10,000,000,000 |
| •투자활동으로 인한 현금유출 | |
| －유·무형자산 매입 | 5,000,000,000 |
| －건물 취득 | 10,800,000,000 |
| •투자활동으로 의한 순현금흐름 | －5,800,000,000 |

## ■ 재무활동

사채 등을 발행하여 현금의 차입 및 상환활동, 신주 발행이나 배당금의 지급활동과 같이 부채와 자본의 증감에 관련된 활동이다. 재무활동으로 인한 현금 유입액은 장단기차입금의 차입, 사채의 발행, 유상증자, 자기주식 처분 등이 해당된다. 재무활동으로 인한 현금 유출액은 장단기차입금의 상환, 사채의 상환, 유상감자, 자기주식의 취득 및 현금배당의 지급 등이다. 재무활동 현금흐름은 투자활동 현금흐름처럼 음의 현금흐름이 경영상황이 양호하다는 신호이다. 재무활동 현금흐름은 음의 현금흐름은 기존에 조달한 자금을 상환하거나 배당으로 주주에게 성과를 배분한다는 의미이다. 회사에 충분한 자금여력이 있기 때문에 기존에 빌린 자금을 상환하거나 주주에게 배당할 수 있다는 반증이기 때문이다.

### 예제 10-5

다음 자료에 의하여 재무활동으로 인한 현금흐름을 계산하세요.

① 액면금액 ₩1,000주식 100,000주를 발행하여 주주에게 교부하고 현금을 납입받다.
② 은행으로부터 차입한 원금 ₩200,000,000과 이자 ₩2,000,000을 상환하다.
③ 주주에게 배당금 ₩1,000,000을 지급하다.

**풀이**

| | |
|---|---|
| •재무활동으로 인한 현금유입 | |
| －유상증자 | 100,000,000 |

• 재무활동으로 인한 현금유출

| | |
|---|---|
| – 부채상환 | 200,000,000 |
| – 배당금 지급 | 1,000,000 |
| • 재무활동으로 인한 순현금흐름 | −101,000,000 |

*이자지급은 영업활동으로 분류하였음

현금흐름표는 기초재무상태표의 기초현금과 기말재무상태표의 기말현금의 차이인 현금증감액에 대하여 현금유입과 현금유출의 상세한 내역에 대한 보고서이다. 기업의 현금흐름은 영업활동으로 인한 현금흐름, 투자활동으로 인한 현금흐름, 재무활동으로 인한 현금흐름으로 구성된다. 이를 모두 더한 값이 현금의 증감이 된다.

### 예제 10-6

더나은미래㈜ 재무정보를 활용하여 20×2년도의 간접법에 의한 현금흐름표를 작성해 보세요.

(1) 재무상태표

| 계정과목 | 20×1 | 20×2 | 계정과목 | 20×1 | 20×2 |
|---|---|---|---|---|---|
| 유동자산 | | | 유동부채 | | |
| 현금 및 현금성자산 | 4,000,000 | 4,500,000 | 매입채무 | 4,940,000 | 4,290,000 |
| 매출채권(순액) | 3,200,000 | 4,050,000 | 미지급이자 | 110,000 | 165,000 |
| 선급비용 | 150,000 | 100,000 | 선수금 | 180,000 | 120,000 |
| 재고자산 | 3,875,000 | 4,875,000 | 미지급법인세 | | 130,000 |
| 비유동자산 | | | 비유동부채 | | |
| 건물 | 55,000,000 | 54,500,000 | 장기차입금 | 15,830,000 | 16,555,000 |
| 기계장치 | 1,000,000 | 1,000,000 | 자본 | | |
| (감가상각누계액) | (900,000) | (1,200,000) | 자본금 | 32,000,000 | 33,000,000 |
| | | | 이익잉여금 | 13,265,000 | 13,565,000 |
| 자산총계 | 66,325,000 | 67,825,000 | 부채및자본총계 | 66,325,000 | 67,825,000 |

(2) 손익계산서

| 계정과목 | 20×1 | 20×2 | 계정과목 | 20×1 | 20×2 |
|---|---|---|---|---|---|
| 매출원가 | 10,075,000 | 12,675,000 | 매출 | 15,500,000 | 19,700,000 |
| 급여 | 1,550,000 | 1,950,000 | 유형자산처분이익 | 500,000 | 300,000 |
| 판매촉진비 | 465,000 | 585,000 | | | |
| 광고비 | 465,000 | 385,000 | | | |
| 연구개발비 | 620,000 | 780,000 | | | |
| 복리후생비 | 465,000 | 585,000 | | | |
| 대손상각비 | 310,000 | 390,000 | | | |
| 감가상각비 | 155,000 | 400,000 | | | |
| 이자비용 | 150,000 | 180,000 | | | |
| 법인세비용 | 110,000 | 210,000 | | | |
| 당기순이익 | 1,635,000 | 1,860,000 | | | |
| | 16,000,000 | 20,000,000 | – | 16,000,000 | 20,000,000 |

현금흐름표

(20×2.1.1~20×2.12.31)

| | |
|---|---|
| 1. 영업활동 현금흐름 | |
| 당기순이익 | 1,860,000 |
| 가감 | |
| 감가상각비 | 400,000 |
| 이자비용 | 180,000 |
| 법인세비용 | 210,000 |
| 유형자산처분이익 | (300,000) |
| 매출채권의 증가 | (850,000) |
| 선급비용의 감소 | 50,000 |
| 재고자산의 증가 | (1,000,000) |
| 매입채무의 감소 | (650,000) |
| 선수금의 감소 | (60,000) |
| 영업에서 창출된 현금흐름 | (160,000) |
| 이자의 지급 | (125,000) |
| 법인세의 납부 | (80,000) |
| 영업활동 순현금흐름 | (365,000) |
| 2. 투자활동 현금흐름 | – |
| 1) 유형자산의 취득 | |

(계속)

| | |
|---|---|
| 2) 유형자산의 처분 | 700,000 |
| 투자활동 순현금흐름 | 700,000 |
| 3. 재무활동 현금흐름 | |
| 1) 재무활동 현금유입 | |
| 유상증자 | 1,000,000 |
| 장기차입금 | 725,000 |
| 2) 재무활동 현금유출 | |
| 현금배당 | (1,560,000) |
| 재무활동 순현금흐름 | 165,000 |
| 4. 현금의 순증가(1+2+3) | 500,000 |
| 5. 기초현금 | 4,000,000 |
| 6. 기말현금 | 4,500,000 |

*이자의 수취 및 지급, 법인세의 납부는 영업활동으로 분류하였음.

*배당금지급액=(기초이익잉여금+당기순이익)−기말이익잉여금
=(13,265,000+1,860,000)−13,565,000=1,560,000

## ▪ 기업상황별 현금흐름의 방향성

회사의 발전단계별로 영업활동, 투자활동 및 재무활동에 따른 현금흐름의 방향성을 추정해 볼 수 있다. 기업의 창업 초기에는 기업이 시장에 진출하는 시기이므로 상대적으로 자금 조달이나 투자가 많이 발생하고 매출의 증가를 기대하기는 어렵다. 이로 인하여 재무활동으로 인한 현금의 유입이 발생하고, 투자활동으로 인한 현금의 유출이 발생하며, 영업활동으로 인한 현금의 유출이 발생한다.

성장기에는 점점 매출이 늘어나고, 적자였던 손익은 흑자로 돌아서면서 급격한 매출 증가에 대응하여 시설투자와 자금조달이 필요하다. 이 시기에도 재무활동으로 인한 현금의 유입이 발생하고, 투자활동으로 인한 현금의 유출이 발생하며, 영업활동으로 인해 현금이 유입되기 시작된다. 성숙기에는 매출이 정점에 이르지만 매출의 성장률은 낮아지고 기업의 자금 조달 및 시설투자도 줄어들게 되어 기존에 조달한 자금을 여유자금으로 상환하기도 한다. 이 시기에는 재무활동으로 인한 현금의 유출이 발생하고 투자활동으로 인한 현금의 유입 또는 유출이 발생하며, 영업활동으로 인한 현금은 지속적으로 유입된다. 쇠

**그림 10-4** 현금흐름의 방향

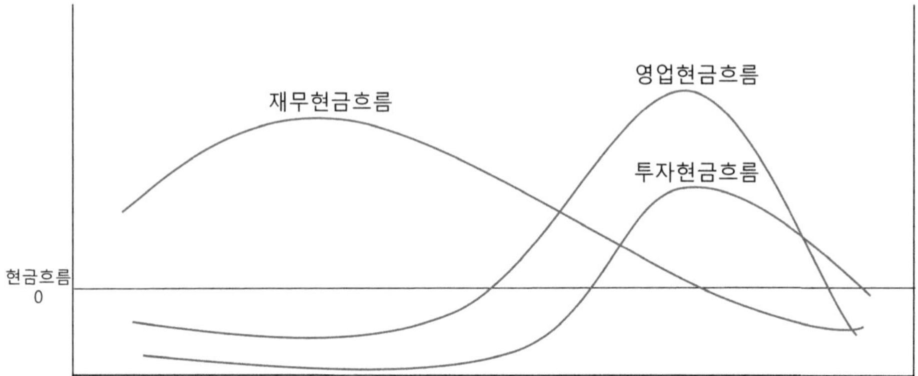


| | 창업초기 | 성장기 | 성숙기 | 쇠퇴기 |
|---|---|---|---|---|
| 매출액 | 적음 | 상승 | 최대 | 감소 |
| 이익 | 적자 | 적자/흑자 | 최대 | 감소/적자 |

퇴기에 접어든 회사는 일부 사업부를 매각 또는 처분하거나 기업의 활동을 중단하는 경우도 발생하고 기존 설비자산 등을 매각하여 채무를 상환하기도 한다. 이 시기는 재무활동으로 인한 현금의 유출이 발생하고, 투자활동으로 인한 현금의 유입이 발생하며, 영업활동으로 인한 현금의 유입이 적어지거나 유출이 발생한다.

또한 기업의 경영상황과 성과에 따라서 현금흐름에 상당한 차이를 보이고 있다. 경영성과가 좋은 우량기업의 경우에는 영업활동에 따른 현금흐름이 양의 순현금흐름, 투자 및 재무활동에 따른 현금흐름이 음의 순현금흐름을 나타내고 있다.

반면에 부실기업은 영업활동에 따른 현금흐름이 음의 순현금흐름, 투자활동에 따른 현금흐름은 보유자산의 매각 등으로 양의 순현금흐름, 재무활동에 따른 현금흐름은 차입자금의 상환 등으로 음의 순현금흐름을 보이고 있다.

**표 10-7** 기업경영상황별 현금흐름

| 구분 | 우량기업 | 신생성장기업 | 부실기업 | 구조조정기업 |
|---|---|---|---|---|
| 영업활동 현금흐름 | + | + | − | + |
| 투자활동 현금흐름 | − | − | + | + |
| 재무활동 현금흐름 | − | + | − | − |

## 1.4 자본변동표 작성

자본항목의 변동내용을 포괄적이고 체계적으로 나타내기 위한 재무제표의 하나이다. 자본변동표는 자본의 각 구성요소별로 장부금액의 각 변동액을 기초 시점과 기말시점의 자본의 크기와 그 변동에 관한 정보를 제공하는 재무보고서로, 자본을 구성하고 있는 자본금, 자본잉여금, 기타포괄손익누계액, 자본조정, 이익잉여금의 변동에 대한 포괄적인 정보를 제공한다. 자본변동표에서는 자본 항목관련 기초잔액, 당해기간의 각 자본항목의 변동사항을 합하여 기말자본을 형성하게 된다. 자본의 변동내용은 포괄손익계산서와 현금흐름표에 나타난 정보와 연결할 수 있어 재무제표 간의 관계를 명확히 파악할 수 있다. 특히 자본변동표는 포괄손익계산서를 거치지 않고 재무상태표의 자본에 직접 가감되는 항목에 대한 정보를 제공한다. 또한 다른 재무제표와는 달리 전기와 당기의 상태가 표로 집계되어 두 회계기간의 자본변동 내역을 잘 파악할 수 있다. 자본변동표의 핵심은 자본변화의 크기와 변동내역이다.

**▌지본변동표의 핵심 포인트**

1. 재무상태표상의 자본항목와 함께 비교하여 검토한다.
   - 자본변동의 원인을 파악해 기업의 재무상황 변화를 파악한다.
2. 자본항목 금액의 절대적 규모와 변동의 원친을 파악한다.
   - 주주, 영업, 자산거래 등의 원천별로 규모와 변동을 파악한다.

자본변동표는 재무상태표에서 자본항목의 변동명세서이며 동시에 이익잉여금의 처분계산서의 내용을 포함하고 있다.

### 예제 10-7

더나은미래㈜의 20×1년도 자본거래에 관한 내용은 다음과 같다.

(1) 20×1.12.31 부분재무상태표 (단위: 천원)

| | |
|---|---:|
| 자본금 | 70,000,000 |
| 주식발행초과금 | 2,000,000 |
| 이익잉여금 | 50,000,000 |
| 기타포괄손익누계액 | 500,000 |

(2) 20×2년에 발생한 자본거래 내역은 다음과 같다.

① 자기주식 1,000,000주를 주당 ₩1,500에 취득하였다.
② 주주총회에서 의결된 배당금 ₩7,000,000,000을 현금지급하다.
③ 액면 @1,000의 주식 10,000,000주를 주당 @3,000에 발행하였다.
④ 유형자산의 평가이익 ₩10,000,000,000이 발생하였다.
⑤ 이번 회계연도의 당기순이익은 ₩20,000,000,000이다.

(단위: 천원)

| 구분 | 납입자본 | 이익잉여금 | 기타포괄손익 | (자본조정) | 총계 |
|---|---:|---:|---:|---:|---:|
| 20×2.1.1 | 72,000,000 | 50,000,000 | 500,000 | – | 122,500,000 |
| 당기순이익 | | 20,000,000 | | | 20,000,000 |
| 재평가이익 | | | 10,000,000 | | 10,000,000 |
| 유상증자 | 30,000,000 | | | | 30,000,000 |
| 배당금지급 | | (7,000,000) | | | (7,000,000) |
| 자기주식취득 | | | | (1,500,000) | (1,500,000) |
| 20×2.12.31 | 102,000,000 | 63,000,000 | 10,500,000 | (1,500,000) | 174,000,000 |

# 3 내부회계관리와 재무제표의 공시

## 3.1 내부회계관리제도

내부회계관리제도는 회계정보의 신뢰성 확보와 더불어 자산의 보호 및 부정방지를 목적으로 운영되는 내부통제이다. 외부에 공시되는 재무제표의 신뢰성을 확보하기 위하여 재무제표가 '일반적으로 인정된 회계원칙'(GAAP: Generally Accepted Accounting Principles)이나 국제회계기준(IFRS: International Financial Reporting Standards)에 따라 작성, 공시될 수 있도록 회사의 경영진과 이사회를 포함한 모든 구성원들에 의해 지속적으로 실행되는 과정을 의미한다. 자산이 보호는 자산이 정당한 절차를 거쳐 취득, 사용 및 처분되도록 하기 위한 통제로 자산에 대한 접근제한 및 자산실사 등이 있다. 부정방지프로그램은 재무제표의 신뢰성을 훼손할 수 있는 부정을 예방하거나 적발하는 한편 확인된 부정위험을 감소시킬 수 있도록 고안된 체제 및 통제절차로서 감사위원회 설치 운영, 내부고발제도, 경영진의 부당한 회계처리지시 방지 등의 통제를 의미한다.

**표 10-8** 내부회계관리제도의 대상

| 구분 | 세부내용 | | |
|---|---|---|---|
| 대상 | 상장사, 전기말 자산총액 5,000억원 이상 비상장주식회사 | | |
| 운영 | 대표이사가 관리운영 책임 | | |
| 검증 | 내부 | 대표자 | 자체운영실태 점검(운영실태보고서) |
| | | 감사(위원회) | 운영실태에 대한 평가(평가보고서) |
| | 외부 | 외부감사인 | 감사 또는 검토 등을 통해 효과성 검증(감사(검토)보고서) |

### ■ 내부회계관리제도 구축 운영

회사의 대표이사는 관련 법률에 따라 내부회계관리제도를 구축·운영할 책임이 있으며, 운영을 책임지고 담당하는 상근이사 1인을 지정하여야 한다. 회사의 모든 업무프로세스를 대상으로 하는 것이 아니라 재무제표상 일정금액 이상의 계정과목에 상당한 영향을 미치는 업무프로세스만을 대상으로 한다. 재무제표가 부정이나 오류로 인해 왜곡표시될 위험을 감소시키는 통제는 그 수준에 따라 전사적 수준 통제, 전산일반 통제, 업무단위수준 통제로 구분된다. 전사적 수준 통제는 이사회와 감사의 역할, 윤리강령, 부정방지 프로그램 등 회사의 재무제표 작성프로세스에 전반적인 영향을 미치는 통제이다. 전산일반통제는 전산활동에 대한 전반적인 통제의 틀을 제공하는 전산시스템의 개발, 변경, 보완, 운영관련 통제이다. 업무단위수준 통제는 개별거래가 발생, 기록, 처리 및 보고되는 과정에서 발생할 수 있는 재무제표 왜곡표시위험을 감소시키는 통제이다. 이러한 통제들을 효과적으로 수행해 나가기 위해서는 통제의 일반적 구성요소인 통제환경, 위험평가, 통제활동, 정보 및 의사소통, 모니터링 등을 포함하여 구축·운영되어야 한다. 또한 내부회계관리제도 이행과 관련하여 재무보고 내부통제 구축내용을 체계적으로 정리하여 조직구성원 간에 공유하고 이해 여부를 평가할 수 있도록 문서화하고 공식화해야 한다.

### ■ 내부회계관리제도의 평가 및 보고

기업은 관련법령에 따라서 내부회계관리제도를 구축·운영하고 그 효과성을 평가하고 공시하여야 하며, 구축된 통제가 실제로 재무제표 왜곡표시위험을 감소시키는지를 검토하는 절차를 내부회계관리제도의 평가라 한다. 설계평가는 통제가 재무제표 왜곡표시을 충분히 제어할 수 있도록 효과적으로 설계되어 있는지를 추적 조사, 질문 등의 방법으로 평가하는 것이며, 운영평가는 통제가 업무수행과정에서 실제로 이행되고 있는지를 문서검사, 재수행 등의 방법으로 평가하는 것이다. 일반적으로 설계평가는 상반기에 수행하고 운영평가는 하반기에 수행된다. 내부회계관리자를 비롯한 경영진은 회사의 내부회계관리제도 운영실태에 관하여 이사회와 감사위원회 및 주주총회에 사업연도마다 보고해야 하며 내부회계관리제도에 대한 평가를 실시하여야 한다. 회사의 감사는 매 사업연도마다 내부회계관리제도의 운영실태를 평가하여 이사회에 보고해야 한다. 내부회계관리제도에 대한 기업의 내부적인 평가 및 보고뿐 아니라 적격성과 독립성을 갖춘 평가조직으로부터 경영진의 운영실태보고를 근거로 하여 내부회계관리제도 감사 또는 검토가 이루어지며, 실질적인 평가를 위해 증빙자료를 확인해야 한다.

## 3.2 회계감사

'주식회사 등의 외부감사에 관한 법률'에 의하여 회사는 재무제표를 작성하여 독립된 외부감사인에 의한 회계감사를 받아야 한다. 현대 경제에서 자본주의의 발달은 기업에 자본을 제공하는 주주, 채권자 및 잠재적 투자자 등을 불특정 다수인으로 바뀌게 했으며 이들은 제한된 투자재원을 효율적으로 배분하기 위한 의사결정을 함에 있어 경영자가 작성 공표한 각종 회계정보에 크게 의존한다. 투자자 등 정보이용자가 잘못된 재무적 정보에 따라 의사결정을 내릴 경우 당사자의 재무적 손실은 물론 사회 전체적인 자원배분이 왜곡된다. 이러한 문제를 해결하기 위해 회계분야에서 전문지식을 갖춘 독립적인 제3자인 감사인이 기업이 작성한 재무제표를 감사하게 함으로써 기업의 이해관계자를 보호하고 기업의 건전한 경영과 국가경제 발전에 기여할 수 있다. 최근 회계감사의 중요성에 대한 사회적 인식이 더욱 더 증대되고 있으며, 기업경영이 글로벌화되고 기업 재무활동도 글로벌화됨에 따라 내부회계관리제도와 회계감사에 의한 신뢰성 있는 회계정보 제공이 필수적인 상황이다.

### ■ 회계감사 전 재무제표 제출

'주식회사 등의 외부감사에 관한 법률' 제6조(재무제표의 작성 책임 및 제출)와 제8조(내부회계관리제도 운영 등)에 의하여 재무제표를 작성하여 감사인에게 제출하여야 한다.

**표 10-9** 재무제표의 제출

| 구분 | 세부내용 |
|---|---|
| 제출대상 | 주권상장법인, 금융회사 및 자산총액 5천억원 이상 비상장법인 |
| 제출서류 | 재무상태표, (포괄)손익계산서, 자본변동표, 현금흐름표, 주석 |
| 제출처 | 상장법인: 거래소 상장공시제출시스템<br>비상장법인: 금융감독원 전자공시 접수시스템 |
| 제출시기 | 별도(개별)재무제표: 정기주주총회일 6주 전<br>연결재무제표 K-IFRS 정기주주총회일 6주 전, K-IFRS 미적용 사업종료 후 90일 |

감사인이 회계감사를 통하여 경영자가 제시한 회계정보의 질에 대하여 독립적으로 평가하여 이에 대한 의견을 표명하는 것은 정보위험을 감소시키며 투자자의 의사결정시 활용하는 재무적 정보에 대한 신뢰성을 제고한다. 따라서 투자자들은 이를 신뢰하고 합리적인 투자의사결정을 내릴 수 있게 된다. 독립적인 제3자에 의하여 감사를 받는다는 사실만으로도 경영자들로 하여금 재무제표 작성에 있어 중요한 오류나 부정을 사전에 방지하게 하는 효과가 있다. 회계감사는 회계정보의 신뢰성을 증진시키며 증권시장의 효율적 운영을 촉진시키게 된다.

감사계획에 의거하여 감사인이 감사절차를 수행하게 되는데 정상적인 감사절차의 첫 단계는 감사대상회사의 회계제도와 내부통제제도에 대한 감사이다. 감사인이 감사대상회사의 회계제도와 내부통제제도를 감사하는 목적은, 첫째 감사대상회사의 회계제도와 내부통제제도의 오류나 부정의 신속한 발견과 예방에 효과적이며 따라서 회계기록이 신뢰할 수 있는 것인지에 대해 평가하여 통제위험을 파악하고, 둘째 회계제도와 내부통제제도의 평가에서 얻어진 통제위험에 대한 평가를 기초로 하여 재무제표감사에서 적용할 감사절차의 성격, 범위 및 시기를 결정하고, 셋째 감사절차의 결과로서 밝혀진 회계제도와 내부통제제도의 중요한 취약점에 대해서 실현가능한 개선책을 경영자에게 건의하기 위한 것으로 크게 분류할 수 있다. 이러한 회계제도와 내부통제제도의 감사는 회계연도 말 이전인 기중 감사시에 실시하는 것이 일반적이다.

감사절차의 수행결과 감사인은 감사목적을 달성하기에 적합하고 충분한 감사증거가 수집되었는지를 평가하여야 한다. 감사절차를 통한 감사인의 감사결과는 감사보고서와 일관성이 있어야 한다.

### ▪ 감사의견

감사인은 감사보고서에 '감사인이 감사한 감사대상회사의 재무제표', '경영자와 감사인의 책임', '감사의견'을 기술한다. 감사결과에 따라 감사인은 감사대상회사의 재무제표에 대해서 적정의견, 한정의견, 부적정의견 또는 의견거절을 표명할 수 있다.

적정의견은 재무제표의 모든 항목이 합리적 증거에 의해 작성되었고 재무제표 작성에 적용된 회계처리방법이 기업회계원칙과 일치하고 재무제표에 중대한

**표 10-10** 감사의견

| 구분 | 세부내용 |
|---|---|
| 적정의견 | 기업의 재무제표가 회계기준대로 잘 갖추어져 있어 기업의 상황을 잘 나타내고 있고 중요성의 관점에서 공정하게 표시하고 있음 |
| 한정의견 | 기업의 재무제표가 중요한 수준에서 왜곡가능성이 존재하나 이런 부분을 제외하고는 공정하게 표시하고 있음 |
| 부적정의견 | 기업의 재무제표가 회계처리기준에 완전히 맞지 않으므로 이 재무제표를 믿고 의사결정하지 말라는 의미임 |
| 의견거절 | 재무제표에 대한 정보를 얻을 수 없고 감사범위가 완전히 제한 받는 경우의 의견표시임 |

영향을 미치는 사항이 모두 공개되어 불확실한 사항이 없다는 의미이다. 이러한 적정의견이 감사대상회사의 재무상태가 건전하고 미래의 수익성이 좋다는 것을 뜻하는 것은 아니다. 한정의견은 감사인이 감사의견을 형성하는 데 필요한 합리적인 증거를 얻지 못했다고 판단하는 경우에 표명되는 의견이다. 부적정의견은 한정의견보다 더 심각한 사안일 때 감사인이 표명하는 의견으로 재무제표에 중대한 왜곡이 발생하였다는 의미이다. 의견거절은 감사인이 감사의견을 형성하는 데 필요한 자료를 얻지 못하여 제무제표 전체에 대한 의견표명이 불가능할 경우의 의견이다. 감사인이 감사목적으로 경영진에게 요청한 자료를 경영진이 제공하지 않으며, 자료를 제공하지 않는 것에 대해 합리적인 사유가 없는 경우에는 감사인이 더 이상 감사업무를 수행할 수 없다. 이와 같은 경우에는 중요성의 관점에 따라 한정의견 또는 의견거절이 표명된다.

## ■ 감사보고서

감사보고서는 회사의 재무제표에 대하여 외부감사인인 회계법인의 의견을 제시하는 보고서이다. 관련 법률에 따라서 상장법인 등은 회계법인에게 재무제표의 적정성에 대하여 외부감사를 받아야 하고 법인은 해당 감사보고서를 법적 공시일까지 전자공시시스템에 공시하여야 한다. 감사보고서는 감사를 실시한 회계법인 및 소속 공인회계사가 자신이 발행한 감사보고서에 대하여 법적 책임을 지게 되고 감사기준에 따라서 재무제표가 적정한지 여부를 철저히 감사하여 이를 토대로 감사의견을 제시한다. 회사에게 불리한 내용에 대해서도 감사보고

**표 10-11** 감사보고서

| 구 분 | 세부내용 |
|---|---|
| 감사의견 | 적정의견, 한정의견, 부적정의견, 의견거절 중 하나 표시함 |
| 감사의견 근거 | 관련법률과 회계감사기준에 따라 감사 수행 |
| 핵심감사사항 | 핵심감사사항으로 결정한 이유,<br>핵심감사사항이 감사에서 다루어진 방법 |
| 경영진 및 지배기구의 책임 | 재무제표에 대한 경영진과 지배기구의 책임명시: 회계기준에 따라 재무제표를 작성하고 공정하게 표시할 책임 등 |
| 감사인의 책임 | 감사기준에 따라 수행한 감사에 대한 재무제표 정보의 책임 한계에 대해 명시함 |
| 재무제표(별첨) | 감사한 재무제표를 별첨으로 첨부함 |

서에는 표시가 되므로 투자자의 입장에서는 중요한 자료이다. 감사보고서는 통일된 회계감사기준에 의해 작성되고 감사의견, 감사의견 근거, 핵심감사사항, 경영진 및 지배기구의 책임, 감사인의 책임, 감사한 재무제표로 구성되어 있다.

### ■ 감사의 한계

회계감사는 기업회계기준, 감사수행방법, 감사대상 등에 있어서 몇가지 한계점을 갖고 있다고 할 수 있다. 첫째는 기업회계기준의 불완전성이다. 감사인은 기업회계기준을 재무제표 적성성의 판단기준으로 사용하는데, 기업회계기준은 사회적인 환경 등을 반영하여 제정되는 것으로서 절대적 진실성의 판단기준이 되지는 못한다. 감사의견은 기업회계기준의 불완전성으로 인하여 재무제표가 기업의 경제적 실질을 정확히 표시한다는 것을 의미하지 않는다. 둘째는 감사수행방법의 한계이다. 회계감사는 한정된 시간과 비용의 범위 내에서 수행되어야 하는 제약을 받는다. 따라서 한정된 시간과 비용 내에서 감사위험과 중요성을 고려한 표본감사방법에 의하여 감사업무를 수행하게 된다. 셋째, 감사대상의 한계이다. 회계감사의 대상은 경영자가 작성한 재무제표와 제반서류 및 업무에 한정된다. 경영자의 직무능력, 조직의 효율성 등 재무수치로 나타내기 어려운 요소들은 회계감사의 대상이 되지 않는다. 재무제표는 장래의 불확실성으로 인하여 영향을 받는다. 재무제표를 작성할 시에 불확실성에 대해 합리적으로 추정하여 반영하긴 하지만 이에 대한 정확한 예측은 불가능하므로 불확실성이 포함된 재무제표에 대한 감사의견 역시 기업의 장래전망을 보장하는 것은 아니다.

## 3.3 기업공시제도

기업공시제도(corporate disclosure system)는 상장법인으로 하여금 자사주식의 투자판단에 중대한 영향을 미칠 수 있는 중요한 기업내용의 정보를 공시하도록 함으로써 투자자가 기업의 실체를 파악하여 투자자 스스로의 자유로운 판단과 책임하에 투자결정을 할 수 있도록 하는 제도이다. 이 제도를 통해서 증권시장 내의 정보의 불균형을 해소하고 증권시장의 공정성을 확보하여 투자자를 보호하는 기능을 수행하고 있다. 기업의 공시정보는 발생 즉시 신속하게 공시되어야 하며, 투자판단에 오류가 생기지 않도록 최신의 정보를 제공해야 한다. 기업정보가 적시성을 잃게 되면 증권시장에 풍문이 난무하게 되고 이로 인하여 수가가 왜곡되어 투자자가 불측의 손해를 입을 수 있다. 기업정보가 허위이거나 불확실한 경우 투자자의 투자판단에 혼란을 줄 우려가 있으므로 기업정보는 정확하여야 한다. 기업에게 호재성 내용뿐만 아니라 악재성 내용도 공시되어야 하며 중요한 사실의 누락이 있어서도 안 된다. 또한 공시정보는 가능한 한 투자자가 이해하기 쉽도록 평이하고 간결·명확해야 한다. 특히 증권시장에 참여하고 있는 투자자들의 다양성을 포괄하기 위해서는 당해 기업의 업무에 대하여 전문지식이 없는 투자자들도 쉽게 공시내용을 파악할 수 있도록 전문적인 용어보다는 평이한 표현을 사용하여 정보 전달의 실질적 형평성을 보장해야 한다. 기업정보는 모든 투자자에게 공평하게 널리 전달되어야 하며, 이는 시장의 정보불균형을 해소하고자 하는 기업공시제도의 기본요건이다. 자본시장법상의 공시제도는 크게 발행시장공시와 유통시장공시로 나누어지며 상장법인으로 하여금 증권의 내용이나 당해 법인의 재산 및 경영상태 등에 관한 중요한 기업정보들을 신속·정확하게 공시되도록 하기 위하여 공시의무를 규정하고 있다.

### ■ 사업보고서 제출

사업보고서 제출대상법인은 회사의 목적, 상호, 사업내용, 재무에 관한 사항, 임원보수, 그 밖에 대통령령에서 정하는 사항을 사업보고서에 기재하고 관련서류를 첨부하여야 한다. 사업보고서의 내용은 아래와 같다.

1. 표지

**사업보고서**

(제 기)

사업연도 202×년 1월 1일부터
202×년 12월 31일까지

금융위원회
한국거래소 귀중 202×년 3월 23일

| | |
|---|---|
| 제출대상법인유형 | 주권상장법인 |
| 회사명 | 주식회사 더나은미래 |
| 대표자 | 지엔스타 |
| 본점소재지 | 서울시 종로구 홍지문2길 20 |
| 작성책임자 | 직책 재무회계실장 더나은미래 |

2. 내 용

1. 회사개요: 회사명칭, 설립일자, 주권상장, 연결대상 종속회사, 회사연혁, 자본금 변동사항, 주식총수, 정관에 관한 사항
2. 사업내용: 사업의 개요, 주요제품 및 서비스, 원재료 및 생산설비, 매출 및 수주상황, 위험관리 및 파생거래, 주요계약과 연구개발활동, 기타 참고사항
3. 재무에 관한 사항: 요약재무제표, 연결재무제표, 배당에 관한 사항, 증권발행을 통한 자금조달 사항, 기타 재무에 관한 사항
4. 이사의 경영진단 및 분석의견: 영업실적(사업부문별), 재무상태, 신규사업 및 중단사업, 조직개편, 유동성 및 자금조달과 지출, 부외거래
5. 회사감사인의 감사의견: 외부감사에 관한 사항, 내부통제에 관한 사항
6. 이사회 등 회사의 기관에 관한 사항: 이사회에 관한 사항, 감사제도에 관한 사항, 주주총회에 관한 사항
7. 주주에 관한 사항: 최대주주 및 그 특수관계인의 주식소유 현황, 최대주주관련 사항, 최대주주변동현황, 주식분포현황, 주가 및 주식거래실적
8. 임원 및 직원 등에 관한 사항: 임원 및 직원 등의 현황, 임원보수
9. 계열사 등에 관한 사항: 계열사의 현황, 타법인출자현황,
10. 대주주 등과의 거래내용: 대주주 등에 대한 신용공여, 대주주와의 자산양도수, 대주주와의 영업거래, 대주주 이외의 이해관계자와의 거래
11. 그 밖에 투자자 보호를 위하여 필요한 사항: 공시내용 진행 및 변경사항, 우발채무 등에 관한 사항, 제재 등과 관련된 사항, 작성기준일 이후 발생한 주요사항 등 기타 사항
12. 상세표: 연결대상 종속회사 현황, 계열회사 현황, 타법인출자현황, 연구개발실적
13. 전문가의 확인: 전문가의 확인, 전문가와의 이해관계

상장법인은 '자본시장과 금융투자업에 관한 법률'에 의하여 사업연도 경과 후 90일 이내에 금융위원회와 거래소에 사업보고서를 제출하여야 한다. 사업보고서 제출대상 법인은 사업연도 경과 후 일정기간 이내에 회사의 사업내용 등을 기재한 사업보고서를 제출한다.

## ■ 전자공시시스템

주식이 거래소에 상장되어 있는 법인은 금융감독원(DART)과 거래소(KIND) 전자공시시스템을 통하여 공시한다. 공시대상기업에서 공시관련 서류를 인터넷을 통하여 제출하고, 투자자 등 정보이용자는 인터넷을 통해 관련기업의 공시정보를 조회할 수 있는 기업 전자공시시스템이다. 한국거래소 공시시스템을 통해서는 수시공시, 공정공시 등과 관련된 공시정보를 제출하고 금융감독원 공시시스템을 정기공시, 주요사항 보고서, 지분공시 등과 관련된 공시정보를 제출하게 된다. 금융감독원과 거래소를 통한 기업공시의 일반적 체계는 [그림 10-5][2]와 같다.

**표 10-12** 기업의 공시

| 구분 | 내용 | 비고 |
|---|---|---|
| 발행시장공시 | • 증권발행인이 증권발행과 관련한 모든 정보를 투자자에게 전달하도록 하는 제도<br>• 증권신고서, 투자설명서, 증권발행실적 보고서 | |
| 유통시장공시 | • 발행된 증권에 대한 투자자간의 거래와 관련하여 기업경영활동 내역을 공시하도록 하는 제도: 증권의 유통과 관련된 공시<br>• 정기공시: 사업보고서, 반기보고서, 분기보고서 등<br>• 수시공시: 공시규정에 정하는 주요 경영사항 등<br>• 주요사항보고서: 부도발생, 은행거래정지 및 합병 등<br>• 기타공시: 공개매수 신고서, 시상소성, 안정조직 신고서 등<br>• 감사보고서 및 재무제표 제출: 주주총회 후 2주이내 | 사업연도경과 후 90일 이내<br>반기경과 후 45일 이내 |

2 코스닥시장 공시 상장관리 해설, 한국거래소, 2022.

**그림 10-5** 기업공시의 일반적 체계

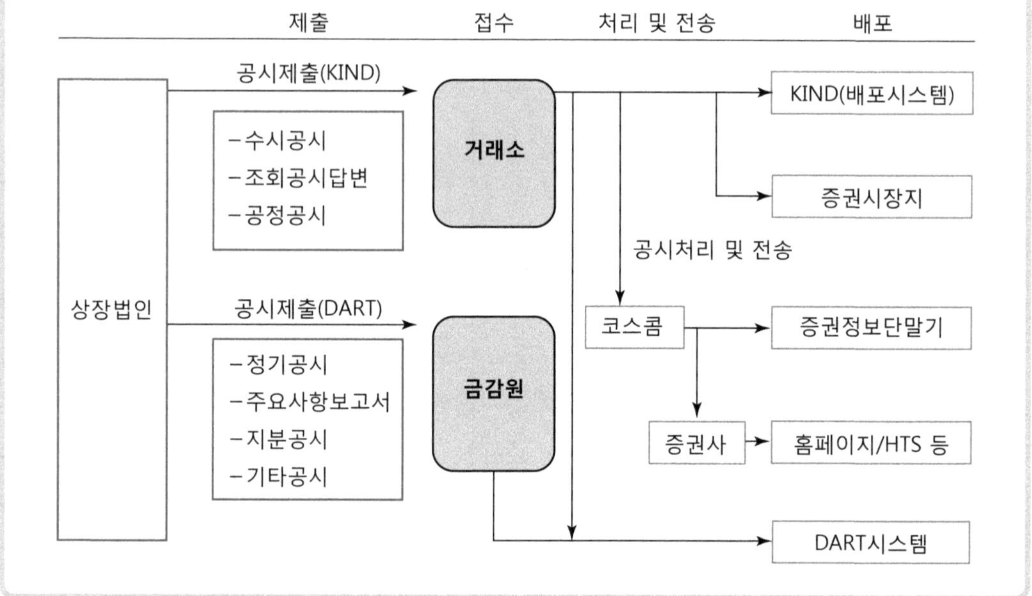


정기공시는 사업내용, 재무상황 등 기업내용을 정기적으로 공시함으로써 일반투자자에게 합리적인 투자판단 자료를 제공하고 시장에서 공정한 가격형성이 이루어지도록 하여 거래질서를 확립하고 투자자를 보호하기 위한 것이다.

한국거래소의 수시공시 등 상장법인의 공시관련 시스템인 KIND에서 공시, 상장법인 상세정보, IPO현황 등의 공시정보를 활용할 수 있다.

## 확·인·문·제

※ 각 문항의 설명 중 옳은 것에는 T, 틀린 것에는 F를 하시오.

1. 기업의 경영자는 기업경영에 필요한 소요자금과 자금의 조달방안, 자금의 조달과 운용의 균형 유지에 대하여 올바르게 판단하고 의사결정을 하여야 한다. (　　　)

2. 재무상태표의 차변은 자금의 운용, 대변은 자금의 조달원천에 대한 정보로 자금의 조달과 자금의 운용은 반드시 일치하지 않을 수 있다. (　　　)

3. 과도한 신규설비투자는 감가상각비와 이자비용을 증가시키면서 이익을 감소시킬 수 있으므로 설비투자의 규모와 자금조달 간의 균형적 관계를 유지하는 것이 바람직하다. (　　　)

4. 매출채권은 현금으로 회수되어야만 이익이 현금으로 실현되고 회수가 되지 않았음에도 불구하고 발생이익을 기준으로 현금배당을 한다면, 최악의 경우 자금의 부족현상을 겪게 될 수 있다. (　　　)

5. 손익계산서는 기업이 일정시점에 창출한 이익으로 기업의 경영활동 결과에 대한 성과이며 경영자의 경영성적표라 할 수 있다. (　　　)

6. 포괄손익계산서는 원치주의와 포필주의에 입삭해 수익과 비용을 항목별로 구분, 표시하고 당기순이익, 기타포괄손익, 총포괄손익을 나타낸다. (　　　)

7. 수익은 기업에 의해 생산된 제품 또는 서비스의 판매를 통해서 획득하는 수입을 말하고 기업의 주수익원은 매출액으로 판매가격에서 판매수량을 곱하여 산출한다. (　　　)

8. 현금흐름표를 통하여 기업의 미래현금흐름을 예측해 볼 수 있으나 당기순이익의 질적 특성은 파악할 수 없다. (　　　)

9. 현금흐름표는 기초현금에서 기말현금으로의 현금의 증감에 대한 세부적인 현금증감 변화를 나타내며, 현금흐름의 원천별, 즉 영업활동, 재무활동, 투자활동으로 나누어 현금흐름을 파악할 수 있다. (　　　)

10. 영업활동으로 인한 순현금흐름이 투자활동이나 재무활동으로 인한 현금흐름이 반영된 후에도 (+)이고 일정규모 이상인 경우에는 기업의 현금흐름은 양호한 것으로 판단할 수 있다. (　　　)

11. 자본변동표는 자본의 크기와 그 변동에 관한 정보를 제공하는 재무보고서로 자본을 구성하고 있는 자본금, 자본잉여금, 기타포괄손익누계액, 자본조정, 이익잉여금의 변동에 대한 포괄적인 정보를 제공한다. (　　　)

12. 주식회사 등의 외부감사에 관한 법률에 의하여 모든 회사는 재무제표를 작성하여 독립된 외부감사인에 의한 회계감사를 받아야 한다. (　　　)

13. 회계감사인은 감사대상회사의 재무제표에 대해서 적정의견, 한정의견, 부적정의견 또는 의견거절을 표명할 수 있다. (　　　)

14. 관련 법률에 따라서 상장법인 등은 회계법인에게 재무제표의 적정성에 대하여 외부감사를 받아야 하고 회계법인은 해당 감사보고서를 법적 공시일까지 전자공시시스템에 공시하여야 한다. (　　　)

15. 외부에 공시되는 재무제표의 신뢰성 확보를 목적으로 재무제표가 회계기준에 따라 작성, 공시되었는지에 대한 합리적인 확신을 제공하기 위하여 설계 운영되는 것이 내부회계관리제도이다. (　　　)

16. 기업공시제도(corporate disclosure system)는 상장법인으로 하여금 자사주식의 투자판단에 중대한 영향을 미칠 수 있는 중요한 기업내용의 정보를 공시하도록 한다. (　　　)

---

**해답** 1. T　2. F　3. T　4. T　5. F　6. T　7. T　8. F　9. T　10. T　11. T　12. F　13. T　14. T　15. T　16. T

## 실·습·문·제

1. 더나은미래㈜의 수정전시산표와 결산수정사항을 활용하여 202×년도 보고식 재무제표를 작성하세요.

(1) 수정전시산표 (단위: 천원)

| 항목 | 금액 | 항목 | 금액 |
|---|---|---|---|
| 현금 | 5,000,000 | 매입채무 | 2,000,000 |
| 단기금융상품 | 4,625,000 | 미지급금 | 1,250,000 |
| 매출채권 | 2,500,000 | 선수금 | 389,000 |
| 미수금 | 400,000 | 미지급비용 | 150,000 |
| 재고자산 | 4,500,000 | 단기차입금 | 550,000 |
| 기계장치 | 1,000,000 | 사채 | 3,000,000 |
| 건물 | 3,000,000 | 자본금 | 8,000,000 |
| 매입 | 17,500,000 | 이익잉여금 | 2,000,000 |
| 급여 | 2,000,000 | 기타포괄손익누계 | 4,500,000 |
| 지급수수료 | 1,500,000 | 매출 | 21,000,000 |
| 복리후생비 | 700,000 | 임대수익 | 316,000 |
| 광고비 | 100,000 | | |
| 통신료 | 50,000 | | |
| 수도광열비 | 40,000 | | |
| 보험료 | 240,000 | | |
| 압계 | 43,155,000 | 합계 | 43,155,000 |

(2) 결산수정 사항

① 재고자산의 실사 결과 ₩5,000,000,000이다.

② 매출채권의 3% 대손충당금을 설정한다.

③ 추가로 식별된 광고비는 ₩5,000,000이며 미지급상태이다.

④ 보험료 미경과분이 ₩100,000,000이 있다.

⑤ 미지급금 ₩700,000,000를 지급하였으나 회계처리하지 않았다.

1-1. 손익계산서를 작성하세요.

1-2. 재무상태표를 작성하세요.

2. 더나은미래㈜ 202×년도 12월 31일 재무정보를 활용하여 재무제표를 작성하세요.

| 항목 | 수정전시산표 | | 수정후시산표 | |
|---|---|---|---|---|
| 현금 | 232,000 | | 232,000 | |
| 매출채권 | 300,000 | | 300,000 | |
| 대손충당금 | | 10,000 | | 19,000 |
| 재고자산 | 768,000 | | 768,000 | |
| 선급금 | 10,000 | | 10,000 | |
| 소모품 | 20,000 | | 10,000 | |
| 선급보험료 | 50,000 | | 56,000 | |
| 기계장치 | 200,000 | | 200,000 | |
| 감가상각누계액 | | 40,000 | | 60,000 |
| 매입채무 | | 410,000 | | 410,000 |
| 미지급금 | | 50,000 | | 50,000 |
| 단기차입금 | | 150,000 | | 150,000 |
| 미지급비용 | | 100,000 | | 110,000 |
| 미지급이자 | | | | 10,000 |
| 선수금 | | 100,000 | | 100,000 |
| 자본금 | | 200,000 | | 200,000 |
| 이익잉여금 | | 202,000 | | 202,000 |
| 매출액 | | 1,700,000 | | 1,700,000 |
| 매출원가 | 1,000,000 | | 1,000,000 | |
| 급여 | 300,000 | | 300,000 | |
| 수도광열비 | 10,000 | | 10,000 | |
| 광고비 | 50,000 | | 60,000 | |
| 보험료 | 12,000 | | 6,000 | |
| 이자비용 | 10,000 | | 20,000 | |
| 대손상각비 | | | 9,000 | |
| 감가상각비 | | | 20,000 | |
| 소모품비 | | | 10,000 | |
| 합계 | 2,962,000 | 2,962,000 | 3,011,000 | 3,011,000 |

2-1. 더나은미래㈜의 결산수정사항에 대한 분개를 추정하세요.

2-2. 보고식 재무상태표를 작성하세요.

2-3. 보고식 손익계산서를 작성하세요.

**3.** 더나은미래㈜의 20×1년도 자본거래에 관한 내용은 다음과 같다. 자본변동표를 작성해 보세요.

(1) 20×1.12.31 부분재무상태표 (단위: 천원)

| | |
|---|---:|
| 자본금 | 100,000,000 |
| 주식발행초과금 | 50,000,000 |
| 미처분이익잉여금 | 100,000,000 |
| 기타포괄손익누계액 | 14,500,000 |
| 자기주식 | 1,500,000 |

(2) 20×2년에 발생한 자본거래내역은 다음과 같다.

① 자기주식 1,000,000주를 주당 ₩2,000(취득원가 ₩1,500)에 매각하였다.
② 주주총회에서 의결된 배당금 ₩5,000,000,000을 현금지급하다.
③ 액면 @1,000주식 10,000,000주를 주당 @3,000에 발행하였다.
④ 유형자산의 평가이익 ₩2,500,000,000이 발생하였다.
⑤ 이번 회계연도의 당기순이익은 ₩10,000,000,000이다.

**4.** 더나은미래㈜의 다음 자료에 의하여 영업활동으로 인한 현금흐름을 계산하세요.

| | | | |
|---|---:|---|---:|
| 당기순이익 | ₩1,200,000,000 | 감가상각비 | ₩100,000,000 |
| 대손상각비 | 70,000,000 | 유형자산처분손실 | 50,000,000 |
| 매출채권의 증가 | 50,000,000 | 매입채무의 증가 | 10,000,000 |
| 재고자산의 증가 | 30,000,000 | | |

**5.** 더나은미래㈜의 다음 자료에 의하여 현금흐름을 계산하세요.

(1) 재무상태표

| 계정과목 | 20×1 | 20×2 | 계정과목 | 20×1 | 20×2 |
|---|---:|---:|---|---:|---:|
| 유동자산 | | | 유동부채 | | |
| 현금 및 예금 | 3,000,000 | 4,320,000 | 매입채무 | 3,363,500 | 6,231,500 |
| 매출채권(순액) | 7,207,500 | 9,067,500 | 미지급이자 | 320,000 | 300,000 |
| 대여금 | 100,000 | 330,000 | 선수금 | 200,000 | 100,000 |
| 미수이자 | 150,000 | 100,000 | 미지급법인세 | 200,000 | 150,000 |
| 재고자산 | 6,486,750 | 8,160,750 | | | |

(계속)

| 비유동자산 | | | 비유동부채 | | |
|---|---|---|---|---|---|
| 투자자산 | 5,000,000 | 5,000,000 | 사채 | 15,000,000 | 15,000,000 |
| 건물 | 40,000,000 | 50,000,000 | 장기차입금 | 2,000,000 | 3,000,000 |
| (감가상각누계액) | (400,000) | (600,000) | 자본 | | |
| 기계장치 | 2,000,000 | 2,000,000 | 자본금 | 30,000,000 | 40,000,000 |
| (감가상각누계액) | (300,000) | (400,000) | 이익잉여금 | 12,160,750 | 13,196,750 |
| 합계 | 63,244,250 | 77,978,250 | | 63,244,250 | 77,978,250 |

(2) 손익계산서

| 계정과목 | 20×1 | 20×2 | 계정과목 | 20×1 | 20×2 |
|---|---|---|---|---|---|
| 매출원가 | 14,415,000 | 18,135,000 | 매출 | 24,025,000 | 29,925,000 |
| 급여 | 2,402,500 | 3,022,500 | 이자수익 | 25,000 | 25,000 |
| 판매촉진비 | 720,750 | 906,750 | 유형자산처분이익 | | 300,000 |
| 광고비 | 720,750 | 906,750 | | | |
| 연구개발비 | 961,000 | 1,209,000 | | | |
| 복리후생비 | 720,750 | 906,750 | | | |
| 대손상각비 | 480,500 | 504,500 | | | |
| 감가상각비 | 240,250 | 400,000 | | | |
| 이자비용 | 150,000 | 180,000 | | | |
| 법인세비용 | 110,000 | 112,250 | | | |
| 당기순이익 | 3,128,500 | 3,966,500 | | | |
| 합계 | 24,050,000 | 30,250,000 | | 24,050,000 | 30,250,000 |

(3) 당기 중 취득한 건물의 취득원가는 ₩15,000,000이다.

## 실습문제 풀이

1. 1-1. 손익계산서

손익계산서

(202×. 1. 1~202×. 12. 31) (단위: 천원)

| | | |
|---|---|---|
| 수익 | | 21,316,000 |
| 매출 | 21,000,000 | |
| 임대수익 | 316,000 | |
| 비용 | | 21,605,000 |
| 매출원가 | 17,000,000 | |
| 급여 | 2,000,000 | |
| 지급수수료 | 1,500,000 | |
| 복리후생비 | 700,000 | |
| 광고비 | 105,000 | |
| 통신비 | 50,000 | |
| 수도광열비 | 40,000 | |
| 보험료 | 140,000 | |
| 대손상각비 | 75,000 | |
| 당기순손실 | | (294,000) |

• 참고사항: 결산수정분개

| | | | |
|---|---|---|---|
| (차) 재고자산 | 5,000,000,000 | (대) 매출원가 | 5,000,000,000 |
| (차) 대손상각비 | 75,000,000 | (대) 대손충당금 | 75,000,000 |
| (차) 광고비 | 5,000,000 | (대) 미지급비용 | 5,000,000 |
| (차) 선급보험료 | 100,000,000 | (대) 보험료 | 100,000,000 |
| (차) 미지급금 | 700,000,000 | (대) 현금 | 700,000,000 |

1–2. 재무상태표

**재무상태표**

202×년 12월 31일 현재 (단위: 천원)

| | |
|---|---|
| 자산 | |
| 유동자산 | |
| 현금 | 4,300,000 |
| 단기금융상품 | 4,625,000 |
| 매출채권 | 2,500,000 |
| 대손충당금 | (75,000) |
| 미수금 | 400,000 |
| 재고자산 | 5,000,000 |
| 선급보험료 | 100,000 |
| 비유동자산 | |
| 기계장치 | 1,000,000 |
| 건물 | 3,000,000 |
| **자산총계** | 20,850,000 |
| 부채 | |
| 유동부채 | |
| 매입채무 | 2,000,000 |
| 미지급금 | 550,000 |
| 선수금 | 389,000 |
| 미지급비용 | 155,000 |
| 단기차입금 | 550,000 |
| 비유동부채 | |
| 사채 | 3,000,000 |
| 부채총계 | 6,644,000 |
| 자본 | |
| 자본금 | 8,000,000 |
| 이익잉여금 | 1,706,000 |
| 기타포괄손익누계 | 4,500,000 |
| 자본총계 | 14,206,000 |
| **부채와 자본총계** | 20,850,000 |

**2.** 2–1. 결산수정분개 추정

| | | | |
|---|---|---|---|
| (차) 소모품비 | 10,000 | (대) 소모품 | 10,000 |
| (차) 대손상각비 | 9,000 | (대) 대손충당금 | 9,000 |

| | | | |
|---|---|---|---|
| (차) 감가상각비 | 20,000 | (대) 감가상각누계액 | 20,000 |
| (차) 광고비 | 10,000 | (대) 미지급비용 | 10,000 |
| (차) 선급보험료 | 6,000 | (대) 보험료 | 6,000 |
| (차) 이자비용 | 10,000 | (대) 미지급이자 | 10,000 |

2-2. 재무상태표

재무상태표

202×년 12월 21일 현재

| | |
|---|---|
| 자산 | |
| 유동자산 | |
| 현금 및 예금 | 232,000 |
| 매출채권 | 300,000 |
| 대손충당금 | (19,000) |
| 재고자산 | 768,000 |
| 소모품 | 10,000 |
| 선급금 | 10,000 |
| 선급보험료 | 56,000 |
| 비유동자산 | |
| 기계장치 | 200,000 |
| 유형자산감가상각누계액 | (60,000) |
| **자산총계** | 1,497,000 |
| 부채 | |
| 유동부채 | |
| 매입채무 | 410,000 |
| 미지급금 | 50,000 |
| 차입금 | 150,000 |
| 선수금 | 100,000 |
| 미지급비용 | 110,000 |
| 미지급이자 | 10,000 |
| 부채총계 | 730,000 |
| 자본 | |
| 자본금 | 200,000 |
| 이익잉여금 | 467,000 |
| 자본총계 | 667,000 |
| **부채와 자본총계** | 1,497,000 |

2-3. 포괄손익계산서

포괄손익계산서

(202×.1.1~202×.12.31)

| | |
|---|---|
| 매출액 | 1,700,000 |
| 매출원가 | 1,000,000 |
| 매출총이익 | 700,000 |
| 판매비와 관리비 | 415,000 |
| 영업이익 | 285,000 |
| 영업외비용 | 20,000 |
| 법인세비용차감전순이익 | 265,000 |
| 당기순이익 | 265,000 |
| 기타포괄손익 | |
| FVOCI금융자산 평가이익 | |
| 유형자산 재평가이익 | |
| 포괄손익 | 265,000 |

판매비와 관리비: 급여, 수도광열비, 광고비, 보험료, 대손상각비, 감가상각비, 소모품비
영업외비용: 이자비용

**3.**

(단위: 천원)

| 구분 | 자본금 | 자본잉여금 | 이익잉여금 | 기타 포괄손익 | 자본조정 | 총계 |
|---|---|---|---|---|---|---|
| 기초자본 | 100,000,000 | 50,000,000 | 100,000,000 | 14,500,000 | (1,500,000) | 263,000,000 |
| 유상증자 | 10,000,000 | 20,000,000 | | | | 30,000,000 |
| 자기주식처분 | | 500,000 | | | 1,500,000 | 2,000,000 |
| 배당 | | | (5,000,000) | | | (5,000,000) |
| 당기순이익 | | | 10,000,000 | | | 10,000,000 |
| 유형자산평가 | | | | 2,500,000 | | 2,500,000 |
| 기말자본 | 110,000,000 | 70,500,000 | 105,000,000 | 17,000,000 | 0 | 302,500,000 |

**4.** 간접법에 의한 영업활동 순현금흐름

당기순이익 + 영업과 무관한 비용 − 영업과 무관한 수익 + 영업관련 자산의 감소(부채의 증가) − 영업관련 자산의 증가(부채의 감소)

= 1,200,000,000 + 100,000,000 + 50,000,000 − 50,000,000 + 10,000,000 − 30,000,000

= 1,280,000,000

5.

현금흐름표

(202×.1.1~202×.12.31)

| | |
|---|---|
| 1. 영업활동 현금흐름 | |
| 법인세비용차감전순이익 | 4,078,750 |
| 가감 | |
| 감가상각비 | 400,000 |
| 이자비용 | 180,000 |
| 유형자산처분이익 | (300,000) |
| 이자수익 | (25,000) |
| 매출채권의 증가 | (1,860,000) |
| 재고자산의 증가 | (1,674,000) |
| 매입채무의 증가 | 2,868,000 |
| 선수금의 감소 | (100,000) |
| 영업에서 창출된 현금흐름 | 3,567,750 |
| 이자의 수취 | 75,000 |
| 이자의 지급 | (200,000) |
| 법인세의 납부 | (162,250) |
| 영업활동 순현금흐름 | 3,280,500 |
| 2. 투자활동 현금흐름 | |
| 1) 유형자산의 취득 | (15,000,000) |
| 2) 유형자산의 처분 | 5,200,000 |
| 투자활동 순현금흐름 | (9,800,000) |
| 3. 재무활동 현금흐름 | |
| 1) 재무활동 현금유입 | |
| 유상증자 | 10,000,000 |
| 장기차입금 | 1,000,000 |
| 2) 재무활동 현금유출 | |
| 현금배당 | (2,930,500) |
| 대여금 | (230,000) |
| 재무활동 순현금흐름 | 7,839,500 |
| 4. 현금의 순증가(1+2+3) | 1,320,000 |
| 5. 기초현금 | 3,000,000 |
| 6. 기말현금 | 4,320,000 |

제 11 장

# 재무제표 분석

1. 재무제표 분석 개요
2. 재무제표 비율 분석

# 1 재무제표 분석

## 1.1 재무제표의 분석

재무제표는 기업의 재무상태나 경영성과를 보여주는 보고서로 기업의 내·외부 이해관계자들에 의해 해당기업이 평가받는 성적표과 같은 것이다. 기업의 경영자나 투자자가 재무제표 분석을 잘 활용할 수 있다면 경영자는 과거의 경영성과를 체크해서 기업의 미래전략을 기획하는 데 많은 도움을 얻을 것이며, 투자자에게는 해당기업의 주식투자나 자금대여 등 투자의사결정에 유용한 정보가 될 것이다. 특히 주주나 채권자 등 기업의 재무정보이용자들은 미래의 잠재적인 수익과 관련 위험을 예측하기 위하여 재무재표 정보를 활용하게 된다. 이들은 기업의 미래 재무상태와 재무성과에 관심을 갖고 있으며 투자한 주식의 배당이나 시세차익을 기대하고 있기 때문에 재무제표 분석은 이러한 정보욕구를 충족시켜 주는 수단이다.

재무제표 분석은 추세분석, 구성비분석, 비율분석 등으로 구분할 수 있으며, 비율분석은 기본재무제표인 재무상태표, 포괄손익계산서, 현금흐름표를 활용하여 수익성, 활동성, 유동성, 안정성, 성장성 등 다양한 관점에서 분석할 수 있다. 수익성은 손익계산서를 중심으로 매출대비 이익으로 측정할 수 있으며 손익계산서와 재무상태표의 자산이나 자본대비 이익으로도 측정할 수 있다. 활동성은 매출액에 대비하여 자산운용의 효율성을 측정하고, 유동성은 재무상태표의 유동자산과 유동부채를 대비해서 측정한다. 안정성은 재무구조의 안정성을 자기자본과 타인자본을 비교하여 측정할 수 있으며, 성장성은 매출액이나 이익, 자산 등의 성장추세를 측정하여 미래의 성장가능성을 예측하는 데 활용될 수 있다.

그러나 이러한 재무제표 분석에는 한계점이 있다. 우선 재무제표는 기업의 과거 재무적 정보이므로 재무제표 분석 결과도 과거의 재무정보이다. 의사결정의 대부분은 기업의 미래에 대한 사항으로 과거의 재무제표는 의사결정에 필요한 정보로서 한계가 있다. 물론 미래의 재무적 정보를 추정하는 데 있어서 과거의 재무적 정보를 활용하게 되고 이를 기초로 미래 재무정보를 추정하게 된다.

또한 재무제표를 활용한 비율분석은 기업에 대한 기본적 분석이므로 각 비율분석의 숫자 의미를 기업이 속한 산업과 기업의 자원과 역량 등과 연계하여 구체적으로 살펴봐야 한다. 기업마다 회계처리방법이 다르기 때문에 비율분석 결과에 있어서 차이가 있을 수 있다는 것은 알고 재무제표 분석 결과를 활용해야 한다.

## 1.2 재무제표 분석방법

재무제표를 활용하여 기업의 경영성과 등을 분석하는 방법에는 추세분석, 구성비 분석, 비율분석의 3가지 방법이 있다.

### ■ 추세분석

기업의 여러 회계연도 재무제표를 비교하여 증감률의 추세를 파악하여 분석하는 방법이다. 재무상태나 경영성과를 비교하여 증감률의 추세를 살펴보면 기업의 경영상황이 개선되고 있는지 아니면 악화되고 있는지 파악할 수 있다. 추세분석에 많이 활용하는 지표가 매출액성장률, 총자산성장률, 영업이익성장률 등이다.

매출액성장률(%) = {(당기 매출액−전기 매출액) / 전기 매출액}×100
총자산성장률(%) = {(기말 총자산−기초 총자산) / 기초 총자산}×100
영업이익성장률(%) = {(당기 영업이익−전기 영업이익) / 전기 영업이익}×100

반면에 추세분석한 결과 총자산이 감소하는 추세에 있다든가 매출액이 감소한다든지 영업이익이 감소하는 추세에 있다면 그 기업은 경영위기 상황에 빠져들고 있다고 판단할 수 있고 이에 대한 대책을 마련해야 할 것이다.

### ■ 구성비 분석

재무상태표, 손익계산서 등 재무제표의 각 구성항목이 전체에서 차지하는 비중을 파악하여 분석하는 것이다. 재무상태표에서 차변 자산의 구성항목을 비교해서 산업의 특성을 맞추어 자산포트폴리오의 적정성을 판단할 수 있으며,

대변의 자기자본과 타인자본의 구성항목을 비교하여 자본구성의 안정성 등을 파악할 있을 것이다. 손익계산서에서는 매출액에 대비하여 비용의 구성을 비교해서 비용구조를 파악하여 동종산업과 비교해서 적성성 여부를 판단할 수 있을 것이다.

## ■ 비율분석

재무제표 비율분석은 재무제표 항목간 관계를 분석하는 방법으로 수익성, 안정성, 유동성, 활동성 등을 파악할 수 있다. 기업의 재무정보이용자의 목적에 따라서 관심을 갖는 비율분석 항목에 약간의 차이는 있을 수 있다. 기업에 돈을 빌려준 채권자의 경우에는 대여금을 안전하게 돌려받을 수 있을 것인지와 정기적으로 이자를 지급받을 수 있을 것인지가 최대 관심사항이므로 여러 재무지표 중에서도 유동성과 안정성을 분석하는 비율을 중요하게 볼 것이다.

### 예제 11-1

한국의 대기업 A사와 B사의 202×년도 사업보고서에 나타난 요약재무제표를 활용하여 재무제표 분석을 진행하세요.

A사와 B사의 요약재무상태표

(202×년 12월 31일 기준) (단위: 백만원)

| | A사 | B사 |
|---|---|---|
| 유동자산 | 12,115,244 | 71,009,286 |
| 현금및현금성자산 | 2,202,138 | 989,045 |
| 단기금융상품 | 307,500 | 29,101,284 |
| 매출채권 | 4,185,100 | 24,736,740 |
| 재고자산 | 4,980,384 | 13,831,372 |
| 기타유동자산 | 440,122 | 2,350,845 |
| 비유동자산 | 41,430,324 | 153,162,763 |
| 관계기업투자자산 | 6,776,725 | 56,587,548 |
| 기타금융자산 | 11 | 3,107 |
| 유형자산 | 31,607,910 | 86,166,924 |
| 무형자산 | 3,004,983 | 7,002,648 |
| 이연법인세자산 | 0 | 992,385 |
| 기타비유동자산 | 40,695 | 2,411,151 |
| 자산총계 | 53,545,568 | 224,172,049 |

| | | |
|---|---|---|
| 유동부채 | 6,076,049 | 23,453,581 |
| 매입채무 | 1,570,339 | 6,599,025 |
| 미지급금 | 2,083,920 | 9,829,541 |
| 차입금 | 1,613,755 | 432,714 |
| 충당부채 | 33,995 | 2,932,468 |
| 당기법인세부채 | 535,892 | 3,556,146 |
| 기타유동부채 | 238,148 | 103,687 |
| 비유동부채 | 6,153,453 | 1,503,453 |
| 장기미지급금 | 272,389 | 1,247,752 |
| 장기차입금 | 5,583,434 | 150,397 |
| 이연법인세부채 | 202,311 | 103,598 |
| 기타비유동부채 | 95,319 | 1,706 |
| 자본 | 41,316,066 | 199,215,015 |
| 자본금 | 3,657,652 | 897,514 |
| 자본잉여금 | 4,183,564 | 4,403,893 |
| 기타포괄손익누계 | 14,546 | (268,785) |
| 이익잉여금 | 33,460,304 | 194,182,393 |
| **부채 및 자본총계** | 53,545,568 | 224,172,049 |

A사와 B사의 요약포괄손익계산서

(202×.1.1부터 202×.12.31까지)

| | A사 | B사 |
|---|---|---|
| 매출액 | 30,524,987 | 166,311,191 |
| 매출원가 | 20,753,412 | 116,753,419 |
| 매출총이익 | 9,771,575 | 49,557,772 |
| 판매비와 관리비 | 5,225,698 | 29,038,798 |
| 영업이익 | 4,545,877 | 20,518,974 |
| 기타영업외수익 | 83,023 | 797,494 |
| 기타영업외비용 | 148,132 | 857,242 |
| 법인세비용 | 1,432,193 | 4,836,905 |
| 당기순이익 | 3,048,575 | 15,622,321 |
| 기타포괄수익 | 1,793 | (549,299) |
| 총포괄손익 | 3,050,368 | 15,073,022 |

요약재무상태표 구성비율 분석

| | A사 | 구성비율 | B사 | 구성비율 |
|---|---|---|---|---|
| 유동자산 | | | | |
| 당좌자산 | 6,694,738 | 12.50% | 54,827,069 | 24.46% |
| 재고자산 | 4,980,384 | 9.30% | 13,831,372 | 6.17% |
| 기타유동자산 | 440,122 | 0.82% | 2,350,845 | 1.05% |
| 비유동자산 | | | | |
| 투자자산 | 6,776,736 | 12.66% | 56,590,655 | 25.24% |
| 유형자산 | 31,607,910 | 59.03% | 86,166,924 | 38.44% |
| 무형자산 | 3,004,983 | 5.61% | 7,002,648 | 3.12% |
| 기타비유동자산 | 40,695 | 0.08% | 3,403,536 | 1.52% |
| **자산총계** | | 100.00% | | 100.00% |
| 유동부채 | | | | |
| 매입채무 | 1,570,339 | 2.93% | 6,599,025 | 2.94% |
| 미지급금 | 2,083,920 | 3.89% | 9,829,541 | 4.38% |
| 차입금 | 1,613,755 | 3.01% | 432,714 | 0.19% |
| 기타유동부채 | 808,035 | 1.51% | 6,592,301 | 2.94% |
| 비유동부채 | | | | |
| 장기미지급금 | 272,389 | 0.51% | 1,247,752 | 0.56% |
| 장기차입금 | 5,583,434 | 10.43% | 150,397 | 0.07% |
| 기타비유동부채 | 297,630 | 0.56% | 105,304 | 0.05% |
| 자본 | | | | |
| 자본금 | 3,657,652 | 6.83% | 897,514 | 0.40% |
| 자본잉여금 | 4,183,564 | 7.81% | 4,403,893 | 1.96% |
| 기타포괄손익누계 | 14,546 | 0.03% | −268,785 | −0.12% |
| 이익잉여금 | 33,460,304 | 62.49% | 194,182,393 | 86.62% |
| **부채 및 자본총계** | | 100.00% | | 100.00% |

요약손익계산서 구성비율 분석

| | A사 | 비율 | B사 | 비율 |
|---|---|---|---|---|
| 매출액 | 30,524,987 | 100.00% | 166,311,191 | 100.00% |
| 매출원가 | 20,753,412 | 67.99% | 116,753,419 | 70.20% |
| 매출총이익 | 9,771,575 | 32.01% | 49,557,772 | 29.80% |
| 판매비와 관리비 | 5,225,698 | 17.12% | 29,038,798 | 17.46% |
| 영업이익 | 4,545,877 | 14.89% | 20,518,974 | 12.34% |
| 기타영업외수익 | 83,023 | 0.27% | 797,494 | 0.48% |
| 기타영업외비용 | 148,132 | 0.49% | 857,242 | 0.52% |
| 법인세비용 | 1,432,193 | 4.69% | 4,836,905 | 2.91% |
| 당기순이익 | 3,048,575 | 9.99% | 15,622,321 | 9.39% |
| 기타포괄손익 | 1,793 | 0.01% | −549,299 | −0.33% |
| 총포괄손익 | 3,050,368 | 9.99% | 15,073,022 | 9.06% |

# 2 재무제표 비율분석

재무제표 비율분석은 재무상태표와 손익계산서 등 재무제표의 항목간 관계의 분석을 통하여 기업의 수익성, 활동성, 유동성, 안정성, 성장성 등을 파악하여 회계정보이용자들에게 경제적 의사결정에 유용한 정보를 제공해 줄 수 있다. [예제 11-1]의 요약재무상태표와 손익계산서를 활용하여 재무제표 비율분석을 하고자 한다.

## 2.1 수익성 분석(Profitability Ratio)

수익성지표는 기업이 실질적으로 얼마나 이익을 창출했는가를 보여주는 것으로 기업의 경영성과를 평가할 때 주로 사용된다. 수익성지표는 손익계산서와 재무상태표의 관련 항목을 활용하여 분석할 수 있고 매출총이익률, 영업이익률, 총자산이익률, 자기자본이익률, 주당이익 등을 통하여 파악할 수 있다. 수익성지표가 높을수록 경영성과가 우수하다는 것을 나타낸다.

### ■ 매출총이익(영업이익, 당기순이익)률

손익계산서의 매출액 대비 이익(매출총이익, 영업이익, 당기순이익)이 얼마나 발생했는지 나타내는 지표이다. 매출총이익률은 매출액에서 매출원가를 차감하여 매출총이익을 산출하고 이를 매출액으로 나누어 산출한다. 매출총이익률이 40%이면 100원당 40원의 이익을 창출하고 원가가 60원이라는 의미로 해석할 수 있다. 영업이익률은 매출총이익에서 판매관리비를 차감하여 영업이익을 산출하여 매출액으로 나누어 산출한다. 산업계에서는 영업이익을 수익성 측정의 주요한 지표로 활용하고 있다. 영업이익률이 15%이면 100원당 15원의 이익이 발생하고 영업비용이 85원이라는 의미로 해석할 수 있다. 당기순이익률은 영업이익에서 영업외수익과 영업외비용을 가감하고 법인세를 차감하여 산출된 이익을 매출액으로 나눈 것이다. 당기순이익률이 10%이면 100원당 10원의 이익을 창출하고 총비용은 90원이라는 의미로 해석할 수 있다.

$$매출총이익률(\%) = \frac{매출총이익}{매출액} \times 100$$
$$= \frac{9,771,575}{30,524,987} \times 100 = 32.01\%$$
$$영업이익률(\%) = \frac{영업이익}{매출액} \times 100$$
$$= \frac{4,545,877}{30,524,987} \times 100 = 14.89\%$$
$$당기순이익률(\%) = \frac{당기순이익}{매출액} \times 100$$
$$= \frac{3,048,575}{30,524,987} \times 100 = 9.99\%$$

### ■ 총자산이익률(ROA: Return On Assets)

기업이 보유한 자산이 당기 성과에 기여한 정도를 나타내는 지표로서 당기순이익을 총자산으로 나누어 표시된다. 총자산은 자기자본(자본)과 타인자본(부채)의 조달을 통하여 확보되므로 이에 대응하여 이익은 이자비용 차감전 이익을 적용하는 것이 타당하나 산업계 실무에서는 흔히 당기순이익을 적용한다.

$$총자산이익률(\%) = \frac{당기순이익}{평균총자산} \times 100$$
$$= \frac{3,048,575}{53,545,568} \times 100 = 5.69\%$$

당기순이익은 일정한 기간 동안의 성과이므로 기말총자산보다는 기초총자산과 합하여 평균한 평균총자산으로 정확히 적용하는 것이 원칙이나 큰 차이가 발생하지 않으므로 실무에서는 기말총자산을 적용하여 산출하기도 한다.

### ■ 자기자본이익률(ROE: Return On Equity)

자기자본이 투입되어 얼마만큼의 순이익을 창출했는지를 나타내는 지표로서 주주 측면에서 수익성을 평가하는 지표이다. 자기자본이익률이 총자본에서 타인자본을 차감한 자기자본에 대비한 이익창출을 얼마나 했는지에 대해 관심을 갖는다. 자기자본이익률이 높다는 것은 주주가 납입한 자본을 잘 활용하여 이익을 창출하고 있다는 것을 의미한다.

$$\text{자기자본이익률(\%)} = \frac{\text{당기순이익}}{\text{평균자기자본}} \times 100$$

$$= \frac{3,048,575}{41,316,066} \times 100 = 7.38\%$$

## 2.2 활동성 분석(Asset Efficiency Ratio)

활동성 분석은 재무상태표와 손익계산서를 활용하여 기업이 보유하고 있는 자산을 얼마나 능률적으로 활용하였는가를 나타내는 분석지표로서 일반적으로 매출액에 대한 주요자산의 회전율로 나타낸다. 활동성 분석 지표는 매출채권회전율, 재고자산회전율, 총자산회전율 등이 있다.

### ■ 매출채권회전율

매출채권이 현금화되는 속도를 나타내며, 이를 통해 매출채권 관리가 효율적으로 이루어지는지 알 수 있다. 매출채권회전율이 높다는 것은 매출액 대비 매출채권이 낮다는 것으로 외상판매보다 현금판매 비중이 높거나 매출채권이 빨리 회수되고 있다는 것을 의미한다. 반면에 매출채권회전율이 낮다는 것은 현금보다 외상판매의 비중이 높거나 매출채권의 회수 속도가 늦다는 것을 의미한다. 매출채권회전율의 적정성 여부는 과거 매출채권회전율이나 산업계 평균과 비교하여 판단할 수 있다. 매출채권회수기간은 1년을 매출채권회전율로 나누어 산출할 수 있다. 매출채권회전율이 높을수록 매출채권회수기간이 짧아진다.

$$매출채권회전율 = \frac{매출액}{평균매출채권} = \frac{30,524,987}{4,185,100} = 7.3$$

$$매출채권회수기간 = \frac{365}{매출채권회전율} = \frac{365}{7.3} = 50일$$

■ **재고자산회전율**

매출원가를 평균재고자산으로 나누어 산출되며 재고자산이 판매되는 속도를 나타낸다. 이를 통해 재고자산의 관리가 효율적으로 이루어지는지 알 수 있다. 재고자산회전율이 높다는 것이 재고자산 보유액이 낮고 상품이 잘 판매되고 있다는 것인 반면에 재고자산회전율이 낮다는 것은 재고재산 보유액이 높아 상품이 잘 판매되고 있지 않다는 것을 의미한다.

$$재고자산회전율 = \frac{매출원가}{평균재고자산} = \frac{20,753,412}{4,980,384} = 4.2$$

$$재고자산회전기간 = \frac{365}{재고자산회전율} = \frac{365}{4.2} = 86.9일$$

재고자산회전기간은 1년을 재고자산회전율로 나누어 재고자산이 판매되는 평균적인 기간을 산출할 수 있다. 재고자산회전율이 높을수록 재고자산 판매기간이 짧아진다.

■ **총자산회전율**

수익을 창출하는 데 자산이 얼마나 효율적으로 사용되는지 나타내는 지표로 매출액을 평균총자산으로 나누어 산출한다. 총자산회전율이 높다는 것은 총자산 대비 매출액이 높다는 것으로 자산이 효율적으로 활용되고 있다는 의미한다.

$$\text{총자산회전율} = \frac{\text{매출액}}{\text{평균총자산}}$$

$$= \frac{30{,}524{,}987}{53{,}545{,}568} = 0.57$$

## 2.3 유동성 분석(Liquidity Ratio)

유동성은 1년 이내에 현금화가 가능한 자산과 1년 이내에 현금을 지급해야 할 부채가 얼마나 되는지를 나타내는 분석지표이다. 1년 이내에 상환해야 할 부채를 현금으로 상환할 수 있는 능력이므로 기업에 자금을 대여한 채권자가 관심을 갖고 있는 지표이다.

### ■ 유동비율

유동자산을 유동부채로 나누어 산출되며 유동부채의 상환능력을 나타낸다. 유동비율이 높다는 것은 유동부채를 상환할 유동자산을 충분히 보유하고 있다는 의미이다. 일반실무에서는 유동비율이 200~300% 수준일 경우 적정하다고 판단하나 속한 산업의 특성에 따라 차이가 있을 수 있다.

$$\text{유동비율(\%)} = \frac{\text{유동자산}}{\text{유동부채}} \times 100$$

$$= \frac{12{,}115{,}244}{6{,}076{,}049} \times 100 = 199.4\%$$

### ■ 당좌비율

재고자산을 현금화하기 위해서는 판매과정을 거쳐야 하므로 상대적으로 현금화하는 데 시간이 더 소요된다. 유동자산 중에서 현금화기간이 긴 재고자산을 제외하여 당좌자산으로 유동성 지표를 측정한 것이 당좌비율이다. 당좌비율은 유동비율보다 단기부채의 상환능력을 더 적정하게 표시한 지표이다.

$$\text{당좌비율(\%)} = \frac{\text{당좌자산}}{\text{유동부채}} \times 100$$
$$= \frac{(12,115,244 - 4,980,384)}{6,076,049} \times 100 = 117.4\%$$

### 예제 11-2

더나은미래㈜의 1기와 2기의 재무제표를 활용하여 재무제표의 분석에 있어서 안정성분석과 성장성분석에 적용해 본다.

재무상태표

(단위: 천원)

| | 1기 | 2기 |
|---|---|---|
| 자산 | | |
| 유동자산 | | |
| 현금 및 예금 | 100,000 | 110,000 |
| 단기금융자산 | 20,000 | 25,000 |
| 매출채권 | 50,000 | 55,000 |
| 재고자산 | 40,000 | 45,000 |
| 비유동자산 | 200,000 | 250,000 |
| **자산총계** | 410,000 | 485,000 |
| 유동부채 | | |
| 매입채무 | 45,000 | 50,000 |
| 차입금 | 55,000 | 40,000 |
| 비유동부채 | 110,000 | 145,000 |
| 부채총계 | 210,000 | 235,000 |
| 납입자본 | 100,000 | 100,000 |
| 이익잉여금 | 100,000 | 150,000 |
| 자본총계 | 200,000 | 250,000 |
| **부채 및 자본총계** | 410,000 | 485,000 |

포괄손익계산서

(단위: 천원)

| | 1기 | 2기 |
|---|---|---|
| 매출액 | 600,000 | 650,000 |
| 매출원가 | 360,000 | 350,000 |
| 매출총이익 | 240,000 | 300,000 |
| 판매비와관리비 | 100,000 | 120,000 |
| 판매비 | 55,000 | 65,000 |
| 관리비 | 45,000 | 55,000 |
| 영업이익 | 140,000 | 180,000 |
| 영업외수익 | 10,000 | 15,000 |
| 이자수익 | 10,000 | 10,000 |
| 영업외비용 | 8,000 | 8,000 |
| 이자비용 | 8,000 | 8,000 |
| 법인세 | 28,800 | 37,800 |
| 순이익 | 115,200 | 151,200 |

## 2.4 안정성 분석(Safety Ratio)

기업의 재무구조의 안정성 여부를 나타내는 것으로 자기자본에 대비한 부채의 비중이 얼마만큼인지를 표시하는 지표이다. 기업이 장기적으로 채무의 원리금을 상환할 수 있는지 여부를 평가하고 채권자는 장기채권의 위험부담 정도를 평가하는 기준으로, 레버리지 비율(leverage ratio)라고도 한다. 기업에 자금을 대여하는 채권자의 입장에서는 유동성과 더불어 안정성 관련 지표에 관심을 갖게 된다. 안전성지표는 부채비율, 이자보상비율이 있다.

### ■ 부채비율

총부채를 자기자본으로 나눈 것으로 레버리지 비율(leverage ratio)이라고도 한다. 자기자본에 비해 부채가 매우 많으면 경제상황이 불안정할 경우 부채를 상환하지 못해 기업이 위험에 처할 수도 있다. 일반적으로 실무에서는 자기자본에 대비하여 부채가 200~300%일 경우 재무구조가 부실하여 위험하다고 판단하고 있다.

$$\text{부채비율(\%)} = \frac{\text{총부채}}{\text{자기자본}} \times 100$$
$$= \frac{210{,}000}{200{,}000} \times 100 = 105\%, \quad \frac{235{,}000}{250{,}000} \times 100 = 94\%$$

## ■ 차입금 비율

기업이 조달한 전체 자본 중에서 특정 시점에 이자를 지급하거나 원금을 상환하기로 계약을 맺고 조달한 차입금의 비중을 나타내는 지표이다. 지표의 이름과 같이 기업이 외부 금융회사나 자본시장에서 대출 또는 채권 발행을 통해 조달한 금융부채에 의존하는 정도를 측정한다. 차입금 비율을 이용하여 기업의 신용위험과 부채상환능력을 파악할 수 있다.

$$\text{차입금 비율(\%)} = \frac{\text{차입금}}{\text{총자본}} \times 100$$
$$= \frac{165{,}000}{410{,}000} \times 100 = 40\%, \quad \frac{185{,}000}{485{,}000} \times 100 = 38\%$$

## ■ 이자보상비율

기업이 조달한 부채에 대한 이자를 지급할 수 있는 능력을 나타내는 것으로 이자비용차감전 이익을 이자비용으로 나누어 산출한다. 이자보상비율이 높을수록 이자비용을 지불하기에 충분한 이익을 확보하고 있다는 것이지만 이자보상비율이 1보다 적은 경우에는 경영활동결과 발생한 이익으로 이자비용도 지급하지 못하는 수준으로 이익이 낮다는 것을 의미한다.

$$\text{이자보상비율} = \frac{\text{영업이익}}{\text{이자비용}}$$
$$= \frac{140{,}000}{8{,}000} = 17.5, \quad \frac{180{,}000}{8{,}000} = 22.5$$

## 2.5 성장성 비율(Growth Ratio)

일정기간 동안에 기업의 규모나 이익이 얼마나 증가했는지 측정하는 지표로 매출액증가율, 영업이익증가율, 당기순이익증가율, 총자산증가율 등을 사용한다.

### ■ 매출액증가율(Net Sales Growth Rate)

기업의 매출액이 전기와 대비하여 얼마나 증가했는지를 나타내는 지표이다.

$$\text{매출액증가율}(\%) = \frac{(\text{당기매출액} - \text{전기매출액})}{\text{전기매출액}} \times 100$$
$$= \frac{(650{,}000 - 600{,}000)}{600{,}000} \times 100 = 8.33\%$$

### ■ 영업이익증가율

기업의 영업이익은 전기와 비교하여 얼마나 증가했는지를 나타내는 지표이다.

$$\text{영업이익증가율}(\%) = \frac{(\text{당기영업이익} - \text{전기영업이익})}{\text{전기영업이익}} \times 100$$
$$= \frac{(180{,}000 - 140{,}000)}{140{,}000} \times 100 = 28.57\%$$

### ■ 순이익증가율

기업의 순이익이 전기에 대비하여 얼마나 성장했는지를 나타내는 지표이다.

$$\text{순이익증가율}(\%) = \frac{(\text{당기순이익} - \text{전기순이익})}{\text{전기순이익}} \times 100$$
$$= \frac{(151{,}200 - 115{,}200)}{115{,}200} \times 100 = 31.3\%$$

■ **총자산증가율**

기업의 총자산이 얼마나 증가했는지 나타내는 지표이다.

$$총자산증가율(\%) = \frac{(당기말총자산-전기말총자산)}{전기말총자산} \times 100$$
$$= \frac{(485,000-410,000)}{410,000} \times 100 = 18.3\%$$

## 2.6 시장가치비율(Market Value Ratio)

시장가치비율은 주식시장에서 형성된 주식가격과 재무제표 항목을 적용하여 산출되는 비율이다. 주식가격은 주식시장 참여자인 투자자들이 기업가치를 평가한 결과로 기업의 주식이 증권시장에서 어떻게 평가되고 있는지에 대한 가치지표이다. 주식가격은 기업의 현재의 수익성을 토대로 미래 현금창출능력과 위험도를 반영하여 기업의 실질적인 가치를 적절하게 표시하는 것이다. 시장가치비율은 투자자에게 투자대상기업에 대한 기업가치에 대한 정보를 나타내는 것으로서 투자자가 투자의사결정에 유용한 정보를 제공한다.

**예제 11-3**

다음의 우수상생㈜의 재무정보를 활용하여 시장가치비율을 산출하세요.

(1) 재무정보

(단위: 억원)

| 구분 | 금액 |
|---|---|
| 자산총액 | 1,000 |
| 부채총액 | 300 |
| 당기순이익 | 500 |
| 시가총액 | 5,000 |

(2) 현재 주가 ₩5,000, 발행주식수(보통주) 100,000,000주

■ 주당순이익(EPS: Earning Per Share)

기업의 당기순이익을 당해 연도까지 발행한 주식수로 나누어 계산한 것으로 1주당 귀속되는 당기순이익을 나타낸다. 주식수는 보통주를 의미하며 보통주주의 입장에서는 당기순이익 중에 우선주 주주에게 먼저 배당금을 지급한 후에 배당금을 받게 되므로 보통주 당기순이익 계산시 당기순이익에서 우선주 배당금을 차감한 금액을 적용한다.

$$\text{주당순이익} = \frac{(\text{당기순이익} - \text{우선주배당금})}{\text{가중평균 발행주식수}} = \frac{500\text{억원}}{1\text{억주}} = 500(\text{원})$$

■ 주가수익비율(PER: Price Earning Ratio)

1주당 주식가격을 주당순이익으로 나눈 것으로 현재 주식가격이 주당이익의 몇배로 형성되어 있는지를 나타낸다. 주식가격이 해당기업의 미래수익성과 위험에 대한 시장의 평가가 반영되기 때문에 기업의 미래이익이 크게 증가할 것으로 전망하면 PER이 높게 형성된다. 주가수익비율이 높게 평가되는 상황은 주당순이익은 평균인데 주가가 높아서인 경우와 주가는 평균수준인데 주당순이익이 너무 낮은 경우로 나누어 볼 수 있다. 기업의 재무적 위험이 동일하다면 기업의 성장성이 높은 경우 주가수익비율이 높게 나타난다.

$$\text{주가수익비율} = \frac{\text{주가}}{\text{주당순이익}} = \frac{5{,}000}{500} = 10$$

주가수익비율은 주식의 저평가 여부를 판단하는 기준으로 사용되고 동종업계의 평균 PER과 비교하여 고평가 혹은 저평가되었는지 판단하기도 한다.

### ■ 주가순자산비율(PBR: Price Book-Value Ratio)

주가를 1주당 순자산가치로 나눈 것으로 현재 주식가격이 순자산장부가치의 몇 배로 형성되어 있는지를 나타내는 비율이다. 1주당 순자산가치는 총자산에서 총부채를 차감한 순자산을 발행주식수로 나누어 산출된다.

$$\text{주가순자산비율} = \frac{\text{주가}}{\text{주당순자산}}$$

$$= \frac{5{,}000}{700} = 7.1$$

PBR이 1 이하이면 저평가되었다고 볼 수 있으나 반드시 1 이하라고 해서 저평가되었다고 단정할 수는 없다. PBR이 1 이하라는 것은 자산에 대한 프리미엄이 할인되어 거래되고 있다는 의미이며 투자자의 기대수익률보다 낮은 수준의 자기자본이익률을 보일 가능성이 높다. 자산의 가치는 자산이 벌어들이는 이익에 따라서 결정되는데 주가순자산비율이 높은 것은 향후 자기자본이익률이 더 커질 것으로 기대하고 자기자본이익률을 유지할 수 있는 기간도 길 것이란 기대가 반영된 것이다.

## 확·인·문·제

※ 각 문항의 설명 중 옳은 것에는 T, 틀린 것에는 F를 하시오.

1. 유동성비율은 기업의 단기채무의 상환능력을 평가하는 비율로서 주로 재무상태표의 현금흐름정보를 보완하며 유동비율 지표가 당좌비율보다 특성을 잘 반영한다. (　　)

2. 단기채권자인 은행이나 거래처들은 총자산회전율보다는 유동비율이나 당좌비율에 더 큰 관심을 가질 것이다. (　　)

3. 총자산이익률을 측정할 때 분자로 영업이익을 사용하면 당기순이익을 사용하는 것보다 정상적인 영업효율성을 더 적절히 측정할 수 있다. (　　)

4. 아디다스의 PER은 20, 나이키의 PER은 50이라면, 투자자들은 아디다스의 이익성장률이 더 높을 것으로 기대한다. (　　)

5. 주가수익비율(PER)은 기업이 가득하거나, 미래 가득하게 될 순이익의 질을 평가하기 위한 지표로 이용될 수 있다. (　　)

6. 기말에 보유하고 있던 유가증권을 장부가격 이상으로 처분한다면 당좌비율이나 유동비율을 개선시킬 수 있다. (　　)

7. 이자보상비율이 1 이하로 낮을수록 이자지급능력이 양호하여 자금조달이나 신용도가 높은 기업이라 할 수 있다. (　　)

8. 어느 기업의 유동비율은 산업평균비율보다 낮으나 당좌비율은 산업평균보다 높다면, 당좌자산의 상대적인 비중이 높다고 해석할 수 있다. (　　)

9. 경영자에 의하여 선택된 회계처리방법으로 인해 보고되는 이익이 지속성이 높고, 예측가능성이 높을수록 기업의 이익의 질이 비교적 높다고 할 수 있다. (　　)

**10.** 수익성 비율은 기업의 경영성과에 대한 평가에 사용되는 비율로 매출액이익률은 매출수익 한 단위당 얼마의 이익을 얻고 있는가를 나타낸다. (　　　)

**11.** 현금 및 현금성자산은 유동성이 가장 높은 자산이며, 은행예금은 매출채권보다 유동성이 높다. (　　　)

**12.** 유동비율이 낮으면 유동부채의 상환능력이 좋고, 부채비율이 낮으면 기업의 재무건전성이 높다. (　　　)

**13.** 재고자산회전율은 재고자산이 판매되는 데 걸리는 평균기간으로 기업의 수익성과 밀접한 관계가 있으며 매출액을 재고자산으로 나누어 산출한다. (　　　)

**14.** 부채비율은 채권자가 제공한 자금이 소유주가 출자한 자금의 몇 배가 되는가를 나타내는 비율로 기업의 재무위험을 나타내며 부채를 자기자본으로 나누어 산정한다. (　　　)

**15.** 영업이익률은 매출액에서 매출원가를 차감하여 산출한 매출총이익에 판매관리비를 차감하여 영업이익을 산출하고 매출액으로 나누어 산정한다. (　　　)

---

**▮ 해답** 1. F 2. T 3. T 4. F 5. T 6. T 7. F 8. T 9. T 10. T 11. T 12. F 13. F 14. T 15. T

## 실·습·문·제

1. 더나은미래자원㈜ 재무상태표와 포괄손익계산서를 이용해서 수익성, 유동성, 활동성, 안정성 지표를 분석하고 그 결과에 대한 평가의견을 제시해 보세요.

**재무상태표**

(단위: 백만원)

| | 20×1 | 20×2 | | 20×1 | 20×2 |
|---|---|---|---|---|---|
| 현금 | 100,000 | 160,450 | 매입채무 | 80,000 | 98,725 |
| 매출채권 | 90,000 | 80,000 | 미지급비용 | 20,000 | 20,000 |
| 재고자산 | 30,000 | 27,000 | 장기차입금 | 110,000 | 105,000 |
| 기계장치 | 50,000 | 45,000 | 자본금 | 89,490 | 89,490 |
| 건물 | 150,000 | 135,000 | 이익잉여금 | 120,510 | 134,235 |
| 자산총계 | 420,000 | 447,450 | 부채와 자본총계 | 420,000 | 447,450 |

**손익계산서**

20×2.1.1~12.31 (단위: 백만원)

| | | |
|---|---|---|
| 매출액 | | 300,000 |
| 매출원가 | | 180,000 |
| 매출총이익 | | 120,000 |
| 편매관리비 | | |
| 급여 | 30,000 | |
| 판매수수료 | 20,000 | |
| 대손상각 | 450 | |
| 삼가상각 | 20,000 | 70,450 |
| 영업이익 | | 49,550 |
| 이자비용 | | 9,750 |
| 법인세비용 | | 9,800 |
| 당기순이익 | | 30,000 |

1-1. 재무제표 분석을 하세요.

(1) 수익성 – 매출총이익률, 영업이익률, 총자산이익률, 자기자본이익률을 산출하세요.

(2) 활동성 – 매출채권회전율, 매출채권평균회수기간, 재고자산회전율, 재고자산평균회전기간, 총자산회전율을 산출하세요.

(3) 유동성 – 유동비율, 당좌비율을 산출하세요.

(4) 안정성 – 부채비율, 이자보상비율을 산출하세요.

1-2. 재무제표 분석 결과에 대한 평가의견을 제시해 보세요.

**2.** 더나은미래자원㈜ 재무상태표와 포괄손익계산서를 이용해서 수익성, 유동성, 활동성, 안정성 지표를 분석하고 그 결과에 대한 평가의견을 제시해 보세요.

재무상태표

(단위: 백만원)

| | 20×1 | 20×2 | | 20×1 | 20×2 |
|---|---|---|---|---|---|
| 현　금 | 320,000 | 335,475 | 매입채무 | 220,000 | 200,000 |
| 매출채권 | 200,000 | 190,000 | 미지급비용 | 30,000 | 30,000 |
| 재고자산 | 20,000 | 19,000 | 장기차입금 | 100,000 | 83,075 |
| 기계장치 | 40,000 | 35,000 | 자본금 | 150,000 | 150,000 |
| 건물 | 120,000 | 115,000 | 이익잉여금 | 200,000 | 231,400 |
| 자산총계 | 700,000 | 694,475 | 부채와 자본총계 | 700,000 | 694,475 |

손익계산서

20×2.1.1~12.31 (단위: 백만원)

| | | |
|---|---|---|
| 매출액 | | 400,000 |
| 매출원가 | | 240,000 |
| 매출총이익 | | 160,000 |
| 편매관리비 | | |
| 　급여 | 46,525 | |
| 　판매수수료 | 50,000 | |
| 　대손상각 | 475 | |
| 　감가상각 | 15,000 | 112,000 |
| 영업이익 | | 48,000 |
| 이자비용 | | 8,750 |
| 법인세비용 | | 7,850 |
| 당기순이익 | | 31,400 |

2-1. 재무제표 분석을 하세요

(1) 수익성 – 매출총이익률, 영업이익률, 총자산이익률, 자기자본이익률을 산출하세요.

(2) 활동성 – 매출채권회전율, 매출채권평균회수기간, 재고자산회전율, 재고자산평균

회전기간, 총자산회전율을 산출하세요.

(3) 유동성 – 유동비율, 당좌비율을 산출하세요.

(4) 안정성 – 부채비율, 이자보상비율을 산출하세요.

2-2. 재무제표 분석 결과에 대한 평가의견을 제시해 보세요

**3.** 더나은미래㈜의 부분재무상태표는 아래와 같다.

부분재무상태표

(단위: 천원)

| | | | |
|---|---|---|---|
| 현금 | ₩5,000 | 매입채무 | ₩3,500 |
| 당기손익-공정가치측정 금융자산 | ₩2,000 | 미지급금 | ₩2,500 |
| 매출채권 | ₩3,000 | 선수금 | ₩5,000 |
| 재고자산 | ₩3,000 | 단기차입금 | ₩3,000 |
| 기타유동자산 | ₩5,000 | 자본금 | ₩4,000 |

3-1. 유동비율과 당좌비율이 각각 얼마인지 계산하세요.

3-2. 순운전자본은 얼마인지 구하세요.

**4.** 더나은미래㈜의 비교 요약재무상태표와 추가정보를 활용하여 아래 물음에 답하세요.

비교 요약재무상태표

(단위: 백만원)

| | 2기 | 1기 |
|---|---|---|
| 현금 | 50,000 | 45,000 |
| 매출채권 | 6,000 | 5,500 |
| 재고자산 | 4,000 | 5,000 |
| 유형자산 | 40,000 | 35,000 |
| 자산총계 | 100,000 | 90,500 |
| 매입채무 | 60,000 | 50,500 |
| 지급어음 | 20,000 | 10,000 |
| 자본금 | 15,000 | 20,000 |
| 이익잉여금 | 5,000 | 10,000 |
| 부채와 자본총계 | 100,000 | 90,500 |

2기의 추가정보는 다음과 같다.

(단위: 백만원)

| 구분 | 금액 |
|---|---|
| 매출액 | 90,000 |
| 매출원가 | 63,000 |
| 판매관리비 | 10,000 |
| 법인세 | 100 |
| 당기순이익 | 16,900 |

4-1. 유동비율과 당좌비율을 계산하세요.

4-2. 매출채권회전율, 재고자산회전율을 계산하세요.

4-3. 영업이익률과 당기순이익률을 계산하세요.

4-4. 자기자본이익률과 자산이익률을 계산하세요.

4-5. 부채비율을 계산하세요.

**5.** 더나은미래㈜의 요약재무상태표는 아래와 같다.

요약재무상태표

202×년 12월 31 현재 (단위: 백만원)

| | |
|---|---|
| 현금 | 130,000 |
| 매출채권 | 20,000 |
| 재고자산 | 50,000 |
| 토지 | 30,000 |
| 건물 | 150,000 |
| 감가상각누계액 | (30,000) |
| 자산총계 | 350,000 |
| 매입채무 | 100,000 |
| 보통주자본금 | 50,000 |
| 이익잉여금 | 200,000 |
| 부채와 자본총계 | 350,000 |

〈추가정보〉

① 202×년 포괄손익계산서의 매출액과 매출원가는 각각 400,000과 240,000이다. (단위: 백만원)

② 당기순이익은 20,000이다. (단위: 백만원)

5-1. 유동성 비율을 계산하세요.

5-2. 활동성 비율을 계산하세요.

5-3. 수익성 비율을 계산하세요.

5-4. 부채비율을 계산하세요.

**6.** 다음의 재무정보를 활용하여 시장가치비율을 산출하세요.

(1) 재무정보

(단위: 억원)

| 구분 | 금액 |
|---|---|
| 자산총액 | 2,000 |
| 부채총액 | 1,000 |
| 당기순이익 | 800 |

(2) 현재 주가 ₩5,000, 발행주식수(보통주) 200,000,000주

6-1. 주당순이익과 주가수익비율을 산출하세요.

6-2. 주가순자산비율을 산출하세요.

## ▌실습문제 풀이

**1.** 1-1. (1)

매출총이익률 = (120,000/300,000) × 100 = 40%

영업이익률 = (49,550/300,000) × 100 = 16.52%

총자산이이를 = (30,000/433,725*) × 100 = 6.92%

*433,725 = (기초총자산 + 기말총자산)/2

자기자본이익률 = (30,000/216,862.5*) × 100 = 13.83%

*216,862.5 = (기초총자본 + 기말총자본)/2

1-1. (2)

매출채권회전율 = 300,000/85,000* = 3.53

*85,000 = (기초매출채권 + 기말매출채권)/2

매출채권평균회수기간 = 365/3.53 = 103.4일
재고자산회전율 = 180,000/28,500* = 6.32
*28,500 = (기초재고자산 + 기말재고자산)/2

재고자산평균회전기간 = 365/6.32 = 57.8일
총자산회전율 = 300,000/433,725* = 0.69
*433,725 = (기초총자산 + 기말총자산)/2

1-1. (3)
유동비율 = 267,450/118,725 = 2.252 × 100 = 225.27%
당좌비율 = (267,450 − 27,000)/118,725 = 2.025 × 100 = 202.53%

1-1. (4)
이자보상비율 = 49,550/9,750 = 5.08
부채비율 = (223,725/223,725) × 100 = 100%

1-2.
매출총이익률이 40%, 영업이익률이 16.52%로 수익성이 상당히 양호하고 활동성 또한 좋게 평가된다. 유동비율 역시 200% 이상이며, 부채비율(부채/자기자본)이 100%이므로 재무구조도 안정적이라고 볼 수 있다.

**2.** 2-1. (1)
매출총이익률 = (160,000/400,000) × 100 = 40%
영업이익률 = (48,000/400,000) × 100 = 12%
총자산이익률 = (31,400/697,237.5*) × 100 = 4.5%
*697,237.5 = (기초총자산 + 기말총자산)/2

자기자본이익률 = (31,400/365,700*) × 100 = 8.59%
*365,700 = (기초자본 + 기말자본)/2

2-1. (2)
매출채권회전율 = 400,000/195,000* = 2.05
*195,000 = (기초매출채권 + 기말매출채권)/2

매출채권평균회수기간 = 365/2.05 = 178.05일
재고자산회전율 = 240,000/19,500* = 12.31
*19,500 = (기초재고자산 + 기말재고자산)/2

재고자산평균회전기간 = 365/12.31 = 29.65일
총자산회전율 = 400,000/697,237.5* = 0.57
*697,237.5 = (기초총자산 + 기말총자산)/2

2-1. (3)
유동비율 = 544,475/230,000 = 2.367 × 100 = 236.73%
당좌비율 = (544,475 − 19,000)/230,000 = 2.284 × 100 = 228.47%

2-1. (4)
부채비율 = (313,075/381,400) × 100 = 82.09%
이자보상비율 = 48,000/8,750 = 5.49

2-2.
매출총이익률이 40%, 영업이익률이 12%이므로 해당 기업의 수익성은 상당히 양호한 것으로 평가된다. 수익성이 좋으므로 활동성, 유동성, 안정성도 양호하며 재무건전성이 높은 기업으로 평가된다.

**3.** 3-1. 유동비율 = (18,000/14,000) × 100 = 128.57%
당좌비율 = (15,000/14,000) × 100 = 107.14%

3-2. 순운전자본 = 유동자산 − 유동부채 = 18,000 − 14,000 = 4,000

**4.** 4-1. 유동비율 = (60,000/80,000) × 100 = 75%
당좌비율 = (56,000/80,000) × 100 = 70%

4-2. 매출채권회전율 = 90,000/5,750 = 15.65
재고자산회전율 = 63,000/4,500 = 14

4-3. 영업이익률 = (17,000/90,000) × 100 = 18.89%
당기순이익률 = (16,900/90,000) × 100 = 18.78%

4-4. 자기자본이익률 = (16,900/25,000) × 100 = 67.6%
자산이익률 = (16,900/95,250) × 100 = 17.74%

4-5. 부채비율 = (80,000/20,000) × 100 = 400%

**5.** 5-1. 유동비율: (200,000/100,000) × 100 = 2 × 100 = 200%
당좌비율: (150,000/100,000) × 100 = 1.5 × 100 = 150%

5-2. 매출채권회전율 = 400,000/20,000 = 20
매출채권회수기간 = 365/20 = 18.25일
재고자산회전율 = 240,000/50,000 = 4.8
재고자산회전기간 = 365/4.8 = 76.04일

5-3. 매출이익률 = (160,000/400,000) × 100 = 40%
자산회전율 = 400,000/350,000 = 1.14
자산이익률 = (20,000/350,000) × 100 = 5.71%
보통주자본이익률 = (20,000/50,000) × 100 = 40%

5-4. 부채비율 = (100,000/250,000) × 100 = 40%

**6.** 6-1. 주당순이익 = (당기순이익 − 우선주 배당금)/가중평균유통보통주식수
= 800억원/2억주 = 400원
주가수익비율 = 주가/주당순이익 = 5,000/400 = 12.5

6-2. 주가순자산비율 = 주가/주당순자산 = 5,000/500 = 10

제 12 장

# 부실기업 분석과 기업신용평가

1. 부실기업분석
2. 기업신용평가

# 1 부실기업 분석

부실기업은 이익창출능력과 부채상환능력이 없어 생존하기 어려운 한계기업으로, 기업이 창출한 영업이익으로 이자비용조차도 지급하지 못하는 기업을 의미한다. 부실기업의 매출액은 증가 추세를 보일 수도 있지만 수익성이 개선되지 않아 이익이 저조하고, 부실기업의 차입금은 영업성과와 대비하여 비교적 높게 나타나고 있다. 이러한 한계기업들은 현재의 재무위기를 극복하기 위해 제품을 원가 이하 또는 큰 폭의 할인된 가격으로 판매하는 경우가 많이 발생하고 있다. 투자 축소, 재고 처분, 매출채권 회수 등에 많은 노력을 하고 있지만 현금흐름은 개선되지 않고 계속 악화되는 경우가 많이 발생한다. 부실기업은 수익성의 악화, 성장성의 악화, 유동성 악화, 안정성의 악화의 악순환 사이클로 빠져들어 결국에는 법정관리기업이 되거나 파산에 따른 청산절차를 밟게 된다.

## 1.1 부실기업의 개념

부실기업은 영업활동의 부진과 악화로 인하여 자체적인 이익창출능력이 떨어지고 이로 인하여 유동성 부족을 겪게 되어 부채상환능력이 취약하고, 현금흐름이 악화되어 정상적인 경영활동의 한계에 직면한 기업을 말한다. 사람에게서 혈액이 원활하게 순환하지 못하고 어느 부위에서 막히면 생명이 위험하듯이 기업도 자금의 흐름이 원활하지 못하면 부실기업으로 전락하게 된다. 기업의 경영활동은 투자활동을 통하여 제품이나 서비스의 생산에 필요한 생산설비 등의 생산수단을 확보하고 영업활동을 통해서 원자재를 조달하여 제품이나 서비스를 생산·판매하며 재무활동으로 투자활동과 영업활동에 필요한 자금을 조달하는 순환과정을 지속적으로 반복하며 부가가치를 창출하게 된다.

정상적인 건강한 기업은 고객에게 판매할 제품이나 서비스를 만들기 위해 기계, 공장, 재고자산 등에 투자하고 제품이나 서비스를 고객에게 판매하여 이익을 창출하여 채권자에게 이자, 주주에게 배당금을 주고 남는 이익은 신규시설 등의 재투자를 위해 사용하거나 채무를 상환하는 데 사용하게 된다. 반면에 건강하지 못한 부실기업은 제품이나 서비스의 생산·판매를 통해 이익이 제대

**그림 12-1** 기업의 이익 창출

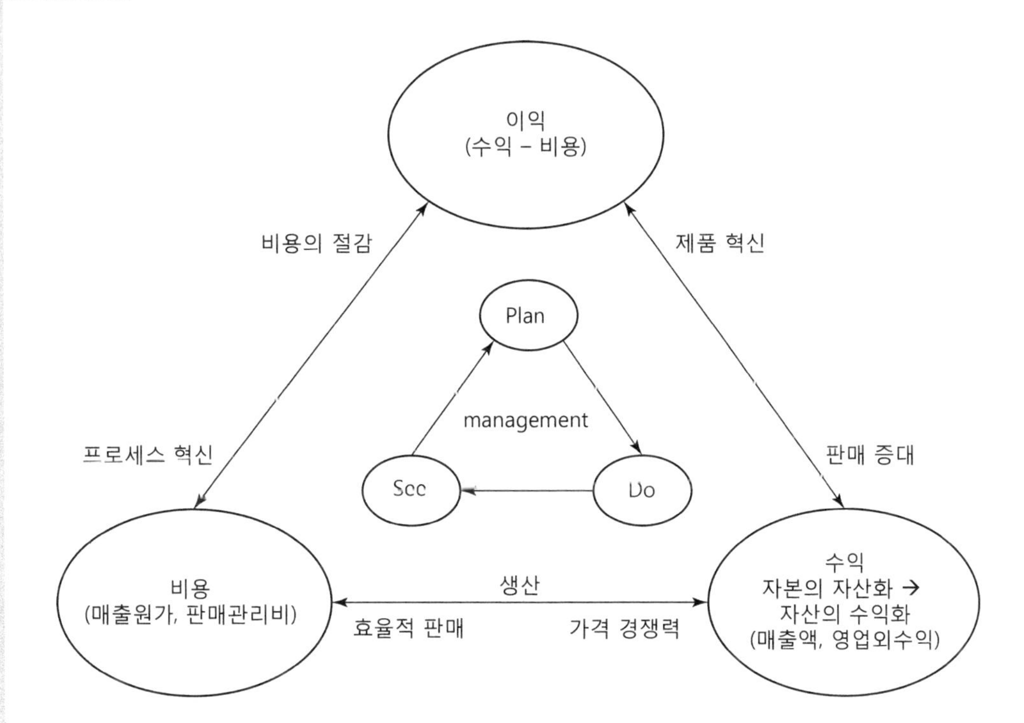


로 창출되지 않고 제품이나 서비스의 생산·판매로부터 발생하는 이익만으로는 투자나 운용에 필요한 자금을 충당하지 못하여 회사채 발행이나 유상증자를 통해 자금을 조달하게 된다.

대부분의 기업부실은 경영자의 리더십과 경영활동의 실패로 인한 경쟁력 저하로 수익성이 악화되고 현금유입이 감소함으로 인한 부채 상환능력 악화로 이어지는 악순환의 연결고리를 만들면서 영업활동에서의 현금흐름이 악화일로로 가는 경향이 있다.

기업은 짧은 기간 동안에 부실해지는 아니라 고객가치 혁신에 소홀하여 내부적으로 누적되어온 품질불량, 판매부진이나 할인판매 등으로 수익성이 점차 악화되고 영업활동을 통한 자금의 유입이 원활하지 않아 외부차입에 의한 투자와 운전자금의 운용이 누적되면서 부실규모가 더욱 커지는 결과를 초래하게 된다. 4차산업혁명시대의 기업들은 인공지능과 디지털 대전환시대의 패러다임의 변화에 맞추어 비즈니스 모델, 자원, 프로세스의 혁신을 통하여 경영의 효율성

**그림 12-2** 기업환경과 부실기업

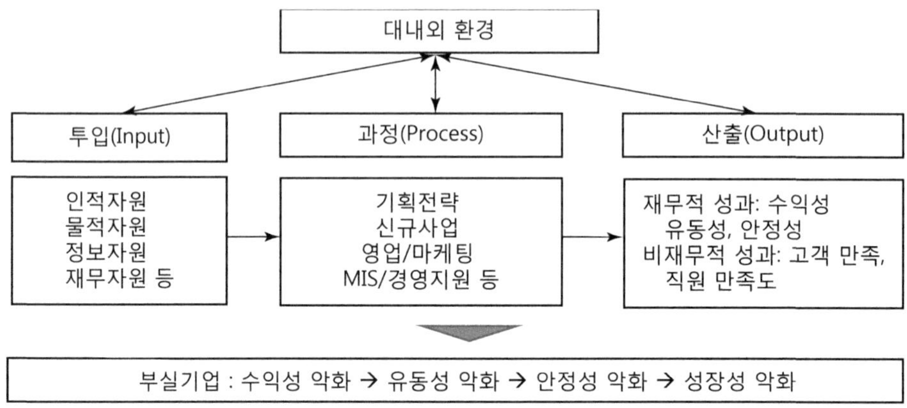


과 효과성을 향상시켜나가야만 생존과 지속가능한 성장이 가능할 것이다. 경영성과의 개선은 자사의 비즈니스 모델의 혁신을 토대로 투입(input)과 프로세스(process)의 혁신이 이루어져야 가능하며 그렇지 않을 경우 경영성과가 부진하여 수익성 악화 → 유동성 악화 → 안정성 악화의 악순환의 사이클에 빠져 부실기업으로 전락할 수 있다.

기업들은 사업환경의 변화 속에서 투입(Input) → 과정(Process) → 산출(Output)의 경영시스템의 상태를 지속적으로 모니터링하고 진단하여 혁신을 지속적으로 이루어 나가야 한다. 부실기업은 영업활동에서 벌어들인 현금보다 많은 자금을 재고자산, 기계, 공장 등의 운전자본 및 시설투자에 투입하게 되는데 투자에 필요한 부족자금은 은행 차입, 회사채 발행 등을 통한 부채로 조달하는 경우가 많다. 기업투자가 내부에서 창출할 수 있는 현금흐름보다 과도하게 소요되어 부족한 자금을 외부에서 차입한 결과 재무구조가 급격하게 악화되고 경제상황이 악화될 경우 유동성 위기를 초래하여 부실기업이 되는 경우가 많이 있다. 부실기업의 악순환 사이클에 빠져들지 않기 위해서는 부실 징후의 원인을 분석하여 문제점을 정확하게 정의하고 솔루션을 찾아 근본적으로 해결해 나가야 한다. IMF 외환위기 상황에서 기업의 부실화로 1년 동안 부도가 난 기업들의 부실원인을 분석한 자료[1]를 활용하여 주요부실원인 및 재무지표를 재정리하면 다음과 같다.

---

1 손기원(1998), 현금흐름과 재무전략, 경영베스트.

**표 12-1** 부도기업의 부실원인과 재무지표

| 주요부실원인 | 기업체 수 | 재무지표 | 비율 |
|---|---|---|---|
| 과잉투자 | 7 | 부채비율 | 444.18 |
| 무리한 사업 확장 | 7 | 매출순이익률 | −4.05 |
| 영업부진 | 5 | 자기자본이익률 | −2.11 |
| 유동성 부족, 과다한 차입 | 5 | 총자산회전율 | 0.77 |
| 경기침체 | 3 | 매출액증가율 | 12.27 |

지난 2008년 글로벌 금융위기가 다가오자 정부는 부채비율을 중심으로 부실기업에 대한 기업구소소성을 촉구한 적이 있다. 2009년 상반기 정부는 건설업과 조선업을 대상으로 구조조정 대상기업을 선정하고 부실징후 기업과 부실기입을 기준으로 퇴출을 하였다. 당시 선정기준은 현금흐름, 부채비율, 영업이익, 성장성을 기준으로 퇴출을 결정하였는데 부채비율이 가장 큰 역할을 한 것으로 알려져 있다. 이처럼 기업은 자금조달의 원천인 타인자본과 자기자본에 대하여 채권자나 주주에게 채무상환이나 주주이익 창출에 대한 역량을 보여주지 못한다면 자본시장에서 외면받게 되고 부실기업화되게 된다.

## 1.2 부실기업의 문제

부실기업은 부실이나 파산에 이르기 전에 판매 저조, 수익성 하락 등 여러 가지 징후들이 나타내게 된다. 표면적으로 판매 부진, 부실채권 과다, 재고자산 과다, 수익성 저하, 고정자산에의 과다투자, 자기자본 부족 등의 재무적 징후와 종업원의 사기 저하와 같은 비재무적 징후를 나타낸다. 부실기업을 분석하는 데 있어서 수익성, 활동성, 유동성, 안정성 등의 지표를 주로 활용하는 전통적인 재무분석기법은 부실기업 징후와 원인분석에 대한 접근에 있어서 한계점이 있을 수 있으나 객관적인 재무제표 정보에 의해 분석·활용하기에 용이하므로 많이 이용되고 있다. 기본 재무제표를 활용한 기업부실 징후 분석에 대하여 수익성, 활동성, 유동성, 안정성, 성장성 등의 지표분석을 통하여 세부적 내용을 파악할 수 있다. 부실기업의 선정기준으로 부채비율을 중요한 변수로 판단한다고 하여도 부채비율 이외에 자기자본비율, 당좌비율, 총자산규모, 총자본경상이익률, 이자보상비율, 총자본회전율, 재고자산회전율을 함께 고려하는 것이 유의미한 것으로 나타나고 있다.[2]

### ■ 수익성의 악화

부실기업은 정상기업에 비하여 기업의 본질적인 경영활동인 생산, 판매, 관리부문에서의 수익성 확보에 문제가 있고 손실이 발생하는 경우가 대부분이다. 일반적으로 부실기업은 총자산이익률, 자기자본이익률, 매출이익률이 낮았으며 계속적으로 악화되고 있는 것으로 나타나고 있다. 최근 한계기업들은 신기술의 급속한 출현과 디지털 대전환으로 기업이 속해 있는 산업과 사업모델의 경쟁력이 취약함과 아울러 제품이나 서비스의 경쟁력이 취약하여 매출의 성장이 정체 또는 하락하는 상황에 처하는 경우가 많이 발생한다. 매출액의 정체나 하락을 극복하기 위하여 많은 한계기업들은 판매가격을 인하하거나 큰 폭의 할인판매를 통하여 매출액의 증가를 도모하지만 매출액 증가에 상응하는 판매마진을 확보하지 못하여 매출총이익률이 하락하게 되고 영업이익이 하락하는 악순환의 사이클로 빠지게 된다.

수익적 관점에서 분석해 보면 동종업계 회사와 비교하여 수익성을 평가하는 재무비율은 다양하지만 총자산이익률이나 매출영업이익률 지표를 많이 활용한다. 총자산이익률은 자산을 얼마나 효율적으로 사용하여 수익을 냈는지 알 수 있는 비율이다. 이것은 매출액에 대비하여 당이순이익이 얼마인지와 자산이 얼마나 효율적으로 활용되고 있는지에 따라서 총자산이익률이 증가한다. 결국 총자산이익률은 매출영업이익률이 증가하고 자산회전율이 좋아지면 동시에 증가된다.

$$\text{총자산이익률(return on assets)} = \frac{\text{당기순이익}}{\text{총자산}}$$
$$= \text{매출액이익률}\left(\frac{\text{당기순이익}}{\text{매출액}}\right) \times \text{자산회전율}\left(\frac{\text{매출액}}{\text{총자산}}\right)$$

2 김상봉, Philip Ji, 조경준(2011), 부도예측모형을 이용한 기업부실화의 원인분석, 시장경제연구.

또한 기업의 종합적인 경영성과지표인 경제적 부가가치(EVA: economic value added)는 기업의 부실을 조기에 발견하는 데 도움을 줄 수 있는 수단이다. 우량기업과 부실기업의 경제적 부가가치는 크게 차이가 나고 있다. 이자보상비율이 이자상환능력을 나타내는 지표인 반면 경제적 부가가치는 원리금상환능력, 재무구조의 건전성, 사업의 수익성까지 파악함으로써 부실의 원인도 진단할 수 있는 종합적인 지표이다.

> 영업이익기준 경제적 부가가치(economic value added)
> = 세후영업이익 − 가중평균자본비용
> 현금흐름기준 경제적 부가가치
> = 영업활동현금흐름 − 감가상각비 − 자기자본비용

경제적 부가가치에 의하여 부실기업을 분석해 보면 일반적으로 총자산이익률(return on assets)은 정상기업보다 낮게 나타나고 영업이익률은 산업평균에 비해 현저히 떨어지고 자산회전율이 1 이하 상태에서 지속적으로 하락하는 경우가 많이 발생하고 있다. 자본비용 측면에서는 부채비율이 높아 재무구조가 불안정하고 가중평균자본비용도 산업평균보다 높을 뿐만 아니라 이자보상비율이 1 이하로 영업이익으로 이자비용도 부담하지 못하는 상황이 지속되는 징후를 보이고 있다.

**표 12-2** EVA 구성요소별 부실 징후

| 구분 | EVA 구성요소 | 부실 징후 |
|---|---|---|
| 투자수익성 | 영업이익률: 영업의 수익성 | −산업평균 대비 낮은 영업이익률 |
| | 자산회전율: 자산의 효율성 | −자산회전율이 1 이하 상태에서 지속하락 |
| 가중평균 자본비용 | 부채비율: 재무구조의 건전성 | −산업평균 대비 높은 부채비율 |
| | 이자보상비율: 금융비용의 부담능력 | −이자보상비율이 1 이하 지속 |

부실기업과 정상기업 간의 자산회전율, 매출액영업이익률, 이자보상비율을 비교한 표3를 살펴보면 이자보상비율을 제외하고 투자자산회전율이나 매출액영

업이익률에서는 부도기업과 정상기업 간 큰 차이가 나지 않는다.

**표 12-3** 부도기업과 정상기업의 비교

| | 부도기업 | | | 정상기업 | | |
|---|---|---|---|---|---|---|
| | 투하자산 회전율(배) | 영업 이익률(%) | 이자보상 배율(배) | 투하자산 회전율(배) | 영업 이익률(%) | 이자보상 배율(배) |
| 부도 5년전 | 1.0 | 10.1 | 1.2 | 1.2 | 14.3 | 3.1 |
| 부도 4년전 | 1.0 | 10.9 | 1.3 | 1.2 | 13.9 | 3.2 |
| 부도 3년전 | 1.0 | 11.3 | 1.3 | 1.3 | 14.2 | 3.3 |
| 부도 2년전 | 0.9 | 10.8 | 1.1 | 1.2 | 11.4 | 2.6 |
| 부도 1년전 | 0.9 | 8.9 | 0.9 | 1.2 | 12.3 | 2.8 |

**예제 12-1**

1997년 IMF 직전 한국기업들의 1996년도의 현금흐름표, EVA, 당기순이익이다. 각 기업 영업활동 현금흐름 기준 EVA를 산출하고 부실기업을 선택하세요.

(단위: 백만원)

| 구분 | H기업 | K기업 |
|---|---|---|
| 매출액 | 6,607,138 | 11,489,835 |
| 세후영업이익 | 86,803 | 7,037 |
| 영업활동현금흐름 | 1,506,158 | 481,358 |
| 감가상각비 | 353,272 | 235,362 |
| 자본비용 | 529,908 | 278,044 |

**풀이**

H기업 현금흐름기준 EVA 622,978 = 1,506,158 − 353,272 − 529,908

K기업 현금흐름기준 EVA −32,048 = 481,358 − 235,362 − 278,044

• 부실기업은 K기업이다.

3 박상수(2000), 실패하는 기업의 7가지 습관, LG주간경제.

## ▪ 성장성/활동성의 악화

회사가 성장하고 있는지를 확인하려면 손익계산서에서 회사의 매출액 추이를 살펴보거나 재무상태표에서 자산규모의 성장, 유형자산의 증가를 살펴보는 방법이 있다. 제조기업의 경우 제품 수요가 늘어나 판매가 증가할 것이라고 예측된다면 제품 생산을 늘리기 위해 공장 신축이나 제품 설비라인을 늘리는 등 투자를 늘려야 하기 때문이다. 경영자는 경영상황을 파악하기 위해 경영활동 결과보고서인 재무제표를 자주 들여다보는 습관이 중요하지만 재무제표는 기업의 재무적 성과만을 보여주기 때문에 그 외의 고객이나 기업의 자원과 경영프로세스 전반에 대하여 살펴보면서 재무적 결과물에 대한 투입(input)과 과정(process)에 대해서도 점검해야 한다. 정상적 기업은 고객의 니즈에 부합되는 제품을 생산하고 판매하여 부가가치를 창출하고 지속적으로 성장해 나가지만 비정상적인 기업은 경쟁력의 취약 등으로 인하여 판매가 부진하여 매출액 성장이 정체되거나 하락되고 자산회전율이 저조한 경우가 많이 발생할 수 있다. 특히 부도기업의 경우는 부실로 인하여 투하자본 대비 매출액이 낮고 매출액에 대한 이익도 낮게 나타나고 있다.

$$\text{매출액성장률} = \left(\frac{\text{당기매출액} - \text{전기매출액}}{\text{전기매출액}}\right) \times 100$$

$$\text{자산회전율} = \frac{\text{매출액}}{\text{총자산}}$$

$$\text{재고자산회전율} = \frac{\text{매출원가}}{\text{재고자산}}$$

기업의 경영자가 기업이 가진 경쟁력과 무형의 가치, 임직원들의 역량, 서비스이나 제품의 잠재력, 브랜드와 고객자산 등을 재무제표와 함께 입체적으로 들여다 볼 수 있는 통찰력이 있다면 해당기업의 성장성과 활동성에 장애요소로 작용하는 고질적인 문제의 핵심을 파악할 수 있고 이를 해결할 수 있는 솔루션을 찾을 수 있을 것이다.

### ■ 유동성과 안정성의 악화

부실기업은 재무구조가 불안정하고 건실하지 못하여 채무상환능력이 낮은 것이 일반적이다. 자기자본 대비 부채의 비율이 높아 이자 부담이 커지고 불경기에는 자금의 유동성에 문제가 발생할 수 있다. 부채비율이 높다는 것은 시설투자 등의 필요한 자금을 자기자본이 아니라 은행 등의 금융기관에서 차입하여 조달했다는 것이다. 기업의 부채비율이 높다면 고정적으로 지출되는 이자비용이 커지고 수익성 저조로 인해 유동성이 감소하고 채무상환능력을 상실하게 되어 한계기업으로 전락할 위험성이 크다.

$$부채비율 = \frac{부채}{자기자본}$$

$$유동비율 = \frac{유동자산}{유동부채}$$

단기부채상환능력을 파악하기 위해서는 부채비율보다 유동비율을 적용하여 판단해야 한다. 유동비율이 높다는건 1년 내에 현금화할 수 있는 자산이 1년 내에 갚아야 하는 부채보다 많다는 것이다. 부채비율보다 유동비율이 높을수록 재무구조가 건전하다는 의미로 유동비율은 200% 이상, 부채비율은 100% 이하라면 건전한 편이라 할 수 있다. 이외에도 채권자들은 이자보상비율과 현재 창출한 현금흐름으로 미래에 원금을 상환받을 수 있는지의 여부도 많은 관심을 갖고 있다. 부채상환능력은 영업이익을 연간 부채상환원금으로 나누어 산출되는데 〈표 12-4〉에서 보듯이 부도기업은 부도 1년 전에 13%이었고, 정상기업의 원금상환능력은 33%이었다.[4]

4 박상수(2000), 실패하는 기업의 7가지 습관, LG주간경제.

**표 12-4** 부도기업과 정상기업의 원금상환능력 등

| | 부도기업 | | | 정상기업 | | |
|---|---|---|---|---|---|---|
| | 원금상환능력 (%) | 투자여력 (%) | 부채의존도 (%) | 원금상환능력 (%) | 투자여력 (%) | 부채의존도 (%) |
| 부도 5년전 | 18 | 75 | 119 | 48 | 170 | 96 |
| 부도 4년전 | 20 | 104 | 124 | 49 | 132 | 95 |
| 부도 3년전 | 21 | 100 | 134 | 51 | 111 | 99 |
| 부도 2년전 | 18 | 70 | 115 | 38 | 97 | 92 |
| 부도 1년전 | 13 | 47 | 168 | 33 | 107 | 88 |

부도기업의 원금상환능력은 정상기업의 1/3에 불과했다. 이자보상비율과 마찬가지로 원금상환능력도 부도 직전에 급격히 악화되는 경향을 보였다. 부도기업들은 과도한 투자 → 낮은 수익성 → 이자지급능력 저하 → 운용자금 부족 → 단기자금 조달→원리금상환불이행(부도)의 악순환을 거치고 있다. 이 과정에서 부도기업들은 결국 미래 수익성을 고려하지 못한 과도한 투자 및 투자에 비해 매출이 오르지 않는 것이 기업부실을 촉발하는 요인으로 작용하고 있다.

## 1.3 부실기업의 대책

부실기업은 수익성의 악화와 높은 부채비율로 인한 재무구조의 불안정으로 유동성 위기에 몰려 부도기업으로 파산을 맞는 경우가 많다. 수익성 측면에서 산업평균에 대비하여 영업이익이나 당기순이익이 적자로 전환되고 제품 생산과 판매 등의 경쟁력이 취약하여 매출액이 하향하는 동시에 안정성 측면에서 부채비율이 높고 이자비용 부담이 크므로 정상적인 경영활동이 어려워진다.

### ■ 수익성과 안정성의 대책

수익성에 대하여 손익계산서 해당항목의 재무정보를 활용하여 분석하고 그 원인에 대하여 체크리스트를 활용해서 개선한다면 효과적일 것이다.

**표 12-5** 수익성 점검

| 항목 | 측정지표 | 체크할 사항 |
|---|---|---|
| 매출액 | ① 매출액의 규모 및 추세<br>② 판매가격 및 수량<br>③ 시장점유율 | • 최근연도의 매출의 방향성이 어떤가?<br>• 제품경쟁력이 있는가?<br>• 판매력 등 시장경쟁력이 있는가? |
| 매출원가 | ① 제품제조원가<br>② 적정 재고자산 규모 | • 변동제조원가가 적정한가?<br>• 고정제조원가는 적정한가?<br>• 재고자산 규모가 적정한가? |
| 매출총이익 | 매출총이익률 | • 동종산업 대비 매출총이익률이 적정한가? |
| 판매비 | 매출액 대비 판매비 | • 변동판매비가 적정한가?<br>• 고정판매비가 적정한가? |
| 관리비 | 매출액 대비 관리비 | • 변동관리비가 적정한가?<br>• 고정관리비가 적정한가? |
| 영업이익 | 영업이익률 | • 동종산업 대비 영업이익률이 적정한가? |

안정성에 대해서는 재무상태표 해당항목의 재무정보를 활용하여 총자산이익률, 자산회전율, 부채비율 등에 대한 지표를 측정하고 이에 대한 원인을 점검하여 재무구조개선 방안을 모색해야 할 것이다.

**표 12-6** 안정성 점검

| 항목 | 측정지표 | 체크할 사항 |
|---|---|---|
| 유동자산 | ① 유동비율/당좌비율<br>② 매출채권회전율<br>③ 재고자산회전율 | • 유동성비율이 적정한가?<br>• 현금흐름이 적정한가?<br>• 매출채권의 회수가 적정한가?<br>• 판매가 원활하게 잘 되고 있는가? |
| 비유동자산 | ① 영업/비영업자산 비율<br>② 고정자산적합률 | • 영업자산과 비영업자산의 규모가 적정한가?<br>• 자금조달과 자산운영의 균형성이 있는가? |
| 유동부채 | 유동자산과 연계 | • 단기부채 지급능력이 있는가? |
| 비유동부채 | 부채비율 | • 부채비율이 적정한가?<br>• 이자보상비율이 적정한가? |
| 자기자본 | 자기자본이익률 | • 자기자본이익률이 적정한가? |

기업이 성장·발전하기 위해서는 매출이익률을 향상시키고 차별화된 기술과 사업모델을 창출하기 위한 투자를 통하여 자산운용의 효율성을 높여야 한다. 부실기업의 수익성과 안정성의 개선은 수익을 창출할 수 있는 사업 중심으로 사업구조 조정과 더불어 재무구조 조정을 통하여 달성할 수 있을 것이다.

### ■ 사업구조 및 재무구조 개편

부실기업은 사업구조 조정과 더불어 비즈니스 모델이나 제품의 혁신을 통하여 선택과 집중전략으로 수익성을 획기적으로 개선해야 한다. 기존 사업의 사업성에 대한 철저한 수익성 분석을 토대로 구조조정을 하여야 하며, 경영우위를 확보할 수 있는 사업부문을 선택하여 핵심역량을 집중하여야 한다. 유휴부동산, 비관련 다각화로 인한 보유주식 매각과 자본비용 이상의 수익을 얻지 못하는 사업에 대해서는 매각하거나 철수하는 전략이 필요함과 아울러 자산보유나 통제를 바탕으로 하는 유형자산 경영보다는 비즈니스 모델의 혁신을 통하여 자산의 부가가치를 증대시킬 수 있는 무형자산 우위의 스마트 경영으로 전환해 나가야 할 것이다. 사업구조 개편 등으로 수익성 중심의 사업에 자원과 역량을 집중하여 이익을 창출하고 유휴자산의 매각으로 확보한 자금으로 재무구조를 건실하게 바꾸어 가야 한다. 이러한 사업구조 조정과 재무구조 조정 등의 노력에도 불구하고 수익성과 안정성의 개선이 지체되고 자금의 흐름이 원활하지 못하여 채무불이행(failure to pay) 상태가 되면 부도(default) 처리가 된다.

### ■ 기업회생 및 파산

부실기업이 최종 부도처리되어 부도기업이 되면 기업회생 절차, 파산절차의 개시가 되며 재무개선작업(debt restructuring), 워크아웃(workout)과 같은 기업을 살려내는 채권자 주도의 기업회생작업을 진행하게 된다. 기업회생작업은 부실징후가 있는 기업에 대해 채권자들과 채무자가 채무의 변제방법 및 향후 기업정상화를 상호 협의하여 기업갱생을 도모하는 재건형 정리절차이다. 워크아웃은 '기업구조조정 촉진법'의 적용을 받아 금융권이 진행하는 것으로 IMF경제위기에 따라 기업의 구조조정을 쉽게 하기 위해 한시적으로 만든 법인 반면에, 법정관리는 '채무자 회생 및 파산에 관한 법률'에 근거해 법원이 진행하는 것이다. 워크아웃은 법정관리와 달리 채권자인 금융권 채무만을 대상으로 한다. 금융권은 이미 투자한 자금을 떼이지 않기 위해 자금을 더 빌려주거나 상환기간을 연장해주며 필요에 따라서는 신규 자금도 지원하는 등 일부 손실을 분담하게 된다. 이와 함께 채권단은 채무기업에게 경영진 교체, 인원 감축, 자산 매각 등 고강도 구조조정을 통한 재무구조개선 이행을 요구한다. 법원에서 진행되는 법정관리는 채무지급 불능의 파산에 직면하였으나 회생의 가망이 있는 주식회사에 관하여 채권자·주주 그 밖의 이해관계인의 이익을 조정하며 그 사업의 정리·재건을 꾀하는 절차이다. 법원이 지정한 전문가가 기업과 금융권 사이에 개입해 기업을 파산시키는 것이 나은지, 회생시키는 것이 나은지를 분석한다. 법정관리에 들어가면 채권과 채무가 모두 정지되고 부도를 낸 기업주의 민사상 처벌이 면제된다. 워크아웃과 법정관리는 감면받는 채무 범위에도 차이가 있다. 워크아웃은 금융권 채무에 한정되지만, 법정관리는 일반 상거래 채무까지 감면받는다. 부실기업주 입장에선 일반 하청업체 채무까지 줄일 수 있다는 이점이 있다.

## 2 기업신용 평가

기업의 경영활동을 수행하면서 거래관계로 인하여 발생하는 채권과 채무관계는 물론이고 은행 등 금융기관으로부터 자금을 차입하는 경우가 많이 발생한다. 이때 특정기업이 채권이나 자금을 대여해주는 금융기관이나 기업에 대하여 만기일에 채권과 원리금을 상환할 수 있는 능력이 신용이다. 경제활동을 수행하는 과정에서 상호 신뢰와 신용도가 매우 중요하며 사회적으로도 거래안정과 거래비용을 줄이는 데 많은 기여를 한다.

신용평가는 기업이 만기에 특정 채무에 대한 원리금을 상환할 수 있는 능력 및 의지를 측정하여 신용등급화하는 것으로 전문성과 객관성을 갖춘 신용평가기관이 채무를 부담한 기업이 만기까지 원리금을 상환할 수 있는 능력을 측정하여 신용등급을 부여하는 것이다. 상호 거래당사자들간의 신용은 현재의 자금상환능력과 미래의 특정시기에 특정 규모의 현금이 창출될 가능성에 의해 좌우된다. 따라서 현금흐름에 영향을 주는 요소들을 고려하여 미래의 현금흐름을 정확하게 예측하는 것이 신용평가의 핵심이라고 할 수 있다.

## 2.1 신용평가 개요

기업의 미래경영성과는 기업을 둘러싸고 있는 외부환경 변화에 맞추어 기업 내부의 자원과 역량을 총결집하여 경영자가 어떤 비전과 리더십으로 경영활동을 전개하느냐에 따라 좌우되므로 미래채무상환능력은 미래경영성과에 달려 있다고 할 수 있다. 기업의 미래현금창출능력에 영향을 미치는 위험요소는 대외적인 요인으로는 정치·경제·사회·문화 등이 있으며, 대내적인 요인으로는 경영자의 리더십, 조직의 인적·물적 자원과 역량에 따라 많은 차이가 발생할 수 있다. 기업의 미래현금창출능력은 대내외 많은 요인들에 영향을 반게 되고 기업과 채권자, 투자자 간에는 정보의 비대칭이 있어서 기업은 자신의 원리금 상환능력을 가장 잘 알고 있을 가능성이 높은 반면, 투자자는 기업의 상환능력을 정확하게 이해하기가 매우 어렵다. 이는 기업이 자신에게 불리한 정보를 되도록이면 감추려고 할 가능성이 높은 탓도 있지만, 모든 정보가 공개되어 있다고 하더라도 투자자가 그것을 상환능력이라는 관점에서 정확하게 해석하기가 쉽지 않기 때문이다. 기업은 회사채 또는 기업어음을 발행할 때 금리를 낮추거나 적정한 만기를 확보하는 등 조금이라도 유리한 조건으로 자금을 빌리고자 하는 유인이 있다. 반면 투자자는 기업에 자금을 투자할 때 적정한 리스크 프리미엄(risk premium)이 반영된 금리수준 등 기업의 상환능력에 맞는 조건을 요구하기 마련이다. 이러한 정보의 비대칭성은 적정한 자금의 수요와 공급이 이루어지는 것을 방해하기 때문에 결국 금융시장의 효율성을 저해하게 된다. 정보의 비대칭으로 최종적으로 결정된 금리가 적정수준보다 높거나 낮을 경우 기업이 자금조달을 줄이거나 투자자가 투자규모를 줄이게 되기 때문에 금융시장 전체적으로 효율적인 균형점에서 자금의 수요와 공급이 이루어지지 못하게 된다. 신용평가 전문기관은 기업과 투자자 사이에서 공정하고 전문적인 의견을 제시하여 정보의 비대칭성을 완화시킴으로써 결국 효율적인 금융시장이 작동하도록 하는데 의의가 있다. 일반적으로 신용평가업무의 프로세스[5]는 미래채무상환능력에

5 백운수, 김운섭(2022), 기업신용 위험분석, 한국금융연수원의 내용을 참고하여 일부수정.

**그림 12-3** 신용평가의 프로세스

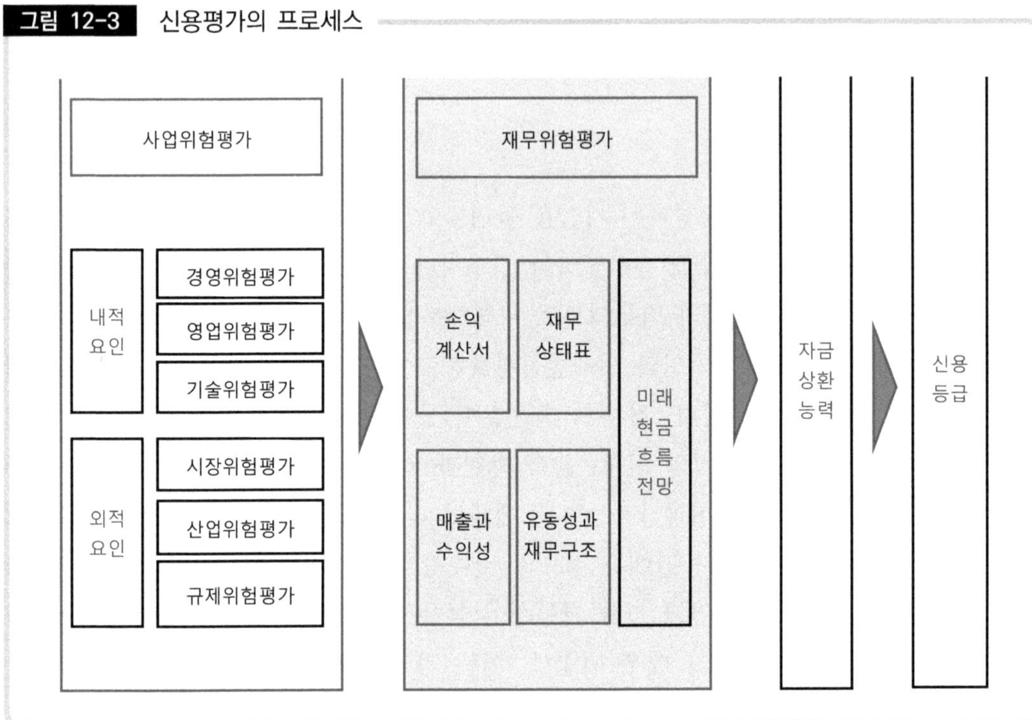


영향을 미치는 대외요인과 대내요인을 분석하고 사업위험요인과 재무위험요인 등을 평가하여 미래현금흐름을 전망함으로써 자금상환능력을 평가하고 이를 기반으로 평가의뢰를 받은 기업의 신용등급을 부여하게 된다.

신용평가는 전문적인 분석능력과 경험을 바탕으로 다양한 정보를 수집하고 이를 기초로 미래의 채무상환능력을 예측함으로써 투자자에게 기업의 신용위험에 대한 정보를 제공한다. 다른 한편으로는 기업에게 자금조달 가능성을 높이고 조달비용을 절감할 수 있는 기회를 제공하는 역할을 수행하게 된다. 신용평가업무는 실무적인 경험과 노하우 등이 특히 필요한 영역이므로 사업위험 평가와 재무위험 평가의 내용은 한국신용평가와 NICE신용평가의 평가방법론[6] 등을 참고하여 기술하였음을 밝혀 둔다.

---

6 한국신용평가 및 NICE신용평가의 홈페이지 "평가방법론"

## 2.2 사업위험의 평가

사업위험은 기업이 사업을 경영하면서 직면하게 되는 위험이다. 기업을 둘러싸고 있는 대내외 환경은 어떻게 대응하느냐에 따라 위험요인이 되기도 하고 기회요인이 되기도 한다. 사업의 위험은 내적인 위험요인과 외적인 위험요인으로 분류될 수 있고, 내적인 위험요인은 경영위험, 영업위험, 기술위험 등으로 크게 분류할 수 있으며, 외적인 위험요인은 산업위험, 시장위험, 규제위험 등으로 나눌 수 있다. 외적인 위험은 채무를 갖고 있지 않아도 직면하는 위험으로 사업을 경영하면서 직면하게 되는 내재된 위험이다. 이러한 내외부의 다양한 위험요인들이 사업위험을 가져오고 재무위험으로 직접 반영되어 기업의 이익창출이나 현금흐름에 영향을 미치게 된다. 특히 최근 국내외 기업들이 빠른 속도로 ESG(Environment Social and Governance) 경영체계를 도입하여 생존과 지속가능한 경영을 위하여 ESG를 시대적 전환기에서의 핵심 경영전략으로 바라보고 있다. 따라서 ESG 요소들이 사업과 재무위험에 미치는 영향을 면밀히 분석하고 대응해야 할 것이다.

■ 경영위험

경영위험은 회사운영 주체에 대한 신용위험으로, 기업 신용도의 토대를 이루는 가장 중요한 요인 중 하나이다. 경영위험은 경영진의 비전과 전략, 리더십, 경영정보시스템 등과 관련되어 있는데, 이것은 경영진의 경영철학과 재무정책, 재무위험에 대한 성향 등에 따라 좌우된다. 기업의 현금창출능력은 기업에 존재하는 자원과 시장의 기회를 최대한 활용하는 경영기술과 능력에 좌우되고, 언제 발생할지 모르는 위험에 대한 효과적인 대응능력, 수요 참여시장에서 주요 구성원들과 관계를 유지하는 능력 등에 의해서도 좌우된다.

경영위험의 가장 대표적인 것으로 지배구조와 관련된 문제를 들 수 있는데, 지배구조는 기업의 이해관계자들간의 이해관계를 조율하기 위한 소유구조, 의사결정구조, 경영관리구조 등의 통합시스템으로 경영전략 등의 주요한 경영의 사결정에 직접적으로 영향을 미치게 된다. 결국 지배구조 평가는 기업의 의사결정구조가 주주를 포함한 이해관계자의 이익을 보호하는 수준이 어느 정도인지를 판가름하는 것이 핵심이라고 할 수 있다. 신용평가에 있어 이해관계는 지

**그림 12-4** 기업의 지배구조

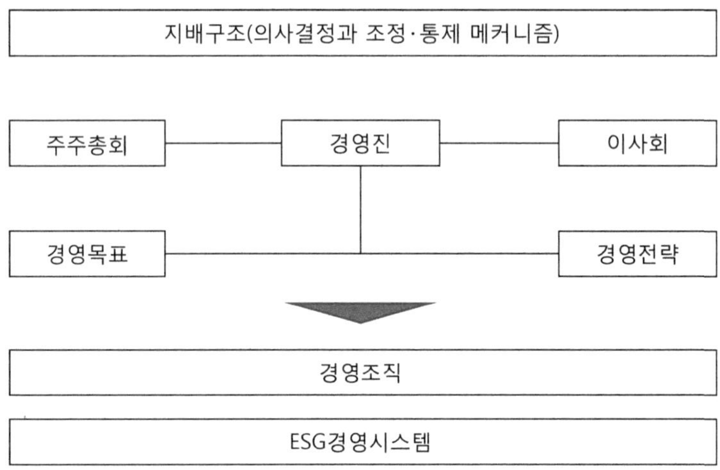


배주주, 소액주주, 경영자 등의 소유권과 지배권에 대한 문제뿐만 아니라, 주주와 채권자 간의 이해관계도 고려할 수 있는 광범위한 의사결정구조가 바람직한 지배구조라고 할 수 있다.

기업이 채무를 상환할 충분한 현금창출능력을 갖는 것과 채권자의 이익을 보존하는 방식으로 경영이 이루어지는 것은 별개의 문제이다. 경영진은 회사의 가치를 유지하고 주주이익을 최대화하기 위해 주주에 대해서는 신의성실의 책임을 갖는 반면, 채권자에 대해서는 채무계약서 상에 명시된 제한적인 계약적인 의무만을 부담한다. 따라서 경영진이 어떠한 의사결정 구조를 가지고 있는지를 파악하는 것은 원리금 상환가능성을 평가하는 데 있어 매우 중요한 의미를 가진다. 지배구조 평가는 지분구조 상의 경영권 장악력, 이사회 구성 및 의결권, 규정과 감사제도를 통한 내부통제, 정보의 공유 등에 대해 투명성과 안정성 등에 대한 평가를 바탕으로 한다.

최고경영진의 리더십과 경영능력은 기업의 미래성과를 좌우하는 핵심요인이다. 기업의 중요한 의사결정을 책임지고 있는 최고 경영진의 역량은 해당 기업의 미래를 좌우하므로 경영진의 리더십과 경영능력을 객관적으로 평가하여 반영하여야 한다.

## ■ 영업위험

기업의 영업은 고객가치를 창출하고 기업의 이익을 확보하기 위하여 제품이나 서비스의 생산·판매를 통하여 부가가치를 창출하는 과정이라 할 수 있다. 이러한 과정에서 발생하는 위험을 영업위험이라 한다. 시장과 고객의 니즈와 요구에 맞추어 비즈니스 모델을 어떻게 혁신하여 고객에게 가치를 제공할 것인지, 기업 내부적으로 핵심역량을 기반으로 비즈니스 구조를 어떻게 매력적으로 만들어 갈 것인지에 대하여 최고경영진은 전략적인 의사결정을 하여야 한다. 사업모델과 사업포트폴리오에 대한 최고경영진의 의사결정이 적기에 제대로 되지 않을 경우에는 기업을 위기로 몰아넣을 수 있다. 과거 코닥이나 노키아의 사례에서 보듯이 사업환경의 변화에 따라서 제품이나 사업모델 혁신의 기회를 놓치는 기업은 시장에서 퇴출되는 위기를 맞이하게 된다.

영업위험은 기업이 동종산업 내에서 어느 정도의 시장지위 및 경쟁력을 보유하고 사업구조와 사업모델에 의해 고객에게 가치를 창출할 수 있는 구매-생산-판매-고객관리로 이어지는 관련 시스템과 역량을 제대로 갖추고 있는지와 더불어 그러한 프로세스가 제대로 작용하는지와 관련된 위험으로서 매출뿐만

그림 12-5 사업구조 및 사업모델

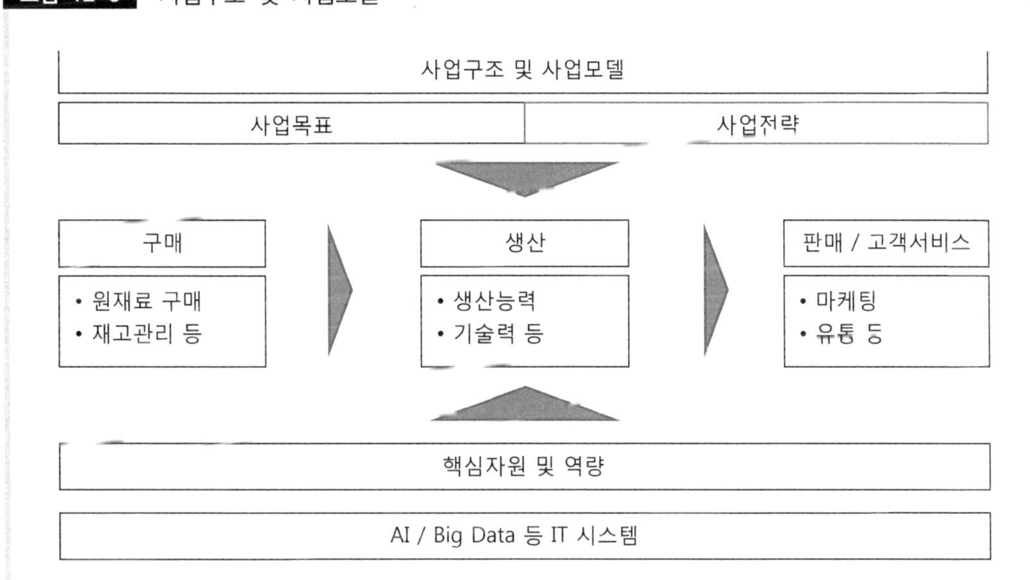

아니라 수익력 및 현금창출력에 중요한 요소로 평가된다. 기업의 과거실적과 현재상황은 재무제표를 통해 수익창출능력을 어느 정도 파악할 수 있지만, 미래의 영업활동을 통하여 창출되는 수익창출능력에 대한 판단은 미래의 불확실성 등으로 인해 예측하기 어려운 실정이다. 그럼에도 불구하고 미래사업환경 변화요인에 따라 사업모델과 구조, 시장점유율 및 매출창출능력을 어떻게 변화시켜야 하는지를 파악하여 기업의 현재 시장지위와 미래 지속성 여부에 대해 판단하여야 할 것이다. 사업포트폴리오상의 주력사업의 성장전망뿐만 아니라 신규 사업의 활성화 가능성도 충분히 고려하여 기업의 미래 시장지위 변화방향에 대해 판단하여야 한다.

### ■ 산업위험

과학기술의 급속한 발전에 따라 3차례의 걸친 산업혁명을 통하여 산업구조의 혁신이 이루어져 왔으며, 이제 4차 산업혁명시대에 인공지능과 디지털 대전환에 의해 전산업을 혁신의 장으로 몰아가고 있어서, 사업모델의 혁신에 의한 부가가치를 창출하지 못하는 기업은 생존에 위협을 받게 된다. 거시적 환경 측면에서 기업에게 영향을 주는 정책, 경제동향 및 기술 트렌드 등을 조망하고 고객(customer), 경쟁자(competitors), 자사(corporate) 관점의 분석을 통해 기업의 미래 모습을 예상해 볼 수 있다. 기업이 속해 있는 산업의 매력도가 기업의 수익성과 성장성에 크게 영향을 미치고 있으므로 산업구조 분석을 통하여 신용평가 대상기업의 미래수익창출능력을 평가할 수 있다. 이러한 산업분석은 마이클 포터의 5 Forces Model을 활용하여 산업환경을 조망하고 위험요소를 분석하는 것이 의미가 있을 것으로 판단된다.

산업의 구조적 매력도와 그 산업의 핵심 성공은 잠재적 경쟁자와 대체재의 위협, 기존 산업 간의 경쟁, 공급자와 소비자의 협상력 등 5가지 요소들에 의하여 결정될 수 있다([그림 12-6] 참조). 일반적으로 수익성이 높고 성장성이 기대되는 산업일수록 많은 기업이 그 산업에 참여하려고 하고 초기 일부 소수기업이 특정산업에서 초과이익을 누리고 있다고 하더라도 조만간 다수의 신규진입기업이 출현하여 시장을 놓고 치열한 경쟁을 벌인다면 기존기업의 수익성도 저하될 수밖에 없을 것이다. 특정산업에 새로운 경쟁기업의 진입가능성이나 산업 내에서 기존기업간의 경쟁, 혹은 대체제품이나 서비스의 위협에 대응하기 위해서는

**그림 12-6** 산업분석과 마이클 포터의 5 Forces Model

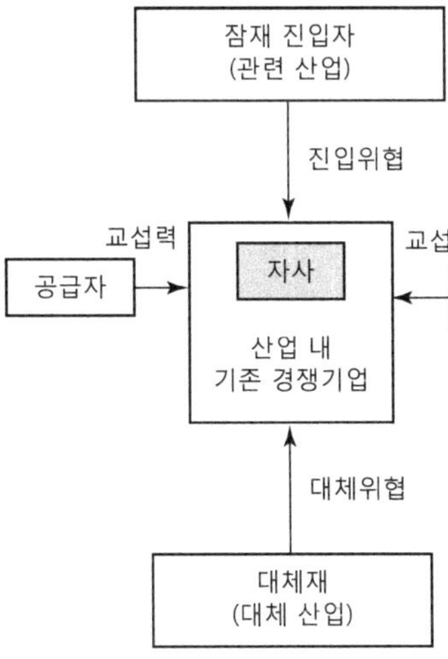


| 5 Force | 고려 요인 |
|---|---|
| 산업 내 경쟁 정도 | 동종업종 시장경쟁 정도<br>산업변화 추세<br>산업의 집중 정도 |
| 대체재의 위협 | 관련산업 추세분석<br>관련기술발전 추세분석 |
| 신규진입 위협 | 시장 및 경쟁구조 분석<br>시장특성, 규모, 성장률분석<br>신기술 동향 분석 |
| 공급자의 교섭력 | 원자재, 원재료 등의 공급력 |
| 구매자의 교섭력 | 고객유형 및 특성분석 |

제품의 차별화, 원가절감 등을 통한 경쟁우위력의 확보가 중요하다.

## ■ 기타 사업위험

기타 사업위험은 시장위험, 기술위험, 규제환경위험이 있다. 시장위험은 금리의 상승, 환율변동, 경기 침체, 정부정책 변화 등으로 인하여 발생하는 신용위험이다. 이러한 시장위험은 기업측면에서는 통제 불능한 변수들이기는 하나 최고경영진의 대응에 따라서 위험을 줄일 수 있다. 4차산업혁명시대이 기술위험은 인공지능과 디지털 내선완에 따라 산업 전반에 걸친 혁신이 진행되고 있으며 기존산업에서의 가치창출 방식을 파괴하여 새로운 사업모델에 의한 가치를 창출하고 신기술기업이 출현하여 기존기업의 생존과 지속 가능한 성장을 위협받을 가능성이 높으므로 이에 대한 대책이 마련되어 있어야 할 것이다. 또한 과학기술의 발전과 화석연료의 과도한 소비 등으로 인한 지구환경오염과 기후위기로 인하여 기업이 제품이나 서비스를 생산하고 소비하는 과정에서의 환경오염으로 인한 문제에 대하여 면밀히 사전 점검하여 이로 인한 위험요인이 기업의 평판이나 영업에 영향을 미치지 않도록 관리해야 한다.

## 2.3 재무위험의 평가

재무위험(financial risk)은 기업이 자금을 조달하고 운용함으로써 발생하는 위험으로 타인자본에 대한 의존도가 높을수록 고정자본비용이 커지므로 재무위험도 증가하게 된다. 기업이 경영활동에 사용하는 자금에는 자기자본과 타인자본이 있다. 자기자본은 자본금에 잉여금(자본잉여금, 이익잉여금)을 합한 것이고, 타인자본은 차입금이나 사채와 같이 외부로부터 조달한 자금으로 만기까지 이자를 고정적으로 지급해야 한다. 이익이 났을 때만 배당을 하는 자기자본과 달리 타인자본은 이익에 관계없이 고정적으로 이자를 지급해야 하므로 타인자본 비율을 높지 않게 유지하는 것이 바람직하다. 기업의 경영활동에서 발생하는 재무위험은 영업이나 투자활동에 필요한 자금을 조달하는 행태에 따라 발생하는 위험과 조달한 자금인 차입금을 활용함에 따라 발생하는 위험을 의미한다. 자본구조가 건실하지 못해 총자본 대비 차입금 비중이 높아질수록 재무위험은 증가하고 타인자본의 비중이 클수록 자산이나 자기자본의 위험 흡수능력이 떨어지고 현금흐름의 안정성도 저하된다. 재무위험 분석은 현재와 미래의 재무구조에 따라 발생하는 채무상환능력의 불확실성과 자기자본, 보유자산 및 추가자금조달능력 등의 재무적 능력을 평가하게 되며 재무정책 및 구조, 수익성, 현금흐름의 적정성 등을 활용하게 된다.

■ **재무전략**

기업은 합리적인 재무전략을 통하여 자금조달에 대한 재무위험을 낮추고 투자활동의 효율성과 수익성을 제고하여 영업위험을 줄여야 한다. 최고경영진의 재무전략과 정책은 기업의 비전과 전략에 맞추어 사업전략과 재무전략의 정합성, 수익창출능력과 재무구조의 적정성이 있는지 등에 대하여 원칙과 방향을 결정하는 것이다. 최고경영진의 보수적인 재무전략과 공격적인 재무전략에 따라서 사업전략과 투자전략이 달라지고 그에 따른 사업위험과 재무위험도 차이가 크게 나게 된다.

재무위험의 원천은 타인자본조달에 수반되어 발생하는 고정비인 금융비용으로부터 발생하므로 금융비용에 대한 부담이 높은 기업의 경우 경기가 위축되어 매출이 줄고 이익이 감소하여도 일정한 비용을 반드시 지출하여야 하기 때문에 경기변동에 대한 대응력이 약화되어 부실화가 급속하게 진행된다. 기업들은 금융비용에 따른 재무위험뿐만 아니라 재무활동과 관련하여 발생하는 위험을 줄이는 재무전략을 수립하고 실행하여야 한다. 기업의 경영계획에 따라 투자활동과 같이 장기적인 활동에 소요되는 자금은 채권이나 주식발행 또는 내부유보자금 등과 같은 장기자금으로 조달하고 일반 운영자금은 단기자금을 통해 조달함으로써 부채기간의 불일치에 따른 일시적인 자금경색에 처하는 상황을 방지하여야 한다. 목표재무구조를 설정하고 추가적인 자본조달 시에는 목표자본구조를 유지할 필요가 있으며 제품판매를 확대하는 동시에 매출채권을 조기에 회수할 수 있는 방안을 활용하여 차입금에 대한 의존도를 낮출 수 있는 방안을 고려할 수 있다. 기술이 빠른 속도로 변화하고 제품의 라이프 사이클이 짧아지고 있는 요즘에는 일정수준 이상의 시설 또는 연구개발 투자가 사업기반의 유지를 위해 필요하지만 단기적인 수익성과 재무구조에 집착하여 시설투자와 차입금 활용을 축소시킬 경우 중·장기적으로 기존의 현금창출능력과 재무구조를 유지할 수 있는 능력에 대해 문제가 발생할 수 있다. 재무전략의 보수성과 공격성은 산업특성이나 사업경쟁력에 대한 충분한 고려하에 분석되고 평가되어야 한다.

## ▪ 재무구조의 안정성 여부

기업은 미래수익창출을 위하여 경영활동에 필요한 자금을 기업내부나 기업외부에서 자본을 조달하여 자금을 운용한다. 자금조달의 원천이 주주로부터의 자금조달과 이익창출을 통한 자금조달인 경우 직접적인 조달비용이 소요되지 않고 별도 자금상환이 없는 안정적 자금인 반면에, 은행이나 제3자로부터 조달하는 자금과 같이 정기적으로 이자비용을 지급해야 하고 만기일에는 원금을 상환해야 하는 불안정한 자금도 있다. 기업의 안정적인 자금인 자기자본과 불안정한 타인자본의 구성비율에 따라서 재무구조의 안정성이 결정된다. 총자본 대비 타인자본 의존도가 높을수록 채무상환 부담으로 인하여 재무안정성이 떨어지게 되고 재무위험이 증가하게 된다. 이와 더불어 조달된 자금을 기업이 어떻게 운용하는냐에 따라서 재무안정성에 영향을 미치게 된다. 기업이 유동자산 및 고정자산에 자본을 투입하는 경우 전체적으로 자산 간의 조화 및 균형이 이루어지는지 여부가 기업의 재무적 안정성에 큰 영향을 미치게 된다. 재무적 안정성 기준에서 유동자산과 고정자산의 적정구성비는 어떻게 할 것인가는 업종에 따라 차이가 많이 나는데, 업종 차이를 고려하여 상호자산 간에 과부족 없는 균형이 이루어질 때 기업의 안정성이 확보되고 수익성도 견지된다고 할 수 있다. 거액의 설비투자를 하고 나서도 성장하기보다는 적자에 허덕이는 기업을 보게 된다. 이는 기업이 자산구성 측면에서 적정한 배분을 무시한 결과, 과도한 고정자산투자가 도산의 한 원인이 되기도 한다. 기업의 재무구조상 채권자가 부담하게 되는 위험은 자기자본에 대한 부채의 비율이다. 부채비율이 높다는 것은 손실을 흡수할 자기자본의 양이 그만큼 적다는 것을 의미하기 때문에 채권자의 위험이 크다는 것을 나타내며, 높은 부채비율로 인해 이자부담이 많으면 수익성이 저하되며 경기불황기에 높은 부채비율은 매우 불리하게 작용한다.

**표 12-7** 재무구조의 안정성

| 구분 | 정 의 |
|---|---|
| 부채비율 | 총부채/자기자본: 100% 내외 표준비율 |
| 차입의존도 | 차입금총액/총자산: 자본구성의 안정성 |
| 총차입금/EBITDA | 총차입금/EBITDA: EBITDA기준 채무부담 |
| 유동비율 | 유동자산/유동부채: 200% 수준 표준비율 |

이와 더불어 유동성은 단기원리금 상환 관점에서 가장 중요하며 유동성 비율은 유동부채 대비 유동자산으로 측정된다. 유동성 분석은 현금화될 수 있는 자산이 현금으로 지불해야 할 부채에 비해 충분한지 여부를 검토하는 것이다. 재무상태표에 기초한 유동성 지표는 대체로 현재 이용 가능한 현금수준을 나타내며 향후 채무상환에 필요한 현금을 계속 창출할 수 있는 능력과는 관련성이 별로 없다. 예를 들어, 어떤 기업이 현재는 충분한 현금을 보유하고 있지만 자금소요가 계속 발생하여 유동성이 경색될 가능성도 있고, 반대로 현재는 현금보유규모가 적으나 현금화가 가능한 자산의 규모와 자본시장 접근능력 등에 따라서 자금소요에 충분히 대응할 수도 있는 것이다. 유동성은 미래에 발생할 자금의 조달시기와 사용시기에 큰 영향을 받고 단기자금의 지급능력을 보여주는 것이므로 유동성의 규모는 소요자금에 대비하여 적정수준을 유지해야 한다.

## ■ 수익성의 적정성 여부

재무구조가 안정적이고 자산이 효율적으로 운용된다면 수익성도 높아질 것이므로 기업의 이익창출능력이 양호할 것이다. 수익성이 좋다는 것은 기업이 자산과 자원을 효율적으로 이용하여 미래에 발생할 수 있는 다른 위험요인이나 경기침체기에도 상대적으로 영향을 적게 받아 높은 수익성을 실현할 수 있다는 것이다. 우수한 수익성을 기반으로 안정된 재무구조를 유지하고 있는 기업은 낮은 금리로 자금을 원활하게 조달할 수 있기 때문에 투자에 보다 적극적인 전략을 취함으로써 경쟁우위도 빠르게 확보하는 경향이 있다. 수익성 분석을 통해 수익구조에 영향을 미치는 제반 요인을 파악하고 이러한 요인들이 변동될 때 수익성과 이에 따른 내부자금 창출력이 어떻게 변화될지를 예측할 수 있다. 수익성 분석은 손익계산서에 초점을 맞추어 원가분석을 포함하여 기업의 생산방식 및 원가구조에 대해 이해하고 매출액 변화가 기업의 이익에 어떤 영향을 줄 것인지를 분석하여야 한다. 비용구조 분석은 변동비와 고정비로 나누어 손익분기점 분석을 실시하는 것으로 기업이 버틸 수 있는 최악의 수준과 이에 대한 가능성을 파악하면 불확실한 미래상황에 대해 여러 가지 가정을 적용하여 다양한 시나리오 분석이 가능하다. 수익성 분석은 대부분 매출분석과 연계하여 이루어지지만 자산과 수익성, 자본과 수익성에 대한 분석도 동시에 수행되는 것이 바람직하다. 수익성 분석에서는 일반적으로 손익계산서에 표시되는 매출액 대비 각종 이익과 비용의 비율로써 산출한 원가율, 영업이익률, 자산이나 자기자본에 대비한 이익률 등을 대표적으로 사용한다.

자기자본이익률이 낮아 신주발행을 통한 자금 조달이 어려워지면 차입금이 증가할 수 있어서 자산의 효율적인 활용과 통제능력을 측정하기 위해 총자산이익률을 활용하기도 한다.

**표 12-8** 수익성 분석

| 구분 | 정의 |
|---|---|
| 당기순이익률 | 당기순이익/매출액: 매출액 단위당 순이익 |
| 영업이익률 | 영업이익/매출액: 매출액 단위당 영업이익 |
| 총자산이익률 | 순이익/총자산: 총자산 단위당 순이익 |
| 자기자본이익률 | 순이익/자기자본: 자기자본 수익성 |

### ■ 현금흐름의 안정성 여부

기업의 주된 현금흐름은 영업활동으로 인한 현금흐름이며, 영업활동으로 인한 현금흐름이 마이너스인 경우 투자활동 혹은 재무활동을 통하여 부족한 현금흐름을 충당하게 된다. 현금흐름 분석을 통하여 기업의 영업활동, 투자활동, 재무활동을 통해 유입되는 현금과 현금운용 차이를 파악함으로써 원리금의 상환 가능성을 평가하고 현금 유·출입의 원천, 규모, 발생시기, 안정성 등을 판단하여 기업의 미래 현금흐름에 대해 합리적으로 예측하여야 한다. 기업의 일정기간 동안의 현금순환주기에 따른 현금의 변화는 현금의 유입과 유출로 구분할 수 있으며, 영업에 의한 현금흐름과 영업외 활동에 의한 현금흐름으로 나눌 수 있다. 이러한 현금흐름의 구분을 통하여 영업활동으로 인한 현금흐름을 근간으로 미래 현금흐름을 합리적으로 추정하여야 할 것이다. 그러나 영업환경 변화로 현금흐름이 급격히 감소하거나 자금사정 악화로 계획된 자금조달에 차질이 발생하게 된 경우 기업이 외부자금조달 수단에 의하지 않고 자금사용계획의 조정을 통해 현금흐름의 부족을 극복할 수 있는 방안을 검토하여야 한다. 시장상황이 좋지 않을 때 자금조달면에서는 외부자금조달을 대체할 수 있는 수단의 보유 여부, 이용가능한 미래현금흐름, 자산의 처분가능성 등을 고려하여야 한다. 특히 단기신용도 평가 관점에서는 유사시 기업의 대체자금 조달능력을 의미하는 재무탄력성을 갖추는 것이 중요하다.

## 2.4 상환능력평가

채무상환능력은 기업의 이익창출능력과 동일하므로 매출액에서 얼마나 이익이 발생하는지에 대한 측면과 투자된 자산 대비 이익이 얼마나 창출되는지에 대한 측면으로 측정될 수 있다. 투자된 자산에 투입된 자금이 내부자금인지 아니면 외부자금인지에 따라서 자본의 구조에 영향을 받게 되고, 외부자금의 크기와 의존도에 따라서 상환부담이 가중될 수 있다. 기업이 많이 이익을 창출하더라도 현금으로 회수되지 않은 이익은 유동성의 위기를 초래할 수 있으므로 채무상환능력에 따른 이익창출능력은 영업활동에서의 순현금흐름과 함께 고려되어야 한다.

## ■ 이익창출능력

기업의 이익창출은 생존과 지속 가능한 성장을 위해 필수적인 요소이다. 충분한 수익성을 창출하고 있을 때 회수된 자금을 기반으로 지속적인 투자가 이루어져 미래 현금창출력이 보장될 수 있으며, 수익성이 약할 경우 미래 현금 창출력이 감소함은 물론 투자활동에 필요한 자금의 조달을 차입에 의존함으로써 재무구조도 악화된다. 이익창출능력은 당기순이익이나 이자, 세금, 감가상각차감전 이익(EBITDA: earnings before interest, tax, depreciation, and amortization), 또는 영업활동에서의 순현금흐름을 보면 알 수 있다. 단기적인 현금창출능력은 영업활동에 의한 순현금흐름이 EBITDA보다 기업의 현금흐름을 보다 충실하게 반영하고 있으며, 장기적으로는 기업은 생존하고 성장해야 하고 성장하려면 투자가 필수적으로 수반되게 되므로 영입활동에 의한 현금흐름과 투자활동에 의한 현금흐름을 함께 고려하여 잉여현금흐름(free cashflow)으로 현금창출능력을 파악할 수 있을 것이다.

**표 12-9** 이익창출능력

| 구분 | 정의 |
|---|---|
| EBITDA/매출액 | (영업이익+감가상각비)/매출액 |
| 영업활동현금/유무형자산투자 | 영업활동순현금흐름/유무형자산투자 |

이익창출능력은 매출액에 대비한 EBITDA의 비율을 통하여 현금창출능력을 가늠해 볼 수 있으며 장기적인 측면에서 영업활동에서의 순현금흐름이 유무형자산에 대한 투자 부담을 얼마나 충당 가능한지를 보는 것도 유용한 지표가 될 수 있다.

## ■ 부채상환능력

부채상환능력은 영업활동에서 순현금흐름은 단기상환의무, 총차입금, 순차입금 등의 부채를 상환할 수 있는 능력을 측정한 것이다. 이러한 상환부담은 차입금의 규모가 크고 비중이 높을수록 외부 위험의 충격이나 내부 영업이나 경영위험에 크게 영향을 받을 수 있으므로 신용평가에서 부정적 요소로 볼 수 있다. 현금흐름 측면에서의 부채의 상환능력은 현금창출력을 기준으로 판단한다.

**표 12-10** 부채상환능력

| 구분 | 정의 |
|---|---|
| 단기상환액/EBITDA | (단기차입금+유동성차입금+순금융비용)/EBITDA |
| 이자보상비율 | 영업이익/이자비용 |
| EBITDA/금융비용 | EBITDA/(금융비용+매출채권매각손실+자산유동화비용) |

이자보상비율은 영업에서 창출된 현금이 금융비용을 충당할 수 있는지를 측정하는 것으로 이자비용을 충분히 감당할 수 있는 현금창출이 이루어지지 못한다면 기업은 외부자금에 의존하게 되며 유동성이 감소함에 따라 부채상환능력이 현저히 악화되어 부도기업으로 전락할 수 있다. 일반적으로 이자보상비율이 1 이하인 기업의 경우에는 채무상환능력이 없는 한계기업으로 분류하고 채권자들은 이에 대해 특별관리를 하게 된다.

### 예제 12-2

각 회사의 자산총이익률과 이자보상비율을 산정하고 부채상환능력을 평가하세요.

(1) 재무정보

| 구분 | 더나은미래㈜ | 우수상생㈜ | ㈜아티너스 |
|---|---|---|---|
| 매출액 | 100,000,000 | 50,000,000 | 40,000,000 |
| 총자산 | 60,000,000 | 30,000,000 | 24,000,000 |
| 영업이익 | 12,000,000 | 4,000,000 | 800,000 |
| 당기순이익 | 10,000,000 | 3,500,000 | 1,600,000 |
| 자기자본 : 타인자본 | 40% : 60% | 45% : 55% | 35% : 65% |

(2) 추가정보: 타인자본의 비중 및 이자율(단, 타인자본은 전액 금융부채임)

| 구분 | 더나은미래㈜ | 우수상생㈜ | ㈜아티너스 |
|---|---|---|---|
| 이자율 | 7% | 8% | 9% |

풀이

| 구분 | 더나은미래㈜ | 우수상생㈜ | (주)아티너스 |
|---|---|---|---|
| 총자산이익률 | 16.67% | 11.67% | 6.67% |
| 타인자본 | 36,000,000 | 16,500,000 | 15,600,000 |
| 타인자본비용 | 7% | 8% | 9% |
| 이자비용 | 2,520,000 | 1,320,000 | 1,404,000 |
| 이자보상비율 | 4.76 | 3.03 | 0.57 |

- ㈜아티너스는 영업이익으로 이자비용도 충당하지 못하는 부실기업으로 부채상환 능력이 없다.

### ■ 현금흐름의 안정성

기업이 영업활동을 통하여 이익을 창출하였더라도 현금기준으로 한 이익창출 규모를 파악하는 것이 중요하다. 영업활동에 의한 현금유입과 현금의 유출을 차감한 순현금흐름이 매년 일정한 수준 이상으로 유지되고 순현금흐름의 규모가 클수록 현금흐름의 안정성이 높다고 할 수 있다. 현금흐름의 안정성은 단기적으로는 영업활동에 의한 순현금흐름으로 측정할 수 있으며, 장기적으로는 영업활동에서의 현금흐름에서 투자활동에서의 현금흐름을 차감한 잉여현금흐름으로 파악할 수 있다.

**표 12-11** 현금흐름의 안정성

| 구분 | 정의 |
|---|---|
| 영입활동 현금흐름 규모 | 영업활동에서 창출되는 순현금흐름의 규모 |
| 영업활동 현금흐름의 변동성 | 영업활동 현금흐름의 표준편차/영업활동 현금흐름 평균 |

부채상환능력은 현금기순으로 이익창출능력, 현금흐름의 안정성 등에 의해 결정된다. 기업의 현금창출력 및 부채상환능력은 재무상태표, 손익계산서 등을 이용하여 작성된 현금흐름표를 기반으로 일정기간에 걸친 현금의 유입과 유출 금액을 파악하고 변동 요인을 분석함으로써 기업이 현금흐름을 통해 원리금을 상환할 수 있는지 판단을 할 수 있다. 기업의 신용평가는 채권자나 투자자의 이

익을 보호하는 관점에서 기업의 채무상환능력에 영향을 미치는 요인을 중점적으로 관리해야 한다.

**예제 12-3**

1997년 IMF 직전 한국기업들의 1996년도의 현금흐름표이다. 각 기업의 순현금 증감을 구하고 부실기업을 선택하고 그 이유를 설명하세요.

(단위: 백만원)

| 구분 | K기업 | S기업 | H기업 | D기업 |
|---|---|---|---|---|
| 영업활동 | 481,358 | (5,302) | 59,855 | (131,467) |
| 투자활동 | (808,882) | (29,024) | (132,285) | 17,446 |
| 재무활동 | 254,528 | 28,321 | 62,198 | 120,682 |

**풀이**

- 각 기업의 순현금 증감: K기업 −72,996, S기업 −6,005, H기업 −10,232, D기업 6,661
- 상기 모든 기업은 부실기업이다. K기업은 차입에 의한 과잉투자, S기업은 수익성 악화에도 불구하고 차입을 통한 투자, H기업은 과잉투자, D기업은 수익성 악화로 보유자산 매각 및 차입금과다로 인해 부실기업으로 평가된다.

## 2.5 신용등급 결정

신용등급은 영업활동에서의 현금창출능력에 따른 채무상환능력에 달려 있다. 기업의 신용등급은 부채상환능력을 의미하는 신용등급과 여신상품별로 상품의 특성과 담보 등을 반영한 여신등급으로 나눌 수 있다. 여신등급은 신용등급을 토대로 담보, 보증서 등과 같이 신용을 보강할 수 있는 수단을 반영하여 결정되므로 동일한 기업이라 하더라도 여신등급은 신용등급과 달라질 수 있다.

신용등급은 사업위험, 재무위험을 평가한 후 현금창출능력과 채무상환능력 등을 종합하여 기업신용등급을 결정하게 된다. 채무상환능력은 미래의 현금창출능력과 채무상환 부담 간의 관계로, 현금창출능력에 비하여 채무상환 부담이 작을수록 채무상환능력은 우수한 것으로 평가되어 높은 신용등급이 부여될 수 있다. 현금창출은 영업이나 투자활동을 통하여 창출할 수 있는 현금창출능력과 재무활동을 통하여 외부현금 조달능력으로 판단한다. 채무상환 부담은 차입금이나 각종채무에 대한 규모와 조건 등에 따라 상환부담이 상이하므로 세부적인 채무내용을 살펴 보아야 한다. 신용위험은 사업위험과 재무위험이 결합되어 나타나게 되고 사업활동에 따른 현금창출 부분과 재무활동에 따른 조달과 운용부분이 상호 작용하면서 선순환할 경우에는 현금창출능력이 채무상환부담을 초월하여 기업은 양호한 신용등급을 받을 수 있을 것이다. 그 반대로 자산을 획득하여 영업을 하고 이익을 창출하는 활동과 자금을 조달·운용하는 활동이 악순환에 빠져들 경우에는 신용등급이 좋지 않게 될 것이다. 현금흐름 창출과 부채상환 부담은 사업위험과 재무위험에 상호 긴밀하게 영향을 미치고 있으며 부채비율이 높으면 영업 및 투자활동에 제약요인으로 작용하여 영업자산을 적기에 확보할 기회를 놓치게 되어 사업경쟁력 저하를 초래하고 사업위험이 상승한다. 부채비율의 급격한 증가는 사업위험을 유발하게 되어 이익잉여금 축소 및 외부자금조달로 인한 부채증가로 인해 자본구조에 영향을 미치게 되므로 결국에는 재무위험을 유발하는 악순환에 빠져들 수 있다.

### ■ 신용등급 부여

신용평가는 평가대상기업의 상환능력을 판단하기 위해 우선적으로 사업활동으로부터 현금을 창출해 낼 수 있는 능력을 보고 그 다음에 재무활동을 통한 현금창출능력을 본다.

현금창출능력과 미래의 채무상환 부담 간의 규모와 조건, 관계 등의 차이에 대하여 상호 비교·검토하여 이러한 등급의 부여가 적합한지 여부를 판단하여 신용등급을 부여하게 된다. 신용등급의 평가는 비재무적 정보(사업위험)와 재무적 정보(재무위험)를 통합해서 신용등급결정 모델을 활용하여 산정하고 전문적인 지식을 갖고 있는 신용 평가자의 검토를 통하여 신용등급을 부여하는 것이 바람직하다. NICE신용평가의 평가방법론[7]에서 제시하고 있는 신용등급은 〈표 12-12〉와 같다.

채권시장이나 금융기관의 자금을 차입할 경우 채권자나 투자자가 자금 대여

7 NICE신용평가 홈페이지.

나 투자 등을 결정하는 데 기업의 신용등급정보가 유용하게 활용되고 있다. 뿐만 아니라 공공기관이나 일반기업과의 큰 규모의 거래계약을 체결할 경우에도 기업의 신용평가서와 신용등급을 요구하고 있다. 금융기관에서는 신용등급을 여신자산에 대한 대손충당금 설정, 금리결정, 신용위험 관리 등 여러 측면에서 활용하고 있다. 신용평가는 평가시점에서의 채무상환능력에 대한 의견이므로 평가에 영향을 미치는 요인의 변화에 대하여 분석하고, 합리적으로 예측하여 미래의 채무상환능력을 전망하여 채택하는 것이라 할 수 있다.

**표 12-12** 신용등급

| 등급 | 정의 |
|---|---|
| AAA | 원리금 지급확실성이 최고수준이며, 현단계에서 합리적으로 예측가능한 장래의 어떠한 환경변화에도 영향을 받지 않을 만큼 안정적임. |
| AA | 원리금 지급확실성이 매우 높지만 AAA등급에 비해 다소 열등한 요소가 있음. |
| A | 원리금 지급확실성이 높지만 장래 급격한 환경변화에 따라 다소 영향을 받을 가능성이 있음. |
| BBB | 원리금 지급확실성은 인정되지만 장래 환경변화로 원리금 지급확실성이 저하될 가능성이 있음. |
| BB | 원리금 지급확실성에 당면 문제는 없지만 장래의 안정성 면에서는 투기적 요소가 내포되어 있음. |
| B | 원리금 지급확실성이 부족하여 투기적이며, 장래의 안정성에 대해서는 현 단계에서 단언할 수 없음. |
| CCC | 채무불이행이 발생할 가능성을 내포하고 있어 매우 투기적임. |
| CC | 채무불이행이 발생할 가능성이 높아 CCC등급에 비해 불안요소가 더욱 큼. |
| C | 채무불이행이 발생할 가능성이 높고 현단계에서는 장래 회복될 가능성이 없을 것으로 판단됨. |
| D | 원금과 이자가 지급불능상태에 있음. |

## 확·인·문·제

※ 각 문항의 설명 중 옳은 것에는 T, 틀린 것에는 F를 하시오.

1. 부실기업은 영업이익창출능력이 저조하고 유동성이 낮고 부채비율이 높아서 타인자본과 자기자본에 대하여 채권자나 주주에게 채무상환능력이나 주주이익 창출능력이 매우 부족한 기업이다. ( )

2. 부실기업이 사업구조조정과 재무구조조정 등의 노력에도 불구하고 채무불이행(failure to pay) 상태가 되면 부도(default)처리가 된다. 부도기업이 되면 기업회생절차·파산절차 등이 개시된다. ( )

3. 비즈니스 위험은 비즈니스의 경제적 환경과 관련이 있는 수익성 위험, 경영위험, 기술위험, 환경위험 등이 있는 반면에 재무위험은 부채 조달의 사용과 관련된 시장위험, 유동성위험, 영업위험 등이 있다. ( )

4. 영업위험은 사업구조 및 모델, 영업전략, 마케팅능력, 유통망, 운영의 효율성, 경쟁력에 의해 평가되며 비용의 최소화와 수익의 극대화가 바람직한 영업활동이다. ( )

5. 부정이나 오류로 인해 재무제표가 중요하게 왜곡표시될 위험에 대해 외부감사인으로부터 감사를 받은 재무제표를 신용평가시 그대로 사용할 수 있으며, 분식회계 가능성이 높으므로 유의해야 하는 계정과목은 매출액과 매출채권, 재고자산, 감가상각비 등이다. ( )

6. 재무상태를 평가하는 요소는 자본구조, 차입구조, 자산구조, 자신의 시장가치이고 손익상황을 평가하는 요소는 매출액, 비용구조, 수익성, 차입금상환능력이다. ( )

7. 대상기업의 미래현금흐름의 규모 등에 따라서 부채상환능력의 평가가 좌우되기 때문에 시나리오분석을 통하여 시나리오별 미래현금흐름을 예측하고 사전 신용위험을 줄일 수 있는 방안을 모색해야 한다. ( )

8. 기업의 상환능력을 평가할 때 영업활동에 의한 현금창출능력과 차입금과 부채를 포함한 자본구조의 변화, 유동성 등을 종합분석하여 평가해야 한다. ( )

9. 신용등급은 신용평가의 결과인 부채상환능력에 따라서 등급의 형태로 표시한 것을 의미하며 개별여신등급은 동일한 기업일지라도 여신상품의 특성과 신용보강 수단의 차이에 관계없이 여신등급이 동일하다. ( )

10. 상환능력을 평가할 때 미래현금창출능력, 유동성, EBITDA, 감가상각비, 보유자산의 처분, 유상증자나 재차입 등을 고려하여야 한다. ( )

11. 재무융통성을 평가할 때 모기업의 지원가능성, 자산의 시장가치, 신용등급, 자금조달원의 다양성 등을 고려하여야 한다. ( )

12. 신용등급은 이원적 등급평가체제로 구분되어 운영되는데 그중 하나는 기업의 부채상환능력을 의미하는 신용등급과 다른 하나는 여신상품별로 상품특성을 반영한 여신등급을 말한다. ( )

13. 기업이 속해 있는 산업의 매력도에 따라서 성장성이 좌우되고 같은 산업이라고 하더라도 경영능력이나 경영위험도에 따라서 경영성과가 차이날 수 있다. ( )

14. 기업의 성과는 경제상황이나 시장위험 등에 따라서 차이가 발생할 수 있으며 시장위험에는 금리 및 환율변동위험, 정부정책 위험, 기술위험 등이 있다. ( )

15. 경영위험은 지배구조, 최고경영진의 경영능력, 경영조직 및 시스템, 대주주의 열의 및 자금력, 경영철학, 기업문화 등에 좌우되며 기업의 경영성과에 직접적으로 영향을 미친다. ( )

---

**해답** 1. T 2. T 3. F 4. T 5. T 6. F 7. T 8. T 9. F 10. F 11. T 12. T 13. T 14. F 15. T

## 실·습·문·제

**1.** 다음의 재무정보를 활용하여 두 기업의 영업이익 기준 및 현금흐름 기준의 경제적 부가가치와 관련하여 물음에 답하세요.

(1) 영업이익 기준 EVA 자료

(단위: 백만원)

| 구분 | ㈜핀큐 | ㈜아티너스 |
|---|---|---|
| 매출액 | 8,000,000 | 3,500,000 |
| 영업이익 | 800,000 | 350,000 |
| 법인세 등 | 5,000 | 3,000 |
| 자본비용 | 700,000 | 600,000 |
| (타인자본비용) | 450,000 | 400,000 |
| (자기자본비용) | 250,000 | 200,000 |

(2) 현금흐름 기준 EVA 자료

| 구분 | ㈜핀큐 | ㈜아티너스 |
|---|---|---|
| 영업활동현금흐름 | 1,600,000 | 500,000 |
| 감가상각비 | 600,000 | 300,000 |
| 자기자본비용 | 300,000 | 250,000 |

(3) 추가정보: 영업이익률 8%, 부채비율 100%

1-1. ㈜핀큐, ㈜아티너스 기업의 영업이익기준 경제적 부가가치는 얼마인가요?
1-2. 경제적 부가가치기준으로 어느 기업이 부실기업인가요?
1-3. ㈜핀큐, ㈜아티너스 기업의 현금흐름기준 경제적 부가가치는 얼마인가요?
1-4. ㈜핀큐의 매출액 대비 EVA, 매출액 대비 영업현금흐름은 얼마인가요?

**2.** 다음의 재무정보를 활용하여 정상기업과 부실기업을 구분하고 각각의 수익성, 유동성, 안정성 관련 물음에 답하세요.

| 구분 | 더나은미래㈜ | 우수상생㈜ | ㈜아티너스 |
|---|---|---|---|
| 매출액 | 300,000 | 225,000 | 240,000 |
| 영업이익 | 24,000 | 11,250 | 9,600 |
| 이자비용 | 3,000 | 10,000 | 12,000 |
| 당기순이익 | 19,000 | −5,000 | −10,000 |
| | | | |
| 유동자산 | 80,000 | 60,000 | 39,000 |
| 유동부채 | 40,000 | 50,000 | 30,000 |
| 차입금 | 60,000 | 125,000 | 150,000 |
| 부채총액 | 100,000 | 175,000 | 180,000 |
| 자본총액 | 100,000 | 75,000 | 120,000 |
| 자산총액 | 200,000 | 250,000 | 300,000 |

2-1. 정상기업과 부실기업의 영업이익률과 당기순이익률은 얼마인가요?

2-2. 정상기업과 부실기업의 차입금 의존도, 부채비율은 얼마인가요?

2-3. 유동비율, 이자보상비율은 얼마인가요?

**3.** 기업의 재무정보를 활용하여 아래 기업의 부채상환능력에 대하여 물음에 답하세요.

| 구분 | 더나은미래㈜ | 우수상생㈜ | ㈜아티너스 |
|---|---|---|---|
| 매출액 | 5,000,000 | 4,000,000 | 3,500,000 |
| 영업이익 | 500,000 | 200,000 | 140,000 |
| 이자비용 | 200,000 | 210,000 | 170,000 |
| 감가상각비 | 50,000 | 20,000 | 15,000 |
| 차입금 | 400,000 | 300,000 | 200,000 |
| 법인세율 | 20% | 20% | 20% |

3-1. 각 기업의 EBITDA 대비 차입금을 산출하고 그 의미를 설명하세요.

3-2. 각 기업의 이자보상비율을 산출하고 그 의미를 설명하세요.

3-3. 각 기업의 영업활동 현금흐름은 얼마인가?

**4.** 다음 기업들의 재무정보를 활용하여 물음에 답하세요.

(1) 재무정보

| 구분 | 더나은미래㈜ | 우수상생㈜ | ㈜아티너스 |
|---|---|---|---|
| 매출액 | 6,000,000 | 5,000,000 | 4,000,000 |
| 영업이익 | 300,000 | 250,000 | 200,000 |
| 총자산 | 3,000,000 | 2,000,000 | 1,600,000 |
| 자기자본 | 1,500,000 | 1,000,000 | 1,000,000 |

(2) 추가정보: 연 이자율 7%, 부채는 전액 금융부채이며, 법인세율은 20%이다.

4-1. 각 기업의 총자산이익률은 얼마인가요?

4-2. 각 기업의 자기자본이익률은 얼마인가요?

4-3. 앞으로 경제가 계속 성장할 것으로 전망된다면 더나은미래㈜, 우수상생㈜, ㈜아티너스의 투자우선순위는?

**5.** 더나은미래㈜는 ㈜아티너스를 인수하였다. 취득일 현재 각 회사의 자산, 부채 및 자본이 아래와 같은 경우 물음에 답하세요.

- ㈜아티너스의 주식 인수조건
  - 더나은미래㈜ 주식 1주에 대해 ㈜아티너스 주식 1주의 비율로 교환
  - ㈜아티너스와 더나은미래㈜의 주식 액면금액은 ₩1,000
- 더나은미래㈜의 주식의 주당가격 ₩4,000

| 계정과목 | 더나은미래㈜ | | ㈜아티너스 | |
|---|---|---|---|---|
| | 장부금액 | 공정가치 | 장부금액 | 공정가치 |
| 자산 | 1,000,000 | 1,200,000 | 500,000 | 550,000 |
| 부채 | 600,000 | 700,000 | 200,000 | 200,000 |
| 자본금 | 200,000 | | 100,000 | |
| 자본잉여금 | 100,000 | | 100,000 | |
| 이익잉여금 | 100,000 | | 100,000 | |

5-1. 더나은미래㈜가 ㈜아티너스를 인수합병한 후 재무상태표의 자산총액은?

5-2. 더나은미래㈜가 ㈜아티너스를 인수합병한 후 재무상태표의 부채총액, 자본총액은?

5-3. 더나은미래㈜의 재무상태표상의 영업권은?

5-4. 더나은미래㈜가 ㈜아티너스를 인수합병한 후 더나은미래㈜의 부채비율을 합병 전과 비교하여 설명하세요.

6. 각 회사의 총자산이익률과 이자보상비율을 산정하고 부채상환능력을 설명하세요.

(1) 재무정보

| 구분 | 더나은미래㈜ | 우수상생㈜ | ㈜아티너스 |
|---|---|---|---|
| 매출액 | 50,000,000 | 20,000,000 | 14,000,000 |
| 총자산 | 50,000,000 | 25,000,000 | 15,000,000 |
| 영업이익 | 5,000,000 | 1,400,000 | 560,000 |
| 당기순이익 | 4,000,000 | 1,000,000 | 280,000 |
| 자기자본 : 타인자본 | 40% : 60% | 45% : 55% | 35% : 65% |

(2) 추가정보: 타인자본의 비중 및 이자율(단, 타인자본은 전액 금융부채임)

| 구분 | 더나은미래㈜ | 우수상생㈜ | (주)아티너스 |
|---|---|---|---|
| 이자율 | 6% | 7% | 8% |

## ▍실습문제 풀이

1. 영업이익기준 경제적 부가가치(economic value added)
= 세후영업이익 − 가중평균자본비용
현금흐름기준 경제적 부가가치
= 영업활동현금흐름 − 감가상각비 − 자기자본비용

1-1. 핀큐기업의 영업이익기준 EVA = 800,000 − 5,000 − 700,000 = 95,000
아티너스기업의 영업이익기준 EVA = 350,000 − 3,000 − 600,000 = −253,000

1-2. 아티너스기업이 부실기업이다.

1-3. 핀큐기업의 현금흐름기준 EVA = 1,600,000 − 600,000 − 300,000 = 700,000
아티너스기업의 현금흐름기준 EVA = 500,000 − 300,000 − 250,000 = −50,000

1-4. 핀큐기업의 매출액 대비 EVA, 매출액 대비 영업현금흐름:
(95,000/8,000,000) × 100 = 1.19%, (1,600,000/8,000,000) × 100 = 20%

**2.** 더나은미래를 정상기업, 우수상생과 아티너스를 부실기업으로 분류할 수 있다.

2–1. 더나은미래의 영업이익률, 당기순이익률:

(24,000/300,000) × 100 = 8%, (19,000/300,000) × 100 = 6.33%

우수상생의 영업이익률, 당기순이익률:

(11,250/225,000) × 100 = 5%, (−5,000/225,000) × 100 = −2.22%

아티너스의 영업이익률, 당기순이익률:

(9,600/240,000) × 100 = 4%, (−10,000/240,000) × 100 = −4.17%

2–2.

| 구분 | 정의 |
|---|---|
| 부채비율 | 총부채/자기자본: 100% 내외 표준비율 |
| 차입금의존도 | 차입금 총액/총자산: 자본구성의 안정성 |

더나은미래의 차입금 의존도 및 부채비율:

(60,000/200,000) × 100 = 30%, (100,000/100,000) × 100 = 100%

우수상생의 차입금 의존도 및 부채비율:

(125,000/250,000) × 100 = 50%, (175,000/75,000) × 100 = 233.33%

아티너스의 차입금 의존도 및 부채비율:

(150,000/300,000) × 100 = 50%, (180,000/120,00) × 100 = 150%

2–3.

| | |
|---|---|
| 이자보상비율 | 영업이익/이자비용 |
| 유동비율 | 유동자산/유동부채: 200% 수준 표준비율 |

더나은미래의 유동비율 및 이자보상비율:

(80,000/40,000) × 100 = 2 × 100 = 200%, 24,000/3,000 = 8

우수상생의 유동비율 및 이자보상비율:

(60,000/50,000) × 100 = 1.2 × 100 = 120%, 11,250/10,000 = 1.125

아티너스의 유동비율 및 이자보상비율:

(39,000/30,000) × 100 = 1.3 × 100 = 130%, 9,600/12,000 = 0.8

**3.**

| 구분 | 정의 |
|---|---|
| 차입금/EBITDA | (단기차입금 + 유동성차입금 + 순금융비용)/EBITDA |
| 이자보상비율 | 영업이익/이자비용 |
| EBITDA/금융비용 | EBITDA/(금융비용 + 매출채권매각손실 + 자산유동화비용) |

3–1. 기업의 차입금 상환능력을 평가하는 지표로서, 차입금상환계수라고 한다.

더나은미래의 차입금상환계수: 400,000/550,000 = 0.73
우수상생의 차입금상환계수: 300,000/220,000 = 1.36
아티너스의 차입금상환계수: 200,000/155,000 = 1.29

3-2. 기업의 채무상환능력을 나타내는 지표로, 기업이 영업이익으로 금융비용(이자비용)을 얼마나 감당할 수 있는지를 보여주는 지표이다.
더나은미래의 이자보상비율: 500,000/200,000 = 2.5
우수상생기업의 이자보상비율: 200,000/210,000 = 0.95
아티너스의 이자보상비율: 140,000/170,000 = 0.82

3-3. 영업활동현금흐름 = 세후영업이익 + 감가상각비
더나은미래: 500,000(1 − 0.2) + 50,000 = 450,000
우수상생: 200,000(1 − 0.2) + 20,000 = 180,000
아티너스: 140,000(1 − 0.2) + 15,000 = 127,000

**4.** 총자산이익률(return on assets)
= 당기순이익/총자산
= 매출액이익률(당기순이익/매출액) × 자산회전율(매출액/총자산)

4-1. 더나은미래의 총자산이익률: (156,000/3,000,000) × 100 = 5.2%
우수상생의 총자산이익률: (144,000/2,000,000) × 100 = 7.2%
아티너스의 총자산이익률: (126,400/1,600,000) × 100 = 7.9%
*당기순이익 = (영업이익 − 이자비용)(1 − 법인세율)

4-2. 자기자본이익률(ROE) = 당기순이익/자기자본
더나은미래의 자기자본이익률: {(300,000 − 1,500,000 × 7%)(1 − 0.2)/1,500,000} × 100 = 10.4%
우수상생의 자기자본이익률: {(250,000 − 1,000,000 × 7%)(1 − 0.2)/1,000,000} × 100 = 14.4%
아티너스의 자기자본이익률: {(200,000 − 600,000 × 7%)(1 − 0.2)/1,000,000} × 100 = 12.64%

4-3. 위에서 산출된 ROE에 의하면 투자우선순위는 우수상생 → 아티너스 → 더나은미래 순이다.

**5.** 5-1. 1,000,000(더나은미래사의 자산 장부가액)+550,000(B사의 자산 공정가치)
=1,550,000

5-2. 자산총액: 1,000,000+550,000=1,550,000
부채총액: 600,000+200,000=800,000
자본총액: 자산-부채=1,550,000-800,000=750,000

5-3. 아티너스사의 발행주식 총수=100,000/1,000=100주
영업권=합병대가-피합병기업의 순자산 공정가치
50,000=₩4,000×100주-(550,000-200,000)

5-4. 합병 전 부채비율=(600,000/400,000)×100=150%
합병 후 부채비율={(600,000+200,000)/(400,000+350,000)}×100=106.67%
→ 더나은미래에 비해 아티너스사의 부채비율이 상대적으로 낮았으므로, 합병 후 기업의 부채비율은 감소했다.

**6.**

| 구분 | 더나은미래㈜ | 우수상생㈜ | (주)아티너스 |
|---|---|---|---|
| 총자산이익률 | 8.0% | 4.0% | 1.87% |
| 타인자본 | 30,000,000 | 13,750,000 | 9,750,000 |
| 타인자본비용 | 6% | 7% | 8% |
| 이자비용 | 1,800,000 | 962,500 | 780,000 |
| 이자보상비율 | 2.78 | 1.45 | 0.72 |

㈜아티너스는 부채상환능력이 없다고 평가된다.
*총자산이익률=당기순이익/총자산
*이자보상비율=영업이익/이자비용

제 13 장

# 기업가치 평가

# 1 기업가치 평가 개요

## 1.1 기업가치의 의의 및 분류

기업가치 평가는 기업의 미래수익을 추정하여 가치를 결정하는 것으로, 가치평가를 통해 시장에서 형성되는 가격의 적정성을 판단할 수 있다. 기업가치(enterprise value)는 시가총액에서 순부채를 더하여 산출하거나 자기자본가치와 부채의 가치를 더해서 나타내기도 한다. 이것은 기업이 보유한 유형자산과 무형자산을 활용하여 창출할 수 있는 가치를 의미하며 본질가치와 시장가치로 구분된다.

본질가치는 자산가치, 수익가치, 혼합형가치 등으로 세분할 수 있다. 상대가치는 주가수익비율(PER: price earning ratio), 주가순자산비율(PBR: price bookvalue

그림 13-1 기업가치의 분류

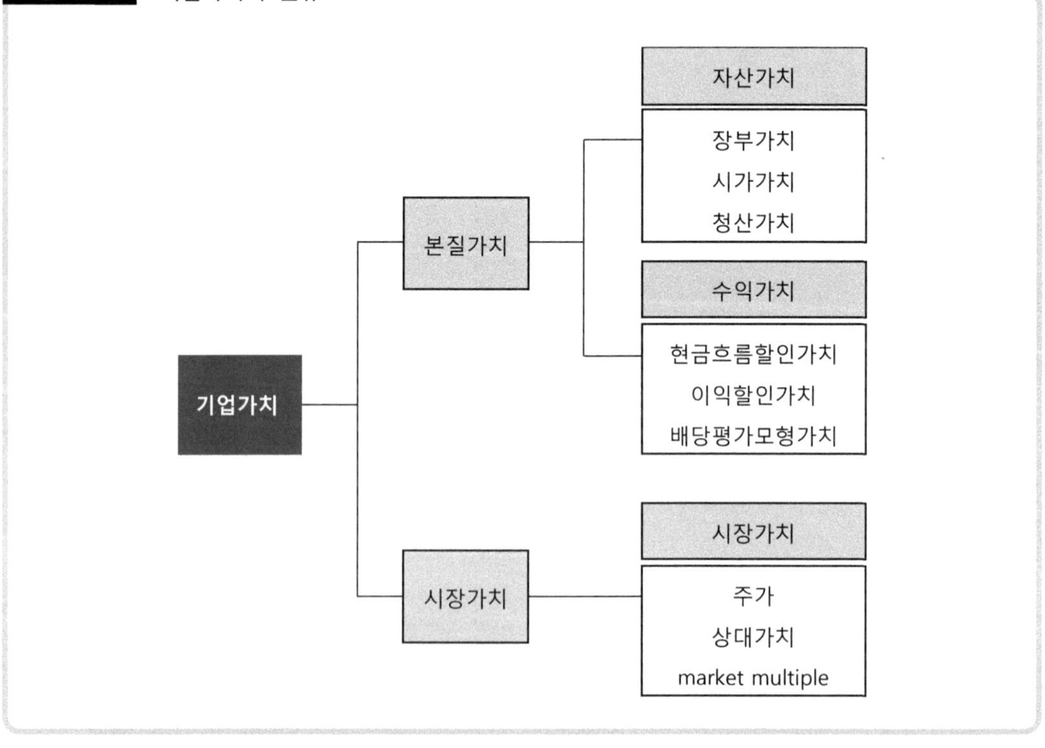

ratio) 등으로 측정된다. 이처럼 여러 가지 기업가치 평가방법이 있으나 실무적으로 많이 활용되는 기업가치 평가는 현금흐름할인법과 상대적 가치평가법이다. 일반적으로 시장가치란 증권시장에서 거래되는 주식의 가치를 말하는 것으로 회사의 적정주가를 산정하기 위해서는 증권시장에서 형성된 주가를 이익이나 자산으로 나누어 계산하면 된다. 기업가치는 기업이 보유한 유·무형의 자산을 활용하여 창출하는 수익력을 기초로 한 가치이고 궁극적으로는 주식을 얼마로 평가할 것인가가 핵심이다.

기업가치 평가방법은 몇 가지 기준으로 구분될 수 있다. 기업가치 평가시 대상기업 본연의 내재적 가치만으로 평가하느냐 아니면 시장가치로 평가하느냐로 나눌 수 있다. 비상장기업의 시장가치법에 의한 평가의 경우에는 대상기업과 유사한 비교기업들의 시장가격을 참고하여 평가할 수 있다. 기업가치 평가는 각각의 방법론에 속하는 평가법과 각 평가법이 도출하는 가치의 종류, 자산가치, 수익가치, 시장가치를 세부적으로 살펴보고 이해해야 한다.

### ■ 자산가치

자산가치란 기업이 보유한 자산에서 부채의 가치를 제외한 가치, 즉 자기자본의 가치를 말하는 것으로 객관성, 이해가능성이 높으나 미래수익창출능력을 반영하고 있지 못한다는 한계를 갖고 있다. 자산과 부채는 장부가치가 아닌 시장가치로 환산해 평가할 때 실제 자기자본의 가치를 더욱 잘 반영할 수 있다. 이 방법은 계산이 쉽다는 장점이 있지만, 기업이 영업활동으로 얻는 미래이익의 가치를 반영하지 못한다는 단점이 있다. 또한 유형자산 비중이 높은 기업에는 적합할 수 있지만, 무형자산 비중이 높은 기업에 적용하기 어려울 수도 있다. 기술, 브랜드, 노하우, 또는 저작권과 같은 무형자산을 시장가치로 환산하는 방법이 어렵기 때문이다.

자산가치 평가방법은 평가기준일 현재 보유하고 있는 총자산의 공정가치를 기업가치로 보고 순자산의 공정가치를 자기자본의 공정가치로 평가하는 방법이다. 자산가치는 그 평가방법이 비교적 단순하고 객관적이라는 장점을 가지고 있으나 장부상 반영되어 있지 않은 무형자산의 가치를 반영하기 어렵고, 평가대상 실체가 미래의 수익 또는 현금흐름 창출을 목적으로 존재하는 계속기업(going concern)이라는 점에서 기업의 수익창출능력을 반영하지 못하는 단점이 있다. 자산가치 평가방법은 재무상태표상의 각 자산과 부채항목을 평가하는 기준에 따라 장부가치법(book value method), 공정가치법(fair value method) 및 청산가치법(liquidated value method) 등으로 분류할 수 있으며 각 방법에 따라 자산가치 금액은 달라질 수 있다.

■ **수익가치**

수익가치는 기업이 미래에 창출하는 이익에 대한 현재가치의 평가를 말한다. 기업이 얼마나 이익을 창출할 것인지를 평가하기 때문에 기업의 현재와 미래의 현금창출능력을 반영한다고 보면 된다. 수익가치는 회사가 이익을 창출해야만 투자를 할 수 있고, 주주에게 배당금도 지급할 수 있고, 이자비용을 지급할 수 있기 때문에 중요한 요소이다. 다만 미래수익창출능력을 반영한 논리적인 방법이긴 하지만 미래수익추정의 객관성이 부족하다는 한계점이 있다.

수익가치 평가방법은 평가대상일 현재의 재무상황보다는 평가기준일 현재 보유한 유·무형의 자산을 통하여 미래에 창출해 낼 것으로 기대되는 수익 또는 현금흐름을 그 수익 창출에 내재된 위험요인을 고려한 적절한 할인율로 할인하여 평가대상의 가치를 평가하는 방법으로 현금흐름할인법(DCF: discounted cash flow approach)으로 주로 평가한다. 기업가치를 결정하는 세 가지 요소인 미래순현금흐름(FCF: free cash flow), 할인율(WACC: weighted average cost of capital), 계속기업가치(CV: continuing value)의 결정시 평가자의 전문가적 판단이 요구된다. 현금흐름할인법은 실무적으로 가장 널리 활용되고, 이론적으로도 가장 우수한 방법으로 알려져 있으나, 그 외에도 이익할인가치, 배당평가모형가치 등의 방법이 있다. 현금흐름할인법은 기업가치를 평가할 때 우선적으로 살펴보아야 하는 과정으로 재무상태표의 자산과 부채 항목을 현금흐름의 발생 기준에 따라서 구분하여야 한다. 미래로 가기 위한 시작점이 되는 것은 평가기준일 현재의 재무상태표이기 때문이며, 미래의 이익을 예측하기 위한 기초가 되는 숫자는 평가기준일 이전까지 기록된 손익계산서가 되기 때문이다. 손익계산서상의 매출, 영업비용을 기초 자료로 사용하고 영업활동 외의 이익과 비용은 기업가치(enterprise value)에 고려하지 않는다. 재무상태표는 영업과 영업외로 나누는 과정이 손익계산서보다는 다소 복잡하므로 다음과 같이 구분할 수 있다. 영업(운전자본과 영업자산·부채)과 비영업(비영업자산·부채 및 이자부 부채)으로 나누고 영업으로 포함된 자산은 향후 현금흐름 창출에 영향을 미치는 기반이 된다. 미래현금흐름의 현재가치에는 현재 재무상태표의 영업자산과 부채가 미래의 영업가치를 만들어내며 그 현재가치가 바로 기업가치가 된다.

■ 시장가치

시장가치는 공개경쟁시장에서 협상되는 가격으로 증권거래소에서 형성되는 주가와 시가총액을 의미하는 것으로 기업의 미래이윤에 대한 투자자들의 기대치를 나타내는 것이다. 투자자가 기업에 투자를 하거나 기업을 매각하려고 한다면, 기업의 투자나 매각에 따른 적정가격을 추정하여 기업의 시장가치를 평가하여야 한다. 기업의 시장가치를 평가하는 가장 쉬운 방법은 주식시장에서 거래되고 있는 주식거래가격인 시가총액을 계산하는 것이다. 시가총액은 발행주식의 전체 가치를 나타내는 것으로 기업의 주가와 전체 발행 주식수를 곱한 것이다. 만약 주식이 증권거래소에 상장되어 있지 않은 비상장기업의 시장가치는 상장기업의 시가총액을 고려하고, 비슷한 기업들을 분석하여 도출한 배수로 시장가치를 판단할 수 있다. 기업의 시장가치는 기업에 이해관계가 있는 투자자들의 가치를 나타내고, 기업의 전체적인 가치 규모에 대한 비교적 객관적인 판단을 할 수 있는 정보이다. 따라서 기업에 투자를 하거나 가지고 있는 기업을 매각하려고 한다면, 기업의 시장가치에 의한 의사결정이 유용한 수단이 될 수 있다.

자산가치 평가방법과 수익가치 평가방법이 평가대상기업의 고유한 재무상황 및 미래수익창출능력을 이용하여 가치를 평가하는 방식이라면, 시장가치 평가방법은 평가대상의 재무상황과 미래수익창출 가능성을 기초로 시장메커니즘을 통해 형성되는 가치를 말한다. 상장기업의 경우 증권시장에서 수식가격이 형성되는데, 이러한 증권시장에서의 주가는 바로 주식발행기업의 시장가치가 된다. 비상장기업의 시장가치는 증권시장을 통해 형성될 여지가 없기 때문에 객관적인 시장가치는 존재하지 않으나, 동일한 업종에 속하고 규모가 비슷한 상장기업의 주가를 이용하여 상대적인 시가(상대가치)를 산정해 볼 수 있다. 이 방법은 비교대상이 되는 상장기업의 산정시 평가자의 전문가적인 판단이 요구되며 유사상장기업 비교법, 유사거래 비교법, 평가대상 기업 내의 유사매각거래 비교법이 있다. 지금까지 살펴본 자산가치법, 수익가치법, 시장가치법의

**표 13-1** 자산가치법, 수익가치법, 시장가치법의 장·단점

| 구 분 | 장 점 | 단 점 |
|---|---|---|
| 자산가치법 | •객관성과 간편성<br>•현재 재무상태, 순자산의 반영 | •미래수익창출능력 반영 못함<br>•무형자산의 반영 한계 |
| 수익가치법 | •미래수익창출능력 반영 | •미래수익창출 추정의 제약<br>•객관적 평가의 한계 |
| 시장가치법 | •객관적으로 검증된 시장가치<br>•평가정보 접근 용이 | •비교대상기업 선정의 적정성<br>•주가의 변동성 |

장·단점은 〈표 13-1〉과 같다.

인수합병의 경우 대상기업의 가치평가는 기업이 현재 보유하고 있는 유·무형의 모든 자산들의 수익창출능력이 얼마인가에 대한 가치부여라고 할 수 있다. 합병법인 또는 개인이 매수주문을 하기 전에 인수대상 기업의 공정한 가치를 결정해야 적정한 가격을 제시할 수 있으며, 인수대상 기업은 그러한 합병제의 수용 여부를 판단하기 위해서 자신의 기업가치를 정확히 산정할 필요가 있게 된다. 하지만 이러한 기업의 가치평가에 절대적이고도 객관적인 기준이 있는 것은 아니라는 점에 어려움이 있다. 이는 산업환경, 금융시장의 변화, 경쟁상황 등 기업을 둘러싼 내·외부요인과 적대적 혹은 우호적 합병인지의 여부, 합병목적 등에 따라 다양한 평가방법이 있을 수 있고, 선택된 방법에 의한 기업가치를 어떻게 해석해야 하는지에 대해 각기 다른 관점이 있을 수 있기 때문이다. 따라서, M&A에 있어 기업가치를 평가할 때는 이러한 모든 요인들을 종합해야만 보다 진정한 기업가치에 근접할 수 있을 것이다.

## 1.2 기업가치 평가절차

기업가치의 평가절차는 평가준비단계－평가단계－평가결과보고단계로 나누어 진행할 수 있다. 평가준비단계에서는 가치평가대상이 속한 산업분석, 경제순환이나 경제성장률 등의 관련정보를 수집·분석하고 대상기업의 과거 3~5년간의 재무제표 분석, 시장상황, 해당기업의 자산과 역량분석 등을 통하여 추정재무제표를 작성하여 평가에 필요한 객관적인 정보를 확보한다. 평가단계는 미래현금창출능력 등을 기초로 기업가치 평가에 적합한 방법을 선택하여 평가를

**그림 13-2** 기업가치 평가절차

실시하고 그 결과를 보고하게 된다. 기업가치 평가에 있어서 평가단계보다 가치평가에 적용되는 미래재무적 정보의 합리성과 타당성을 추정하고 생산하는 평가준비단계가 더 중요하다. 평가단계는 가장 합리적인 가치평가방법을 적용하여 기계적으로 계산하는 과정이고 가치평가에 사용하는 미래현금흐름 정보에 대해서는 가능한 한 객관적이고 타당한 정보를 추정하여야 한다.

### ■ 경영환경 및 기업분석

경기순환, 경제성장률 등 거시경제요인을 분석하고 시장경쟁상황(경쟁기업의 위협, 대체재의 위협 등) 등 산업분석을 통하여 평가대상기업이 속한 시장의 성장 전망 등으로 사업 매력도를 분석해야 한다. 대상기업의 주력사업에서 발생하는 과거 매출액과 이익, 주요제품의 제품 수명주기상의 위치, 산업계 내에서의 시장 포지션, 경영위험과 재무위험을 파악해야 하며, 경쟁기업에 대비한 차별적인 경쟁우위요인 등을 파악해야 한다. 대상기업이 속한 산업의 성장전망과 매출증가율을 추정하고 이에 대응한 대상기업의 경쟁우위력을 토대로 시장점유율과 매출증가율을 추정한다.

이러한 재무적 정보 외에도 기업의 성격, 연혁 및 전망, 제품 및 고객, 산업의 특성과 상황, 대내외 경제적 영향요인, 관련정보를 제공하는 자본시장의 동향, 평가대상회사의 가치와 관련된 과거 거래 등의 비재무적 정보를 포함하여 검토하여야 한다. 또한 재무적 정보는 과거의 재무제표를 가치평가 목적에 맞도록 현행가치로 수정·조정하고, 평가대상회사와 유사회사의 과거 재무제표를 금액·구성비율·재무비율 등의 관점에서 분석하여야 한다.

■ 추정재무제표 작성

경영환경 변화와 기업의 자원 및 역량 등을 고려하여 매출액 등 수익을 추정하고 이에 대응한 비용을 추정하여 향후 5년간의 추정재무제표를 작성한다. 평가시점의 재무제표를 기준으로 한 비교나 단기간의 실적추정을 통한 주식가치 산출은 평가결과의 왜곡을 초래할 가능성이 높으므로 사용하지 않는 것이 바람직하다.

■ 미래재무적 추정치를 현재가치로 환산

추정재무제표로부터 미래 현금창출능력을 파악할 수 있도록 미래순현금흐름, 영업이익 등을 기간별로 도출하고 현재가치로 환산한다. 평가방법은 일반적으로 인정되고 있고 시장에 기초하여 위험과 수익을 측정하는 방법(시장접근법)을 우선적으로 선택하되, 현금흐름할인법 등 이익접근법은 검증수단으로 사용하는 것이 바람직하다. 다만, 시장에 평가대상회사와 유사한 회사가 많지 않아 유사회사 선정에 자의성이 개입될 가능성이 현저히 높다고 판단될 경우에는 시장접근법과 이익접근법을 적용한 결과치를 평균하여 최종 주식가치를 도출하거나, 이익접근법만을 사용하는 방안도 고려하여야 힌다.

■ 기업가치의 타당성 검토

추정된 기업가치를 대상기업이 요구하는 가격이나 증권시장에서 투자자들에 의해 평가된 시장가치에 비추어 타당성을 검토하여 가치평가를 확정 · 보고한다.

이상에서 살펴본 바와 같이 기업가치 평가절차는 기업의 내부와 외부를 통하여 재무적 · 비재무적 정보를 수집하고 분석하는 작업을 시작으로 진행되어야 한다. 비즈니스나 기업활동 상황을 분석하는 것으로서 기술, 산업, 기업, 제품을 분석하고 기술성, 시장성, 사업성, 수익성 등을 분석하게 된다. 가치분석은 기본자료 분석에 근거하여 가치평가방법론의 적용, 필요 변수의 도출, 가치지표의 도출, 가치 조정 등의 과정을 통하여 이루어진다. 평가대상 기업의 재무제표를 추정하고, 비용이나 현금흐름을 결정하고, 할인율, 할증률 등을 결정한다.

기업가치 평가보고서에는 최소한 가치평가 의뢰자, 가치평가자, 평가대상 자산, 목적과 용도, 평가기준일, 평가방법, 평가결과, 결과의 한정조건, 평가기준일 등이 기재되어 있어야 한다.

# 2 기업가치 평가방법

## 2.1 수익가치접근법

수익가치접근법은 기대효익을 가치로 전환시키는 방법을 사용하여 기업가치를 결정하는 방법으로 현금흐름할인법, 배당평가법, 경제적 부가가치법 등이 있으나, 실무적으로는 현금흐름확인법을 많이 사용한다.

현금흐름할인법은 자산이 미래에 창출할 수익가치인 잉여현금흐름(FCF: free cash flow)을 현재가치로 평가한 것이다. 미래현금흐름은 산업분석, 경쟁자분석, 기업분석 등을 토대로 미래 5~10년간의 추정재무제표에 의한 순현금흐름을 추정하고 추정연도 말의 잔여가치를 구하여 해당 현금흐름이 가지고 있는 위험수준을 반영한 할인율로 기업가치를 평가한다.

$$\text{현금흐름가치} = \sum_{t=1}^{n} \frac{FCF(t)}{(1+r)^t} + \frac{CV}{(1+r)^n}$$

- $FCF(t)$: $t$년도의 잉여현금흐름
- $t$: 현금흐름추정연도
- $r$: 할인율
- $n$: 최종 추정연도(통상 5년)
- $CV$ (continuing value): $n$년도 말 기업의 잔여가치

현금흐름할인법에 의한 기업가치 평가절차는 사업성과 성장성의 분석을 통하여 미래현금흐름을 추정하고 자본비용을 적용하여 현금흐름의 할인을 통해 미래기업가치를 추정하게 된다.

### ■ 경영환경 및 기업분석

회사의 외부환경요소(기술, 경제사회, 법률/정책, 경쟁 등)의 분석을 통해 기회와 위협 요인을 파악하며 내부기업요소(재무, 사람, 정보 등의 자원과 생산/마케팅 역량 등)의 강점과 약점을 파악하여 기업이 나아가야 할 방향을 결정하는 전략을 개발해야 한다. 평가대상회사의 사업성과 성장성 분석에 연계될 수 있도록 구체적이고 상세하게 이루어져야 한다. 거시경제요인, 기술적 요인, 제도법규상 요인, 산업구조적 요인 등 외부환경요인이 평가대상회사에 미치는 영향도 상세히 분석하여야 한다. 거시경제요인으로는 판매단가, 구매단가, 인건비, 각종 고정비용, 이자수익 및 이자비용, 자본비용 등을 고려하고, 기술적 요인으로는 기술력의 차별화가 기업가치의 핵심요소인 경우에는 당해 기술의 내용 및 적정한 연구개발비 규모 등을 파악하여 가치평가과정에 적극 반영하여야 하며, 제도법규상 요인으로는 공정거래법, 반덤핑 규제, 환경오염방지법 등 기업의 영업환경에 중요한 영향을 미칠 수 있는 제도나 법규가 있을 경우 이를 반드시 고려해야 한다. 또한 산업구조적 요인으로는 경기변동성, 시장형태의 비교, 산업수명주기, 산업연관분석, 산업경쟁구조 분석을 실시하여야 한다.

### ■ 미래수익과 비용 예측

기업이 속해 있는 산업의 시장의 미래성장성을 예측하고 해당기업의 경쟁상황과 자사의 경쟁력 등을 고려해서 시장점유율을 추정하고 이를 바탕으로 미래수익을 예측한다. 미래수익에 대응하는 미래비용은 매출추정치에 근거한 생산계획을 통해 결정된 생산수량에 과거생산비용을 적용하여 제조원가를 추정하며 매출추정치에 근거하여 판매관리비를 추정한다. 향후 5년간에 대해서는 상세한 예측을 실시하고, 영구기간에 대하여는 소수의 중요한 변수에만 집중한 단순화된 방법으로 예측을 실시하는 다기간 분석을 고려할 수 있다. 평가대상회사의 실질적인 가치창출 요소(고객가치, 시장규모, 제품의 수명주기 등)에 대한 지식과 정확한 분석을 통해 미래 시나리오를 현재 실적에 연결하여야 한다. 평가대상회사의 기술요소로부터 창출되는 실적이 회사의 경제적 상황과 회사가 속한 산업의 경쟁역학관계와 일관된 추세를 갖는지에 대하여 고려하여야 하며, 평가대상회사 매출추정치의 증가가 해당 산업의 성장보다 빠르다면 빠른 성장을 유지시켜 나갈 자원을 미래에도 계속 보유하고 있어야 하는데, 핵심자원의 계속적인 보유에 대한 분석이 필요하다. 해당 산업의 경쟁구조에 대한 충분한 분석을 통하여 산업의 진입장벽이 낮거나 구매자의 협상력이 강해지면 기대수익이 낮아질 수 있으므로 기술의 변화가 수익률과 위험에 미칠 영향을 분석하여야 한다. 급격한 기술의 변화는 기업의 수익률을 악화시키는 요소가 될 수 있으므로 평가대상회사의 매출액 추정은 객관적인 자료와 분석을 통해 뒷받침되어야 한다. 추정된 재무수치들이 적절한지에 대하여 사후적으로 분석하여야 하며 추정된 재무수치의 적절성은 평가대상회사의 과거 재무제표와 유사회사의 재무제표와의 재무비율을 비교함으로써 검증 가능하다. 급격한 재무비율의 변화 또는 유사회사의 재무비율과의 현저한 차이가 발생할 경우 그 원인에 대하여 합리적인 근거를 제시하여야 한다.

■ 미래현금흐름 추정

투하자본에 대한 영업수익에서 영업비용을 차감한 영업이익에 법인세를 공제한 세후영업이익을 산출한 후 현금지출이 없는 비용인 감가상각비를 가산하고 순운전자본과 자본적 지출을 차감하여 미래현금흐름을 추정한다. 미래현금흐름은 기업에서 창출되는 잉여현금흐름(FCF: free cash flow)으로 해당산업의 규모와 해당기업의 시장침투율, 장기적으로 유지가능한 수준의 총마진 등과 같은 측정수단에 의하여 정의되어야 한다.

잉여현금흐름(FCF) = 세후영업이익 + 비현금비용 − 순운전자본증가액
− 자본적 지출액

해당산업의 규모는 장기 GDP성장률 등 거시경제변수를 충분히 고려하여 추정하되 장기 인플레이션율도 고려하여야 하며, 해당 산업의 규모 등 미래현금흐름 추정시 사용되는 자료를 평가대상회사로부터 입수한 경우에는 당해 자료의 객관성 및 신뢰성을 검증한 후 사용하여야 한다. 높은 불확실성을 합리적으로 반영할 수 있도록 확률가중치에 의한 시나리오(probability-weighted scenarios)를 사용할 것도 고려할 필요가 있다. 불확실성을 충분히 고려하여 낙관적, 중립

적, 비관적 전망이 포함된 미래 예상치를 합리적으로 추정하는 것이 바람직하다. 이 경우 각각의 전망은 미래 일정시점에서 경쟁상황을 고려한 산업내 기업의 포지셔닝 또는 개발 중인 제품 등의 성공확률에 따라 결정될 수 있다. 영구가치는 기업이 속한 산업의 경기순환주기를 결정하고, 경기순환주기상 중간점에서의 이익수준에 근거하여 추정기간 이후의 잉여현금흐름의 현재가치로서 계속기업을 가정하여 산출한다. 추정기간 종료 후 기업의 잔여가치는 추정기간 종료시 잉여현금흐름과 영구성장률, 가중평균자본비용 등을 고려해 산출한다.

$$n\text{년도말 기업의 잔여가치(CV)} = \sum_{t=1}^{n} \frac{FCF(t)(1+g)}{WACC-g}$$

- $FCF(t)$: 추정기간 종료시의 잉여현금흐름
- $g$: 영구성장률
- $WACC$: 가중평균자본비용

## ■ 자본구조/자본비용추정

기업의 자본조달은 타인자본과 자기자본에 대한 자본비용으로 타인자본은 채권자들의 요구수익률(이자율), 자기자본은 주주들의 요구수익률을 파악하여 자기자본과 타인자본의 구성비율에 결합하여 가중평균자본비용을 산출한다. 자본비용은 평가대상회사로부터 기대되는 미래 효익이나 현금흐름이 발생되는 시점, 위험요소, 성장성, 화폐의 시간가치 등을 종합적으로 고려하여 결정하고, 그 근거가 관련 자료를 통해 뒷받침될 수 있어야 한다.

$$WACC\text{(가중평균자본비용)} = K_e \times \frac{S}{(S+B)} + K_d(1-T_c) \times \frac{B}{(S+B)}$$

- $K_e$: 자기자본비용
- $K_d$: 타인자본비용(차입금의 부채비용)
- $T_c$: 법인세율
- $S$: 자기자본총액
- $B$: 이자지급부채총액

- 자기자본비용: 회사의 자기자본에 대한 자본비용
- $K_e = R_f + [E(R_m) - R_f] \times \beta_i + \alpha$
- $R_f$: 무위험이자율
- $E(R_m)$: 시장기대수익률
- $\beta_i$: 회사의 체계적 위험(시장수익률에 대한 민감도)
- $\alpha$: 회사의 특정위험(Specific Risk) 가산율

## ■ 현금흐름 할인

화폐의 시간적 가치에 따라서 현재현금과 미래현금은 동일한 가치가 아니므로 미래현금흐름을 가중평균자본비용으로 할인하여 미래현금흐름의 현재가치를 산출하는 것이다.

## ■ 영업가치 및 기업가치

일정기간의 미래현금흐름의 현재가치와 그 후 영구적 현금흐름의 현재가치를 합한 금액이 영업가치이며, 영업자산에 의한 창출되는 영업가치에서 비영업자산가치를 합산하여 기업가치를 산출된다. 기업가치에서 타인자본가치를 차감할 경우 자기자본가치가 된다. 이것은 주식의 시가총액과는 차이가 있을 수 있는데 자기자본가치가 시가총액보다 큰 경우에는 상대적으로 주식시장에서 저평가받고 있다고 할 수 있다.

### 예제 13-1

미래자원㈜에서 3년 동안 잉여현금흐름이 1년 뒤 500억원, 2년 뒤 600억원, 3년 뒤 800억원이 창출된다고 할 경우 장부상 금융부채가 480억원, 자기자본이 720억원, 부채의 자본비용이 12%, 자기자본의 자본비용이 15%이며, 법인세율이 20%이면 이 기업의 기업가치는? (단, 영구성장율 1%, 비영업자산가치 300억원)

**풀이**

가중평균자본비용 = $(480/1200) \times (1-0.2) \times 12\% + (720/1200) \times 15\% = 12.84\%$

예측기간가치 = $500/(1+0.1284)^1 + 600/(1+0.1284)^2 + 800/(1+0.1284)^3 = 1{,}471$(억원)

영구가치 = $\{800 \times (1+0.01)/(0.1284-0.01)\}/(1+0.1284)^3 = 4{,}750$(억원)

영업가치 = 예측기간가치 1,471 + 영구가치 4,750 = 6,221(억원)
기업가치 = 영업가치 6,221 + 비영업자산가치 300 = 6,521(억원)
주주가치 = 기업가치 6,521 − 부채가치 480 = 6,041(억원)

## 2.2 시장가치접근법

주식이 자본시장에 상장되어 있는 경우에는 시장가치는 상장되어 있는 주식의 시가총액이 되지만, 주식이 상장되어 있지 않는 기업의 경우에는 상장되어 있는 유사기업의 시장가치를 토대로 시장가치를 추정하는데 이를 상대적 가치평가라 한다. 유사상장기업의 시가총액를 기준으로 비상장기업의 자기자본가치를 추정하는 방법이다. 기업가치(EV)와 상관관계가 가장 높은 것이 유·무형자산의 감가상각비와 이자비용차감전 영업이익(EBITDA: earnings before interest, taxes,

**표 13-2** 시장가치접근법

| 구분 | 세부내용 | 비고 |
|---|---|---|
| 1단계<br>(비교대상기업 선정) | • 한국표준산업분류표 등을 참고하여 비교대상집단을 선정한 후 유사성에 대한 테스트<br>• 비교대상회사를 선정함에 있어 IPO 공모가격 산정시 유사회사 선정에 관한 심사기준 적용 | 사업의 유사성, 규모 및 성장률, 영업 및 재무사항 고려 |
| 2단계<br>(각종 배수 검토) | • 비교대상회사와 재무자료의 내용 또는 작성기준 등의 차이를 분석하여 중요한 차이 조정 | 비교대상회사의 PER, PSR*, EV/EBITDA |
| 3단계<br>(시가배수 선정) | 시가배수를 선정하되, 2 이상의 시가배수를 선택 | |
| 4단계<br>(시가배수 적용) | 선정된 시가배수를 평가대상회사에 적용 | |
| 5단계<br>(결과치 도출) | 2 이상의 시가배수를 사용하여 산출한 결과치를 단순 또는 가중평균하여 결과치를 도출 | |

*주가매출액비율(PSR: Price Selling Ratio)

depreciation and amortization)인 것으로 나타나고 있어 상장기업의 기업가치와 EBITDA의 배율을 비상장기업에 그대로 적용하여 자기주식가치를 산정하게 된다.

시장접근법은 매매된 유사회사, 회사소유지분 등과의 비교를 통해 평가대상회사, 소유지분의 가치를 결정하는 방법으로서 유사회사비교법, 동종거래접근법 등이 있으나, 기업공개(IPO: initial public offering)시에는 유사회사비교법을 많이 사용한다. 동종거래접근법에 따른 평가시에는 비교에 사용된 소유지분, 거래사례 등은 합리적인 비교기준의 역할을 할 수 있어야 한다.

비교대상회사의 선정시에는 평가대상회사와 유사한 사업을 영위하고 있는지에 대하여 제품의 속성, 제품별 구성비, 주요시장 등을 고려 조사해야 하고, 매출액이나 총자산의 규모 및 기간별 매출이나 손익의 추세를 비교하고, 차이가 클 경우 비교대상에서 제외하거나 시가배수의 조정 등을 해야 한다. 시장점유율, 경쟁관계, 판매처 및 구매처와의 관계 등 영업에 관한 사항과 각종 수익성, 성장성, 안정성 등 재무비율을 비교하여 합리적인 선정기준으로 비교회사를 선정하여야 한다. 금융감독위원회의 유가증권발행 및 공시 등에 관한 규정 시행세칙에서는 비교회사가 주당 경상이익이 액면가액의 10% 이상, 주당 순자산이 액면가액 이상인 경우 선정의 적정성 여부 등을 제시하여야 한다고 규정하고 있다. 비교대상회사의 시가배수는 시가배수별 특성, 장단점을 파악하여 PER(주가/주당순이익), PSR(주가/주당매출액), EV/EBITDA 등 적용할 시가배수를 선정하여야 한다. 기간별로 산출된 시가배수의 차이가 클 경우에는 최근 연도의 시가배수만을 사용하기보다는 기간별 시가배수에 적절한 가중치를 부여하여 산출하는 것이 바람직하며, 다양한 기간별 배수는 최근 1개 회계연도, 과거 3개년 평균치 등 여러 기간의 배수를 산정하여 적절한 가중치를 부여한다. 비교대상회사와 평가대상회사의 예상성장률 또는 규모의 차이가 발생할 경우 시장배수에 이를 적절히 반영하여야 한다. 시가배수 산출시 비교대상회사의 비영업용순자산을 제외하고 적용한 경우에는 평가대상회사에 시가배수를 적용한 후 평가대상회사의 비영업용 순자산을 가산하여야 한다. 평가대상회사의 향후 추정이익 등(추정당기순이익, 추정EBITDA, 추정매출액 등)에 대하여 시가배수를 적용할 경우에는 수익접근법에 따라 향후 추정이익 등을 추정하여야 한다.

### 예제 13-2

더나은미래㈜는 '비상장기업'이라고 할 때, 회사의 순자산 및 최근 3년간의 당기순이익에 대한 정보를 활용하여 기업가치를 평가해 보자.

회사의 재무상태 및 경영성과

(단위: 백만원)

• 재무상태(202×.12.31 현재)
총자산 100,000 부채 40,000 자본금 30,000 이익잉여금 30,000

• 발행주식수 1,000,000주

(1) 주당 순자산가치 = 60,000,000,000/1,000,000 = ₩60,000

(2) 주당 순손익가치

| 구분 | 전전기 | 전기 | 당기 |
|---|---|---|---|
| 당기순이익 | 4,000,000,000 | 5,000,000,000 | 6,000,000,000 |
| 주당순이익 | 4,000 | 5,000 | 6,000 |
| 가중치 적용 | 4,000<br>(4,000×1) | 10,000<br>(5,000×2) | 18,000<br>(6,000×3) |

주당 순손익가치 = {(4,000 + 10,000 + 18,000)/(1 + 2 + 3)}/10% = 53,333

(3) 세법상 비상장주식의 평가
세법상 비상장주식의 평가는 자산가치와 손익가치를 2:3으로 가중평균해서 산출한다.

**풀이**

(주당 순자산가치 60,000×2 + 주당 순손익가치 53,333×3)/5 = ₩56,000

〈상속세 및 증여세법상 보충적 평가방법〉

− 순자산가치 = 해당 법인의 순자산가액/발행주식총수

− 순손익가치 = 1주당 최근 3년간의 순손익액의 가중평균액/순손익가치환원율*

*순손익가치환원율은 금융기관이 보증한 3년 만기 회사채의 유통이자율을 감안하여 국세청장이 정하여 고시하는 이자율로 현재는 10% 적용

− 비상장주식의 1주당 평가액 = (1주당 순자산가치×2 + 1주당 순손익가치×3)/5

## ■ EV/EBITDA Multiple에 의한 가치평가

기업가치(EV: enterprise value)는 상장법인의 경우에 있어서 시가총액(자기자본가치)에 타인자본가치를 합한 것이다. 이자, 법인세, 감가상각비차감전 영업이익(EBITDA: earnings before interest, taxes, depreciation and amortization)을 기업가치로 나누어 몇배수인지를 구한다.

| EV/EBITDA Multiple에 의한 가치평가<br>= 유사기업의 EV / EBITDA Multiple × 대상기업의 EBITDA |
|---|

비교 대상이 되는 상장법인의 EBITDA 배수를 산정한 후 비상장법인의 산출된 EBITDA를 곱하여 비상장법인의 기업가치를 산출한다. EV/EBITDA는 기업가치(EV: enterprise value)에 감가상각비차감전 영업이익을 나누어 산출한다.

### 예제 13-3

더나은미래㈜는 컴퓨터를 생산 및 판매하는 비상장기업으로 동종유사기업의 EV/EBITDA가 7로 나타나고 있다. 더나은미래㈜의 재무 관련 정보를 활용하여 기업가치를 산출하세요.

① 영업이익 500억원
② 감가상각비 20억원
③ 순부채액 200억원

기업가치 = 유사기업의 EV/EBITDA × 자사의 EBITDA
= 7 × (500억원 + 20억원) = 3,640억원
주주가치(자기자본) = 3,640 − 200 = 3,440억원

## ■ 주가수익비율에 의한 가치평가

주가수익비율(PER: Price Earning Ratio)은 주가가 주당이익의 몇배인가를 나타내는 지표로 현재 주가를 1주당 당기순이익으로 나눈 값이다. 현재주가가

10,000원이고 1주당 이익이 1,000이라면 PER은 10이 된다. PER이 높다는 것은 상대적으로 미래가치가 높은 기업이라고 볼 수 있으며 기업의 단위당 이익에 대한 시장에서의 평가수준이 높다는 것을 의미한다. 주가수익비율에 의한 상대적 가치평가방법은 주가와 순이익을 연계하여 비상장기업 등에 있어서 간편하고 쉽게 이용할 수 있는 방법이다.

| PER에 의한 가치평가 = 유사기업의 PER × 대상기업의 주당이익 |
|---|

기업의 이익 대비 주가가 몇 배인가 하는 의미와 더불어 주식 한 주가 창출하는 이익 1원에 대해 투자자들은 얼마를 지불하는가로 해석할 수 있다.

**예제 13-4**

더나은미래㈜는 ㈜핀큐를 인수합병하기로 하고 기업가치는 유사기업인 A기업의 PER 20을 기준으로 기업가치를 평가하기로 하였다. ㈜핀큐의 예상되는 주당 순이익이 2,000원이고 발행주식수는 1,000,000주이다. (단, 부채가치는 200억원)

한 주당 주가 = PER × EPS = 20 × ₩2,000 = ₩40,000

㈜핀큐의 기업가치 = ₩40,000 × 1,000,000주 + ₩20,000,000,000

= ₩60,000,000,000

## 확 · 인 · 문 · 제

※ 각 문항의 설명 중 옳은 것에는 T, 틀린 것에는 F를 하시오.

1. 기업가치는 기업이 보유한 유형자산과 무형자산을 활용하여 창출할 수 있는 가치를 의미하며 본질가치와 시장가치로 구분된다. (        )

2. 본질가치는 자산가치, 수익가치, 혼합형가치 등으로 세분할 수 있다. 상대가치는 PER, PSR, PBR, EV/EBITDA 등으로 측정된다. (        )

3. 주가순자산비율(PBR: price-to-book ratio)은 기업의 가치를 순자산으로 나눈 배수로 자기자본의 시장가치가 장부가치 대비 몇 배로 평가되는가를 의미한다. (        )

4. EV/EBITDA는 기업가치(EV: enterprise value)를 EBITDA로 나눈 것으로 EV는 주주의 가치와 채권자의 가치, 즉 주식가치와 금융부채의 가치를 더한 것을 의미하며 EBITDA는 영업이익(EBIT)에 유·무형 감가상각비(DA)를 더한 것이다. (        )

5. 일반적으로 기업가치란 증권시장에서 거래되는 주식의 가치를 말하는 것으로 회사의 적정주가를 산정하기 위해서는 증권시장에서 형성된 주가를 이익이나 자산으로 나누어 계산하면 된다. (        )

6. 현금흐름가치는 수익가치접근법에서 사산이 미래에 창출할 수익가치인 잉여현금(FCF)을 현재가치로 평가한 것이다. (        )

7. 자산가치는 객관성, 이해가능성이 높으나 미래수익창출능력을 반영하고 있지 못하고 수익가치는 미래수익창출능력을 반영한 논리적인 방법이나 미래수익추정의 객관성 부족 등의 한계점이 있으며, 시장가치는 객관적인 공정가치이나 비상장기업이 가치평가를 위한 직접적인 적용이 곤란하다. (        )

8. 기업가치 평가에 있어서 가치평가단계보다 가치평가에 적용되는 미래재무적 정보의 합리성과 타당성을 추정하고 생산하는 평가준비단계가 더 중요하므로 가치평가에 사용하는 미래현금흐름 정보에 가능한 객관, 타당한 정보를 추정하여야 한다. (        )

**9.** 상대적 가치평가법은 산업분석, 경쟁자분석, 기업분석 등을 토대로 미래 5~10년간의 추정재무제표에 의한 순현금흐름을 추정하고 추정연도말의 잔여가치를 구하여 해당 현금흐름이 가지고 있는 위험수준을 반영한 할인율로 기업가치를 평가한다. (　　)

**10.** 주가수익비율을 통한 상대적 가치평가는 주가와 순이익이 연결되어 비상장기업 등에 있어서 간편하고 쉽게 이용할 수 있는 방법으로 유사기업의 주가수익비율에 대상기업의 주당이익을 적용하여 한다. (　　)

**11.** 주식이 상장되어 있지 않은 기업의 경우, 상장되어 있는 유사기업의 시장가치를 토대로 시장가치를 추정하는 것을 상대적 가치평가라 한다. 유사상장기업의 장부가액을 기준으로 비상장기업의 자기자본 가치를 추정하는 방법이다. (　　)

**12.** 일정기간의 미래현금흐름의 현재가치와 그 후 영구적 현금흐름의 현재가치를 합한 금액이 영업가치이며 영업자산에 의해 창출되는 영업가치에서 비영업자산가치를 차감하여 기업가치를 산출된다. (　　)

**13.** 더나은미래㈜의 1년간 이익이 1,000억원인데 주식의 시가총액이 1조원이라면 이 기업의 PER은 10이다. PER 10의 경우 상대적으로 주가가 저평가되어 있다고 할 수 있다. (　　)

**14.** A기업과 B기업은 동일한 사업을 영위하고 있을 경우 기업 A와 B의 PER이 각각 20과 30이라고 하면 A기업의 주가가 B기업의 주가보다 고평가되었다고 판단할 수 있다. (　　)

**15.** 가치평가는 투자자산의 매각가격을 판단하거나 매각시점을 결정하는 데에 사용되며 투자수익률은 투자자산의 매수가격을 매각가격으로 나눈 값이다. (　　)

---

**▮해답** 1. T 2. T 3. F 4. T 5. F 6. T 7. T 8. T 9. F 10. T 11. F 12. F 13. T 14. F 15. F

## 실·습·문·제

**1.** 더나은미래㈜의 향후 5년간의 현금흐름을 추정한 자료는 다음과 같다. 5년 이후 현금흐름은 영구히 계속되는 것으로 가정한다. 가중평균자본비용이 10%일 때 이 기업의 기업가치는? (단, 비영업자산가치 500억원, 영구성장률 0%)

(단위: 억원)

| | $t=1$ | $t=2$ | $t=3$ | $t=4$ | $t=5$ |
|---|---|---|---|---|---|
| 매출액 | 500 | 600 | 600 | 700 | 700 |
| 영업비용 | 300 | 300 | 400 | 400 | 500 |
| 영업이익 | 200 | 300 | 200 | 300 | 200 |
| 1. 세후영업이익 (세율 20%) | 160 | 240 | 160 | 240 | 160 |
| 2. 감가상각비 | 10 | 15 | 20 | 22 | 25 |
| 3. 순운전자본 증가액 | 5 | 6 | 7 | 8 | 9 |
| 4. 자본적 지출 | 10 | 15 | 20 | 25 | 20 |

**2.** 더나은미래㈜는 비상장기업으로 회사의 순자산 및 최근 3년간의 당기순이익에 대한 정보를 활용하여 기업가치를 평가해 보세요. (단, 부채는 전액 금융부채임)

회사의 재무상태 및 경영성과

(단위: 백만원)

• 재무상태(202×.12.31. 현재)

총자산 150,000 부채 50,000 자본금 30,000 이익잉여금 70,000

• 3년간의 당기순이익

진진기 5,000 진기 6,000 당기 7,000

• 발행주식수 1,000,000주

*순손익가치환원율은 10% 적용한다.

**3.** 더나은미래㈜의 향후 5년간의 현금흐름을 추정한 자료는 다음과 같다. 5년 이후 현금흐름은 영구히 계속되는 것으로 가정한다. 가중평균자본비용이 15%일 때 이 기업의

기업가치는? 단, 발행주식총수는 1,000,000주이며, 비영업자산가치 200억원이다.

(단위: 억원)

| | $t=1$ | $t=2$ | $t=3$ | $t=4$ | $t=5$ |
|---|---|---|---|---|---|
| 매출액 | 600 | 700 | 800 | 900 | 1000 |
| 영업비용 | 550 | 620 | 700 | 800 | 850 |
| 영업이익 | 50 | 80 | 100 | 100 | 150 |
| 1. 세후영업이익 (세율 20%) | 40 | 64 | 80 | 80 | 120 |
| 2. 감가상각비 | 10 | 15 | 20 | 22 | 25 |
| 3. 순운전자본 증가액 | 5 | 6 | 7 | 8 | 9 |
| 4. 자본적지출 | 10 | 15 | 20 | 25 | 20 |
| 현금흐름 (1+2−3−4) | 35 | 58 | 73 | 69 | 116 |

3-1. 현금흐름할인법으로 기업가치를 평가해 보세요.

3-2. 주가수익비율에 의해 $t=5$ 시점의 기업가치를 평가해 보세요. (영업외수익이나 영업외비용은 없으며 PER=5로 가정한다. 단, 순부채는 500억원)

**4.** 더나은미래㈜는 비상장기업으로 스마트러닝 기업교육을 하고 있으며, 상장되어 있는 동종 유사기업 A, B, C의 주가 및 주당이익은 다음과 같다. 주가수익비율에 의한 주식가치평가 결과를 산출하세요. (단, 당사의 주당이익은 ₩6,000)

| 동종 유사기업 | 주식가격 | 주당이익 | PER |
|---|---|---|---|
| A | 49,500 | 4,500 | 11 |
| B | 78,000 | 6,000 | 13 |
| C | 65,000 | 6,500 | 10 |

**5.** 더나은미래㈜는 비상장기업으로 자동차부품제조업을 영위하고 있으며, 상장되어 있는 동종유사기업의 EV/EBITDA의 평균이 6으로 나타나고 있다. 아래 재무관련 정보를 활용하여 기업가치를 산출하세요.

| 영업이익 | 300,000,000 | 감가상각비 | 20,000,000 | 순부채액 | 420,000,000 |
|---|---|---|---|---|---|

## 실습문제 풀이

1.

| | $t=1$ | $t=2$ | $t=3$ | $t=4$ | $t=5$ |
|---|---|---|---|---|---|
| 매출액 | 500 | 600 | 600 | 700 | 700 |
| 영업비용 | 300 | 300 | 400 | 400 | 500 |
| 영업이익 | 200 | 300 | 200 | 300 | 200 |
| 1. 세후영업이익 (세율 20%) | 160 | 240 | 160 | 240 | 160 |
| 2. 감가상각비 | 10 | 15 | 20 | 22 | 25 |
| 3. 순운전자본 증가액 | 5 | 6 | 7 | 8 | 9 |
| 4. 자본적 지출 | 10 | 15 | 20 | 25 | 20 |
| 현금흐름 (1+2−3−4) | 155 | 234 | 153 | 229 | 156 |

- 예측기간가치 $= 156/1.1^5 + 229/1.1^4 + 153/1.1^3 + 234/1.1^2 + 155/1.1^1 = 702.52$
- 영구가치 $= (156/0.1)/1.1^5 = 968.64$
- 영업가치 $= 702.52 + 968.64 = 1{,}671.16$
- 기업가치 $= 1{,}671.16 + 500 = 2{,}171.16$

2.
- 주당 순자산가치 $= 100{,}000{,}000{,}000/1{,}000{,}000 = 100{,}000$
- 주당 순손익가치 $= ((5{,}000 + 12{,}000 + 21{,}000)/6)/0.1 = 63{,}333$

  $((100{,}000 \times 2) + (63{,}333 \times 3))/5 = ₩78{,}000$
- 기업가치 = 780억원 + 500억원 − 1,280억원

3. 3-1.
- 측정기간가치 $= 35/(1+0.15)^1 + 58/(1+0.15)^2 + 73/(1+0.15)^3$

  $+ 69/(1+0.15)^4 + 116/(1+0.15)^5$

  $= 219.41$억원
- 영구가치 $= (116/0.15)/1.15^5 = 384.48$억원
- 영업가치 $= 219.41 + 384.48 = 603.89$억원
- 기업가치 $= 603.89 + 200 = 803.89$억원
- 자기자본가치 = 기업가치 803.89 − 부채가치 500 = 303.89억원
- 1주당 가치 = 자기자본가치 30,389,000,000/1,000,000 = 30,389원

3-2.

- EPS = 120억원/1,000,000주 = ₩12,000
- P = EPS × PER = ₩12,000 × 5 = ₩60,000
- 기업가치 = ₩60,000 × 1,000,000주 + 500억원 = 1,100억원

**4.** 동종업계의 평균 PER = (11 + 13 + 10)/3 = 11.33
주식가격 = EPS × PER = 6,000 × 11.33 = ₩67,980

**5.** 기업가치 = EV/EBITDA × 자사의 EBITDA = 6 × 320,000,000 = 1,920,000,000
주주가치(자기자본) = 1,920,000,000 − 420,000,000 = 1,500,000,000원

# 찾아보기

**한영도**

현재 상명대학교 글로벌경영학과 교수로 재무회계와 원가관리회계 등을 강의하고 있다. 고려대학교 경영대학원(석사)에서 공부하였으며 상명대학교 대학원 박사학위를 받았다. 주식회사 케이티 기획조정실에서 기업전략, 신사업기획 및 개발, 자회사관리, 민영화추진, 마케팅전략 업무 등을 담당하였고 PCS사업기획, 한솔엠닷컴 등 다수의 기업가치평가 및 기업 인수합병 프로젝트의 책임자 역할을 수행하였다. 상명대학교 교수로 재직하면서 다수의 제4이동통신사업 프로젝트, 다수의 기업경영컨설팅 용역을 수행한 경험이 있고 학생들과 벤처기업을 창업하여 경영한 바 있으며 현재 다수의 벤처기업의 경영자문 활동을 하고 있다. 또한 평택항만공사 사외이사, KFNS사외이사, 케이티알파 사외이사 겸 감사위원장을 역임한 바 있고 현재도 케이티 커머스 사외이사를 맡고 있어 산업계의 경영 및 재무, 회계분야 등에서 많은 활동을 하고 있다.

미래가치 생각하는 투자자를 위한

**비즈니스 회계관리**

2022년 8월 30일 초판 1쇄 발행
2023년 8월 30일 초판 2쇄 발행

**저 자** 한영도
**발행인** 김광범
**발행처** 도서출판 **시대가치**
**주 소** 서울특별시 마포구 토정로 222, 422-1호(한국출판콘텐츠센터)
**전 화** 02) 3152-2620
**팩 스** 02) 6442-2621
**등 록** 2017년 3월 23일 제2018-000088호
**이메일** kgb0136@hanmail.net

ISBN 979-11-89607-66-1 93320

**정 가 28,000원**